主 编 吴新安 贺观

跨座式单轨交通供电系统

KUAZUOSHI

DANGUIJIAOTONG

GONGDIAN XITONG

西南交通大学出版社

·成都·

图书在版编目（ＣＩＰ）数据

跨座式单轨交通供电系统 / 吴新安，贺观主编. —
成都：西南交通大学出版社，2017.12
ISBN 978-7-5643-5982-9

Ⅰ. ①跨… Ⅱ. ①吴… ②贺… Ⅲ.①城市铁路 – 独
轨铁路 – 供电系统 Ⅳ. ①U239.5

中国版本图书馆 CIP 数据核字（2017）第 317636 号

跨座式单轨交通供电系统

主　编　吴新安　贺　观

责任编辑　黄淑文
助理编辑　张文越
封面设计　何东琳设计工作室

出版发行　西南交通大学出版社
　　　　　（四川省成都市二环路北一段 111 号
　　　　　西南交通大学创新大厦 21 楼）
邮政编码　610031
发行部电话　028-87600564　028-87600533
官网　　　http://www.xnjdcbs.com
印刷　　　成都中铁二局永经堂印务有限责任公司

成品尺寸　185 mm×260 mm
印张　　　19.75
字数　　　489 千
版次　　　2017 年 12 月第 1 版
印次　　　2017 年 12 月第 1 次
定价　　　49.00 元
书号　　　ISBN 978-7-5643-5982-9

课件咨询电话：028-87600533
图书如有印装质量问题　本社负责退换
版权所有　盗版必究　举报电话：028-87600562

《跨座式单轨交通供电系统》
编写人员

主　　编：吴新安　贺　观

副 主 编：胡维锋　田江华　郜　波　李建华　舒祎敏

主　　审：刘　炜　李贵明

参编人员：邱　凌　肖永强　王建红　梁廷辉　李朝东　谭智鹏

　　　　　戴　福　罗成伟　贺代勇　夏小军　余异邦　王　林

　　　　　夏　波　陈　果　唐立波　曹照康　黄　伟

前言
Precase

　　跨座式单轨交通作为城市轨道交通的主要制式之一，在城市交通的建设与发展中具有自身的特色和实用性，具有爬坡能力强、转弯半径小、噪音低、乘坐舒适、建设费用低和周期短等特点，尤其适用于山地等地形结构复杂的城市。

　　跨座式单轨交通由线路系统(轨道梁桥等)、车辆系统、供电系统、信号系统、机电设备、车站、车辆段及综合维修基地等部分组成，跨座式单轨交通供电系统是各设备的能源供给系统，要求供电电源安全可靠。跨座式单轨交通供电系统最显著特点是采用负极独立回流，没有杂散电流腐蚀，在城市的各种环境都可以进行线路规划、建设。不会对天然气管道、城市储油等区域造成杂散电流腐蚀伤害。

　　目前国内缺乏系统性的有关跨座式单轨交通供电系统的专著，重庆市轨道交通（集团）有限公司牵头组织编写了本书。本书结合重庆市轨道交通 2、3 号线建设和运营的成熟经验，对跨座式单轨交通供电系统的组成、原理等基础知识进行阐述，同时遵循"知识够用，能力必备"原则，强调实用性，对供电系统的运营管理和设备的检修等进行了重点介绍。

　　本书可作为城市轨道交通同行的参考书，也可作为各大、中专院校轨道交通供电专业的教材。

　　由于编者的水平有限，书中难免有疏漏和不足之处，敬请读者批评指正。

编写组

2017 年 11 月

目录
CONTENTS

第1章 跨座式单轨交通供电系统概述

1.1 跨座式单轨交通概述

当今社会,随着城市经济的发展和人口的集中,城市交通问题愈来愈突出,交通拥堵严重影响了城市经济和社会活动的正常秩序和居民的出行,还带来了环境污染、能源浪费等诸多方面的问题。城市轨道交通具有运量大、速度快、安全准时、乘坐舒适、节约能源、能有效缓解地面交通拥挤以及有利于环境保护等多方面的优势。因此,采用立体化的快速轨道交通来解决日益严重的城市交通问题是城市交通发展的趋势。单轨交通在城市轨道交通的建设与发展中具有自身的特色和实用性。

城市轨道交通包括地铁、轻轨交通、单轨交通以及磁悬浮等交通系统。表1-1比较了几种形式轨道交通的特点。

表1-1 几种形式轨道交通的特点

比较内容	地铁	轻轨	单轨	磁悬浮
地理环境条件	地下,可开挖性的市内线路	地面平坦的市内或市郊线路	地势起伏的市内或市郊线路	地面平坦的市郊线路
工程造价	较高	适中	适中	较高
高峰时段客流量	3~5万人次/h	1~3万人次/h	1~3万人次/h	1.5万人次/h
最大行车密度	20~40列/h	20~40列/h	20~30列/h	15~25列/h
最大坡度	40‰	30‰	60‰	10‰
最小半径	300 m	200 m	100 m	1 000 m
最高运行速度	80~100 km/h	80~100 km/h	70~80 km/h	350~500 km/h
噪声	80 dB 以上		低于 70 dB	

跨座式单轨铁路(Straddle-beam Monorail),就是通过单根轨道梁来支承、稳定和导向,车体骑跨在轨道梁上运行的铁路。它能有效利用城市道路空间,爬坡和曲线通过能力强,噪声和景观影响小,是一种独特的中等运量城市轨道交通系统。单轨铁路通常为高架,高架单轨具有成本低、工期短的优点。而相对于高架的钢轨地铁而言,高架单轨具有占地少、污染小、能有效利用道路中央隔离带,适于建筑物密度大的狭窄街区的优点。而且,单轨列车和轨道容易检查和维修养护。另外,单轨铁路对复杂起伏的地形有较强的适应性,土地占用量小,运输量适中,造价低。由于以上这些发展优势,因而单轨铁路成为中小城市、海滨城市和山域轨道交通首选型式之一。单轨铁路按照走行模式和结构,主要分成两类——悬挂式单轨和跨坐式单轨。悬挂式单轨铁路也称空中轨道列车,如图1-1所示,其列车悬挂在轨道之下。另一种较为常见的是跨座式单轨铁路如图1-2所示,其列车跨座在轨道梁之上。

图 1-1　悬挂式单轨

图 1-2　跨座式单轨

　　世界上第一条跨座式单轨铁路线诞生于 1888 年，是由法国人 Charle Larligue 设计，在爱尔兰铺设的，线路长约 15 km，由蒸汽机车牵引，这条线路一直运行到 1924 年 10 月。在第二次世界大战以后，随着科学技术的进步，跨座式单轨铁路技术才受到各方重视，逐渐完善和成熟起来。1952 年，德国工业家 Axellenard Wenner2Gren 在德国科隆附近的菲林根建造了一条单轨线进行实验研究。经过反复试验，于 1958 年得出这样的结论：采用跨座式、混凝土轨道和橡胶充气轮胎能达到最好的效果。这就是目前所称的 ALWEG 型跨座式独轨铁路。后来美国、日本和意大利等许多国家都修建了这种形式的独轨，其中尤以日本建成的线路最多。

　　我国首条跨座式单轨线路是在有"山城"之称的重庆修建的，即重庆轨道交通二号线（较新线，图 1-3），该线路一期工程于 2004 年建成，全线于 2006 年开通。随后，重庆修建并开通了目前世界上运营里程最长的跨座式单轨交通线路——重庆轨道交通三号线（图 1-4）。经过 10 多年的发展，重庆已建成并开通运营跨座式单轨交通线路 2 条，总运营里程约 88 km，最小发车间隔 2 min30 s，单向高峰小时断面客流达 3.34 万人次，日均运送乘客达 100 万人次（最高日客流 140 万人次），运营 12 年来无运营责任事故、无环保投诉，成为重庆市民最满意的公共交通。重庆已成为世界公认的跨座式单轨线网最长、运输效率最高、安全性最好的城市，获得了国家环保部"三高三低"的美誉（起点高、标准高、水平高，噪声低、辐射低、振动低）。目前重庆还在续建跨座式单轨项目，至 2016 年底运营里程达到 100 km 左右。重庆中远期跨座式单轨交通线路规划还有 160 多千米，未来将达到 260 多千米。

图 1-3　重庆轨道交通 2 号线

图 1-4　重庆轨道交通 3 号线

跨座式单轨交通主要特点：

（1）投资省：跨座式单轨每千米投资约人民币 2～4 亿元，地铁每千米约 7～8 亿元。

（2）工期短：30 千米左右线路的建设工期跨座式单轨约 2 ~ 3 年，地铁 4 ~ 5 年。

（3）占地面积小：跨座式单轨沿公路中间隔离带架设。

（4）转弯半径小：正线跨座式单轨最小转弯半径 100 m，地铁最小转弯半径 300 m。

（5）爬坡能力强：跨座式单轨最大纵坡为 60‰，国内地铁一般为 35‰。

（6）噪声低：跨座式单轨低于 70 dB，地铁在 80 dB 以上。

跨座式单轨交通系统由线路系统（轨道梁桥等）、车辆系统、供电系统、信号系统、机电设备、车站、车辆段及综合维修基地等部分组成，其单轨轨道梁既是承重的桥梁结构，又是支承和导向的轨道。车辆采用橡胶轮胎，通过安装在转向架两侧的导向轮和稳定轮来导向和稳定车体。构造上的特点使得其走行机理、轮轨关系都与常规地铁、轻轨有很大差别。技术上的特点主要体现在车辆的转向架、轨道梁和线路道岔三方面，走行机理完全不同于钢轮钢轨系统，轨道梁承受较大的扭转荷载。

1.2 跨座式单轨交通供电系统的构成

跨座式单轨交通（以下简称"单轨"）供电系统通常按电压等级划分为高、中、低三大部分。高电压等级即城市电网电压，通常为 220 kV 或 110 kV，视城市变电站电源引入点电压等级而定；中电压等级即环网电压，通常为 35 kV 或 10 kV，视单轨交通供电环网系统而定，通常可将直流牵引系统（DC 1 500 V 或 DC 750 V）也纳入中压系统；低电压等级即动力与照明配电电压等级，采用我国标准的低压等级，AC 220/380 V，工频 50 Hz，含安全特低配电电压等级 AC 48 V、AC 36 V、AC 24 V 等。

高压系统含外线路及主变电所部分，与中压系统的分界点在主变电所 35 kV/10 kV 出线端；中压系统含环网、变电所（开闭所、牵引所、降压所、混合所、跟随所等）、接触网及其中压控制的电力监控系统，与低压系统的分界点在变电所 400 V 开关柜的出线端；低压系统即动力与照明的配电系统，含设备的本体控制、建筑防雷与综合接地等。

1. 外部电源

单轨供电系统的外部电源就是为单轨供电系统主变电所供电而引入的城市电网的高压电源（110 kV）。重庆单轨供电系统采用集中供电模式，外部电源引入至主变电所的高压输电线路统一由电力公司施工、运行、维护和固定资产管理。

2. 主变电所

主变电所将来自于城市电力系统的高压电源（110 kV）降压为轨道交通系统使用的中压（35 kV、10 kV）交流电，并通过中压供电网络，向牵引供电系统和动力照明供电系统供电。

3. 中压供电网络

中压电缆纵向将上级主变电所和下级变电所连接起来、横向将全线各变电所连接起来，形成中压供电网络。中压供电网络的功能是向牵引供电系统和动力照明供电系统供电，是非常重要的一个供电纽带。中压供电网络按不同供电分区构成环网，每个分区有两路互为备用的电缆贯通回路，当其中一路故障时，另一路担负整个分区的负荷用电，保障供电的连续性。

4. 牵引供电系统

牵引供电系统的功能是将来自主变电所或其他相邻变电所的 35 kV（10 kV）电源，经中压网络分配给牵引变电所后，降压整流成直流 1 500 V 电源，通过接触网向单轨交通列车供电，以保证列车安全、可靠、快速的运行。所以，牵引供电系统主要包括两个部分：牵引变电所和接触网。

5. 动力照明供电系统

来自主变电所的 35 kV（10 kV）电源，通过中压网络分配给降压变电所，降压为低压 380 V/220 V 电源，再经低压配电系统供给动力照明等设备使用，以保证车站设备和照明系统的正常运行。动力照明供电系统由降压变电所及动力照明配电系统组成。

6. 电力监控系统（PSCADA）

电力监控系统又称为 PSCADA 系统，它对供电系统主变电所、牵引变电所、降压所等不同类别变电所内高压设备（110 kV）、中压设备（35 kV/10 kV）、直流 1 500 V 设备、低压 400 V 设备、交直流电源屏、排流柜等对象进行监控，实现对各种设备的控制、信息采集、数据分析处理、远方维护、统计报表、事故报警、画面调阅、历史数据查询等功能。

7. 防雷接地系统

供电系统在运行过程中会遭受暂态过电压、操作过电压、雷电过电压等的侵袭，使设备绝缘直接破坏或不断劣化，最终引发事故。供电系统应根据轨道交通沿线的气候情况和系统特点设置完善的防雷接地防护措施。

单轨交通供电系统的接地装置一般为综合接地装置，由人工接地体和自然接地体组成，接地电阻应小于 1 Ω，接触电位差和跨步电位差应符合（DL/T 621）《交流电气装置的接地》规程相应要求，确保人身安全和设备安全。

1.3 单轨供电系统与其他专业的关系

单轨交通是一个庞大而复杂的综合系统，包括线路系统 、车辆系统、供电系统、信号系统、机电设备、车站、车辆段及综合维修基地等部分。供电系统作为单轨交通的能源补给线，与其他系统均存在密不可分的联系，本节主要介绍单轨供电系统与线路、车辆之间的关系。

1.3.1 供电系统与线路

单轨线路系统是其他专业系统的整体基础，对于供电系统来说，线路形式直接决定了供电系统接的安装方式、布置方式。

1. 轨道梁

单轨最显著的特点是车辆要骑跨在单线轨道梁上快速行驶（最高设计速度为 75 km/h），因此轨道梁既是承载的梁，又是轻轨列车运行的轨道。轨道梁通过极高的精度及严格的变形控制，在结构上满足承载的要求、在线形上满足列车快速运行的要求，是跨座式单轨交通关键技术之一。

标准跨度轨道采用预制预应力钢筋混凝土结构（PC梁），轨道梁的标准梁跨一般使用20 m和22 m，其跨中的标准断面尺寸（图1-5）设为1.5 m（高）×0.85 m（宽）。两片轨道梁之间的梁缝宽度采用30 mm，梁缝中心至支座中心的距离采用400 mm。两片梁缝之间通过安装指形板进行连接（图1-6），以满足伸缩要求。标准预制轨道梁均采用跨座式轻轨专用PC轨道梁铸钢支座，按使用要求并兼顾标准化生产，分别按曲线半径100 m、500 m及直线共分3种类型。各类支座均有固定支座和活动支座之分。PC轨道梁的预制精度要求：长度±10 mm，宽度±2 mm（端部）、±4 mm（中间）。

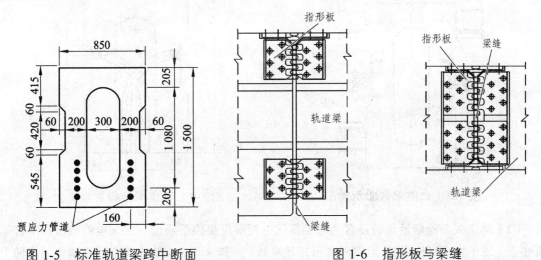

图1-5　标准轨道梁跨中断面　　　　　　　图1-6　指形板与梁缝

检修通道（图1-7）一般设在单轨线路高架区段两线间，当两线分开时，原则上仍设置在左右两线之间相对应的一侧。检修通道以检修为主，紧急情况下兼作乘客疏散，同时检修通道也是供电电缆的敷设通道。

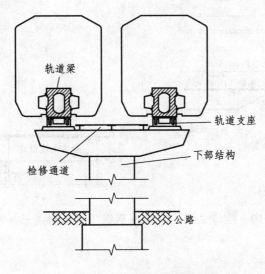

图1-7　典型轨道横剖面图

2. 供电系统与单轨的关系

（1）单轨线路独特的轨道梁形式，决定了接触网的安装形式。轨道梁中部凹槽为接触网安装位置，接触网通过绝缘子安装在轨道梁上。因此每榀轨道梁在预制设计时，必须考虑接触网系统相关设备安装件的预埋，包括绝缘子底座螺栓预埋件、车体接地板底座螺栓预埋件，同时要考虑敷设于轨道梁体上的电缆、内部管道等附属物的接口安装和维护条件（图1-8、图1-9）。

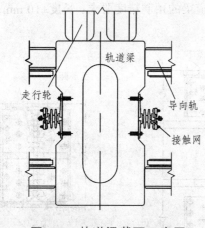

图1-8 轨道梁截面示意图

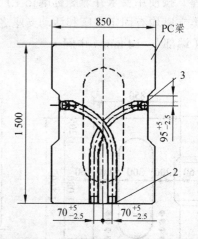

图1-9 轨道梁电缆管道截面

（2）单轨线路检修通道的设置为高架区间电缆敷设提供了通道，区间电缆敷设在平台盖板底下（图1-10），仅在停止运营时才可打开检修。一般来说，弱电电缆敷设在检修通道的上行侧，强电在下行侧。弱电电缆槽的高度约为260 mm，宽度根据检修通道宽度不同稍有差异，为990～1 200 mm。在没有检修通道的高架区段，轨道梁下方需设置预埋件安装电缆悬架，区间电缆在轨道梁下方的电缆悬架上敷设（图1-11）。

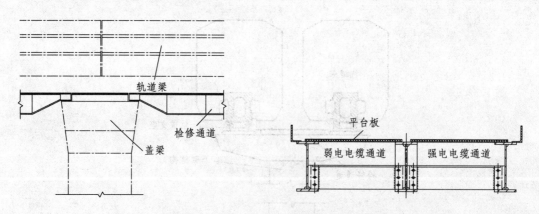

图1-10 检修通道区间电缆敷设（重庆轨道三号线）

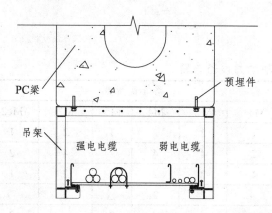

图 1-11 轨道梁下方吊架敷设（重庆轨道二号线）

1.3.2 供电系统与车辆

1. 单轨列车概述

单轨车辆采用跨座式单轨车辆，每辆车车门数量为二门。列车构造速度 80 km/h，最高运行速度 75 km/h。在轨道梁两侧安装刚性接触网，机车采用直流供电方式，供电电压为 1 500 V。

1）列车编组

跨座式单轨列车由 4 辆、6 辆、8 辆车组成，每辆均为动车，其中每列车动力转向架占转向架总数的 3/4。其编组型式：

4 辆编组：*Mc1+M2+M1+Mc2*

6 辆编组：*Mc1+M2+M4+M5+M3+Mc2*

8 辆编组：*Mc1+M2+M4+M5+M4+M5+M3+Mc2*

其中：Mc1、M2，Mc2、M3，M4、M5 各为一单元；

Mc1 或 Mc2——带司机室动车（带有 1 个非动力转向架及 1 个动力转向架）；

M2 或 M3 或 M4——动车（带有 2 个动力转向架）；

M5——不带司机室的动车（带有 1 个动力转向架和一个非动力转向架）；

+——棒式车钩（图 1-12）。

*——密接式车钩（图 1-13）；

图 1-12 棒式车钩

图 1-13 密接式车钩

2）与供电系统相关参数

（1）车辆动力设备布置（表 1-2）。

表 1-2 车辆动力设备布置

序号	设 备 名 称	单位	各车配置数					
			Mc1	M2	M4	M5	M3	Mc2
1	动力转向架总成	套	1	2	2	1	2	1
2	主牵引电动机	台	2	4	4	2	4	2
3	VVVF 逆变器	套	1	2	2	1	2	1
4	受电弓（+）	套		2	2		2	
5	受电弓（−）	套	2			2		2
6	接地装置	套	1	1	1	1	1	1

（2）主牵引电动机主要技术数据（表 1-3）。

电动机是专为单轨车辆设计的三相鼠笼式异步牵引电动机。

表 1-3 主牵引电动机主要技术数据

输出功率 P（小时定额）	105 kW
转矩 M	775 N·m
额定输入电压 U_1	三相 1 100 V
额定输入电流 I_1	75 A
额定转速 n	1 294 r/min
功率因数 $\cos\varphi$	0.82
效率 η	90%
极对数	4
最高转速	3 439 r/min
绝缘等级	H 级
电机重量	≤620 kg
通风方式	自通风
齿轮箱传动比	6.55
齿轮传动效率	95%

（3）受电弓主要技术数据。

受电弓分"+"极和"−"极两种，两种受电弓安装在转向架上，采用侧面滑动受电。在 Mc1、Mc2、M5 车上，每辆车安装 2 台负极受电弓；在 M2、M3、M4 车上，每辆车安装 2 台正极受电弓。

①"+"极受电弓：升弓采用弹簧装置，降弓时采用压缩空气，这时使下降风缸动作，折叠式受电装置在折叠位置，由锁钩装置将受电装置锁住，使其与接触网脱离。当需要受电弓升弓时，可使电磁线圈得电，解开锁钩装置，弹簧装置将受电弓升起与接触网接触受电。

②"−"极受电弓：与"+"受电弓相比，"−"极受电弓不设自动折叠装置，使"−"线受电装置经常与负线接触网接触连接。在需要时可用手压到折叠位置，由锁钩装置锁住，解锁时用手动压缩解锁。

③滑板：受电弓滑板为铜基粉末冶金制成。

④技术规格：

额定电压	DC 1 500 V
电压范围	DC 1 000 ~ 1 800 V
额定电流	DC 400 A
最大电流	DC 800 A
标准静接触压力	58.8±9.8 N
静压力调节范围	44.1 ~ 78.4 N
速度	80 km/h

⑤受电装置主要尺寸：

带绝缘子的折叠高度	245±5 mm
最小工作高度	295 mm
最大工作高度	435 mm
最大升起高度	450^{+0}_{-10} mm
标准工作高度	365 mm

2. 跨座式单轨列车与限界（图 1-14）。

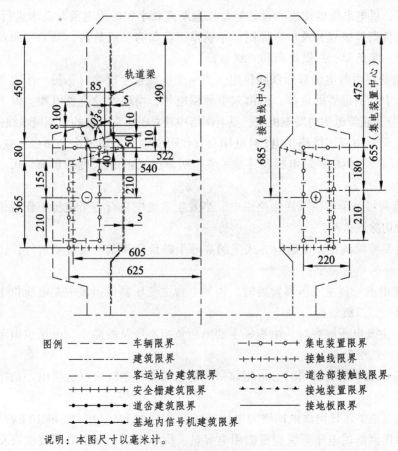

图例 ————— 车辆限界　　—|—o—o— 集电装置限界
　　　 ——— 建筑限界　　　++++++++ 接触线限界
　　　 ———— 客运站台建筑限界　—o—o—o— 道岔部接触线限界
　　　 +++++++ 安全栅建筑限界　　▲—▲—▲— 接地装置限界
　　　 ●—●—●— 道岔建筑限界　　　———— 接地板限界
　　　 ▲—▲—▲— 基地内信号机建筑限界

说明：本图尺寸以毫米计。

图 1-14　轨道梁周围的特殊限界图

3. 单轨列车与供电系统的关系

（1）单轨列车牵引供电作为单轨供电系统的主要供给对象，供电系统需保持持续不间断地给列车供电，同时供电系统牵引网容量在设计初期必须考虑满足应满足远期高峰小时行车密度、车辆编组、车辆型式、车辆牵引特性、线路资料等基础条件的技术要求。

（2）由于单轨列车独特的结构特点，接触网完全被车体所包络，接触网的安装空间很小，既要满足绝缘距离的要求，又要满足车辆限界的要求，对设备制造精度、安装精度要求很高。

（3）单轨列车通过受电弓与接触网接触线滑动接触而取流，接触网安装需保证列车最高时速时的良好取流。同时接触网接触线材质的选取，应充分考虑接触线与受电弓滑块的匹配性，尽量提高接触线和受电弓滑块的使用寿命。

1.4　单轨供电系统总体设计原则

（1）单轨交通应从城市公共电网取得电源，属一级负荷；外部电源供电方案应根据线网规划和城市电网进行规划设计，主变电所可采用 110 kV 集中供电方式，并尽量实现资源共享。

（2）供电系统应满足供电安全可靠、环保节能、运行方式灵活、运营管理方便和投资经济的基本要求，供电系统的规模和设计容量按远期高峰小时的用电负荷要求进行设计。

（3）用电负荷等级划分及供电原则。单轨牵引负荷为一级负荷；动力照明负荷按用电负荷性质可分为一级负荷、二级负荷和三级负荷。

① 一级负荷应由双电源双回线路供电，当一个电源发生故障时，另一个电源应能正常供电。一级负荷中特别重要的负荷，除由双电源供电外，尚应增设应急电源。以下电源可作为应急电源：独立于正常电源的发电机组、供电网络中独立于正常电源的专用馈电线路、蓄电池。

② 二级负荷宜由双回线路供电；对电梯及其他距变电所不超过半个站台有效长度的负荷，可由双电源单回线路供电；对电梯及其他距变电所超过 200 m 长度的负荷，可由双电源双回线路供电。

③ 三级负荷可由单电源单回线路供电，当发生系统中只有一个电源工作或供电容量不足时，允许自动切除该负荷。

（4）供电系统除满足正常运行方式下的高峰小时负荷和供电质量要求外，还应满足以下运行方式高峰小时负荷需要：

① 当主变电所一台主变压器解列时，由另一台主变压器负担该主变电所供电范围内的牵引和动力照明一、二级负荷。

② 当一座主变电所解列时，由相邻主变电所负担本所及故障主变电所供电范围内的牵引和动力照明一、二级负荷。

③ 当一座牵引变电所解列时，由相邻牵引变电所实行越区大双边供电，负担供电范围内的牵引负荷。

（5）单轨交通中压环网供电网络的电压等级可采用 35 kV、20 kV 和 10 kV。对于集中式供电方案，中压网络的电压等级应根据用电容量、供电距离、城市电网现状及发展规划等因素，经技术经济综合比较确定。

（6）在满足单轨交通各种用电负荷供电要求的情况下，同一车站内的各种功能变电所应尽量合建。供电系统中的各类变电所均应有两个可靠的电源，每个进线电源的容量应满足变电所负担的全部一、二级负荷供电的要求。这两个电源可来自不同变电所，也可来自同一变电所的不同母线；在正常运行方式下，它们同时供电且互为备用。主变电所应从城市电网至少接引两回电源进线，其中至少有一回为专线电源，并设两台有载调压主变压器。

（7）单轨交通供电系统的中压环网供电网络接线应尽量简单、统一、便于运营管理及继电保护配置和减少系统电能损耗，并应采用牵引动力照明混合网络和按列车运行的远期通过能力设计；二回电源线路互为备用，即当任一变电所的一回进线故障时，由另一回进线负担其一、二级负荷的供电，中压网络末端的电压损失不宜超过 5%。

（8）牵引负荷应根据线路资料、运营高峰小时的列车运行交路、行车密度、车辆编组和车辆性能等计算确定；牵引变电所的分布、数量和容量应满足高峰运营的需要。

（9）正线牵引网可采用 DC 1 500 V 刚性接触网正极供电、刚性接触网负极回流，上下行分路双边供电的供电方式。牵引网最高、最低电压水平应满足 GB/T 10411—2005 规定，即：在任何运行方式下，牵引网最高电压不得高于 1 800 V；在任何运行方式下（含当一个牵引变电所在远期高峰小时解列时，其相邻牵引变电所越区供电时），牵引网任一点最低电压不得低于 1 000 V。

（10）在每座牵引变电所中设两套整流机组，并采用等效 24 脉波整流方式。当一座牵引变电所解列时，由相邻牵引变电所实现越区供电。牵引变电所的布点和容量除应满足正常运行方式下远期高峰小时负荷要求外，应同时满足该所越区供电时远期高峰小时的负荷需要。牵引整流机组的负荷特性应满足下列规定：

100%额定负荷——连续；

150%额定负荷——2 h；

300%额定负荷——1 min。

（11）直流牵引系统及非线性用电设备所产生的谐波引起的电网电压正弦波形畸变率应予控制。

（12）在单轨交通供电系统中应设置再生制动能量吸收装置，设计方案应通过技术经济综合比较后确定。

（13）为保证人身和设备安全，在每座车站及车辆基地和各牵引变电所中分别设置车体安全接地装置和接地保护装置。

（14）主变电所 110 kV 中性点接地方式根据地方电网运行状况，由电力系统确定；35 kV 系统宜采用小电阻接地系统；10 kV 系统宜采用消弧线圈接地系统；低压 400 V 配电系统采用 TN-S 供电方式。

（15）供电系统继电保护应满足可靠性、选择性、速动性和灵敏性的要求。

（16）在车辆基地应设置供电工区，以对供电设备进行管理与维护。

第 2 章　外部电源及变电所

单轨交通系统的外部电源方案，根据线路实际情况，可采用集中式供电、分散式供电、混合式供电三种方式。外部电源方案的确定，需要从不同角度由经济技术综合比较确定。本章结合重庆单轨采用的外部电源供电方式，对重庆轨道交通共享主变电所进行分析，并对单轨供电系统中几种类型变电所的功能、所址选择和主接线形式进行介绍。

2.1　外部电源

单轨交通作为城网的特殊用户，一条线的用电范围多在 10～40 km，呈线状分布。单轨交通系统的外部电源方案，可根据线路实际情况采用不同形式。

2.1.1　集中式供电

所谓集中式供电方案，是指由专门设置的主变电所集中为牵引变电所及降压变电所供电的外部供电方式，如图 2-1 所示。每个主变电所有两路独立的进线电源。主变电所进线电压一般为 110 kV，经降压后变成 35 kV 或 10 kV。牵引变电所、降压变电所均有两个独立的引入电源。

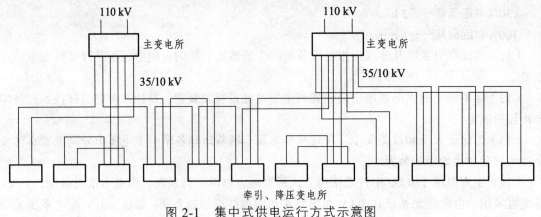

图 2-1　集中式供电运行方式示意图

2.1.2　分散式供电

所谓分散式供电方案，是指沿线分散引入城市中压电源直接（或通过电源开闭所间接）为牵引变电所及降压变电所供电的外部供电方式，如图 2-2 所示。由于城市电网 35 kV 电压级趋于淘汰，因而分散式供电一般从城市电网引入 10 kV 中压电源，这要求单轨交通沿线有足够的电源引入点及备用容量。从沿线就近引来的城网中压电源，经电源开闭所母线向牵引变电所和降压变电所提供中压电源。一般情况下，两个电源开闭所之间需要建立电源联系，即两个电源开闭所之间的供电分区间通过双环网电缆进行联络。

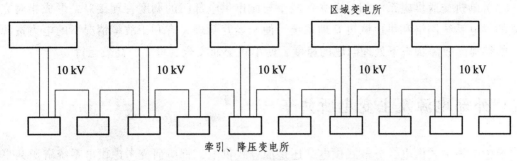

图 2-2　分散式供电运行方式示意图

2.1.3　混合式供电

所谓混合式供电方案，多指以集中式供电为主、以分散式供电为辅的供电方式，是介于集中式供电与分散式供电之间的一种结合方案。根据城网现状以及单轨交通自身的需要，混合式供电方案吸收了集中式外部电源方案与分散式外部电源方案的优点，系统方案灵活，使供电系统完善和可靠。

集中式供电和分散式供电各有优缺点，为了发挥各自的优点，弱化其缺点，就形成了混合式供电。表 2-1 所示为集中式供电和分散式供电的比较。

表 2-1　集中式供电和分散式供电的比较

序号	名称	集中式供电	分散式供电
1	受电电压	110 kV	10 kV
2	与地方电网关系	接口少，谐波影响小，且便于集中治理，城市电网能够满足 110 kV 电源需求，其他用户故障对轨道交通供电影响小，供电可靠性高	接口多，不便于谐波的集中治理，某些电源点容量有限，需进行城市电网改造，其他用户故障将影响轨道交通供电，供电可靠性较低
3	供电质量	110 kV 为高压输电网，供电质量好	电压较低，负荷变化大，供电质量较差
4	主变电站数量	需新建若干座主变电站	不需要主变电站，但需要增容
5	集中调度、管理	自成系统、集中调度、管理方便	与供电局接口多，管理困难
6	可实施性	只涉及城市电网中几座 220 kV 或 110 kV 变电站的增容改造，工程量小，相对容易实施	涉及城市电网数十座 10 kV 变电站的增容改造或新建工程，工程量大，实施难度相对较大，同时投资也难以控制

目前，重庆单轨供电系统全部采用集中供电方式（如重庆轨道交通 2 号线较新线工程线路全长 19.1 km，采用集中式供电，与城市电网只有 2 座变电所即 4 路电源接口），其主要特点如下：

（1）在单轨交通沿线，建设专用主变电所，集中为牵引变电所及降压变电所供电；有利于重庆轨道交通规划合理统一外电源模式，实现轨道交通网络电力资源的合理利用、综合配置、资源共享、高效使用和保护环境的目的。

（2）从城市电网引入高压（110 kV）电源，与城市电网接口比较少，每座主变电所只从城市电网引入两路独立的进线电源，外部电源电压等级为110 kV。

（3）单轨交通供电系统相对独立，减少与城市供电部门的调度管理接口，形成相对完整独立的供电系统网络和供电调度管理系统，便于运营管理；有利于故障情况下的电力资源调配，能够提高故障状态下处理问题的速度，使单轨交通安全、可靠、高效运行。

2.2　外部电源及主变电所共享

无论是集中式供电、分散式供电，还是混合式供电，都应研究考虑供电系统资源共享问题。主变电所共享能综合利用电力系统网络资源，减少由电力系统外部电源的引入和整个城市轨道交通网络主变电所的建设数量，从而更加有效地利用电力系统资源，节省工程投资，减少轨道交通主变电所的占地面积。从广州、上海等城市的建设经验来看，主变电所资源共享效益明显。根据重庆轨道交通线网规划，单轨二、三号线多个主变电所都将作为共享主变电所，为近远期的轨道交通线路供电。表2-2为单轨2、3号线主变电所位置分布表。

表2-2　单轨2、3号线主变电所位置分布表

线路	主变电所	主变电所位置	服务线路
2	龙家湾主所	2号线大溪沟站附近	2号线
2	动物园主所	2号线动物园站附近	2号线
2	白居寺主所	2号线白居寺站附近	正常供2号线，3号线板田湾主所故障时提供支援
3	板田湾主所	3号线大山村站附近	正常供3号线，2号线白居寺主所故障时提供支援
3	海峡路主所	3号线四公里站附近	10号线、环线共享
3	唐家院子主所	3号线唐家院子站附近	6号线故障时提供支援
3	双龙东路主所	3号线碧津站	

2.2.1　主变电所共享原则

主变电所资源共享，应以城市总体规划、城市轨道交通线网规划、城市电网规划等为基础条件。主变电所站址应综合考虑城市轨道交通线路走向、线路关系、建设时序，以及城市总体规划及城网规划的建设实施等因素。主变电所应尽量设置在线路交汇车站，以结合城网电力资源，研究一个主变电所同时向多条城市轨道交通线路供电的可行性。

主变电所的共享原则：① 相邻线路的主变电站宜相邻而建或共建，以节约供电走廊，提高供电质量；② 按照故障情况下相邻主变电站就近供电的原则设置联络线，实现资源共享，确保故障时线路的正常运营与安全。

2.2.2　主变电所资源共享的实施建议

1. 对建设管理的实施建议

（1）按照统一布点规划建设的共享主变电所，其土建结构、配套的通风、给排水、动力

照明、消防等相关设施的建设，按照最终规模一次建成的原则实施。

（2）共享主变电所110 kV进线电缆、110 kV开关、35 kV开关、继电保护、电力监控等电气设备按照"最终规模、预留接口、一次建成"的原则实施。

（3）建设工期相差三年以上的城市轨道交通线路，共享主变电所的主变压器安装容量，按照最终实施规模进行选择；建设工期相差超过三年的城市轨道交通线路，共享主变电所的主变压器安装容量，应按分阶段进行经济、技术比较后确定。

（4）对于主变压器安装容量分阶段建设的共享主变电所，设计单位应考虑将来运营的实际情况，在设计过程中预留各阶段更换主变压器设备等所需的条件，以方便将来运营时对主变压器及配套设备的更换。

（5）对于主变压器容量分阶段增容的共享主变电所，电力部门应按计划予以配合实施。

2. 对运营管理的实施建议

（1）共享主变电所运营管理，按照"先营为主"的原则实施。对共享主变电所内供电设备进行运营维护、管理，即共享主变电所的运营管理纳入到与单轨交通线路同步投入运营的线路中。

（2）当共享主变电所通过中压（如35 kV）侧向不同城市轨道交通线路供电时，共享主变电所在各自中压侧设置必要的计量装置，用于内部分线路的核算。即后续建设的城市轨道交通线路的供电电源引自共享主变电所时，其供电系统的用电电费由该城市轨道交通线路运营主体单位与管理共享主变电所的运营管理主体单位进行核算。

3. 对控制中心的实施建议

（1）已建成开通及正在建设和规划中的各条线路均设置独立的电力监控系统。

（2）共享主变电所电力调度管理按照"先建为主"的基本原则实施。即先建线路的电力监控系统，负责共享主变电所内110 kV所有供电设备和中压供电设备的监控管理。

（3）共享主变电所与后建城市轨道交通线路主变电所间的环网联络开关由后建线路的电力监控系统进行控制，相关信息发送至先建线路的电力监控系统（只监视不控制）。

2.3 主变电所

主变电所将城市电网的高压（110 kV）电能降压后以35 kV或10 kV的电压等级分别供给牵引变电所或降压变电所。根据单轨线路用电负荷特点，主变电所一般沿线路布置；为保证供电可靠性，单轨线路通常设置两座或两座以上主变电所。主变电所有两路独立的电源进线供电，内部设置2台相同的主变压器。主变电所作为单轨线路的总变电所，承担整条单轨线路的电力负荷用电。主变电所设备主要包括：主变压器、110 kV GIS组合电器、中压（35 kV或10 kV）开关柜、站用变压器、交直流屏、二次设备（主变保护、线路保护等）。具体设备介绍见第5章变电所设备。

2.3.1 主变电所的所址选择

主变电所选址是配电网规划的重要组成部分，其位置是否合理除直接影响变电所工程投资和运行经济效益外，还关系到配电网的网络结构、供电质量和运行经济性。城网变电所选址涉及负荷分布、现有电网状况、线路走廊、所址地形地质、与城市规划一致等诸多因素，可以说与城网变电所所址有关的因素错综复杂，很难仅凭经验就确定最佳位置。

每条轨道交通线路宜设 2 座或 2 座以上主变电所，2 座主变电所应能相互支援。主变电所的分布必须遵循外部电源与系统的主变电所资源共享原则，按照远期线路规划及主变电所的布局，结合近期线路的建设时序进行实施方案的设计，并预留对远期布局规划方案调整的弹性。根据设 2 座主变电所的分布位置原则，首选是在线路长度的 1/4 及 3/4 处，然后进行潮流分布计算，通过潮流分布计算可以确定主变电所的具体里程和系统变压器的抽头位置、确定各点电压是否满足要求，必要时根据计算结果做相应修正。如重庆轨道交通 3 号线一期工程设 2 座主变电所，分别位于四公里站旁的海峡路主所和唐家院子站旁的唐家院子主所。沿线外部电源条件：海峡路主变电所供电电源由市网四公里 110 kV 变电所和回龙湾 110 kV 变电所各引入一路 110 kV 电源，采用电缆方式进线，线路长度约 3 千米。唐家院子主变电所供电电源由市网龙坝 110 kV 变电所引入双回 110 kV 电源，采用电缆方式进线，线路长度约 0.66 千米。

2.3.2　主变电所电气主接线

1. 主变电所 110 kV 侧接线

主变电所 110 kV 侧电气主接线应与当地电力部门协商确定。城市轨道交通主变电所高压侧与城网之间应设明显的电气分断点，主要有线路-变压器组接线、内桥形接线和外桥形接线三种方式（图 2-3）。

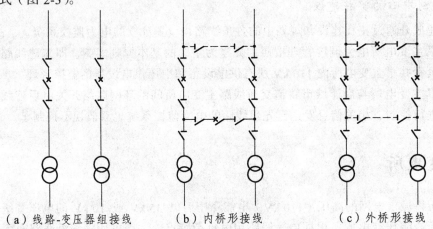

（a）线路-变压器组接线　　　（b）内桥形接线　　　（c）外桥形接线

图 2-3　线路-变压器组接线及桥形接线图

1）110 kV 线路变压器组接线

主变电所两路高压电源进线（如 110 kV），可以都是专线，也可以是一路专线、另一路 "T" 接。高压侧主接线采用线路-变压器组接线形式，如图 2-3（a）所示。在正常运行方式下，两路线路各带一台主变压器。如果主变压器一、二级负荷的负载率较低，系统发生故障时，恢复供电操作十分方便，即当一台主变或一条线路故障退出运行时，只需在主变电所中压侧做转移负载操作，由另一路进线电源的主变压器承担本主变电所范围内的全部一、二级用电负荷，对相邻主变电所无影响。如果主变压器一、二级负荷的负载率较高，当主变或线路发生故障时，需要通过相邻主变电所联络来转移部分负荷，实现相互支援。

这种接线的优点是接线简洁、高压设备少、占地少、投资省、继电保护简单。目前，重庆跨座式单轨交通主变电所全部采用 110 kV 线路变压器组接线方式。

2）内桥形接线

主变电所两路高压电源进线（如 110 kV），可以都是专线，也可以是一路专线、另一路"T"接。高压侧主接线采用内桥形接线形式，如图 2-3（b）所示。在正常运行方式下，桥联断路器打开，线路-变压器组接线，两路线路各带一台主变压器。因内桥形接线线路侧装有断路器，线路的投入和切除十分方便。当送电线路发生故障时，只需断开故障线路的断路器，不影响另一回路正常运行。需要时也可以合上桥联断路器由一路进线带两台主变压器。但主变压器故障时，则与该变压器连接的两台断路器都要断开，从而影响了另一回未故障线路的正常运行。另外，桥联断路器检修时，电源线路需较长时间停运；出线断路器检修时，电源线路也需较长时间停运。因主变压器运行可靠其故障率低于线路故障率，且主变压器也不需要经常切换，因此这种主接线形式应用较多。

这种接线的优点是有 3 台断路器，需要的断路器较少，而且线路故障操作简单方便，系统接线清晰。适用范围：对于电源线路较长、故障率较高的情况，采用这种接线方式可以提高供电可靠性。

3）外桥形接线

主变电所两路高压电源进线（如 110 kV），可以都是专线，也可以是一路专线、另一路"T"接。高压侧主接线采用外桥形接线形式，如图 2-3（c）所示。在正常运行方式下，外桥联断路器打开，类似于线路-变压器组接线，两路线路各带一台主变压器。当一路进线电源失电后，外桥联断路器合闸，由另一路进线电源向分挂在两段母线上的两台主变压器供电，承担本主变电所范围内的全部一、二级用电负荷，根据供电系统负荷变动情况，确定三级负荷的切除与保留。线路的投入和切除不十分方便，需操作两台断路器，并有一台主变压器暂时停运。桥联断路器检修时，两个回路需解列运行；主变压器侧断路器检修时，主变压器需较长时期停运。

这种接线的优点是有 3 台断路器，需要的断路器较少。适用范围：电源线路较短，故障率较少。当电源线路有穿越功率时，也可采用。根据目前国内城网情况，城市轨道交通主变电所属终端变电所，没有穿越功率，因而基本不采用这种接线形式。

2. 主变电所中压侧接线

主变电所中压侧接线一般采用单母线分段形式，并设置母线分段开关，如图 2-4 所示。

这种接线的优点如下：

（1）两段母线可以分开运行，也可以并列运行；

（2）重要用户可用双回路接于不同母线段，保证不间断供电；

（3）任意母线或隔离开关检修，只停该段，其余段可继续供电，减少了停电范围。

缺点如下：

（1）分段的单母线增加了分段部分的投资和占地面积；

（2）某段母线故障或检修时，仍有停电情况；

（3）某回路断路器检修时，该回路停电；

（4）扩建时需向两端均衡扩建。

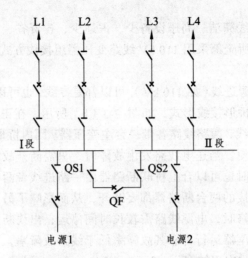

图 2-4　单母线分段接线图

OQF—分段断路器；OQS—分段隔离开关

2.3.3　主变电所运行方式

中压采用单母线分段的主变电所，正常情况下，两段母线分列运行；牵引变电所和降压变电所可以从不同母线段取得中压电源；当主变电所一段中压母线失电时，另一段中压母线可以迅速恢复对牵引变电所和降压变电所供电。当一路高压进线失电或一台主变压器退出后，通过中压母线分段开关迅速合闸，由另一台变压器承担本主变电所范围内的全部一、二级用电负荷。当一段中压母线故障时，该段母线上的进线开关分闸，同时该段母线上馈线所接的第一级牵引所或降压变电所进线开关也应失压跳闸，根据中压供电网络运行方式，由主变电所的另一段中压母线继续供电。

1. 正常运行方式

（1）110 kV 主变电所两路 110 kV 进线同时受电，两台主变压器同时运行（为线路变压器组运行方式）。

（2）110 kV 主变电所 35 kV（或 10 kV）系统，两台主变压器各带一段母线负荷，母联断路器断开（处于"备用"状态），备自投投入。每段母线各出若干路 35 kV（或 10 kV）回路供牵引降压混合变电所或降压变电所两段母线负荷。

2. 故障运行方式

（1）当主变电所的一路 110 kV 进线故障时，该线路对应的主变压器退出运行，35 kV/10 kV 母联断路器自投，切除主变电所供电区域的三级负荷，另一台主变压器担负本所供电区域的牵引负荷和一、二级动力照明负荷用电。

（2）主变电所的一台主变压器故障时，故障主变压器退出运行，35 kV/10 kV 母联断路器自投，切除主变电所供电区域的三级负荷，另一台主变压器担负本所供电区域风的牵引负荷和一、二级动力照明负荷用电。

（3）当一座主变电所的两路进线或两台主变压器故障时，故障主变电所退出运行，35 kV/10 kV 母联断路器处于热备用，切除主变电所供电区域的三级负荷，合上主变电所间的联络开关，由相邻主变电所担负本所供电区域的牵引负荷和一、二级动力照明负荷用电。

2.4　牵引变电所

牵引变电所就是为单轨列车提供直流牵引电源而进行降压、整流的场所。跨座式单轨列车是通过接触网获取直流牵引电源，而主变电所输出的是 35 kV 或 10 kV 交流电，为此需将 35 kV 或 10 kV 中压降压、整流转换成适合单轨列车使用的直流电源。为确保单轨列车的可靠供电，通常每三座车站的两个区间，就设置一座牵引变电所，万一发生局部供电故障时，牵引变电所能进行跨区域的供电；冗余的供电网络，确保了单轨列车供电的可靠性。单轨供电系统牵引变电所设备主要包括：中压（35 kV 或 10 kV）开关柜、整流变压器、整流器、直流开关柜、再生制动吸收装置、接地漏电保护装置、交直流屏、二次设备等。具体设备介绍见第 5 章变电所设备。

2.4.1　牵引变电所的位置设置

1. 牵引变电所位置设置的基本要求

牵引变电所的设置取决于牵引系统网络结构、牵引网电压等级、牵引网电压损失、供电质量，并涉及线路能耗、土建造价及运营维护等因素。牵引变电所分布应尽量均匀，便于牵引整流机组规格统一，便于设备维护管理以及降低维护成本。牵引变电所数量的设置要满足各种运行方式下技术指标，当技术性能与经济指标发生矛盾时，优先考虑技术因素。

2. 满足牵引网电压损失允许值要求

国际电工委员会（IEC）标准及国家相关规范规定了直流 1 500 V 牵引电压的波动允许范围是直流 1 000 ~ 1 800 V。牵引网的损失包括牵引网平均电压损失、最大电压损失。其中，牵引网最大电压损失是影响牵引变电所数量的关键因素，平均电压损失对牵引网能耗影响较大。就牵引变电所数量而言，在牵引网回路阻抗一定的条件下，牵引变电所之间距离的大小主要由牵引网电压允许波动范围及允许载流量确定。

无论正常运行还是在单个牵引所解列的情况下，牵引网的最低电压均不能低于国家标准。否则必须采取将上下行接触网并联或减少行车对数等措施来减少电压损失，直到网压达标为止。

1）以线路中间车站设牵引变电所为布点基点

首先考虑牵引变电所与车站相结合。研究线路中站间距最大的两个相邻车站。当站间距足够长，可将此两个车站暂时设置牵引变电所，计算牵引网双边供电最大电压损失，如果计算值控制在允许范围内，则确定在此两个车站设置牵引变电所。以此为牵引变电所布置的基本点，向线路两端扩展，尽可能地结合车站设置。此方法适用于各车站的站间距相差较大的线路。

2）以线路末端车站设牵引变电所为布点基点

当线路末端牵引变电所退出时，由相邻的牵引变电所实施单边供电，此时牵引网电压损失会比较大；或将线路末端牵引网上下行并联运行，以减少牵引网回路电阻，改善牵引网电压质量。首先考虑线路末端牵引变电所与车站相结合。根据牵引网最大电压损失允许值确定线路末端牵引变电所及相邻牵引变电所的位置，以此向线路中央靠拢，完成全部牵引变电所布点。此方法适用于各车站的站间距相对较小的线路。

牵引变电所布点应考虑以下要素：① 检测馈电回路的故障并进行保护；② 确保列车运行所需电压。在这些要素的基础上，还要加上确保变电所用地的条件，从而确定合理的变电所布点。

3. 牵引变电所选址要求

牵引变电所选址应遵循以下要求：① 电源引入方便；② 尽可能靠近城市轨道交通线路；③ 尽可能与降压变电所合建；④ 土石方工程量少，并避免设在坍塌或高填方地区；⑤ 维护管理方便，尽量避免设在空气污秽及土壤电阻率过高和有剧烈振动的地区；⑥ 设备运输方便；⑦ 应和城市规划相协调。

同车站的牵引变电所与降压变电所应合建成牵引降压混合变电所，因此，牵引降压混合变电所总体布置具有代表性和实用性。车辆段或车场牵引变电所一般设在车辆段或停车场的咽喉区，并与降压变电所合建，牵引降压混合变电所布置单独建筑，一般为三层。应有设备运输、消防通道、便于电缆线路引入引出的电缆隧道或电缆沟，并考虑与周围环境、邻近设施的相互影响最小。

2.4.2　牵引变电所电气主接线

牵引变电所主接线应满足可靠性、灵活性和经济性的基本要求。主接线的可靠性包括一次部分和相应二次部分的可靠性。具体要求为：开关故障或检修时，不影响或减少对牵引负荷的供电；母线故障或检修时，短时间内恢复送电，对列车正常运行影响降到最小。主接线应满足调度、检修的灵活性要求。在故障运行方式、检修运行方式以及特殊运行方式下，调度时可以灵活地投入和退出开关或整流机组，检修时可以方便地停运开关及其继电保护设备而不影响系统运行。主接线在满足可靠性、灵活性要求的前提下还应做到经济合理。

1. 中压主接线

（1）中压母线接线方式同 2.5 降压变电所的 2.5.2 主接线章节。

（2）牵引整流机组接入方式。

对于中压网络，考虑牵引负荷均衡性，相邻牵引变电所的整流机组应交叉挂在不同母线上。当供电分区内某一回中压电源电缆失电导致所有牵引变电所同段母线短时退出时，仍能保证部分牵引变电所继续运行。牵引整流机组接入中压母线一般是 2 套牵引整流机组分别通过中压断路器并联接在同一段中压母线上，2 套整流机组并联后，等效为 1 台 24 脉波整流机组，见图 2-5。

该接线方式的特点：

① 正常运行时，2 套牵引整流机组同时投入；故障状态下，当 1 套牵引整流机组退出运行时，另 1 套牵引整流机组在其允许过负荷情况下可继续运行，否则由相邻牵引所实现对牵引网的越区支援供电。

② 2 套牵引整流机组设备及保护配置相互独立，故障易判断。

2. 直流主接线

为了保证两套整流机组输出功率相等，两套整流机组需接于同一段母线上，所以直流母线采用不分段单母线接线。直流单母线接线如图 2-6 所示，整流机组正极通过电动隔离开关与正极母线相连，整流机组负极通过手动隔离开关与负极母线相连，直流正极母线设四路直流雷器，正、负极母线各设避雷器。同时，根据需要在部分牵引变电所内备用一套直流快速开关手车。

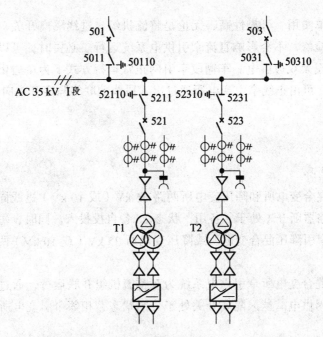

图 2-5 2 套牵引整流机组接入同一段母线

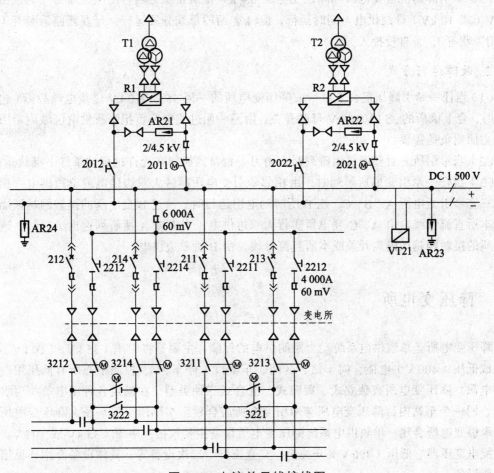

图 2-6 直流单母线接线图

此接线形式简单实用、可靠性高，无论是整流机组、进线隔离开关、直流母线、馈出直流快速开关故障或检修，不会影响直流牵引供电系统运行。必要时，可以改变运行方式，通过越区隔离开关实现大双边供电。车辆段牵引网正常运行方式下为单边供电，当车辆段牵引变电所退出运行时，可由正线牵引变电所通过出入段线的联络隔离开关向车辆段供电。

2.4.3 运行方式

1. 正常运行方式

（1）牵引降压混合变电所和降压变电所两路 35 kV（或 10 kV）进线同时受电，各带一段母线负荷，母联断路器断开（处于"备用"状态），备自投投入。同时，每段母线各出一回路供同一供电分区的牵引降压混合变电所或降压变电所 35 kV（或 10 kV）两段母线负荷（该分区末端所除外）。

（2）牵引降压混合变电所牵引供电系统为双整流机组并联运行，通过断路器、上网隔离开关，向正线接触网供电。越区隔离开关处于分闸状态，相邻牵引变电所之间正线接触网为双边供电。

（3）牵引降压混合变电所和降压变电所 0.4 kV 低压系统为两台配电变压器（分别由两段 35 kV（或 10 kV）母线供电）同时运行，0.4 kV 两段母线分段运行，母联断路器断开（处于"备用"状态），备自投投入。

2. 故障运行方式

（1）当任一牵引降压混合变电所或降压变电所的一回 35 kV/10 kV 进线电缆故障（包括检修）时，合上该所的 35 kV/10 kV 母联开关，由另一回进线电缆负担该所供电区域内牵引负荷及动力照明负荷需要。

（2）当牵引所一台整流机组解列时，由另一台整流机组在允许过载的条件下继续运行。

（3）当任一牵引变电所解列时，由相邻牵引变电所越区大双边供电或单边供电：顺序相邻的三座牵引变电所 A、B、C，当 B 所解列退出运行时，通过 B 变电所的接触网越区隔离开关或本所直流母线，由 A、C 变电所实行大双边供电；当末端 A 所解列退出运行时，通过 A 变电所的接触网越区隔离开关或本所直流母线，由 B 所单边供电。

2.5　降压变电所

降压变电所是单轨供电系统动力照明供电的保障，主要是将中压（35 kV 或 10 kV）电能降压成低压（400 V）电能，向车站、区间、车辆段（停车场）、控制中心所有低压用电负荷提供电源。降压变电所有独立式、跟随式、混合式三种类型。在满足各种用电负荷要求的情况下，同一个车站内，降压变电所与牵引变电所应合建。车辆段（停车场）降压变电所应尽量与牵引变电所合建。单轨供电系统降压变电所设备主要包括：中压（35 kV 或 10 kV）开关柜、配电变压器、低压（400 V）开关柜、交直流屏、二次设备等。具体设备介绍详见第 5 章变电所设备。

2.5.1　降压变电所的位置设置

降压变电所的位置往往受车站建筑规模和用电负荷中心制约，具体位置要结合具体条件以及低压配电系统自身要求，选择合理的位置。在有牵引变电所的车站，降压变电所应与牵引变电所合建。降压变电所的选址首先要满足动力照明设备的用电要求。不同车站及车辆段、停车场降压变电所选址原则为：

1. 车　站

降压变电所和车站主排水泵站尽量分别设于车站的两端。在土建条件允许的情况下，降压变电所尽量靠近负荷中心。

2. 车辆段和停车场

根据车辆段和停车场的工艺布局，降压变电所设置在供电范围内的负荷中心。

2.5.2　主接线

1. 中压主接线形式

1) 降压变电所

每座降压变电所引入两回独立的 35 kV（或 10 kV）电源，分别为两段 35 kV（或 10 kV）母线供电。根据供电系统接线，每段 35 kV（或 10 kV）母线设一回或两回出线，为相邻的变电所提供电源。35 kV（或 10 kV）侧采用分段单母线接线，设母线分段开关。每段 35 kV（或 10 kV）母线均设置一组电压互感器和一组避雷器，用于母线电压测量和过电压防护。两台配电变压器通过 35 kV（或 10 kV）断路器分别接于两段 35 kV（或 10 kV）母线上。

2) 跟随式降压变电所

跟随式降压变电所从邻近的牵引降压混合变电所或降压变电所引入两个独立的 35 kV（或 10 kV）电源，采用断路器或负荷开关等接线方式。

2. 交流 400 V 配电系统主接线形式

400 V 配电系统根据负荷等级的分类直接向车站、区间的低压用户供电，从负荷分类来讲，一、二级负荷占绝大多数，因此 0.4 kV 配电系统的可靠性要求高。

400 V 配电系统包括进线开关、母联断路器、馈出开关、三级负荷总开关、无功补偿装置、有源滤波装置、电流互感器、多功能表等设备。采用单母线分段接线，设备分段断路器，两段母线上的负荷尽量均衡分配，与配电变压器安装容量匹配。每段母线设置一、二级负荷回路及照明、三级负荷回路、同类型设备用电负荷宜尽量集中在同一柜内配出线，车站同一套冷水机组及其辅助设备电源应成套接入同一段 400 V 母线。

2.6　典型变电所一次接线图

1. 主变电所一次接线图

典型主变电所一次接线图如图 2-7 所示。

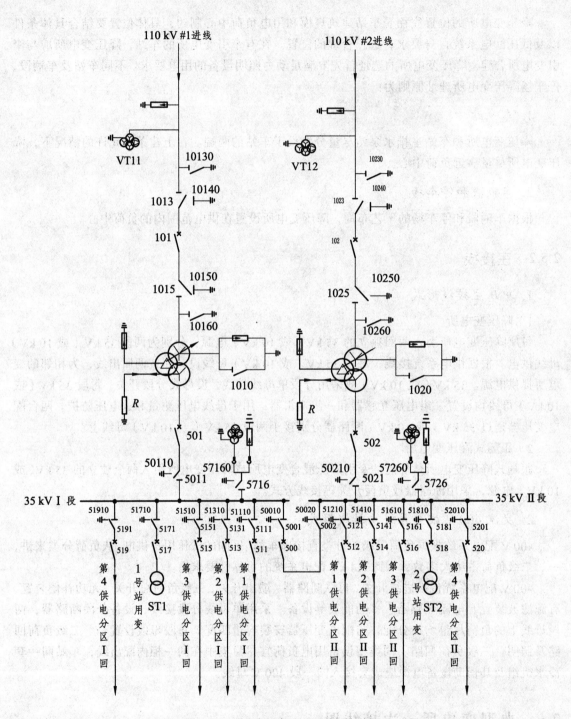

图 2-7 典型主变电所一次接线图

2. 牵引降压混合变电所一次接线图

典型牵引降压混合变电所一次接线图如图 2-8 所示。

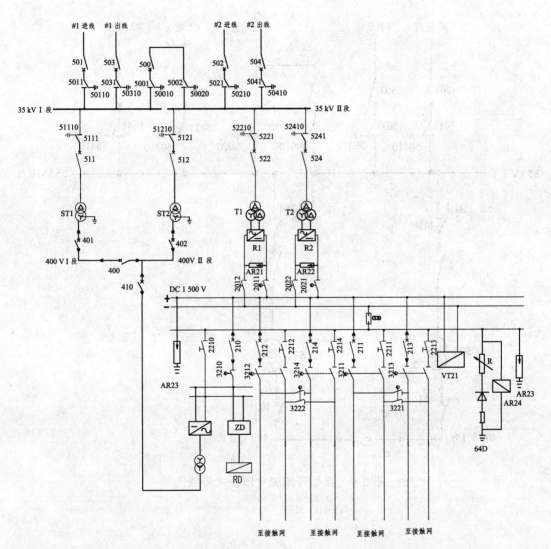

图 2-8　典型牵引降压混合变电所一次接线图

3. 降压变电所一次接线图

典型降压变电所一次接线图如图2-9所示

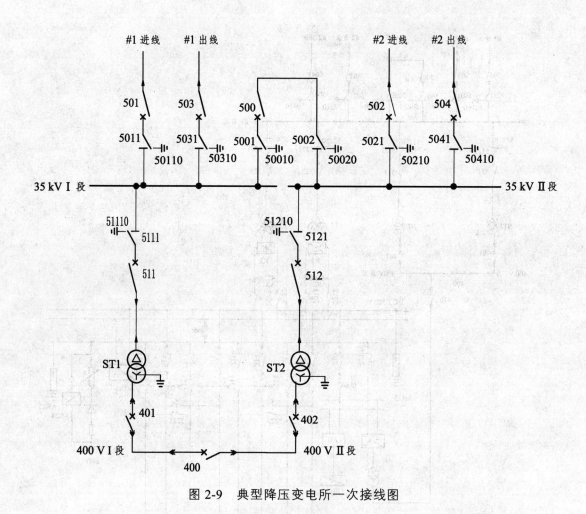

图 2-9 典型降压变电所一次接线图

第3章 中压网络

通过中压电缆，纵向把上级主变电所和下级牵引变电所、降压变电所连接起来，横向把全线的各个牵引变电所、降压变电所等连接起来，就形成了中压网络，其功能类似于电力系统中的配电网络。

3.1 中压网络电压等级

所谓中压网络，就是通过中压电缆，纵向把上级主变电所和下级牵引变电所、降压变电所连接起来，横向把全线的各个牵引变电所、降压变电所等连接起来，起分配和传输电能作用的网络。中压网络按列车运行的远期通过能力设计，互为备用，一路退出运行时，另一路应能承担一、二级负荷的供电，线路末端电压损失不宜超过 5%。电压等级和构成形式是中压网络的两大属性。电压等级选择方面，一般为 10 kV 和 35 kV 两种电压等级。网络结构方面，中压网络有双回路网络和辐射网络等连接方式。

3.1.1 不同电压等级的中压网络的特点

（1）35 kV 中压网络，国家标准电压级。输电容量较大、距离较长；设备来源国内；设备体积较大，占用变电所面积较大，不利于减小车站体量；设备价格适中；构成接线与保护简单、操作灵活的环网系统；重庆单轨三号线、二号线西城线（新山村至鱼洞段）已经采用。

（2）33 kV 中压网络，国际标准电压级。输电容量较大、距离较长，基本与 35 kV 一致；设备来源国外，不利于国产化；国外开关设备体积较小、价格较高，广州、上海地铁已经采用。

（3）20 kV 中压网络，国际标准电压级。输电容量及距离适中，比 10 kV 系统大。设备完全实现国产化；体积较小，占用变电所面积远小于国产 35 kV 设备，有利减小车站体量，节省土建投资；价格适中；有环网单元，能构成接线与保护简单、操作灵活的环网系统；国内地铁尚没有采用，但国外地铁多有采用。

（4）10 kV 中压网络，国家标准电压级。输电容量较小、距离较短；设备来源国内；设备体积适中；设备价格较低；环网开关技术成熟、运营经验丰厚，可用其构成保护简单、操作灵活的环网系统；国内外地铁广为采用。

3.1.2 不同电压等级的中压网络的综合比较（表 3-1）

表 3-1 为不同电压等级的中压环网项目应用特点比较

序号	项目	35 kV	33 kV	20 kV	10 kV
1	适用标准	国家标准	国际标准	国家、国际标准	国家、国际标准
2	对外部电压等级要求	市网可以没有 35 kV	市网可以没有 33 kV	市网可以没有 20 kV	一般市网均已有 10 kV

序号	项目	35 kV	33 kV	20 kV	10 kV
3	设备国产化	国内	国外	国内	国内
5	设备尺寸及占用变电所面积	较大,不利于减小车站体量	较小,利于减小车站体量	较小,利于减小车站体量;节省土建投资	较小,利于减小车站体量
6	设备价格	适中	最高	适中,比 33 kV 低	最低
7	输电容量	较大	较大	适中,比 10 kV 大	较小
8	输电距离	较长	较长	适中,比 10 kV 长	较短
9	地铁应用	国内有采用	国内、外有采用	国外有采用	国内、外有采用

3.2 中压网络构成原则及形式

3.2.1 中压网络的构成原则

（1）满足安全可靠的供电要求；

（2）满足潮流计算要求，即设备容量及电压降要满足要求；

（3）满足负荷分配平衡的要求；

（4）满足继电保护的要求；

（5）满足运行管理、倒闸操作的要求；

（6）每一个牵引变电所、降压变电所均应有两路电源；

（7）系统接线方式尽量简单；

（8）供电分区应就近引入电源，必要时可从负荷中心处引入电源，尽量避免反送电；

（9）全线牵引变电所、降压变电所的主接线尽量一致；

（10）满足设备选型要求。

3.2.2 中压网络的构成形式

目前，在各个城市的轨道交通供电系统多采用集中供电方式，中压网络的组网结构主要以类树型结构为主。该结构的组网形式比较灵活，形式多样，但基本上可分为两种（见图 3-1）。一种是混合网络构架，是指由主所或电源开闭所提供的中压电能通过同一中压网络路径（电缆线路）直接分配给牵引供电系统和动力照明供电系统这两个子系统；另一种是独立网络构架，是指由主所或电源开闭所提供的中压电能通过两个相互独立的中压网络路径（电缆线路）分别分配给牵引供电系统和动力照明供电系统这两个子系统，即两级网络构架是由牵引供电和动力照明两个子网络组成。

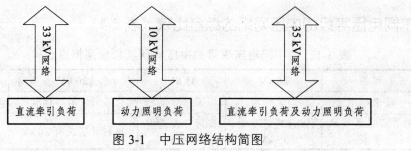

图 3-1 中压网络结构简图

总的来讲，这两种组网形式各有特点，目前，重庆单轨交通供电系统中压网络构架均采用混合网络构架，见图 3-2。

3.3 中压网络的运行方式

3.3.1 双环网的运行方式

由于供电系统在单轨交通供电系统运行中的重要性，中压供电网络的设计需要满足故障自救功能和防止误操作的功能等要求。采用双环网接线，在故障运行方式下通过改变分界点开关的状态，保障故障区段供电的连续性。在应急运行方式时，通过调整分界点开关的位置，可改变主变电所供电区的划分，可满足轨道交通继续运行的要求。双环网接线可灵活实现各种运行方式的转换。通过设置各种联锁关系，可防止各种运行方式下的误操作，使系统安全可靠运行。

3.3.2 变电所主接线形式

单轨交通一般有以下几种变电所类型：主变电所、牵引变电所或牵引降压混合变电所、降压变电所或跟随式降压变电所等。在下文中以主变电所、牵引变电所、降压变电所为分析对象。各变电所主接线形式如下：

主变电所为单母线分段接线形式，设母线分段开关，母线分段开关设有备用电源自动投入装置。牵引变电所为单母线分段接线形式，设母线分段开关，母线分段开关设有备用电源自动投入装置；牵引变压器集中设于一段母线上。降压变电所为单母线分段接线方式，设母线分段开关，母线分段开关设有备用电源自动投入装置；配电变压器分别设于两段母线上。变电所各进线开关、馈线开关、母线分段开关均采用断路器。变电所低压配电系统均为单母线分段接线。

3.3.3 运行方式分类

轨道交通中压供电网络的运行方式分为三种：正常运行方式、故障运行方式和应急运行方式。正常运行方式是系统在正常电源条件、线路条件和设备条件下的运行方式。故障运行方式是上述三个条件中出现任一个故障情况下的运行方式，如一个电源故障或一条线路故障或一台设备故障。应急运行方式是上述三个条件中任意两个故障情况下的运行。

3.3.4 运行方式分析

1. 正常运行方式

主变电所引入两路中压电源，并供给主变电所供电范围内的车站变电所。正常运行时两个电源同时供电，分列运行，主变电所两个进线开关为合闸状态，母线分段开关为分闸状态，备自投装置处于投入状态。

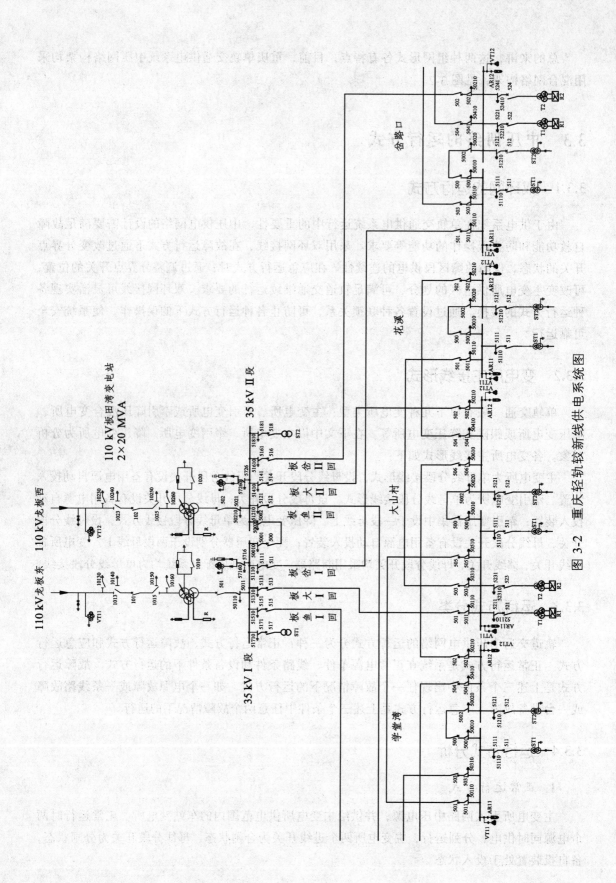

图 3-2 重庆轻轨较新线供电系统图

2. 故障运行方式（分析电源（电缆）的故障情况，开关设备的故障不做讨论）

当变电所（含开闭所、牵引所、降压所）引入的一路电源或电缆故障，造成变电所一路进线电源失压，经备自投装置判别，确定非过流、零序等故障状态后，由备自投装置对进线开关和母线分段开关实施"失压自投、过流闭锁"的控制过程，由另一路电源供给变电所的全部负荷。此时变电所电源失压的进线开关为分闸状态、另一路进线开关和母线分段开关为合闸状态，备自投为退出状态。变电所供电分区内各变电所的开关状态没有变化，即进线开关为合闸状态，母线分段开关为分闸状态，联络开关为分闸状态。

3. 主变电所应急运行方式

主变电所提供的两路电源中一路电源或线路故障后，另一路再次发生故障时，两路电源均失压。经"秒"级延时后，备自投装置向母线分段开关和电源失压的进线开关分别发出跳闸命令。开关分闸后，备自投装置处于退出状态。若正常运行时，发生双电源同时故障造成进线失压，经"秒"级延时后，备自投装置向两台进线开关同时发出跳闸命令，不向母线分段开关发命令，母线分段开关仍保持正常分闸位置。

经上述分析可知，主变电所双电源故障无论同时发生，还是不同时发生，主变电所的进线开关、母线分段开关均处于断开位置，且母线分段开关的合闸回路被进线开关闭锁，备自投装置为退出状态。主变电所承担的供电分区全部失电。根据《跨座式单轨交通设计规范》的要求，用电负荷等级为一级，两个电源供电即满足供电要求，因此轨道交通供电系统的中压供电网络设置了电源联络线。

在这种故障应急运行方式下，通过倒闸操作改变原有供电分区的划分，利用中压供电网络设置的联络开关，由相邻主变电所供电分区支援供电。

3.4 潮流分析

3.4.1 潮流分布计算法

在电力网进行规划、设计和运行时，都必须计算电力系统在各种运行方式下各节点的电压和通过网络各元件的功率。这种计算在工程上称为电力系统的潮流分布计算。单轨供电系统可以等效视为规模较小的电力网络，正常运行时基本上是三相对称的，因而在潮流计算中一般只需要建立网络元件的正序等值电路。根据开式电网的定义（负荷只能从一个方向获得电能的电力网称为开式电力网），单轨供电系统可根据自身的网络组成，等效成若干开式电网支路，然后通过反复迭代计算，就可得到整个网络中各元件的功率和网络中各节点的电压。

3.4.2 潮流分析思路

由于单轨供电系统中压网络组网形式相对简单，基本上都可以简化为开式电网，且在整理基础计算数据时，均为已知电源点电压、负荷点注入功率，因此，在进行潮流计算时，可以认为这个计算是一个"反算功率，正算电压"的过程。所谓反算是计算方向由负荷点至电源点，即潮流的逆向，正算则是计算方向由电源点至负荷点，即潮流方向。单轨供电系统的潮流分析流程如图 3-3 所示。

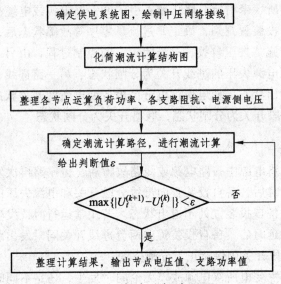

图 3-3　潮流分析流程图

3.4.3　潮流分析目标

1. 各节点运算负荷功率的统计整理

由于轨道交通中压网络多为电缆线路，电缆自身存在较大电容，因此，由电容引起的无功充电功率应考虑在运算负荷功率中，即对于电缆线路，可以用一个 Π 型等值电路表示，把处于某一节点的所有功率（含线路电容支路的充电功率）合成一个负荷功率，并称作运算负荷。

2. 潮流计算路径的选择

按与叶节点连接的支路排序，并将已排序的支路拆除，在此过程中将不断出现新的叶节点，而与其连接的支路又加入排序行列。这样就可以全部排列好从叶节点向电源点计算功率损耗的支路顺序，其逆序就是进行电压计算的支路顺序，可以这样认为，潮流计算路径的选择就是一个逐一拆分化简支路的过程。

3. 电源电压的选择

根据上面分析，轨道交通供电网络可以化简为两级电压方式的开式电网（例如：110 kV/35 kV），一般主所主变压器均为有载调压变压器，在进行第一遍潮流计算时选择变压器主接头电压，如有载调压主变压器为 115 kV±8×1.25%/37 kV，选择电源电压即为 115 kV，当潮流网络结构比较复杂或是比较庞大时，例如在相邻主所解列时，由于负荷众多，供电范围增大，可能在计算完毕后会出现网络节点的压偏（电压偏移）不能满足系统要求，此时可以在不改变网络结构或不增加调压设施的情况下，通过改变主变调压分接头档位进行网络电压调整。

4. 潮流分析的主要目标

潮流计算主要考察的是网络中的各个节点电压和支路功率，就单轨交通而言，对这些数据进行计算整理，最终考察的主要是以下几个指标：

（1）电压损耗：是指网络元件首末端电压的数值差（U_1-U_2）。在近似计算中，电压损耗可以用电压降落纵分量的幅值表示。电压损耗有时以百分值表示，即

$$电压损耗 = \frac{U_1-U_2}{U_N} \times 100\%$$

式中　　U_N——网络的额定电压。

电压损耗百分值直接反映供电电压的质量，根据电力网电压质量的要求，一条输电线路的电压损耗百分比在线路通过大负荷时，一般不应超过其额定电压 U_N 的 10%，轨道交通规范规定网络末端电压损失不宜超过 5%。

（2）电压偏移：是指网络中某点的实际电压值与网络额定电压的数值差（$U-U_N$）。电压偏移常以百分值表示，即

$$电压偏移 = \frac{U-U_N}{U_N} \times 100\%$$

电压偏移是衡量电压质量的重要指标。进行电压计算的目的，在于确定电力网的电压损耗与各负荷点的电压偏移，分析其原因并采取调压措施，使之在允许的变化范围内，就目前国内轨道交通工程中牵引变压器和动力变压器通常要求进线电压波动不超过网络额定电压（通常为 35 kV 或 10 kV）的 ±5%。

（3）各个支路电缆线路的载流能力（优化环网电缆的选择）。

由于可以计算出各支路通过功率，因此可以根据 $S=\sqrt{3}UI$，推算出支路电流，这样就可以与各型电缆的载流值（这些数据可以在电缆样本中直接查到）进行比对，从而可以校验所选择的电缆是否满足自身网络的要求。

（4）电源汇集点处的输出功率（优化系统容量，即主变压器容量的选择）。

该点的功率是选择系统容量（或各个主变电所变压器容量）的重要依据。系统容量的确定，实际上是结合各种运行方式，绘制不同的潮流计算结构图，分别进行潮流计算，选择计算结果中的最大值。

第4章 变电所设备

跨座式单轨供电系统的设备种类很多，本章只介绍变电所内开关类设备、变压器、整流器、再生制动吸收装置、交-直流电源等设备，重点介绍再生制动吸收装置；中性点接地装置、电力监控系统、继电保护装置等，其他设备见相关章节。

4.1 概 述

单轨供电系统按照电流制式，分交流供电系统和直流牵引供电系统两个部分。在交流供电系统中有变压器和配电设备，配电设备包括高压配电设备、中压配电设备和低压配电设备。在直流牵引供电系统中，有整流变压器、整流器、直流开关柜、再生制动吸收装置。为实现供电系统的可靠运行，还设有继电保护装置。

设备选择即确定设备类型和技术参数，其原则是安全可靠、经济合理。应考虑三个方面的问题：一是设备使用的条件，如设备正常使用的温度、湿度、海拔高度等，这需要根据单轨工程建设地点的气象条件、海拔高度、地震烈度、设备安装位置（室内、室外、地面、地下）等综合考虑确定；二是设备的有关技术参数，如开关设备要满足系统所要求的电压等级、动热稳定性等要求，这需要根据系统设计确定；三是设备类型，按照设备的技术现状进行合理选择，以满足技术、经济的合理性。在单轨工程中，设备选择还要考虑工程整体合理性以及方便运营维护管理问题，因此，选择使用的设备不仅要满足系统对设备功能和电气参数的要求，还要在技术、经济合理的前提下，尽可能设备小型化。

变电所设备按照设备所在位置划分可分为主变电所设备、牵引变电所设备和降压变电所设备。按照设备系统划分为交流供电系统设备、直流牵引供电系统设备、动力照明供电系统。交流供电系统设备包括高压开关设备、中压开关设备、主变压器；直流牵引供电系统设备包括整流机组（整流变压器、整流器）、直流开关设备；动力照明供电系统设备包括配电变压器、低压开关设备。重庆单轨工程采用集中式供电，高压设备电压等级为 110 kV，应用在主变电所中；中压电压等级为 35 kV 或 10 kV；低压配电电压等级为 400 V；直流牵引供电电压等级为直流 1 500 V。

4.2 开关类设备

4.2.1 110 kV GIS 组合电器

1. 110 kV GIS 组合电器结构组成及特点

110 kV GIS 组合电器（下称 GIS）应用于单轨工程主变电所，作为高压配电设备，接受城市电网电源并分配给主变电所内主变压器。它是将断路器、隔离开关、接地开关、母线、电流互感器、电压互感器、避雷器、进出线套管等组合在一起，全部封闭于接地的金属体内，然后充以一定压力的 SF_6 绝缘气体，称为气体绝缘组合电气设备（Gas Insulated Switchgear，简称 GIS）。SF_6 气体是一种无色、无味、无毒、不可燃、对电气设备不腐蚀的气体；它的绝缘性能和灭弧能力强、绝缘强度是空气的 2.33 倍，灭弧能力是空气的 100 倍，但 GIS 中断路器和其他电气设备的稳定性、可靠性完全取决于 SF_6 气体的纯洁度。如果纯洁度受到破坏，例如混入了过量的水分、杂质、金属粉末等，它的稳定性就会受到破坏，同时绝缘强度和灭弧能力也会大大降低。

由于 GIS 是将多个高压电气元件有机地组合在一起，该开关柜主要特点如下：① 共箱式结构，高度集成，占地面积小；② 采用压气+自能式灭弧室，开断能力高，操作功小；③ 集成结构灵活，不仅能满足各种接线方式，而且能满足各种布置方式；④ 包装和运输以间隔为单元，安装调试周期短；⑤ 壳体材料为钢或铝合金材料，选择的自由度大，适用于各种严酷环境。

目前，重庆单轨 2、3 号线使用的 110 kV GIS 组合电器有平高东芝 GSPK-145FHW 和现代重工 126SP-K1 两种规格，本节以重庆单轨 3 号线主变电所的现代重工 GIS 为例进行介绍。现代重工 GIS 主要组成元件包括：断路器 1 台；三工位隔离开关 2 套；快速接地开关 2 台；电流互感器若干个（线圈分布在断路器两侧）；电压互感器 1 套；避雷器 1 组；电缆终端等；其外形如图 4-1 所示。

图 4-1　110 kV GIS 组合电器外形图

断路器的结构见图 4-2，断路器由装于上部的弹簧操动机构和下部的断路器本体两大部分组成。断路器本体由支持件、连动杆、支持绝缘件、导体、灭弧室等组成，主导电回路通过盆式绝缘子引入（引出）并固定在壳体上；弹簧机构的操作能能通过连动件转化为三个灭弧室的操作能，灭弧室与壳体之间通过支持绝缘件绝缘，断路器的壳体在工作状态始终处于地电位，壳体内部充额定压力的 SF_6 气体用于灭弧和相间、导电部位与接地的壳体之间的绝缘。

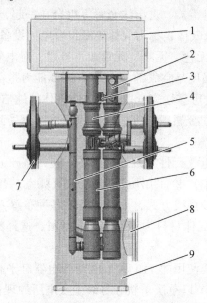

图 4-2　110 kV GIS 开关柜断路器结构图

1—弹簧机构；2—支持件；3—连动杆；4—支持绝缘件；5—导体；
6—灭弧室；7—盆式绝缘子；8—吸附剂；9—壳体

三工位开关的内部结构见图 4-3。三工位开关是将隔离开关和检修用接地开关组合，主要由 8 个部件构成。主导电回路是由盆式绝缘子直接支撑的；工作时，三工位开关的动触头向一边伸出隔离合闸，向另一边伸出接地开关合闸。绝缘操作杆垂直于动触头，安装在中间触头上，接地开关的合闸是由高电位合向低电位。

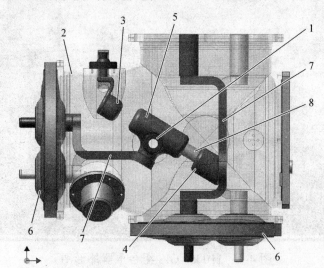

图 4-3　110 kV GIS 开关柜三工位开关结构图（应对 1、2、3 等各部分介绍）

线路接地开关 126SP-LES2 是快速接地开关，具有额定短路电流的关合能力和线路电磁感应电流、静电感应电流的开合能力，配用机构为电动弹簧操动机构。快速接地开关由五大部分组成如图 4-4 所示。在动静触头上均有耐电弧的合金材料，用来提高快速接地开关的电寿命；

线路接地开关所配用的电动弹簧机构工作过程是储能-释放的过程。

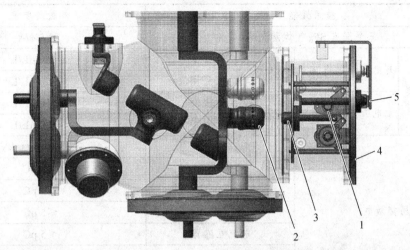

图 4-4   110 kV GIS 开关柜快速接地开关结构图

1—电动弹簧操动机构；2—静触头；3—动触头；4—三相驱动单元；5—主接地端子

2. 主要技术参数及性能

单轨交通主变电所的 110 kV 侧采用户内型线路变压器组接线方式，GIS 开关柜基本参数见表 4-1。

表 4-1   110 kV 侧的主要技术参数及性能

技术性能		参数及要求
额定电压		126 kV
额定电流	进、出线	2000 A
	分段、母联	2000 A
	主母线	2000 A
额定频率		50 Hz
外壳材料		铝合金
额定工频 1 min 耐受电压（相对地）		230 kV
额定雷电冲击耐受电压峰值（1.2/50 s）（相对地）		550 kV
额定短路开断电流		40 kA
额定短路关合电流		100 kA
额定短时耐受电流及持续时间		40 kA/3 s
额定峰值耐受电流		100 kA
辅助和控制回路短时工频耐受电压		2 kV
无线电干扰电压		≤500 μV
噪声水平		≤110 dB
SF₆ 气体压力（20 ℃ 表压）	断路器室	0.6 MPa
	其他隔室	0.4 MPa

技术性能		参数及要求
每个隔室 SF₆ 气体漏气率		≤0.5%/年
SF₆气体湿度	有电弧分解物隔室 交接验收值	≤150 μL/L
	有电弧分解物隔室 长期运行允许值	≤300 μL/L
	无电弧分解物隔室 交接验收值	≤250 μL/L
	无电弧分解物隔室 长期运行允许值	≤500 μL/L
局部放电	试验电压	$1.1×126/\sqrt{3}$ kV
	每个隔室	≤5 pC
	每单个绝缘件	≤3 pC
	套管	≤5 pC
	电流互感器	≤5 pC
	电压互感器	≤10 pC
	避雷器	≤10 pC
供电电源	控制回路	DC 220 V
	辅助回路	AC 380/220 V
使用寿命		≥30 年
检修周期		≥20 年
温升	试验电流	$1.1 I_r$
	可以接触部位	≤30 K
	可能接触部位	≤40 K
	不可接触部位	≤65 K

GIS 各种间隔的设备，其各自的相关技术要求分别如下：

1）断路器参数（表 4-2）

表 4-2　断路器参数

型　号		126SP-K1
布置型式（立式或卧式）		立式
断口数		1
额定电流	出线	2 000 A
	进线	2 000 A
	分段、母联	2 000 A
主回路电阻		65 μΩ
温升试验电流		2 200 A
额定工频 1 min 耐受电压	断口	（230＋70）kV
	对地	230 kV
额定雷电冲击耐受电压峰值（1.2/50 s）	断口	（550+100）kV
	对地	550 kV

型　　号		126SP-K1
额定短路开断电流	交流分量有效值	40 kA
	时间常数	45 ms
	开断次数	20 次
	首相开断系数	1.5
额定短路关合电流		100 kA
额定短时耐受电流及持续时间		40/3 kA/s
额定峰值耐受电流		100 kA
开断时间		≤60 ms
合分时间		≤60 ms
分闸时间		≤40 ms
合闸时间		≤100 ms
重合闸无电流间隙时间		300 ms
分、合闸平均速度	分闸速度	4.0～4.8 m/s
	合闸速度	2.6～3.7 m/s
分闸不同期性		3
合闸不同期性		5
机械稳定性		10 000
额定操作顺序		O—0.3 s—CO—180 s—CO
现场开合空载变压器能力	空载变压器容量	31.5/40/50 MV·A
	空载励磁电流	0.5～15 A
	试验电压	126 kV
	操作顺序	10×O 和 10×（CO）
现场开合空载线路充电电流试验	试验电流	由实际线路长度决定
	试验电压	126
	试验条件	线路原则上不得带有泄压设备，如电抗器、避雷器、电磁式电压互感器等
	操作顺序	10×（O—0.3 s—CO）
容性电流开合试验（试验室）	试验电流	线路：31.5 A，电缆：140 A
	试验电压	1.2×126/$\sqrt{3}$
	操作顺序	LC1 和 CC1：24×O，LC 和 CC2：24×CO
		LC1 和 CC1：48×O，LC2 和 CC2：24×O 和 24×CO
近区故障条件下的开合能力	L90	36
	L75	30
	L60	24（L 75 的最小燃弧时间长于 L90 的最小燃弧时间 5 ms 时）

型号		126SP-K1
	操作顺序	O—0.3 s—CO—180 s—CO
失步关合和开断能力	开断电流	10 A
	试验电压	$2.0×126/\sqrt{3}$
	操作顺序	方式1：O—O—O 方式2：CO—O—O
SF$_6$气体压力 （表压，20 ℃）	最高	0.65 MPa
	额定	0.6 MPa
	最低	0.5 MPa
报警压力（表压，20 ℃）		0.55 MPa
闭锁压力（表压，20 ℃）		0.5 MPa
*操动机构型式或型号		弹簧
操作方式		三相机械联动
电动机电压		DC 220 V
合闸操作电源	额定操作电压	DC 220 V
	操作电压允许范围	85%～110%，30%不得动作
	每相线圈数量	1
	每只线圈稳态电流	DC 220 V、2.5 A
分闸操作电源	额定操作电压	DC 220 V
	操作电压允许范围	65%～110%，30%不得动作
	每相线圈数量	2
	每只线圈涌电流	≤2.5 A
	每只线圈稳态电流	DC 220 V、2.5 A
加热器	电压	AC 220 V
	每相功率	150 W
备用辅助触点	数量	10 对
	开断能力	DC 220 V、2.5 A
检修周期		≥20 年
弹簧机构	储能时间	≤20 s

2）隔离开关参数（表4-3）

表4-3　隔离开关参数

型式/型号		126SP-3PS1
额定电流	出线	2 000 A
	进线	2 000 A
	分段、母联	2 000 A

型式/型号		126SP-3PS1
主回路电阻		20 μΩ
温升试验电流		2 200 A
额定工频 1 min 耐受电压	断口	（230＋70）kV
	对地	230 kV
额定雷电冲击耐受电压峰值（1.2/50 s）	断口	（550+100）kV
	对地	550 kV
额定短时耐受电流及持续时间		40 kA/3 s
额定峰值耐受电流		100 kA
分、合闸时间	分闸时间	5 000 m/s
	合闸时间	5 000 m/s
分、合闸平均速度	分闸速度	1～1.5 m/s
	合闸速度	0.01 m/s
机械稳定性		≥6 000 次
开合小电容电流值		1 A
开合小电感电流值		0.5 A
开合母线转换电流能力	转换电流	A
	转换电压	10 V
	开断次数	100 次
操动机构	型式或型号	电动并可手动
	电动机电压	AC 220 V
	控制电压	AC 220 V
	允许电压变化范围	85%～110%
	操作方式	三相机械联动
备用辅助触点	数量	10 对
	开断能力	DC 220 V、2.5 A

3）快速接地开关参数（表 4-4）

表 4-4 快速接地开关参数

额定短时耐受电流及持续时间		40 kA/3 s
额定峰值耐受电流		100 kA
额定短路关合电流		100 kA
额定短路电流关合次数		≥2 次
分、合闸时间	分闸时间	0.1 ms（储能时间 6 s）
	合闸时间	0.1 ms（储能时间 6 s）
分、合闸平均速度	分闸速度	1.6～2.6 m/s
	合闸速度	1.6～2.6 m/s
机械稳定性		≥6 000 次

开合感应电流能力（A类/B类）	电磁感应	160	160 A
		10	10 次
		15	15 kV
	静电感应	10	10 A
		10	10 次
		15	15 kV
操动机构	型式或型号		电动弹簧并可手动
	电动机电压		DC 220 V
	控制电压		DC 220 V
	允许电压变化范围		85%~110%
备用辅助触点	数量		8 对
	开断能力		DC 220 V、2.5 A

4）检修接地开关参数（表4-5）

表4-5 检修接地开关参数

额定短时耐受电流及持续时间		40 kA/3 s
额定峰值耐受电流		100 kA
机械稳定性		≥6 000 次
操动机构	型式或型号	电动并可手动
	电动机电压	DC 220 V
	控制电压	DC 220 V
	允许电压变化范围	85%~110%
备用辅助触点	数量	8 对
	开断能力	DC 220 V、2.5 A

5）电流互感器参数（表4-6）

表4-6 电流互感器参数

型式或型号		电磁式
布置型式		内置
绕组1	额定电流比	200-400-800/5 A
	额定负荷	30 V·A
	准确级	5P30
绕组2	额定电流比	200-400-800/5 A
	额定负荷	30 V·A
	准确级	5P30

型式或型号		电磁式
绕组3	额定电流比	200-400-800/5 A
	额定负荷	30 V·A
	准确级	5P30
绕组4	额定电流比	200-400-800/5 A
	额定负荷	30 V·A
	准确级	0.5
绕组5	额定电流比	200-400-800/5 A
	额定负荷	30 V·A
	准确级	0.2 s

6）电压互感器参数（表4-7）

表4-7　电压互感器参数

型式或型号	电磁式
额定电压比（母线：三相）	110/$\sqrt{3}$ /0.1/$\sqrt{3}$ /0.1/$\sqrt{3}$ /0.1 kV
额定电压比（线路：单相）	无
准确级	0.2/0.5（3 P）/3 P
接线级别	Y0 / Y0 / Y0 / 开口三角
额定输出容量	母线，三相：主二次绕组 100 V·A，剩余绕组（开口三角形）300 V·A；
三相不平衡度	1 V
低压绕组 1 min 工频耐压	3 kV
额定电压因数	1.2 倍连续，1.5 倍 30 s

7）避雷器参数（表4-8）

表4-8　避雷器参数

额定电压	102 kV
持续运行电压	80 kV
标称放电电流（8/20 μs）	10 kA
陡波冲击电流下残压（1/10 μs）	297 kV
雷电冲击电流下残压（8/20 μs）	266 kV
操作冲击电流下残压（30/60 μs）	226 kV
直流 1 mA 参考电压	≥148 kV
75%直流 1 mA 参考电压下的泄漏电流	≤50 μA
工频参考电压（有效值）	157 kV
工频参考电流（峰值）	1 mA

持续电流	全电流	≤0.7 mA
	阻性电流	≤200 μA
长持续时间冲击 耐受电流	线路放电等级	1/2
	方波电流冲击	600 A
4/10 μs 大冲击耐受电流		100 kA
动作负载		按 GB 标准
工频电压耐受时间特性		按 GB 标准
千伏额定电压吸收能力		8
压力释放能力		40/0.2

8）套管参数（表 4-9）

表 4-9 套管参数

伞裙型式		大小伞
材质		瓷
额定电流		2 000 A
额定短时耐受电流及持续时间		40 kA/3 s
额定峰值耐受电流		100 kA
额定工频 1 min 耐受电压（相对地）		230 kV
额定雷电冲击耐受电压峰值（1.2/50 ms）（相对地）		550 kV
爬电距离		3 150 mm （当 500 mm≥平均直径≥300 mm 时，乘 1.1； 平均直径＞500 mm 时，乘 1.2）
干弧距离		≥900 mm
S/P		≥0.9
端子静负载	水平纵向	2 000 N
	水平横向	1 500
	垂直	1 000
	安全系数	静态 2.75，动态 1.7
套管顶部金属带电部分的相间最小净距		≥1 000 mm

9）主母线参数（表 4-10）

表 4-10 主母线参数

材 质	铝
额定电流	2 000 A
额定短时耐受电流及持续时间	40 kA/3 s
额定峰值耐受电流	100 kA
导体直径（内径/外径）	ø80-ø66 mm

3. 操作指导

110 kV GIS 进线电缆侧装有带电显示装置，该装置具有显示带电状态（灯光）和强制性闭锁的功能。设备带电运行时，控制柜"联锁-释放"转换开关必须倒至"联锁"状态，严禁退出联锁保护进行倒闸操作。GIS 开关基本操作要求及规定如下：

（1）设备带电倒闸操作时，正常情况在控制室远程操作，特殊情况当远程操作失败时可就地电气操作，在紧急情况下可手动操作（不建议手动合闸操作），但必须有专人监护。

（2）检修试验时需手动操作隔离开关、接地刀闸时，应将控制柜"DS 手动-ES 手动"开关倒至相应的"手动"位后再操作。

（3）三工位隔离开关手动操作：

① 打开操作箱外盖板，将手柄插入 DS 或 ES 操作孔，顺时针或逆时针转动进行分/合闸操作。② 手动操作隔离开关、接地刀闸完成后应立即取下操作手柄，并关闭好盖板。

4. 快速接地刀闸手动操作

① 手动储能操作：打开操作箱外盖板，将手柄插入储能操作孔，逆时针转动进行储能操作；手动储能操作完成后应立即取下操作手柄，并关闭好盖板。

② 手动分/合闸操作：打开操作箱外盖板，将手柄插入分/合闸操作孔，顺时针或逆时针转动进行分/合闸操作。手动操作完成后应立即取下操作手柄，并关闭好盖板。

5. 断路器手动储能

① 向左旋转打开封盖。② 插入延伸棒和手动柄。③ 逆时针方向转动手动柄，直至听到金属撞击声音后，立即停止储能。

4.2.2　35 kV GIS 开关

中压开关设备应用于单轨工程的主变电所、牵引变电所和降压变电所，用于接受和分配中压电能。在主变电所，中压开关设备的进线电源引自主变压器，馈出线引至主变电所供电范围内的牵引变电所、降压变电所。依据中压网络的设计，牵引变电所的中压开关设备由主变电所、相邻牵引变电所或降压变电所引入中压电源，并供给所内牵引整流变压器。降压变电所的中压开关设备由主变电所、相邻牵引变电所和降压变电所引入中压电源，并供给所内配电变压器。

中压开关柜按照电气绝缘介质可分为空气绝缘开关柜、复合绝缘开关柜和 SF_6 气体绝缘开关柜。按功能可分为进线柜、出线柜、整流变馈线柜、配电变馈线柜、母联柜等。35 kV 进线柜负责引入主变电所或相邻变电所 35 kV 电源，主要由真空断路器、三工位隔离开关及其操动机构和测量设备、继电保护装置等组成，设置有光纤差动保护、定时限速断保护、过流保护、零序电流保护；35 kV 出线柜只要是把电源送至相邻变电所，其组成和保护配置同进线柜；35 kV 整流变馈线柜负责把电源馈送至整流变压器；35 kV 配电变馈线柜负责把电源馈送至配电变压器；35 kV 母联柜起母线联络作用，主要由真空断路器、两套三工位隔离开关及操动机构、测量设备、继电保护装置、备自投装置等组成，具体保护介绍详见继电保护相关章节。

目前，重庆单轨二、三号线 35 kV 电压等级中压开关柜均采用全密封充气（SF_6）GIS 开关柜，包括厦门 ABB ZX2 型、沈开 XGN55-40.5 和现代重工 HMGS-G80 三种型号，本节主要以厦门 ABB ZX2 为例进行介绍。

1. 35 kV GIS 开关结构及特点

以重庆单轨三号线二期工程为例，其主变电所、牵引降压混合变电所、降压变电所和跟随变电所的 35 kV GIS 开关设备都是由厦门 ABB 开关有限公司生产的 ZX2 型 SF$_6$ 气体绝缘金属封闭开关柜，开关柜主要由 ZX2 型 SF$_6$ 气体绝缘开关柜本体、VD4 真空断路器、三工位开关、电流电压组合式传感器、开关柜保护和控制单元等组成。ZX2 开关柜采用全金属进行封闭，共分为母线室、断路器室、电缆室和二次接线及断路器操作机构室。

单轨系统 35 kV GIS 开关柜均采用单母线供电方式，因此除母联柜外，其他 35 kV 开关柜全部只用其中的一个母线室。这种开关柜最大特点就是 SF$_6$ 气体绝缘，其绝缘性能好，令开关柜更为紧凑，体积小，更适合于单轨变电所这种由于受到环境限制的地方。ZX2 开关柜外形图、内部结构剖面图分别如如 4-5、图 4-6 所示。

图 4-5　ZX2 开关柜外形示意图

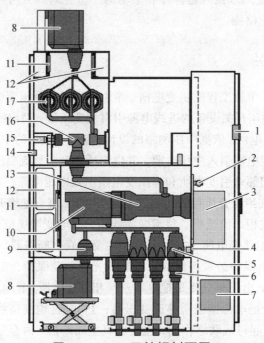

图 4-6　ZX2 开关柜剖面图

1—保护单元；2—压力传感器；3—断路器操动机构；4—CT 二次端子；5—电缆插座；6—插接式电缆头；
7—智能型控制/保护单元（未用）；8—电压互感器；9—多用插座；10—电流互感器；11—压力释放盘；
12—压力释放通道；13—真空断路器；14—电容分压装置测试接口；
15—三工位开关操动机构；16—三工位开关；17—主母线

1）VD4X 真空断路器（图 4-7）

VD4X 真空断路器用于充气式开关柜。真空断路器不仅关合、开断和短路开断功能，而且与三工位开关配合实现接地功能。真空断路器三极柱水平布置，安装在断路器操作机构后部的安装板上，使其易于密封。断路器本体高压带电部分直接浇注在绝缘套筒内，使真空灭弧室免受冲击和外界影响。断路器在合闸位置时主回路电流路径：从接线端子流经真空灭弧室内的静触头，然后通过动触头和环形触子到接线端子，开关运动由带内部接触压力的碟形弹簧的绝缘拉杆来实现。

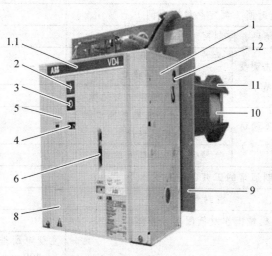

图 4-7　真空断路器 VD4X 示意图

1—断路器操作机构；1.1—前面板；1.2—起吊孔（双面）；2—机械合闸按钮；3—机械分闸按钮；
4—机械状态指示器；5—机械计数器；6—储能手柄插孔（紧急手动操作用）；
8—机械储能状态指示；9—安装板；10—断路器极柱；11—绝缘材料柱筒

断路器操作机构为弹簧储能型，储能弹簧将储存足够的能量供断路器操作使用。储能弹簧操作机构包括带外罩的平面蜗卷弹簧、储能系统、棘轮、操作机构以及传力至断路器各极的连接件。

2）三工位开关

三工位开关常用于全封闭组合电器（GIS）中，三工位是指三个工作位置：隔离开关主断口接通的合闸位置、主断口分开的隔离位置、接地侧的接地位置。三工位开关其实就是整合了隔离开关和接地开关两者的功能，并由一把刀来完成，这样就可以实现机械闭锁，防止主回路带电合地刀，因为一把刀只能在一个位置，而不像传统的隔离开关，主刀是主刀，地刀是地刀，两把刀之间就可能出误操作。而三工位隔离开关用的是一把刀，一把刀的工作位置在某一时刻是唯一的，不是在主闸合闸位置，就是在隔离位置或接地位置。传统的 GIS 中，隔离开关和接地开关是两个功能单元，使用电气联锁进行控制，现在最新设计就是使用三工位隔离开关，避免了误操作的可能性。

2. 主要技术参数

1）ZX2 开关柜主要技术参数（表 4-11）

表 4-11　ZX2 开关柜主要技术参数

项　目			技术参数
额定电压			40.5 kV
额定电流			1 250 A
额定频率			50 Hz
额定短时耐受电流（额定热稳定电流）			25 kA
额定峰值耐受电流（额定动稳定电流）			63 kA
额定短路持续时间（额定热稳定时间）			4 s
分闸、合闸装置和辅助、控制回路的额定电源电压			DC 220 V
柜体及开关设备组件的绝缘水平	额定雷电冲击耐受电压（峰值）	主绝缘对地、断路器断口间及相间绝缘	185 kV
		隔离开关断口间的绝缘	215 kV
	额定 1 min 工频耐受电压（有效值）	主绝缘对地、断路器断口间及相间绝缘	85 kV
		隔离开关断口间的绝缘	110 kV
辅助回路和控制回路的工频电压耐受水平			2 kV、1 min
防护等级	密封气室		IP65
	机械操作及低压部分箱体		IP4X
宽×深×高			主变电所进线柜、母联柜、PT 柜：800 mm×1 760 mm×2 300 mm 牵引降压变电所进线柜、母联柜：600 mm×1 760 mm×2 300 mm 出线柜、馈线柜：600 mm×1 760 mm×2 300 mm

2）断路器技术参数（表 4-12）

表 4-12　断路器技术参数

型　式		固定式真空断路器
额定电压		40.5 kV
额定电流		1 250 A
额定频率		50 Hz
额定短时耐受电流		25 kA
额定峰值耐受电流		63 kA
额定短路开断电流		25 kA
额定短路关合电流		63 kA
额定短路持续时间		3 s
操动机构	类型	弹簧操动机构
	操作电压	DC 220 V
	辅助接点	10 常开，10 常闭

型　式		固定式真空断路器
额定操作循环		O—0.3 s—CO—180 s—CO
机械寿命 M2		10 000 次操作循环
电寿命 E2：额定开断次数		10 000 次
电寿命 E2：额定短路电流开断次数		50 次
机械特性	合闸时间	80 ms
	分闸时间	65 ms
	触头开距	18～22 mm
	三极合、分闸不同期性	≤2 ms

3）三位置开关技术参数（表 4-13）

表 4-13　三位置开关技术参数

型　式	三极，手动操作
额定电压	40.5 kV
额定电流	1 250 A
额定短时耐受电流	25k A
额定峰值耐受电流	63 kA
额定短路持续时间	3 s
接地开关的额定短路关合电流	63 kA
辅助接点	10 常开，10 常闭
机械寿命	M1（2 000 次操作循环）
接地开关的电寿命	E2

4）电流互感器技术参数（表 4-14）

表 4-14　电流互感器技术参数

型　式		环氧树脂浇注式
设备最高电压		0.72 kV
额定电流变比		一次电流由设计单位确认为准；二次电流为 1 A
准确等级		5P20
额定短时热电流		25 kA
额定动稳定电流		63 kA
额定短路持续时间		3 s
额定二次输出负荷容量	线圈 1（保护及测量）	2.5 V·A
	线圈 2（差动保护）	2.5 V·A

5）电压互感器技术参数（表 4-15）

表 4-15　电压互感器技术参数

型　式		环氧树脂浇注式
额定一次电压		$35/\sqrt{3}$ kV
额定二次电压	绕组 1	$100/\sqrt{3}$ V
	绕组 2	100/3 V（配置消谐电阻）
准确等级		0.5，3P
额定输出负荷		60 V·A/100 V·A
安装位置		接于主母线上

6）避雷器技术参数（表 4-16）

表 4-16　避雷器技术参数

型　式	氧化锌避雷器
额定电压	51 kV
持续运行电压	40.8 kV
标称放电电流	5 kA
标称放电电流下残压	≤121 kV
安装位置	接于主母线

3．操作指导

（1）进线柜、出线柜、母联柜、馈线柜送电操作规定：合上隔离开关后，再合断路器。

（2）回路接地：断开断路器，拉开隔离开关，合上接地刀闸，电缆侧无电，断路器合闸接地，自动脱扣断开断路器及三工位隔离开关控制电源。

（3）解除回路接地：手动断开断路器，合上断路器及三工位隔离开关控制电源，拉开接地刀闸（图 4-8）。

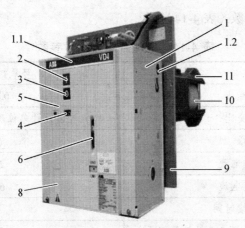

图 4-8　真空断路器

1—断路器操作机构；1.1—前面板；1.2—起吊孔，双面；2—机械合闸按钮；3—机械分闸按钮；
4—机械状态指示器；5—机械计数器；6—储能手柄插孔（紧急手动操作用）；
8—机械储能状态指示器；9—安装板；10—断路器极柱；11—绝缘材料极柱筒

（4）VD4X 断路器操作方法：断路器倒闸操作时，正常情况由远程电动操作，如远程操作失败，可在开关柜就地电动操作，紧急情况下可手动操作。蜗卷弹簧储能机构正常情况自动电动储能，特殊情况可手动储能。蜗卷弹簧手动储能：① 断开断路器储能电源，确认断路器未储能。② 将储能手柄插入储能手柄插孔，泵压储能手柄至储能机构脱扣动作，同时储能指示显示已储能。断路器就地机械分/合闸（断路器储能状态）：按下断路器面板上机械分/合闸按钮，使断路器分/合闸（图 4-9）。

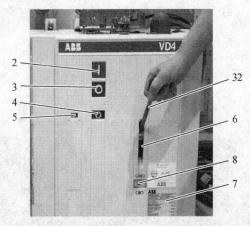

图 4-9　断路器紧急手动储能操作

2—机械合闸按钮；3—机械分闸按钮；4—机械状态指示器；5—机械计数器；
6—储能手柄插孔；7—铭牌；8—机械储能状态指示器；32—储能手柄

（5）三工位开关操作方法：三工位隔离开关倒闸操作时，正常情况由远程电动操作，如远程操作失败，可在开关柜就地电动操作，紧急情况下可手动操作。隔离开关手动操作：① 打开机械活页面板，如图 4-10 所示（断路器未合闸）。② 插入操作手柄，逆时针/顺时针转动至极限位置对隔离开关进行分/合闸操作，如图 4-11 所示。接地开关手动操作：① 打开机械活页面板（断路器未合闸）。② 插入操作手柄，顺时针/逆时针转动至极限位置对接地开关进行分/合闸操作。

图 4-10　打开三工位开关机械活页面板

图 4-11　插入三工位开关操作手柄

4.2.3　10 kV 开关

重庆单轨二号线较新线 10 kV 电压等级中压开关柜采用空气绝缘手车式开关柜，将 10 kV 真空断路器手车设于开关柜中部，便于检修维护，如图 4-12 所示。

图 4-12　10 kV 开关柜外形示意图

4.2.4　直流 1 500 V 开关

1. 组成结构及功能

直流 1 500 V 开关柜安装于牵引变电所内，是直流牵引供电系统中电能分配、控制及转换的直流开关和控制设备，主要包括进线柜、馈线柜和负极柜；进线柜开关为电动隔离开关，馈线柜采用手车式开关柜，开关为直流快速断路器；负极柜开关为手动隔离开关。开关柜能够连续、安全地运转，具有耐潮、防火的功能。开关柜在正常的工作条件下运行，能承受温升变化且无变形、无损坏，任何部分无过度应力变化。1 500 V 直流开关柜如图 4-13 所示。

直流 1 500 V 开关柜一般户内型，具有标准防护等级的金属封闭式结构。对于馈线和进线柜，其控制、保护、测量设备有两种方式：一是把它们安装在手车上，测控设备随手车运动；二是把测控设备安装在独立的低压室内，与手车分开，手车移动时，测控装备不动。目前，重庆单轨二、三号线直流 1 500 V 开关柜均采用第一种方式，断路器采用瑞士赛雪龙（SECHERON）KMB 直流断路器，开关柜由一个固定的柜体及可拉出式手车组成。柜体部分包括母排及电缆接线室，手车部分由金属框架组成，包括断路器、电压测量设备、低压室、保护和控制单元 SEPCOS/PLC 系统和其他控制元件等。测控设备安装在手车上，如图 4-14 所示。

图 4-13　直流 1 500 V 开关柜外形示意图　　　图 4-14　断路器小车示意图

2. 主要技术参数

1) 进线柜

进线柜是指用于安装整流器正极与正极母线间的开关柜，柜内安装电动隔离开关，作为整流器柜和直流快速断路器之间隔离之用。开关柜后门设置有活动的金属门。整个开关柜内主要包括电动隔离开关、分流器、避雷器、测量放大器、测量与控制单元等。避雷器固定安装于电缆室内。避雷器可安装在直流开关柜的后下部或上部，同时考虑到电缆 连接和避雷器检修方便等因素。主要设备及技术参数如表 4-17 所示。

表 4-17　主要设备及技术参数

额定电压	DC 1 800 V
额定电流	4 000 A
过负荷能力	2 h 4 180 A
	1 min 8 450 A
	20 s 12 500 A
操作机构	
电动机操作机构额定电压	DC 220 V 操作机构上有表示开关合、分位置的指示器
分合闸时间	≤8 s
机械寿命	不小于 20 000 次
辅助开关接点	8 常开+8 常闭
电压测量装置及电压传感器	VM10
一次额定电压	DC 1 500 V
二次输出电压与所选设备匹配	
传感器输出	0~5 V，与所选设备匹配
电压表	1 只

采用嵌入式	
量程	电压 0~2 000 V
避雷器	2/1 台，3EB2 系列
系统电压	DC 1 500 V
额定电压	DC 1 800 V
标称放电电流	10 kA（8/20 s）
残压（5kA）	4.5 kV
放电量	
冲击电流（8×20 μs）	10 kA
方波	1 200 A，2 ms
脉冲放电电流（4×10 μs）	100 kA，20 次
试验电压	
主回路	8.5 kV，50 Hz，1 min
辅助回路	2 kV，50 Hz，1 min

2）馈线柜

馈线柜安装于正极母线与接触网之间，其内根据需要配置正极母线、直流快速断路器、分流器、测量放大器及相关控制、保护设备等装置。馈线柜装设手车式直流快速断路器，手车能方便地拉出和推入。断路器具有"运行""试验""移开"三个明显位置。馈线柜为金属封闭移开式，前后开门，双面维护（图 4-15）。

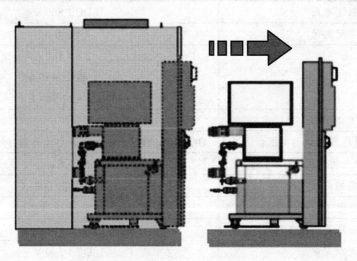

图 4-15　断路器手车示意图

柜体包括快速断路器手车室、低压室和电缆室。电缆室留有足够的空间，便于电缆连接。主要设备及技术参数如表 4-18 所示。

表 4-18　主要设备及技术参数

额定电压	DC 1 800 V
额定电流	4 000 A
过负荷能力	2 h 4 180 A 1 min 8 450 A 20 s 10 900 A
瞬时过电流保护脱扣装置	
I_{ds} 电流脱扣整定范围	4 000 15 000 A
开断时的过电压	不超过最高工作电压的 2 倍
开断能力	≥114 kA（di/dt≤10 kA/ms 无感时）
最小开断电流	50 A
合闸时间	≤150 ms
固有分闸时间	≤5 ms（3 ms 机械延时+2 ms 最小电气延时）
开断循环	30 次/h
机械寿命	≥8×25 000 次。10 000 次动作后，只需简单的检修
操作机构	
操作机构额定电压	DC 220 V，操作机构上有表示开关合、分位置的指示器
辅助开关接点	5 常开+5 常闭（可根据需要扩展）
分流器及电流传感器	1 套
额定电流	4 000 A
过载能力	5 倍
二次电流	与所选设备匹配
传感器输出	5 V
分流器输出	60 mV
嵌入式电流表量程	功能集成在 SEPCOS NG 显示单元中
故障显示装置	1 套（显示单元）
继电保护	SEPCOS-NG 型，可汉字显示，详见继电保护章节

3）负极柜

负极柜是由工厂组装的户内开关柜，为具有标准防护等级的金属封闭式结构，设有操作设备和测量、保护元件，以及避雷器、母排、电源和辅助连接。负极柜采用手动隔离开关，开关柜前部设有两个可锁住的金属门。在柜体上部设有一个控制元件室，另外还设有一个室用于设置隔离开关和电缆接线。每座牵引变电所在负极柜内设有一套低阻抗框架泄漏保护装置，用于防止直流设备内部绝缘损坏闪络时造成人身危险和设备损坏，主要设备及技术参数如表 4-19 所示。

表 4-19 主要设备及技术参数

额定电压	DC 1 800 V
额定电流	4 000 A
过负荷能力	2 h 4 180 A 1 min 8 450 A 20 s 12 500 A
辅助开关接点	3 常开+3 常闭（根据需要扩展）
避雷器（负极柜 1）	1 台，3EB2 系列
系统额定电压	DC 1 500 V
最高工作电压	DC 2 000 V
公称放电电流	10 kA（8/20 s）
残压（5 kA）	4.5 kV
放电量	
冲击电流（8×20 μs）	10 kA
方波	1 200 A，2 ms
脉冲放电电流（4×10 μs）	100 kA，20 次
分流器	FL 系列
8 000 A/60 mV	1 只
4 000 A/60 mV	5 只（正线牵引所）
14 只（车辆段牵引所）	
0～8 000 A 嵌入式电流表	1 只
0～±4 000 A 嵌入式电流表	5 只（正线牵引所） 14 只（车辆段牵引所）
14 只（车辆段牵引所）	
框架电流泄漏保护装置	1 套，MAS-2，瑞士 ELEKTROBA
整定范围值 40～80 A	
闭锁装置	1 套
辅助继电器及二次附件	1 套 （含 PLC 一套）
试验电压	
主回路	8.5 kV，50 Hz，1 min
辅助回路	2 kV，50 Hz，1 min

3．操作指导

各开关柜均须遵循已确定好的联锁关系进行操作。任何情况下，隔离开关不能带负荷操作，因此通常情况下合闸先后顺序依次为负极柜、正极柜、交流断路器，后是馈线柜，分闸顺序相反。直流快速断路器手车可以利用动静触头与母排断开或接通，同样可以利用航空插头与二次回路断开或接通。在"工作"位置，无论一次电缆还是二次电缆都与相应的接口完全连接，并且断路器处于正常工作状态。在"试验"位置，一次电缆断开，并与相应的母排保持一个特定的安全距离，活门被关闭，只有二次回路仍然接通。在"隔离"位置，手车、断路器及其控制线路被完全从手车室中拉出来，所有线路均被切断。电气及机械互锁用来防止当断路器合闸时断路器手车被移出"工作"位置。柜子前方的位置指示器"ON"（红）或"OFF"（绿）表明断路器的状态。在柜子正前方你可以对 HSCB 进行各种电气控制操作，也可进行手动分闸操作。断路器手车操作示意图如图 4-16 所示。

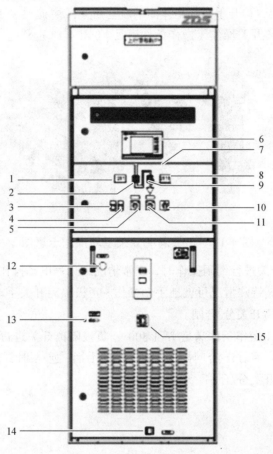

图 4-16　断路器手车操作示意图

1—HSCB 调度号；2—HSCB 位置指示器；3—手车解锁按钮；4—故障复位按钮；
5—HSCB 分合闸转换开关；6—显示单元；7—正极母线；8—DS 调度号*；
9—DS 位置指示器*；10—控制模式选择开关；11—DS 分合闸转换开关*；
12—紧急分闸按钮；13—手柄解锁；14—机械解锁；15—手柄操作孔

1）手车推进步骤

①确认断路器处于分闸位置；②检查手车（没有其他物体或工具遗留在手车内、活门可以自由开合）已经准备好进行操作；③连接手车与柜体间的航空插头（二次辅助回路接通）；④用手将手车推进柜体直到挡块挡住为止；⑤此时，手车处于"试验"位置；⑥模式转换开关打到"0"位；⑦按下紧急分闸按钮，拉开手柄操作孔；⑧将手柄水平插入操作孔，同时按住解锁按钮，使之解锁；⑨逆时针旋转手车手柄，使手车由试验位置行进至工作位置（操作手柄旋转一定角度后即可释放解锁按钮）；⑩恢复手柄解锁孔；　按下解锁按钮，测试电磁

锁是否正常动作，若发出清脆的响声，则正常； 转换开关位置恢复。

2）手车退出步骤

①确认断路器处于分闸位置；②按下紧急分闸按钮，拉开手柄操作孔；③将手柄水平插入操作孔，同时按住解锁按钮，使之解锁；④顺时针旋转手车手柄，使手车由工作位置行进至试验位置（操作手柄旋转一定角度后即可 释放解锁按钮）；⑤此时，手车处于"试验"位置；⑥压下解锁踏板（14）的同时，双手用力拉住手车把手向外拉出开关柜；⑦此时，手车处于"隔离"位置；⑧如需要，移开手车与柜体间的航空插头；⑨此时，手车处于"移开"位置。

3）1 500 V正极隔离开关操作（操作条件满足）（图4-17）

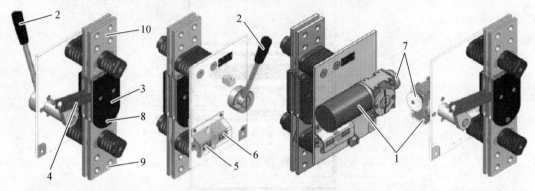

图 4-17　正极隔离开关手动操作示意图

1 500 V正极隔离开关进行倒闸操作时，正常情况由远程电动操作，如远程操作失败时可在开关柜就地电动操作，特殊情况可就地手动操作。正极隔离开关手动分/合闸操作：逆/顺时针转动手动转轮，使隔离开关分/合闸。

负极隔离开关操作（操作条件满足）：1 500 V 负极隔离开关进行倒闸操作时，只能就地手动操作。负极隔离开关手动分/合闸操作：插入操作手柄，逆/顺时针旋转操作手柄至分/合闸位置指示标志，使隔离开关分/合闸。

4.2.5　低压开关柜

1. 功　能

低压开关柜用于降压变电所，是动力照明供电系统的核心内容。它接受配电变压器提供的低压电能，为车站、区间、车辆段和控制中心的低压动力照明设备提供电源。低压开关设备一般设置安装于断路器本体的脱扣器作为保护设备。

2. 开关柜类型及结构组成

单轨工程降压变电所低压开关柜多采用金属封闭间隔式开关柜；电气绝缘和开关设备灭弧介质均为空气；断路器一般采用 ABB、西门子或施耐德。开关柜柜体为模块化框架结构，基本分位三个功能间隔室：水平母排室、功能单元室、电缆室。低压开关柜主要由框架断路器、塑壳断路器、无功补偿装置、控制回路、测量仪表及继电保护配置等构成。内置开关按照安装方式分为固定式、插拔式和抽屉式。400 V 开关柜外形图如图 4-18 所示。

400 V 进线开关、母联开关、三级负荷总开关设电动操作机构；馈线开关采用框架断路器时，设电动操作机构。进线开关、母联开关设置自动投入装置，并具有自复功能，开关间实现联锁，保证在任何情况下两个进线和母联开关不得同时处于合闸状态（母线故障不允许母联自动投入）。进线柜、母联柜各设一个"就地/远动"转换开关，实现就地和远动控制的转换。母联柜还设一个备自投"投入/退出"的转换开关，只有当开关处于投入位置时备自投功能才有效。

图 4-18　400 V 开关柜外形图

3. 主要技术参数

1）系统参数

系统标称电压：AC 0.38/0.22 kV

额定频率：50 Hz

系统接地方式：TN - S

2）开关柜技术参数（表 4-20）

表 4-20　开关柜技术参数

序号	项　目	内　容
1	额定工作电压	400 V
2	额定绝缘电压	690 V
3	额定冲击耐受电压	8 kV
4	最小电气间隙	8 mm
5	最小爬电距离	10 mm
6	水平母线最大工作电流	不低于进线开关额定电流
7	垂直母线最大工作电流	不低于垂直母线上所有回路的预计最大电流总和
8	水平母线额定短时耐受电流（1 s）	80 kA
9	水平母线额定峰值耐受电流	176 kA
10	垂直母线额定短时耐受电流（1 s）	50 kA
11	垂直母线额定峰值耐受电流	105 kA
12	辅助回路的额定电压	DC 220 V
13	外壳防护等级	不低于 IP40

3）断路器技术参数（表4-21）

表4-21　断路器技术参数

框架等级额定电流/A		800	1 000	1 250	1 600	2 000	2 500	3 200	4 000
额定电流/A		800	1 000	1 250	1 600	2 000	2 500	3 200	4 000
额定工作电压/V		415							
额定绝缘电压/V		1 000							
额定冲击耐受电压/V		12 000							
极数		3	3	3	3	3	3	3	3
第四极额定电流/A		800	1 000	1 250	1 600	2 000	2 500	3 200	4 000
额定极限短路分断能力/kA		55	55	55	65	85	85	85	85
额定运行短路分断能力 AC 50Hz O—CO—CO/kA		55	55	55	65	85	85	85	85
额定关合短路电流/kA（峰值）		121	121	145	187	187	187	187	187
额定短时耐受电流/kA（1 s）		42	42	50	65	85	85	85	85
分断时间/ms		25～50							
合闸时间/ms		35							
机械寿命（CO循环）1 000	有维护	20	20	20	15	15	15	15	15
	免维护	10	10	10	10	10	10	10	10
免维护电气寿命（CO循环）1 000		10	10	10	10	10	10	10	10
安装型式		抽出式							
应配部件	电动操作机构	√							
	操作计数器	√							
	辅助开关	√							
	闭锁装置	√							

4．操作指导

为了确保操作程序以及维修时的人身安全，设备都具备联锁机构。当设备具有二个进线单元时，根据系统运行的需要，能提供二个进线单元的主开关操作的相互联锁。只有在功能单元主电路处于分断位置时，功能单元才能抽出或插入。所有馈电单元和电动机控制单元与门设置机械联锁，当主电路处于分断位置，门才能打开，否则门打不开。

断路器倒闸操作时，正常情况由远程电动操作，如远程操作失败时可在开关柜就地电动操作，紧急情况下可手动操作。弹簧储能机构正常情况自动电动储能，特殊情况可手动储能。下面以施耐德为例对断路器操作进行介绍：

①断路器就地机械分/合闸（闭锁关系满足）：按下断路器面板上分/合闸按钮，使断路器分/合闸。

②弹簧手动储能：断开断路器储能电源，确认断路器未储能。泵压弹簧储能手柄至储能指示已储能。

③ 断路器小车的抽出/插入：手车抽出：将断路器分闸。将摇柄取出插入操作孔，按下按钮。逆时针摇动手柄直到手车位置指示器指示到位。取出摇柄将其放回储藏位置。

手车插入：将断路器分闸。将摇柄取出插入操作孔，按下按钮。顺时针摇动手柄直到手车位置指示器指示到位。取出摇柄将其放回储藏位置。

④ 电流脱扣器整定操作：电流脱扣器过电流保护动作值和延时整定，可在断路器面板上直接按键操作完成。

4.3 变压器

变电所的核心设备是变压器。它可以将一种电压的电能转换为另一种电压的电能。变压器按照用途和使用场合，分为电力变压器、整流变压器、测量及仪表用变压器等多个种类。按照冷却方式不同，分为油浸式变压器和干式变压器。本节主要介绍单轨主变电所主变压器（油浸式）、牵引所整流变压器（干式）和降压所配电变压器（干式）。

4.3.1 主变压器

1. 功能及结构组成

变压器中最主要的部件是铁芯和绕组，铁芯和绕组装配在一起称为器身，如图4-19所示。油浸式变压器的器身浸在变压器油的油箱中。油是冷却介质，又是绝缘介质。110 kV 主变压器采用油浸式变压器，由变压器本体、储油柜、有载调压系统、高低压套管、冷却系统、高压侧中性点接地装置、二次回路、充氮灭火装置等组成，主变压器线圈为三绕组压器，高压侧接 110 kV 电源，35 kV 侧接 35 kV 气体绝缘柜，低压 10 kV 侧为平衡绕组接避雷器。三相变压器的连接组别：反映三相变压器连接方式及一、二次线电动势（或线电压）的相位关系。110 kV/35 kV 主变压器的联结一般包括三个绕组：高压绕组、低压绕组和平衡绕组，其接线组别为 YN，yn0，+d。

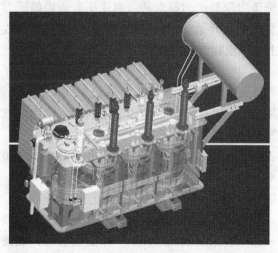

图 4-19　主变压器内部布置图

产品型号及意义：

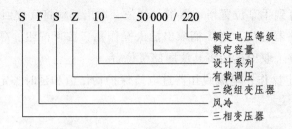

主要附件介绍：

1）散热器

为保证变压器的热寿命，绕组和铁芯的温度不能超过标准规定的限值。小容量配电变压器仅依靠变压器油箱壁的散热，就可以将绕组和铁芯产生的热量散出去，将温度限制在允许温度限值内。当变压器的容量逐渐增加时，仅依靠变压器的油箱壁的散热就不够了，需要增加变压器的散热面。变压器大都采用片式散热器和强油风冷却器来扩大散热面，目前多采用片式散热器。片式散热器是由薄钢板压成有槽形油道后，两片组焊成一片散热片，在组焊成散热器。

① 散热器的分类：主要分为普通片式散热器和鹅颈式散热器。

② 散热器的组成：主要由散热片、集气管、放油（气）塞、吊环、连接板和法兰盘等组成。

2）金属波纹管式式储油柜

主要分类：外油式储油柜和内油式储油柜两种。

3）压力释放阀

压力释放阀用途：压力释放阀适用于油浸式变压器，电力电容器及有载开关等，用来保护油箱开关等。性能：当油浸式变压器在运行中出现故障时，由于线圈过热，使一部分变压器油汽化，变压器油箱中压力迅速增加，这时压力释放阀在 2 ms 内迅速动作，保护油箱不致变形或爆炸。油箱内的压力再升高而达到开启压力时，压力释放阀就再次动作，直到油箱内的压力降到正常值。由于压力释放阀动作后可靠关闭，油箱外的水和空气不能进入油箱，变压器内部不会受大气污染压力释放阀的特点是：当变压器油箱的压力上升到压力释放阀开启压力的 70%左右，压力释放阀就开始渗油，如果未带试压试片的释放阀不得和油箱做整体试压试验，必须在信号帽上加压重物方能进行试压。

4）气体继电器

主要用途：QJ 系列气体继电器（以下简称继电器），是油浸式变压器所用的一种保护装置，由于变压器内部故障而使油分解产生气体或造成油流涌动时，使继电器的接点动作，接通指定的控制回路，并及时发出信号或自动切除变压器。

工作原理：变压器正常工作时，继电器内是充满变压器油的。如变压器在运行中出现轻微故障，因变压器油分解而产生的气体将聚集在继电器容器的上部，迫使继电器浮子下降，当浮子降至某一限定位置时，磁铁使信号接点接通，发出报警信号。若变压器漏而使油面降低，同样发出报警信号。如果变压器内部发生严重故障，将会出现油的涌浪，在管路内产生油流，冲击继电器的挡板运动。当挡板运动到某一限定位置时，磁铁使跳闸接点接通，切断与变压器连接的所有电源。

5）导气盒

导气盒系为联通结构形式。取气联结管通过上端螺母联结到气体继电器侧壁接头上，下端联结在导气盒上，气盒安装在变压器油箱箱壁上。通过连接管将气体继电器内部的气体充入气盒之内，以便在地面上随时取气。导气盒主要由导管、放气连管、取气连管、取气瓶、盒体组成。

6）温度控制器

变压器温度控制器（以下简称温控器），主要由弹簧元件、毛细管、温包和微动开关组成。当温包受热时，温包内感温介质受热膨胀所产生的体积增长，通过毛细管传递到弹性元件上，使弹性元件产生一个位移，这个位移经机构放大后指示出被测温度并带动微动开关工作，从而控制冷却系统的投入或退出。

7）吸湿器

也称呼吸器，100 kV 及以上的电力变压器的油枕（又称储油柜）都装带有油封的吸湿器。在变压器运行中，由于温度的变化，油箱内的油量就会变化（增加或减少），油枕内的油对油箱中的油起调节、补充作用，所以油枕内的空气也随着油的增减而有较大的变化。油枕内气体经过吸湿器与大气相通而维持内外气压平衡，使进入油枕内的气体经过吸湿器吸潮过滤，除掉空气中的灰尘和水分，来保证变压器油和油箱内绝缘物的绝缘水平不致由此引起降低。

2. 主要技术参数

以单轨三号线一期主变电所投运的银川卧龙主变压器进行介绍，型式 SFZ10-20000/110 kV/35 kV，20 000 kV·A 户内高压侧带有载调压分接开关，自然油循环风冷低损耗铜芯变压器。

高压侧额定电压：110 kV；

低压侧额定电压：35 kV；

额定容量：20 MV·A；

连接组号：YN，yn0，+d（带平衡绕组）；

短路阻抗：高压—低压 10.5%；

冷却方式：油浸自冷；

绝缘水平：见表 4-22。

表 4-22　银川卧龙主变压器绝缘水平

设备位置	工频耐受电压（1 min，有效值）/kV	雷电冲击电压（峰值）/kV	
		全波（1.2/50 μs）	截波
高压侧	200	480	530
高压侧中性点	140	325	
低压侧	85	200	220

有载调压开关：

额定通过电流：350 A，

额定级电压：0.794 kV，

最大分接位置数：19。

4.3.2 干式变压器

干式变压器就是指铁芯和绕组不浸渍在绝缘油中的变压器。按冷却方式分为自然空气冷却（AN）和强迫空气冷却（AF）。自然空冷时，变压器可在额定容量下长期连续运行。强迫风冷时，变压器输出容量可提高 50%。适用于断续过负荷运行，或应急事故过负荷运行；由于过负荷时负载损耗和阻抗电压增幅较大，处于非经济运行状态，故不应使其处于长时间连续过负荷运行。下面以重庆单轨使用的环氧树脂浇注干式变压器为例介绍干式变压器的结构特点。

1. 干式变压器的组成

干式变压器一般由线圈绕组（电路）、铁芯（磁路）、器身及其他辅件（外壳、温控器等）组成，如图 4-20 所示。

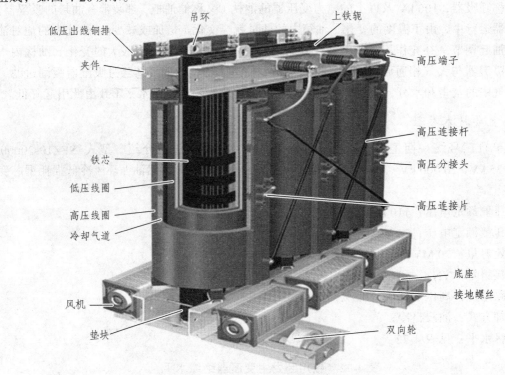

图 4-20　干式变压器组成结构图

1）铁　芯

干式变压器的铁芯除了作为主磁通的通道外，还作为变压器线圈、器身及其他组件的主要支撑件。铁芯一方面通过多片硅钢片叠片减少涡流损耗，另一方面利用紧固件、支撑件增加铁芯的强度和刚度，同时减少噪声的产生。干式变压器的铁芯采用优质冷轧晶粒取向硅钢片，铁芯硅钢片采用 45°全斜接缝，使磁通沿着硅钢片接缝方向通过。

2）线圈绕组

干式变压器的绕组多采用圆筒式，在绕组外加非油绝缘介质，以增加线圈的绝缘性能。环氧树脂浇注干式变压器就是用环氧树脂为绝缘材料，以浇注的方式与绕组一起固化，从而减少变压器线圈的体积。一般情况下，干式变压器的高压绕组（线圈）在圆筒的外侧，低压绕组（线圈）在圆筒的内侧，高压绕组和低压绕组之间是冷却气道，高压绕组和低压绕组共同缠绕在铁芯上。干式变压器的绕组有以下几种：缠绕式；环氧树脂加石英砂填充浇注；玻璃纤维增强环氧树脂浇注（即薄绝缘结构）；多股玻璃丝浸渍环氧树脂缠绕式。

3）附件（外壳、温控器等）

干式变压器的安全运行和使用寿命，很大程度上取决于变压器绕组绝缘的安全可靠。绕组温度超过绝缘耐受温度使绝缘破坏，是导致变压器不能正常工作的主要原因之一，因此对变压器的运行温度的监测及其报警控制是十分重要的。为实现变压器的智能监控，满足在任何时刻对变压器实施温度控制，干式变压器一般都加装温控器。温控器主要功能如下：

① 超温报警、跳闸：通过预埋在低压绕组中的PTC非线性热敏测温电阻采集绕组或铁芯温度信号。当变压器铁芯或绕组温度继续升高，若铁芯温度达到100 ℃或绕组温度达到130 ℃时，系统输出超温报警信号；若绕组温度继续上升达150 ℃，变压器已不能继续运行，须向二次保护回路输送超温跳闸信号，迅速切断干式变压器电源。

② 温度显示系统：通过预埋在低压绕组中的Pt100热敏电阻测取温度变化值，直接显示各相绕组温度（三相巡检及最大值显示，并可记录历史最高温度），可将最高温度以4~20 mA模拟量输出，若需传输至远方（距离可达1 200 m）计算机，用以显示及报警。

2. 干式变压器的特点

（1）安全，防火，无污染，可直接运行于负荷中心。

（2）机械强度高，抗短路能力强，局部放电小，热稳定性好，可靠性高，使用寿命长。

（3）低损耗，低噪声，节能效果明显，免维护。

（4）散热性能好，过负载能力强，强迫风冷时可提高容量运行。

（5）防潮性能好，适应高湿度和其他恶劣环境中运行。

（6）干式变压器可配备完善的温度检测和保护系统。采用智能信号温控系统，可自动检测和巡回显示三相绕组各自的工作温度，可自动启动、停止风机，并有报警、跳闸等功能设置。

（7）体积小，重量轻，占地空间少，安装费用低。

3. 主要技术参数（表4-23）

表4-23　单轨三号线一期工程配电变压器技术参数

项　　目	技术参数
原边标称电压	35 kV
原边最高工作电压	40.5 kV
次边标称电压	0.4 kV
额定频率	50 Hz
相数	三相
高压分接	2×2.5%
连接组别	D，yn11
调压方式	无励磁调压
接地方式	TN-S

项　　目			技术参数
绝缘水平	原边	额定雷电冲击耐受电压（峰值）	170 kV
		额定工频耐受电压 1 min（有效值）	70 kV
	次边	额定工频耐受电压 1 min（有效值）	3 kV
绝缘耐热等级			F 级

4. 操作指导

为保护运行维护人员安全，防止人员误打开变压器柜门发生触电事故，配电变压器前、后门均设置门联锁功能。配电变压器正常运行时，打开变压器柜门相应中压配电变馈线开关、400 V 进线开关会跳闸。

4.4　整流机组

整流器与整流变压器相匹配，构成整流机组。两套整流机组分别通过两台断路器与交流母线相连，两台整流变压器一次侧接至 35 kV/10 kV 同一段中压母线上，以确保输入电源的一致性。并联运行的两台整流变压器一次侧绕组为外延△接线，分别移相+7.5 和−7.5 ，单台变压器二次低压绕组为 Y、△接线，使两台整流变压器二次侧总共 12 相输出，各相之间相位差 30°，两套整流机组并联运行构成 24 脉波整流机组系统。整流器和整流变压器的接线如图 4-21 所示。

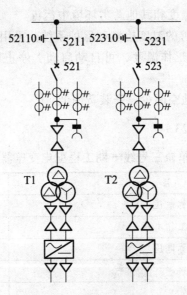

图 4-21　整流机组接线图

整流机组的技术参数：

整流变压器、整流器及它们之间的连接作为一个单元考虑；整流器、整流变压器配合、确保整机特性，满足下述要求。

额定频率：50 Hz；

整流方式：由两台整流机组并联运行构成二十四脉波整流；

功率因数：在额定负荷时大于 0.95；

电压调整率：≤额定电压的 6%，在 100%～300%额定负荷输出情况下基本呈线性；

负载等级：IEC146 VI 级：

100%额定负荷——连续；

150%额定负荷——2 小时；

300%额定负荷——1 分钟。

整流机组效率：额定负荷时大于 98%。

当一套整流机组因故退出运行时，在负荷允许情况下，另一套整流机组可继续单机组运行。具体调整为整流机组单机组运行方式步骤如下：

① 退出中压整流变馈线开关柜面板上整流机组联跳压板；

② 供电人员到变电所现场手动拉开直流 1 500 V 负极母线隔离开关；

③ 变电所现场就地拉开直流 1 500 V 正极母线隔离开关；

④ 故障保护复归，退出故障整流变馈线开关；实现单整流机组运行方式。

4.4.1 整流变压器

1. 功能及特点

整流变压器属于干式变压器的一种。整流变压器的网侧绕组用延长三角形接线，一台整流变压器移相+7.5°，另一台整流变压器移相-7.5°，二台整流变压器组成 24 脉波整流。整流变压器结构特点如下：

① 高、低压侧采用圆筒式，高压侧铜导线绕制低压侧铜箔绕制。

② 铁芯采用高标号、低损耗冷轧优质高导磁冷轧硅钢片。

③ 高、低压侧导线的连接采用电缆连接。

④ 整流变压器带运输轮子，并能固定安装，顶部备有承受变压器整体总重的起吊用吊环。

⑤ 整流变压器设置温控器，可显示绕组、铁芯温度，并能输出超温报警及跳闸信号。

⑥ 整流变压器的铁芯和金属件均有防腐蚀的保护层，并可靠接地，外形如图 4-22 所示。

图 4-22 整流变压器外形图

2. 主要技术参数

以重庆单股三号线一期工程采用 ZQSC9-3300/35/2×1.18 型整流变压器为例介绍。

（1）变压器类型：树脂薄绝缘干式 24 脉波整流变压器，高低压环氧树脂浇注，四线圈轴向双分裂结构，高压为外延三角形联结，上下两线圈并联输出，一体化浇注成型。低压线圈由 y 接和 d 接两线圈组成，此两线圈独立绕制，上下叠装。

（2）额定电压：高压/低压/低压（空载）。35/1.18/1.18 kV

（3）额定频率：50 Hz。

（4）相数：三相。

（5）连接组别：Dy5d0 顺时针移相 7.5；Dy7d2 逆时针移相 7.5。

（6）额定容量：3300 kV·A

（7）额定电流：高压/低压 54.4A/(2×807)A。

（8）分接抽头：−5%，−2.5%，0，+2.5%，+5%。

（9）短路阻抗百分比：8%。

（10）全穿越阻抗：8%。

（11）半穿越阻抗：6.5%。

（12）两台整流变压器阻抗电压不平衡率：3%。

（13）空载电流：0.25%I_n。

（14）绝缘等级：F 级。

（15）温升限值：最高温升 100 K（所有运行工况）额定电流下平均温升 70 K。

（16）局部放电：5 pC。

（17）绝缘水平：LI170AC70/LI20AC10。

（18）噪声：55 dB（额定负荷时）。

（19）冷却方式：自然冷却。

（20）负载要求：（图 4-23）。

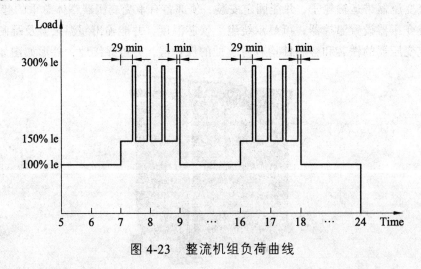

图 4-23　整流机组负荷曲线

（21）变压器损耗、尺寸、重量见表 4-24。

表 4-24　变压器参数表

变压器容量	3300 kV・A
空载损耗	≤6.5 kW
负载损耗	≤19.4 kW
尺寸（长×宽×高）	2 970 mm×1 620 mm×2 780 mm
轮轨距	1 070 mm
重量	12 000 kg

4.4.2　整流器

1. 结构组成及功能

整流器由大功率整流二极管及其散热器、保护器件、故障显示指示器件等组成。整流器可靠性高，噪声、谐波污染小。单台整流器由两个三相 6 脉波整流桥组成，其中一个整流桥接至整流变压器二次侧 Y 形绕组，另一个整流桥接至整流变压器二次侧△绕组，两个整流桥并联连接构成 12 脉波整流。在每座牵引变电所内两台整流机组并联运行构成等效 24 脉波整流。由于整流器的主要部件整流二极管是由不到 1 mm 厚的硅单晶片制成，其热容量很小，对电流、电压非常敏感，因而整流器的过流、过压保护十分重要。

整流器的交流输入侧接有电阻、电容组成 RC 回路，抑制交流操作过电压，抑制整流变压器空载或轻载时断开交流开关所产生的过电压，兼抑制整流元件的换相过电压。整流器的直流侧接有压敏电阻等组成的过电压抑制电路，抑制直流回路中电感所引起的过电压兼抑制交流操作过电压。整流器提供 7 个信号：快速熔断器一只熔断报警，快速熔断器同臂二只熔断跳闸，压敏电阻熔断器熔断跳闸，整流管散热器温度 140 C 报警，整流管散热器温度 150 ℃ 跳闸，导电排温度 80 ℃ 报警，导电排温度 90 ℃ 跳闸，以上信号除了在面板上的光信号指示外，同时各提供一付无源触点至端子。信号在柜面的显示方式采用 7 个黄色发光二极管指示灯分别显示 7 个故障信号。整流器的型号含义：

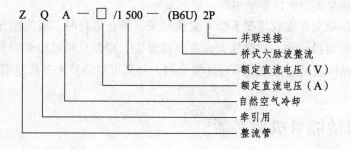

2. 主要技术要求

（1）空载电压：1 652 V。

（2）最高直流电压：1 800 V。

（3）额定电流、额定功率、连续额定功率损耗见表 4-25。

表 4-25　额定电流、额定功率、连续额定功率损耗

额定功率	3 000 kW
额定电流	2 000 A
连续额定功率损耗	≤7 kW

（4）二极管型式：防尘型平板式。

整流器提供的二极管反向重复峰值电压：≥4.4 kV，二极管正向平均额定电流 2 200 A，平板式。

（5）最大重复峰值反向电压≥4 400 V。

（6）每臂并联二极管数：2 个。

（7）冗余度：满足一个二极管损坏时，能以 100% 额定负荷继续运行，同时报警。

（8）冷却方式：自然冷却。

（9）防护等级：IP20。

（10）冲击电压（1.2/50 μs）：18 kV。

（11）工频耐压：

主回路：5.6 kV，50 Hz，1 min；

辅助回路：2 kV，50 Hz，1 min。

（12）辅助电源：DC 220 V/2，照明采用 AC 220 V/2 A。

3. 操作指导

（1）运行操作顺序：合上辅助电源的断路器；关上整流器前门、后门；交流开关合闸；观察前门上位置显示器，应在垂直位置；在空载情况下直流电压表指示在 1 640 V 左右；故障指示灯不亮。开启加热器，如整流器首次使用或断续使用，加热器置手动挡，如整流器长期连续使用，加热器置自动挡。

（2）停止操作顺序：断开交流开关；观察前门上位置显示器，应在水平位置；断开辅助电源的断路器；观察前门上位置显示器，应无显示。

整流器应尽量避免在空载情况下断开交流开关，停止运行时，应先断开交流开关，后断开直流开关。整流器投运前，如湿度大，有凝露发生，用鼓风机排除牵引变电站的湿气。当整流器故障时，操作人员应排除故障后才能合闸，否则可能将扩大事故范围，造成更大损失。

4.5　再生制动能量吸收装置

单轨交通用电主要在两个方面，一是车站及区间动力照明等用电，二是车辆牵引用电，而列车牵引用电占其中很大一部分，列车牵引用电又分为列车驱动和列车制动两部分能耗。通常当车辆处于再生电制动时，若电网具备吸收能力，即此时另有其他车辆正处于牵引状况，

列车能稳定的再生制动。而当单列车运行或列车密度小时，此时电网不具备吸收能力，列车只能采用空气或其他机械制动。因此，解决此状况的方法是在列车或牵引变电所设置再生制动吸收设备。

再生制动能量吸收装置是牵引供电系统的重要组成部分，对抑制地铁洞内温升、减少车载设备、减小车辆维修量带来了较大的便利。原地铁、轻轨车辆电制动采用再生制动模式，对于车流密度不大的线路，再生电制动功能得不到充分发挥，造成气制动投入频繁，使得洞内或沿线闸瓦灰尘较多，严重污染环境，且造成地铁隧道内温度不断升高。为了减少电阻制动逸散在洞内的温度，工程中不得不加大洞内排、通风量或增大空调功率，造成工程建设费用及运营费用昂贵。再生制动能量吸收装置就是在牵引变电所设置集中吸收设备，使车辆再生能量消耗在地面空间。再生制动能量消耗装置工作原理，如图 4-23 所示。

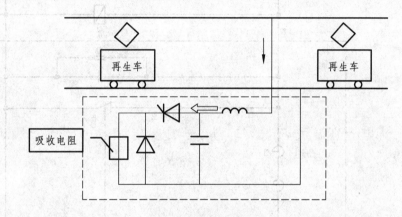

图 4-23　再生制动能量消耗装置工作原理图

当处于再生制动状况的列车回馈出去的电流不能完全被其他车辆和本车的用电设备所吸收时，能量消耗装置立即投入工作，吸收掉多余的回馈电流，使车辆再生电流持续稳定，最大限度的发挥电制动功能。再生制动能量吸收装置一般可分为两种类型：电阻消耗性和再利用型。目前，单轨二号线投入运行的纯电阻再生制动吸收装置，单轨三号线投入运行的是逆变电阻混合再生制动吸收装置，下面将一一进行介绍。

4.5.1　纯电阻型再生制动吸收装置

1. 原理及结构组成

电阻型再生制动能量吸收装置主要包括斩波柜、开关柜和电阻柜，其主电路由电动隔离开关（QS）、线路接触器（KM1）、滤波装置、吸收电阻（RZ1～RZ4）、IGBT 斩波器（VT1～VT4）、续流二极管（VD1～VD4）、电流电压传感器（SA1～SA7，SV1～SV2，3YH），控制电源（DYX），微机控制系统（下位机、上位机），支路快速熔断器、温度传感器及避雷器装置等构成。

装置根据负荷可设置 4～6 个独立的吸收电阻支路组成，每一支路由一个 IGBT 斩波器控制，构成三相两重恒压吸收控制系统，见图 4-24。电网电压变化由电压传感器 SV1 检测，牵引、制动工况的信号由牵引供电站提供的母线电流信号、交流侧交流电压信号 3YH 及 SV1 电

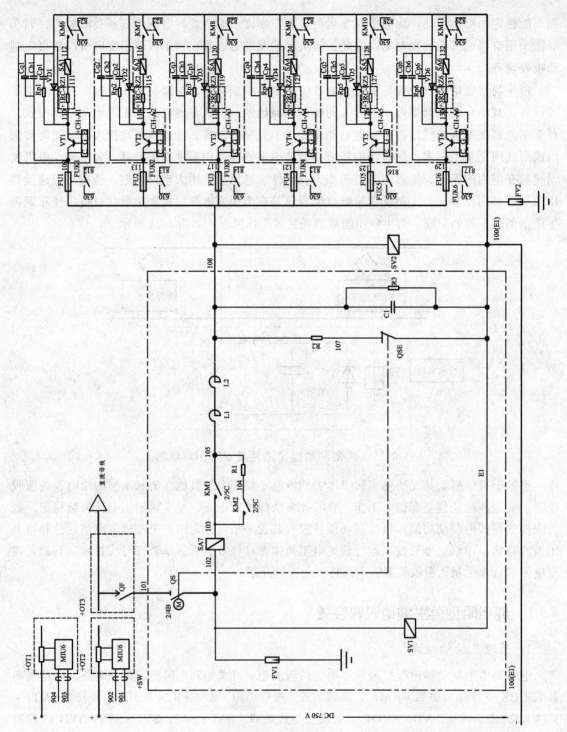

图 4-24　一次原理图

网电压传感器检测，送给微机控制系统 HZMXZ，由微机控制系统综合判断牵引变电所所处的工况（牵引或制动），确定斩波器的投入或退出，并对斩波器的导通比进行控制。设备的启动和撤除可以由综合自动化系统遥控操作，也可以在本地人工操纵。

制动能量消耗装置作为在线车辆再生电制动，且其能量不能被其他用电设备或车辆消耗时，通过线网由制动能量消耗装置消耗该部分的能量，根据吸收功率的大小自动调节导通比，维持线网电压恒定。吸收装置在车辆处于启动、加速、惰行、停站或线网无车辆运行时，不得投入工作。吸收装置具有远地和当地控制功能，具有监控系统，同时还具有各数据处理、数据传输等功能。

微机控制系统是整个电阻型再生制动能量吸收装置的核心。根据应用的需要和相应设备的特点，分为上、下两级控制，组成原理如图4-25所示。

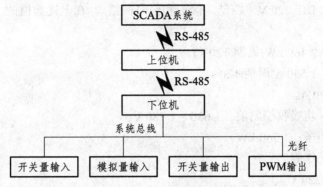

图 4-25　再生制动微机控制系统

上位机采用具有高可靠性和功能强大的工业控制机，是控制系统的人机交互工具，也是一个系统通信中枢。主要进行状态监视、数据存储和图形表现、系统参数设置、运行控制、通信处理等工作。下位机采用高性能的 16 位微处理器，结合其他外围器件，构成一个性能稳定、可靠、功能强大的底层系统。完成数据采集、逻辑处理、故障判断、控制输出、PI 调节运算、多相 PWM 输出、系统通信等工作。

下位机系统组成如图 4-26 所示。

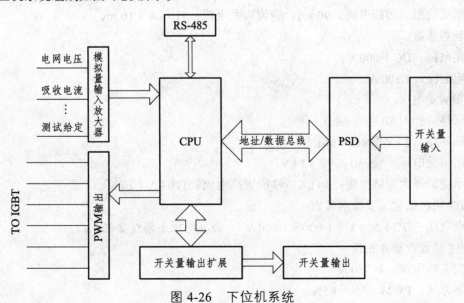

图 4-26　下位机系统

下位机以 16 位微处理为核心，配合一片大规模集成芯片 PSD，形成一个完整的高性能智能控制器。具有结构紧凑、运行可靠的突出特点。

2. 主要技术要求

额定电压：DC 1 500 V。

系统工作电压波动范围：DC 1 000 ~ 1 800 V。

主回路冲击耐受电压：12 kV（1.5/50 μs）。

主回路工频耐受电压：5.75 kV，1 min。

辅助回路工频耐受电压：2 kV，1 min。

辅助电源电压：DC 220 V（控制、保护和信号回路），在上述数值的 80% ~ 120% 内各种电气设备动作可靠。

22 s 短时功率：2 460 kW/周期 120 s。

22 s 短时电流：1 500 A/周期 120 s。

峰值电流：2 300 A。

电网电压恒定平均吸收控制值：1 630 ~ 1 780 V。

电阻短时吸收功率：1 560 kW。

工作制：间歇工作制。

控制电压：DC 220 V。

电动隔离开关技术参数：

额定电压：DC 1 500 V；

额定电流：2 000 A。

工频耐受电压：

主回路：5.75 kV 50 Hz 1 min；

辅助回路：2 kV 50 Hz 1 min。

冲击耐受电压（1.2/50 s）：18 kV。

可承受的最大短路电流：90 kA，峰值短路电流：110 kA（10 ms）

接触器参数：

额定电压：DC 1 500 V；

额定电流：1 500 A。

工频耐受电压：

主回路：5 kV 50 Hz 1 min；

辅助回路：2 kV 50 Hz 1 min；

冲击耐受电压（1.5/50 μs）：12 kV；

可承受的最大短路电流：90 kA，峰值短路电流：110 kA（10 ms）。

IGBT 斩波装置主要技术参数：

供电电压：DC 1 500 V（1 000 ~ 1 800 V），最高电压不超过 2 000 V；

IGBT 装置设置 4 相条。

最大工作电流：4×750 A

控制方式：PWM（5% ~ 95%）。

冷却方式：热管自冷。

导通电压：1 630 ~ 1 780 V 随交流侧电压的变化在线自动调整，允许偏差+10%。

关断电压：1 630～1 780 V 随交流侧电压的变化在线自动调整，允许偏差+10%。

合成频率：600 Hz。

3. 控制保护

（1）控制：系统控制采用双微机控制方式，上位机为管理机由一台 32 位控制机组成，下位机为控制机由一台 16 位单片机构成。上位机承担系统的人机交互、数据采集和存贮，并且是整个系统的通信中枢。能自动记录各种牵引、制动电压，电流及吸收电流曲线等，能通过通信接口与变电所综合自动化系统连接，对吸收设备实行远程监控，通过系统自带的触摸液晶显示屏，可进行参数的设置、命令输入等工作。

下位机主要执行逻辑判断、斩波器投入条件判断、自动调节等功能。系统根据交、直流电压的变化及受流轨电流的极性进行综合判断，在确定在线车辆已处于再生制动状况后，开通各相斩波器。根据线网再生反馈电流的大小，自动调节斩波器的导通角，改变各相电阻等效阻值，实现吸收功率平衡，稳定线网电压。当车辆由再生电制动转为其他工况运行时，经系统判断，自动关断各相斩波器，使吸收设备处于待命状态。

（2）保护：系统具有过压、过流、过热、短路及安全操作等保护。故障必须经人工判断处理后，设备才能再投入工作。上述故障均为电子快速保护。系统还具有电网电压失压保护，当网压低于设备工作电压时，设备中各相斩波器自动关断，发出网压欠压信号，当网压恢复后，设备自动投入工作。设备具有对控制电源的监视功能，当直流控制电源发生故障时，系统迅速切断线路接触器，发出故障报警信号。

直流侧过电压包括雷击过电压、操作过电压和来自地铁车辆上的过电压。当网压超过 DC 1 800 V 时，封锁斩波器驱动脉冲，向综合自动化系统发出报警信号；当网压超过 2 000 V 时，设备停止工作，给出过压信号，断开接触器，断开支路快速断路器。

在斩波器元件散热器上设置温度传感器元件，用于监视元件散热器的温度。采取模拟自动调节，当温度超过 70 ℃时，关闭系统，发出过载或某部位过热报警信号，保证吸收装置在无人监守的情况下自动安全运行。电阻柜空气出口温度设定三档，当温度超过 150 ℃时，吸收功率自动降低到 2/3；当温度超过 170 ℃时，吸收功率自动降低到 1/2，并报警；当温度超过 200 ℃时，吸收装置自动关闭，分断接触器并报警。

短路保护分为斩波器前短路保护和斩波器后短路保护，当短路点发生在斩波器后一级，设备首先关断斩波器，发出相应支路短路保护信号，短路点发生在斩波器前一级（含斩波器本身），设备发出短路故障信号，断开快速断路器。当发生过流、短路、接地故障时，迅速向对应直流断路器发出故障跳闸信号。

当电网电压低于 DC 1 000 V 时，装置发出失压保护。吸收装置自动关闭，分断接触器并报警。

4. 操作指导

再生制动吸收装置的启动和工作过程：

（1）启动时，先合上开关柜中 DC 220 V 直流控制电源和交流电源。

（2）上位机系统投入工作，显示屏自动进入工作画面。

（3）"综合自动化系统"发出"启动"命令，电动隔离开关 QS "合"，其条件是"快开"

在断开状态。由 QS 给出闭合信号连锁"快开"的合闸回路，只有 QS 闭合后，"快开"才允许闭合。然后，"快开"闭合，发出"快开闭合确认信号"和"快开闭合连锁信号"给能量吸收装置，作为能量吸收装置投入工作的必要条件。

（4）再生制动吸收装置在接收到"快开合闸"信号后，根据电网电压及"快开闭合确认"信号，进入正常启动程序。微机控制系统首先合上 KM2 充电接触器，给滤波电容充电，然后合上线路接触器（KM1），此时完成能量吸收装置投入工作前的准备。同时给出"线路接触器闭合连锁"信号给"快开"，不允许"快开"在非故障条件下分闸。

（5）此后微机控制系统将自动测定线网空载电压值和吸收电压值，根据各个传感器检测信号综合判断线网上是否有列车处于再生电制动状态。一旦确认列车处于再生制动状态并需要吸收能量时，斩波器立即投入工作，微机控制系统进行快速的电流跟踪和恒压控制运算。当车辆制动级位较低时，即回馈电流较小，经控制单元运算后，调节斩波器导通比，使斩波器处于低开通状态。随着制动级位增加，控制系统经 PI 实时运算，快速调节斩波器导通比，以维持电网电压的相对恒定，确保列车充分有效利用电制动。

（6）直至线网电压值低于设定的吸收电压值后，关闭斩波器，等待下次车辆的再生吸收。整个制动过程，可以根据线网电压变化及再生功率大小，实现实时控制。

（7）故障时，由能量吸收装置故障继电器控制"快开"跳闸。当系统发生一个支路 IGBT 直通故障时，能量吸收装置自动将故障支路接触器接断，同时提供相应的信号给综自系统反映。其他支路仍投入工作；故障支路待设备停止工作时，进行故障处理。

主电路中的主开关闭合情况，可以通过其指示灯从柜面上或电站室内的 LCD 屏上直观看到。电动隔离开关是不带负荷分断的开关，因此，电路中隔离开关的分与合必须受 KM1 接触器的常闭点连锁，即 KM1 接触器分断，QS 才能操作。投入工作前，先合上 QF2 空气自动开关，DC 220 V 控制电源接入。

（1）在满足启动程序的条件下，微机控制系统控制继电器 KA3 闭合，线圈 K1 得电自保持。电动隔离开关合闸。同时电动隔离开关辅助触头送入微机控制系统。即工作指令。

（2）接到微机工作指令后，微机系统将进入待吸收准备状态。首先合上预充接触器，使滤波电容充电。

（3）当滤波电容充电到一定值时，系统自动将线路电磁接触器 KM1 及支路接触器 KM6～KM11 等闭合。微机通过控制继电器 KA5、KA6、KA7 来控制 KM1～KM2 的合与断，通过控制继电器 KA10～KA15 来控制 KM6～KM11 的合与断。

（4）主电路中的主开关闭合情况，可以通过其指示灯从柜面上或电站室内的屏上直观看到。

（5）能量吸收装置的投入与分断：① 正常投入与分断：合上工控机电源，使工控机进入工作界面，然后通过综合自动化系统或手动的合与断来实现。首先合控制电源，然后合隔离开关，最后让微机控制系统自动完成后面的合闸过程。分断时相反，先发出退出指令，让微机控制系统分断相应的 KM1 等。然后分断隔离开关，最后操作工控机执行关机，分断控制电源。② 强行分断：可通过 SD3 开关强行分断 KM1 接触器，之后微机控制系统将通过软件自动识别并分断所有开关。

（6）电动隔离开关是不带负荷分断的开关，因此，电路中隔离开关的分与合必须受 KM1 接触器的常闭点连锁，即 KM1 接触器分断，QS 才能操作。

（7）系统故障保护由 KA1 继电器执行。

微机控制系统采用双微机控制方式，上位机为系统管理及监控、接受变电所综合自动化系统的各项指令，执行设备的投入、撤除、试验等操作，自动记录各种牵引、制动电压、电流及吸收电流曲线等；通过通信接口与变电所自动化系统进行数据交换，对能量吸收装置进行实行监控；通过触摸液晶显示屏，完成参数的设置、运行状态监视、故障判断及处理、数据记忆等功能。

下位机主要执行判断、斩波器投入、调节和撤出等功能。判断的设置和原理：系统根据牵引变电所的电流和电压信号进行综合判断，当在线车辆处于再生制动状况，如果没有其他设备吸收其能量时，系统执行判断基准电压与直流侧检测电压进行比较，只要直流侧检测电压大于判断基准电压，系统投入工作状态，开通斩波器；根据牵引网再生反馈电流的大小，自动调节斩波器的导通角，改变各相电阻等效阻值，实现吸收功率平衡，稳定网压。只要直流侧检测电压大于该判断基准电压，系统投入工作状态，开通斩波器；根据牵引网再生反馈电流的大小，自动调节斩波器的导通角，改变各相电阻等效阻值，实现吸收功率平衡，稳定网压。实现电压相对判断，而且在设定判断基准值以上进行比较，既解决了电网波动的影响，又解决了当一个牵引电站撤除时，该电站的再生制动吸收装置仍能正常投入吸收工作。本装置还引入了电流辅助判断方式，有效地解决了轨道电阻压降的影响。判断条件处理不好，将造成装置不投或误投现象。当车辆由再生电制动转为其他工况运行时，自动关断各相斩波器，使吸收设备处于待命状态。

4.5.2 电阻-逆变混合型再生制动能量吸收装置

1. 功能及结构组成

重庆单轨交通二号线采用的是电阻吸收型再生制动能量吸收装置。单轨三号线在二号线纯电阻吸收装置基础上增加逆变吸收部分构成电阻-逆变混合型再生制动能量吸收装置。主要利用 IGBT 逆变器将再生制动能量逆变成 400 V 三相交流电能回馈至牵引变电所 400 V 配电系统，实现电能再利用；同时，考虑到 400 V 配电系统的容量有限，在列车再生制动能量较大、超过逆变容量的情况下，利用电阻吸收超过的那部分能量，确保列车制动安全、可靠。

电阻-逆变混合型再生制动能量吸收装置直流侧与 DC 1 500 V 母线相连，交流侧与牵引变电所 AC 400V 低压配电系统相连，分为电阻吸收和逆变吸收两大部分，装置主电路由电动隔离开关（QS）、线路接触器（KM1）、预充接触器（KM2）、滤波装置、IGBT 斩波器、吸收电阻（R1、R2）、逆变直流接触器（KM21）、逆变预充接触器（KM22）、IGBT 逆变器、逆变交流接触器（KM10）、隔离变压器、逆变回馈断路器（410）等构成，其主电路如图 4-27 所示。

微机控制系统根据电网电压的大小来判断逆变或者电阻吸收装置是否工作。当电网电压达到 1400 V，微机控制系统完成整个装置投入吸收前的准备工作。系统设置电网电压二级判断基准值，当电网电压升到第一级判断电压时，系统首先投入逆变装置吸收；当逆变装置不能完全吸收该能量时，将引起电网电压进一步上升，在电压升到第二级判断电压时，电阻斩波器立即投入工作，电阻吸收消耗，稳定电网电压，确保列车充分有效利用电制动。

根据设置参数要求或测定参数要求，吸收过程中微机控制系统进行快速的电流跟踪和恒压控制运算。当车辆制动级位较低时,即回馈电流较小,经控制单元运算后,调节逆变器和斩波器导通比,使逆变器和斩波器处于低开通状态。随着制动级位增加,控制系统经 PID 实时运算,快速调节导通比,以维持电网电压的相对恒定,直至线网电压值低于设定的吸收电压值后,关闭逆变器和斩波器,等待下次车辆的再生吸收。整个制动过程,可以根据线网电压变化及再生功率大小,实现实时控制。

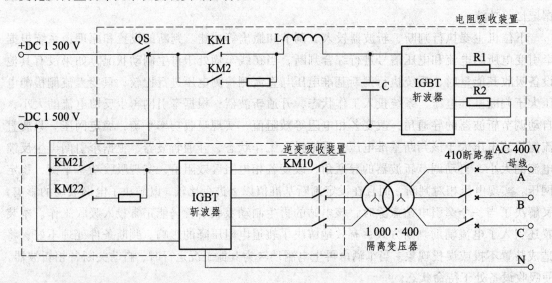

图 4-27　电阻-逆变混合型再生制动能量吸收装置主电路图

2. 主要技术要求

额定电压:DC 1 500 V。

系统工作电压波动范围:DC 1 000 ~ 1 800 V。

主回路冲击耐受电压:12 kV(1.5/50 μs)。

主回路工频耐受电压:5.75 kV,1 min。

辅助回路工频耐受电压:2 kV,1 min。

辅助电源电压:DC 220 V(控制、保护和信号回路),在上述数值的 80% ~ 120%内各种电气设备动作可靠。

22 s 短时功率:2 460 kW/周期　120 s。

22 s 短时电流:1 500 A/周期 120 s。

峰值电流:2 300 A。

电网电压恒定平均吸收控制值:1 630 ~ 1 780 V。

逆变短时吸收功率:900 kW。

电阻短时吸收功率:1 560 kW。

工作制:间歇工作制。

控制电压:DC 220 V。

3. 操作指导

(1)合上空气开关 QF1、QF2,柜门上的控制电源指示灯亮。

（2）把控制电源旋钮开关打到开的位置。

（3）把信号旋钮开关打到开的位置。

当设备控制准备就绪后可以接收总控装置控制的无源节点信号，启动主电路的接触器，启动/退出给定信号的常开接点闭合后，接触器 KM22 首先闭合，延时 10 秒后若母线达到预定值则接触器 KM21、KM10 闭合，接触器 KM1 断开。此时逆变设备输入、输出接通电网准备开机并向总控装置送出一启动完毕信号。

启动/退出给定信号的常开干接点断开后，接触器 KM22、KM10 断开，逆变设备脱离输入、输出电网。设备的开机受总控装置开机信号控制，当直流母线电压到一定值时，总控装置应给出的 DC 24 V 的电平开机信号由高电平变为低电平，使设备开机向电网回馈能量。此时设备会根据直流母线电压的幅度自动调节输出电流的大小。

4.6 交-直流屏系统

电力工程交直流电源系统在发电厂、变电所中是以屏或柜的方式安装的，因此，习惯上又称之为交流电源屏和直流电源屏。交-直流屏系统包括交流电源系统和直流电源系统。

1. 结构组成

交流电源系统由一套独立交流电源屏为变电所开关柜内的加热器、照明、信号盘、直流屏整流模块、所内用电交流负荷供电。DC 220 V 直流电源系统由充电屏、蓄电池组、馈线屏组成，为保护装置、控制回路、信号回路、控制信号盘、直流电机提供电源，其中蓄电池组由多节胶体铅酸电池构成（图 4-28）。

图 4-28 交-直流屏外形图

变电所的所用交流系统是保证变电所安全可靠运行的重要环节，其主要负荷有：检修电源、空调电源、照明电源、消防电源、直流屏电源、开关柜加热电源等。交流自用电系统采用单母分段接线，从低压室 0.4 kV 的两段母线上分别引入两路电源到交流屏的两段母线上，作为交流自用电系统的进线电源。正常运行时两段母线均由一路电源供电，当一路电源失电时由另一路电源自动投入，以保证全所交流自用电系统的供电。进线设来电自复功能。交流自用电系统的重要信号通过直流系统的监控单元与变电所监控网络接口，送往控制信号盘上的监控单元。直流屏主要组成部分包括如下：

① 整流器：将交流电变换为直流电，一方面给电池充电，另一方面为负荷供电。额定输出电压一般为 220/110 V。

② 蓄电池：提供合闸机构所需的瞬间大电流。在交流停电时，为负荷供电。

③ 直流配电：通过专用直流断路器为负荷供电，具有过流跳闸保护功能。灭弧迅速，分断能力高，分断时间短。带辅助报警或遥信触点。

④ 微机监控单元：采集整个直流系统的信息，进行相应的控制，实现对蓄电池的自动管理。并可通过串行通信口与后台计算机连接，实现远程监控。

2. 主要技术参数（表 4-26）

表 4-26　主要技术参数

交流输入电压	三相 380 V±20%
额定容量	30 kW
额定频率	50 Hz
系统接地方式	TN-S

3. 操作指导

交流电源屏操作：

（1）交流屏送电：① 合上 1#、2#交流进线及母线分段断路器，自投装置自动或通过 ATS 设置将两回交流进线分别设置为"主用"和"备用"。② 合上各馈出线断路器。

（2）母线交流电压查看：转动"电压转换开关"，可分别查看母线相电压和线电压。

充电屏操作：

（1）硅链自动调压装置操作：正常情况下，电压调节开关处于"自动位"，调压装置根据直流合闸母线电压和控制母线电压设定值，自动调整降压硅片的投入数量，保证控制母线电压稳定在规定值。调压装置故障时，控制母线电压可通过手动转换电压调节开关档位进行调整。

（2）整流模块输出电压调整：整流模块输出电压可通过模块面板上的电位器进行调整（电位器出厂时已设定好，随意调节会影响系统性能）。

4. 典型牵引所交-直流屏接线图

1）交流屏接线图（图 4-29）

2）直流屏接线图（图 4-30）

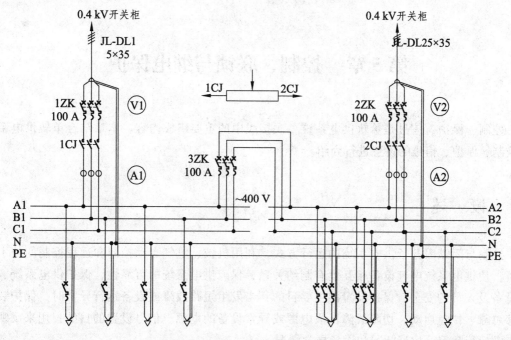

图 4-29 交流屏接线图

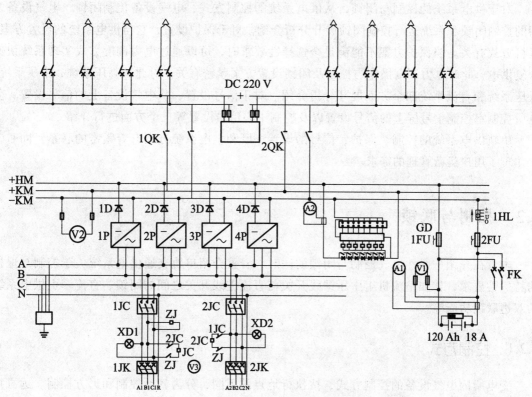

图 4-30 直流屏接线图

第5章 控制、联锁与继电保护

控制、保护、信号是单轨供电系统二次接线中的重要组成内容。本章结合单轨供电系统的控制、保护、信号的设置进行介绍。

5.1 概 述

控制与闭锁服务于供电系统的运行方式,利用机械、电气自动控制和远程控制的技术和设备,使供电系统电气设备相互具有制约关系,保障供电系统的可靠性,保护供电系统、电气设备及人员的安全。保护设置的主要目的:当发生短路故障或设备运行异常时,保护装置能够可靠、快速启动,切除故障区段电源或异常设备的电源。信号设置的目的:用来反映设备正常运行状况、故障状况和设备异常情况。

对于供电系统的控制与闭锁,从供电系统的控制方式、电气设备控制闭锁、电气设备之间的控制闭锁和系统运行控制闭锁展开分析介绍。对于保护设置,它与供电系统的设置方案、运行方式有关。当保护方案不能满足全选择性要求时,可以通过电力调度方式实现系统快速恢复供电,此时电力调度操作与控制及闭锁设置方案紧密有关。对此从高压系统、中压系统、低压系统和直流系统四个方面展开分析介绍。对于信号设置,从电气设备上的信号设置、变电所控制室控制信号屏上的信号设置以及控制中心信号设置等三个方面进行介绍。

单轨供电系统的控制、保护、信号的设置,既和供电系统方案有着紧密的联系,同时,又体现了用户运营管理的需求。

5.2 控制与联锁

本节在介绍一般性电气控制与闭锁的同时,着重介绍单轨交通供电系统关于控制与保护的特殊性要求,比如整流机组中压馈线开关与直流进线开关之间的闭锁、直流牵引供电系统的双边联跳功能等。

5.2.1 控制方式

变电所内电气设备的控制方式,按执行地点的不同,分为就地控制和远方控制。远方控制又分为变电所级遥控和控制中心级遥控。

1. 就地控制

就地控制是指在变电所内电气设备面板上直接进行控制。对于高压、中压、低压和直流开关设备，一般在开关设备上设控制操作开关或分、合闸按钮，实现开关的分、合闸就地操作。针对多种控制方式的要求，一般在开关设备面板上设远方/就地转换开关，供电专业工作人员通过操作远方/就地转换开关，实现不同控制方式之间的转换。对于无人值守变电所，就远方/就地转换开关倒置远方位，控制中心电力调度人员可以进行远方操作。

2. 变电所级遥控

变电所级遥控是指通过变电所内控制信号屏对电气设备进行集中控制。在设置变电所综合自动化系统后，一般在变电所控制室内设置控制信号屏，在控制信号屏内设有主所和显示屏，集中显示各类电量参数和设备运行状态，并对开关设备实现遥控功能。利用供电系统各开关设备上的微机综合测控保护装置，通过通信数据线传送，由供电工作人员通过控制信号屏下发指令，实现开关的分、合闸操作。当通过控制信号屏实现遥控操作时，各开关设备上的远方/就地转换开关应倒至远方位。

目前，单轨供电系统中压系统断路器和隔离开关、直流系统断路器和电动隔离开关、低压系统进线和母线断路器，均可以通过变电所控制室内控制信号屏实现遥控分、合闸。直流系统负极隔离开关只能就地手动操作，无法实现遥控功能。此外，供电系统主要开关设备一般还要上传事故跳闸信号，对于开关设备事故跳闸信号的复归方式有两种：就地复归和远方复归。至于远方复归，既可以通过变电所控制信号屏遥控实现，也可以通过控制中心级遥控实现。

3. 控制中心级遥控

控制中心级遥控是指在远离变电所的控制中心（调度端），对变电所内电气设备进行控制。在控制中心设电力调度操作员工作站，集中显示各类电量参数和设备运行状态，并对开关设备实现遥控功能。利用供电系统各开关设备上的微机综合测控保护装置等，通过通信数据线接收由电力调度人员通过操作员工作站下发的指令，实现开关的分、合闸操作。当采用控制中心级遥控方式时，各开关设备上的远方/就地转换开关应倒置远方位。当采用控制中心级遥控方式时，其控制对象和内容与变电所级遥控方式相同。

5.2.2 控制与联锁

电气设备上的控制与联锁是为了保证电气设备的安全操作、安全自动投切所设的机械联锁和电气联锁。单轨供电系统中，电气设备的控制与联锁主要指开关设备的"五防"要求、断路器防跳功能、两路电源自投功能等几个方面。

1. 开关设备"五防"

开关设备的联锁是保证单轨供电系统安全运行、确保设备和人身安全、防止误操作的重要措施。五项防止电气误操作的内容如下：

（1）防止误分、误合断路器。

（2）防止带负荷拉、合隔离开关或手车触头。

（3）防止带电挂（合）接地线（接地刀闸）。

（4）防止带接地线（接地刀闸）合断路器（隔离开关）。

（5）防止误入带电间隔。

在单轨三号线主变电所控制室设置微机"五防"系统，主变电所供电设备正常倒闸操作、投运、停运均应与微机五防系统联锁操作。在固定开关柜中，断路器与隔离开关的联锁关系明确，即只有在断路器断开的情况下才能操作隔离开关。

2. 中压进线断路器与母线分段断路器之间的联锁控制

这一联锁控制方式，主要体现为：变电所的进线断路器与母线分段断路器之间，设有"三合二"联锁控制，在任何情况下，两个进线断路器与母线分段断路器之间，只允许有两个断路器在合闸位置，另一个断路器则必须在分闸位置。

3. 母线分段断路器与母线分段隔离开关之间的联锁

母线分段断路器处于分闸位置时，母线分段隔离柜隔离开关才可以进行分合闸操作。

4. 低压 400 V 开关联锁

（1）1#进线开关、2#进线开关、母线分段开关分别设一个就地/远方转换开关。

（2）1#进线开关、2#进线开关、母线分段开关之间设有"三合二"联锁，即同时只允许两个开关处在合闸位置，另一个开关在分闸位置。

（3）当Ⅰ（Ⅱ）段进线开关在分闸位，Ⅱ（Ⅰ）进线开关和母线分段开关在合闸位时；或是Ⅰ（Ⅱ）段进线开关在分闸位，Ⅱ（Ⅰ）进线开关在合闸位，母线分段开关在分闸位时，这时，若Ⅱ（Ⅰ）进线电源继续失压，则Ⅱ（Ⅰ）进线开关和母线分段开关不动（维持原状态）。

（4）Ⅰ（Ⅱ）段进线失压延时一段时间（时间可整定）后进线开关跳闸。Ⅰ（Ⅱ）段进线开关失压跳闸后，之后母线分段开关才自动合闸。

（5）Ⅰ（Ⅱ）段进线电源恢复供电时，母线分段开关先自动分闸，然后，Ⅰ（Ⅱ）段进线开关才自动合闸。

（6）只有Ⅰ（Ⅱ）段进线电源失压，才自动投入母线分段开关，若Ⅰ（Ⅱ）段进线开关保护跳闸，则闭锁母线分段开关合闸。

（7）低压 400 V 系统的控制操作模式由母线分段开关柜上的选择开关选择定义，共有 2 种控制操作模式，2 种模式对应的条件是在一路进线电源失压跳闸后。

所谓"手投"是指通过手动按钮操作母线分段断路器合闸；所谓"自投"是指通过保护装置自动操作母线分段断路器合闸；所谓"手复"是指通过手动按钮操作母线分段断路器分闸和1#进线断路器或2#进线断路器合闸；所谓"自复"是指通过保护装置自动操作母线分段断路器分闸和进线断路器合闸。

5. 设备之间联锁

配电变压器超温跳闸等信号输入到相应的中压配电变压器馈线断路器柜时，断路器跳闸；配电变压器柜门开门信号、保护跳闸信号等输入到相应的中压配电变压器馈线断路器柜时，闭锁断路器合闸；相应的中压配电变压器馈线断路器柜输出信号至配电变压器，闭锁配电变压器柜门开门。

5.3 信号设置

信号分工作状态信号、事故信号和预告信号。

① 工作状态信号功能：体现变电所内开关设备的分、合闸状态，在开关设备上一般设有状态信号指示灯。② 事故信号功能：变电所内任何断路器故障跳闸后，应立即发出事故信号。③ 预告信号功能：当电气设备、装置发生故障或各种不正常的运行状况时，应能发出区别于上述事故的另一种信号，并使相应具体设备监视异常状态的有关显示灯亮。

当变电所内电气设备出现不正常运行情况时，应由预告信号装置发出报警声，表明有异常情况发生。在保护装置内，应设置由信号继电器或其他元件等构成的指示信号，分别显示各保护装置的动作情况和异常情况信号。结合电气设备的控制方式，事故信号也分级设置及显示。

5.3.1 电气设备的信号设置

电气设备上的信号设置，主要用于显示电气设备的正常运行状态和故障运行状态。值班人员、巡视人员和检修人员可以通过电气设备上的信号装置，了解电气设备的运行情况，便于快速地发现问题并解决问题。开关设备上的信号设置主要包括：

（1）断路器、隔离开关、接地开关的分、合闸信号。

（2）带电显示信号：显示一次回路电源的工作状态。

（3）二次回路电源工作信号：显示二次回路电源的工作状态。

（4）保护跳闸信号：微机综合保护装置上显示保护跳闸信号。

（5）闭锁信号：微机综合保护装置上显示的闭锁信号。

（6）手车位置信号：在开关柜上显示各种手车位置信号，如工作位和试验位等。

（7）其他设备运行的信号。

变压器、整流器上信号设置有：温度信号、辅助电源工作信号、各种报警信号、柜门信号等。电气设备控制回路故障时，应有故障信号显示。当开关设备的保护回路断线或断路器跳闸、合闸回路断线时，应有信号显示。

5.3.2 变电所控制信号屏和中心的信号显示

（1）变电所控制室内设控制信号屏，集中监视变电所内电气设备的运行状况，便于人员及时了解和处理设备故障及各种异常情况。

（2）控制中心的信号显示设置，主要用来集中监视变电所内电气设备的运行状况，便于电力调度人员及时了解和处理故障及各种异常情况。

5.4 保护设置

继电保护和自动装置的设计，应以合理的运行方式和可能的故障类型为依据，满足可靠性、选择性、灵敏性和速动性的要求。电气设备和线路的短路故障保护，应设有主保护、后备保护和设备异常运行保护。后备保护又分为近后备保护和远后备保护。主保护指满足系统稳定和安全运行要求、能以最快速度有选择地切除故障的保护。近后备保护是指当主保护拒动时，由本电气设备或线路的另一套保护发挥作用，实现后备保护。远后备保护是指当主保护或断路器拒动时，由相邻电气设备或线路的保护实现的后备保护。

5.4.1 高压系统保护设置

高压系统保护包括主变电所进线和主变压器保护。

1. 主变电所高压进线保护

110 kV 主变电所一般采用从城市电网变电站各引入 110 kV 线路，110 kV 主接线采用线路—变压器组接线，共两回进线。虽然轨道交通主变电所为电力系统的终端站，但为满足系统要求快速切除全线故障，配合电力系统电源侧保护配置，110 kV 线路分别配置一套 110 kV 光纤纵差保护。光纤纵差保护配置以分相电流差动和零序电流差动为主体的快速主保护，由三段式相间和接地距离保护、四段零序方向过流保护构成的后备保护。光纤纵差动保护采用专用光芯（共 4 芯，其中备用 2 芯）。

2. 主变压器保护

1）主保护

主变压器主保护装置中配备差动速断、比率差动保护，作为变压器故障的主保护。

差动速断保护在对象发生严重内部故障时，能够快速动作，动作判据如下：

$$I_d > I_{CDSD}（I_{CDSD} 为差动速断保护定值）$$

整定原则：

$$I_{CDSD} = 1.2 I_{inrush\ max}$$

式中：$I_{inrush\ max}$——最大励磁涌流。一般建议取 $I_{CDSD} = (5 \sim 6) I_e$。

为了提高灵敏度，精确的定值可通过变压器的空投试验后确定。原则上按躲主变励磁涌流，最严重外部故障时的不平衡电流及电流互感器饱和等整定。

2）比率差动保护

比率差动保护在对象发生轻微内部故障时，能够快速动作，动作判据，比率差动保护特性曲线（图 5-1）所示。

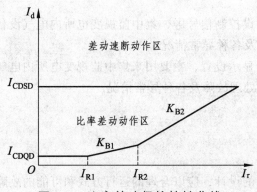

图 5-1 比率差动保护特性曲线

其判据有三个：

$$\begin{cases} I_d > I_{CDQD}, \quad I_r \leqslant I_{R1} & (1) \\ I_d > K_{B1} \cdot (I_r - I_{R1}) + I_{CDQD}, \quad I_{R1} \leqslant I_r \leqslant I_{R2} & (2) \\ I_d > K_{B2} \cdot (I_r - I_{R2}) + K_{B1} \cdot (I_{R2} - I_{R1}) + I_{CDQD}, \quad I_r \geqslant I_{R2} & (3) \end{cases}$$

其中：$i_d = \left| \sum_{i=1}^{N} \dot{i}_i \right|$；$I_r = \dfrac{1}{2} \sum_{i=1}^{N} \left| \dot{i}_i \right|$。

上式中：

（1）式表示差动电流 I_d 大于定值 I_{CDQD}，用来避开正常运行时的差动不平衡电流。

（2）式和（3）式用来避开外部短路时的误差。

3）整定原则：

比率差动的启动定值 I_{CDQD} 用来避开正常运行或外部短路故障切除时的差动不平衡电流。若运行时负荷电流中谐波很大，正常差动不平衡电流 I_{dunb} 很大时，可按 $1.2I_{dunb}$ 整定。一般 I_{CDQD} 为（$0.3 \sim 1.5$）I_e（此 I_e 通过公式（5）计算出来）。

比率差动保护的制动定值 1 为 I_{R1}，推荐整定 $0.5I_e$；

比率差动保护的制动定值 2 为 I_{R2}，推荐整定 $3I_e$。

4）CT 断线

装置设有 CT 断线判别功能，当零序电流大于"CT 断线保护电流定值"后延时 10 秒报该侧 CT 断线，同时发出报警信号，在电流恢复正常后延时 1 s 恢复。

同时当以下情况同时成立时，根据控制字"CT 断线瞬时闭锁比率差动投入"投退情况确定是否闭锁比率差动保护。零序电流大于"CT 断线保护电流定值"；有一相电流无流；任何一相电流没有增加。

5）差流越限告警

当负荷电流较小时发生 TA 断线，以上判据存在灵敏度不够的问题。为此增设差流越限告警元件。当任一相差流大于"差流越限保护差流定值"，时间超过"差流越限保护时限定值"时，发出差流越限告警信号。

6）后备保护

为反映变压器外部相间短路故障引起的过电流以及作为纵差动保护和瓦斯保护的后备，变压器应装设反映相间短路故障的后备保护。变压器后备保护装置装设在电源侧，作纵差动保护、瓦斯保护的后备或相邻元件的后备。高压侧后备保护装置当作为纵差动保护和瓦斯保护的后备时，动作后跳开各侧断路器（主电源侧保护段）；低压侧后备保护装置装设在变压器其他侧的后备保护，主要作为各侧母线和线路的后备保护，动作后跳本侧断路器；此外，当变压器断路器和电流互感器间发生故障时（称死区范围），后备保护同样可反应，起到后备作用。

7）保护功能

（1）复合电压闭锁的方向过电流保护功能。

复合电压元件启动有两种方法：用于判断三相短路故障的线电压元件和用于判断不对称故障的负序电压元件，二者有一动作，则复合电压元件动作；复合电压闭锁的方向过电流保护功能配置四段独立整定的经复合电压闭锁的方向过流保护，用于相邻元件故障和变压器内部故障的后备保护。

（2）零序过流保护功能。

配置两段零序过流保护，作为中性点接地的变压器及其相邻元件接地短路的后备保护，零序电流取自中性点的零序电流。零序过流保护的各段电流定值和动作时限可独立整定且可经软压板投退。

（3）零序过压保护功能。

配置二段零序过压保护，作为中性点为分级绝缘变压器的零序保护。零序过压保护的各段电压定值和动作时限可独立整定，并可经软压板投退零序过压保护。其中：一时限用以切桥或母联断路器，二时限跳各侧断路器。

（4）过负荷保护功能。

配置三段过负荷保护，三段过负荷保护的电流定值及时限均可整定，也可经软压板选择投退。

（5）放电间隙过流保护功能

配置二段放电间隙过流保护，作为变压器中性点放电间隙的保护。正常情况下，放电间隙回路无电流，在电网发生接地故障时不轻易放电，只有当电网发生接地故障，有关的中性点直接接地变压器全部和故障点分离后，而带电源的中性点不直接接地变压器仍保留在故障电网中，电网零序电压升高到接近额定相电压，对变压器有较大危害的情况下，放电间隙才放电，以降低对地电压。放电间隙过流保护的各段电压定值和动作时限可独立整定，并可经软压板投退放电间隙过流保护。

3. 非电量保护

主变压器非电量保护主要为变压器本体重瓦斯、有载重瓦斯、压力释放、超温。

（1）主变压器本体瓦斯保护（重瓦斯、轻瓦斯）：瓦斯保护是变压器内部故障的主保护，对变压器匝间和层间短路、铁芯故障、套管内部故障、绕组内部断线及绝缘劣化和油面下降等故障均能灵敏动作。当油浸式变压器的内部发生故障时，由于电弧将使绝缘材料分解并产生大量的气体，从油箱向油枕流动，其强烈程度随故障的严重程度不同而不同，反印这种气流与油流而动作的保护称为瓦斯保护，也叫气体保护。在气体保护继电器内，上部是一个密封的浮筒，下部是一块金属挡板，两者都装有密封的水银接点。浮筒和挡板可以围绕各自的轴旋转。在正常运行时，继电器内充满油，浮筒浸在油内，处于上浮位置，水银接点断开；挡板则由于本身重量而下垂，其水银接点也是断开的。当变压器内部发生轻微故障时，气体产生的速度较缓慢，气体上升至储油柜途中首先积存于气体继电器的上部空间，使油面下降，浮筒随之下降而使水银接点闭合，接通延时信号，这就是所谓的"轻瓦斯"；当变压器内部发生严重故障时，则产生强烈的瓦斯气体，油箱内压力瞬时突增，产生很大的油流向油枕方向冲击，因油流冲击挡板，挡板克服弹簧的阻力，带动磁铁向弹簧触点方向移动，使水银触点闭合，接通跳闸回路，使断路器跳闸，这就是所谓的"重瓦斯"。重瓦斯动作，立即切断与变压器连接的所有电源，从而避免事故扩大，起到保护变压器的作用。

（2）有载调压瓦斯保护（重瓦斯）：原理与本体瓦斯保护一样

（3）压力释放保护：主要是检测变压器内部压力高时通过释放内部压力，达到保护变压器的目的。

（4）主变本体油温保护：利用油温表的节点来启动保护，一般油温表都带报警节点和跳闸节点，我们通常去看温度表就有温度指针和两个带节点的定值指针，温度高到定值指针，拨动定值指针使其节点接通，此节点接入保护装置启动保护。

（5）PT 并列装置功能：PT 并列装置适用于单母线分段接线方式的两段母线 PT 重动、并列。

① PT 的重动。

PT 并列装置由各段 PT 的一次刀闸位置将 8 路电压重动到电压小母线，接至本段母线的保护测控装置的 PT 回路，并有重动监视信号开出。

② PT 的并列。

PT 并列装置由分段开关的位置完成重动后的 8 路电压并列，并有并列监视信号开出。PT 的并列有就地、远方两种方式，就地并列/解列由并列操作 KK 控制完成，远方并列/解列由遥控操作完成。

③ PT 切换装置功能。

PT 切换装置适用于双母线接线方式的间隔，实现正、副母线 PT 切换，PT 并列装置能完成双母线接线方式的间隔正、副母线 PT 各 8 路电压（4 路测量保护电压、4 路测量电压）的切换操作。PT 并列装置由间隔正、副母线的一次刀闸位置将 8 路电压切换到电压小母线，接至本间隔的保护测控装置的 PT 回路，并有重动监视信号开出。

4. 主变电所 35 kV 备自投（图 5-2）

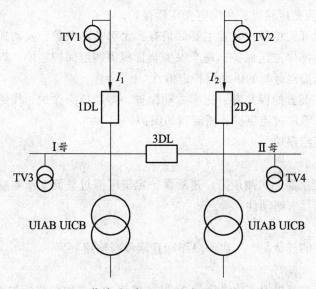

图 5-2　进线/桥备用电源自投保护一次图

1）桥备自投方式 1 动作逻辑

当桥备自投充电完成后，Ⅱ母无压、Ⅰ母有压、进线电流 I_2 无流条件皆满足时，桥备自投方式 1 启动，经一跳闸延时 TU1F 发跳断路器 2DL 命令和"桥备投跳主电源开关动作"报文，若"过负荷联切"投入且联切类型为"前联切"，则同时发前联切负荷命令和"备投前联切负荷动作"报文，前联切负荷命令经 400 ms 延时撤销；跳断路器 2DL 命令经 200 ms 延时撤销。若断路器 2DL 在发跳断路器 2DL 命令 5 s 内未跳开，则发"2DL 开关拒跳"及"桥备投失败"告警；在确认断路器 2DL 跳开后，经一合闸延时 TU2F 发合断路器 3DL 的命令和"桥备投合桥开关动作"报文，合断路器 3DL 命令经 200 ms 延时撤销。若断路器 3DL 在发合 3DL 命令 5 s 内未合上，则发"3DL 开关拒合"及"桥备投失败"告警；若确认断路器 3DL 合上，则发"桥备投成功"报文。

2）桥备自投方式 2 动作逻辑

当桥备自投充电完成后，Ⅰ母无压、Ⅱ母有压、进线电流 I_1 无流条件皆满足时，桥备自投方式 2 启动，经一跳闸延时 TU1F 发跳断路器 1DL 命令和"桥备投跳主电源开关动作"报文，若"过负荷联切"投入且联切类型为"前联切"，则同时发前联切负荷命令和"备投前联切负荷动作"报文，前联切负荷命令经 400 ms 延时撤销；跳断路器 1DL 命令经 200 ms 延时撤销。若断路器 1DL 在发跳 1DL 命令 5 s 内未跳开，则发"1DL 开关拒跳"及"桥备投失败"告警；在确认断路器 1DL 跳开后，经一合闸延时 TU2F 发合断路器 3DL 的命令和"桥备投合桥开关动作"报文，合断路器 3DL 命令经 200 ms 延时撤销。若断路器 3DL 在发合 3DL 命令 5 s 内未合上，则发"3DL 开关拒合"及"桥备投失败"告警；若确认断路器 3DL 合上，则发"桥备投成功"报文。

5.4.2　中压系统保护设置

中压系统的保护包括主变电所中压进线保护、主变电所中压馈线保护、主变电所中压母联开关保护、变电所中压进线保护、变电所中压馈线开关保护、变电所中压母联开关、变电所母线 PT 保护、整流变压器保护和配电变压器保护。

（1）中压进出线开关柜保护装置主要保护有：比率差动保护、差动速断保护、涌流制动保护、过电流保护、零序过流保护；每个保护装置提供四组保护定值，以满足在正常运行、两个主变电所分别退出运行时的供电保护定值。

（2）线路主保护配置的保护有：比率差动保护、差动速断保护；线路后备保护配置的保护有：过电流保护、零序过流保护、涌流制动保护。

（3）牵引整流机组保护。

① 速断保护。

用于保护整流变压器一次侧短路。速断保护定值应躲过整流变压器励磁涌流，对整流变压器一次侧最小短路具有速动性。

② 过流保护。

保护整流变压器的过负荷、二次侧短路和直流母线短路。

③ 过负荷保护。

牵引变电所两套整流机组，构成等效 24 脉波整流。牵引整流机组过负荷能力标准：

100%额定负荷——连续；

150%额定负荷——2 h；

300%额定负荷——1 min。

④ 超温保护。

主要包括整流变压器超温报警、超温跳闸；整流器母排和整流二极管超温报警、超温跳闸。

⑤ 零序保护。

⑥ 整流器保护。

整流器一个桥内部的一个二极管损坏告警 A（△侧）或 B（Y 侧）桥均有两个二极管坏跳闸，母排超温告警、母排超温跳闸；压敏电阻损坏跳闸，整流器超温告警，整流器超温跳闸，整流器柜门打开跳闸等。

⑦ 框架泄漏保护联跳。

当直流设备（含整流器）框架泄漏保护启动后，联跳牵引整流机组中压侧馈线开关以及本所内所有直流断路器以及相邻牵引变电所直流馈线断路器，将本所内直流牵引供电系统隔离。

（4）中压配电变压器开关柜保护装置主要保护有：电流速断保护、涌流制动保护、过电流保护、零序过流保护、反时限过流保护、温控器温度保护。

（5）中压母联开关柜保护装置主要保护有：涌流制动保护、过电流保护、零序电流保护、母联自投功能。

（6）自动装置。

备用电源自动投入装置是当工作电源故障跳闸后，自动迅速将备用电源投入的一种自动装置，简称备自投装置。在变电所，备用电源自动投入装置保证在工作电压故障退出后能够继续获得电源，使变电所的所用电正常供电，显然有效地提高了供电的可靠性。在变电所内中压母联断路器有自动投入功能。

① 自动装置的配置原则。

自动装置满足供电安全、可靠、灵活的运行要求，自动装置具有安全闭锁以提高供电可靠性、确保系统安全运行。自动装置在短路故障被切除后能快速恢复供电。各级备自投装置在动作时间上相互配合协调。

② 自动装置的设置。

中压母线分段断路器设置备自投装置，自投功能可在当地/远方（只能就地投入）进行投入/撤除。在当地开关柜上设置硬压板，在控制中心电力监控系统设置软压板。当软压板与硬压板均在允许位置时，备自投装置投入；当软压板与硬压板其中一个或两个在禁止位置时，备自投装置退出。

5.4.3　低压系统保护设置

（1）400 V 进线柜保护装置主要保护有：长延时过载、短延时过载、瞬时短路、接地保护等。

（2）400 V 母联柜保护装置主要保护有：长延时过载、短延时过载、瞬时短路、母联自投保护等。

（3）400 V 大容量馈线开关主要保护有：长延时过载、瞬时短路等。

（4）自动装置。

备用电源自动投入装置是当工作电源故障跳闸后，自动迅速将备用电源投入的一种自动装置，简称备自投装置。在变电所，备用电源自动投入装置保证在工作电压故障退出后能够继续获得电源，使变电所的所用电正常供电，显然有效地提高了供电的可靠性。在变电所内400 V 母联断路器有自动投入功能。

400 V 母线分段断路器设置备用电源自动投入装置，并具有自投/自复和手投/手复两种工作模式，自投/自复功能可在当地/远方（只能就地投入）进行投入/撤除。在当地开关柜上设置硬压板，在控制中心电力监控系统设置软压板。当软压板与硬压板均在允许位置时，自投/自复功能投入；当软压板与硬压板其中一个或两个在禁止位置时，自投/自复功能退出，转入手投/手复工作模式。

交流自用电系统两路进线设置双电源自动切换装置或功能。

中压侧的备自投装置与 400 V 侧的备自投装置在投入时间上设置级差，实现相互之间的协调配合。一个中压进线电源失电时，由中压侧备自投装置根据情况将备用电源投入，400 V 侧备自投装置不动作。

5.4.4　直流牵引系统保护设置

1. 整流机组保护

牵引变压器（即整流变压器）电流速断保护是整流机组的主保护，快速切除馈线至 1 500 V 母线之间的相间短路，同时也是整流器本体保护的后备保护。

牵引变压器反时限过电流保护。反时限过电流保护动作时间随短路电流的增大而自动减小，动作时间与电流大小成反比，即过电流越大，保护越快。

牵引变压器定时限过电流保护。定时限过电流保护是反时限过电流保护的后备保护，为与反时限过电流保护相配合，定时限过电流保护时间应小于反时限。

牵引变压器零序电流保护。零序电流保护，在保护范围内发生单相接地故障时具有足够的灵敏度，启动主保护作用。

牵引变压器温度保护。变压器内部保护，由厂家给定，正常温度为 70 ~ 90 °C，F 级绝缘 140 °C 告警，150 °C 跳闸，其变压器铁芯 100 °C 告警。

整流器保护。整流器一个桥内部的一个二极管损坏告警 A（△侧）或 B（Y 侧）桥均有两个二极管坏跳闸，母排超温告警、母排超温跳闸；压敏电阻损坏跳闸，整流器超温告警，整流器超温跳闸，整流器柜门打开跳闸等。

2. 直流 1 500 V 系统保护

目前重庆单轨直流牵引供电系统的 1 500 V 直流断路器采用金属封闭开关柜，供货商为江苏大全集团，选用 Swiss Secheron 断路器，柜型号为 KMB 配 SEPCOS-NG 保护装置。

1）直流进线保护逆流保护

当整流器二极管击穿事故扩大引发故障时，逆流保护启动，联跳相应的牵引整流机组高压侧断路器，同时联跳 1 500 V 馈线开关及再生制动开关。

2）直流馈线保护

（1）大电流脱扣保护：为断路器本体自带保护。

（2）DDL 保护。

应用场合：主要用于远距离或电阻型故障的检测，动作电流值小于断路器门限，通过分析馈线电流增量 Delta I 及时间 t 来判断故障。DDL 保护分为 DDL + Delta I 与 DDL + Delta T 保护，保护功能可单独投退。主要参数设置如表 5-1 所示。

表 5-1　主要参数设置

名称	设定范围	单位	保护设置说明
E	1 ~ 1 000	kA/s	保护启动值
F	1 ~ 1 000	kA/s	保护返回值
Delta I_{max}	1 ~ 12 000	A	DDL+Delta I 保护设定值
t Delta I_{max}	0 ~ 65 535	ms	DDL+Delta I 保护延时时间
Delta I_{min}	0 ~ 12 000	A	DDL+Delta T 保护设定值
T_{max}	0 ~ 65 535	ms	DDL+Delta T 保护延时时间

注：Delta I_{max}：电流变化率高启动值　　Delta I_{min}：电流变化率低启动值
　　t Delta I_{max}：电流变化率高启动值延时　　T_{max}：电流变化率低启动值延时

保护不断监测馈线电流 If 及电流变化率 di/dt。当电流变化率 di/dt 高于设定值 E，保护启动。(di/dt > E)，如果电流变化率 di/dt 低于 F 且未有跳闸出口，则 DDL 保护停止。

① DDL + Delta I 保护（图 5-3 ）。

如果测量到的电流增量 Delta I 高于参数设定 Delta I_{max} 的时间大于或等于参数 t Delta I_{max}，DDL + Delta I 保护动作同时跳闸信号启动。若在保护出口动作前检测到电流变化率 di/dt 低于 F，整个保护复归，相关参数清零。

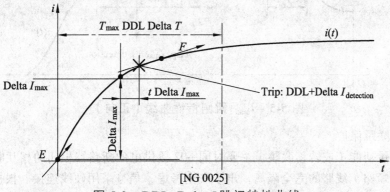

[NG 0025]

图 5-3　DDL+Delta I 跳闸特性曲线

② DDL + Delta T 保护（图 5-4 ）。

如果 Delta t 的测量值高于参数 T_{max} 同时 Delta I 的测量值高于参数 Delta I_{min}，DDL + Delta T 保护动作同时跳闸信号启动。若在保护出口动作前检测到电流变化率 di/dt 低于 F，整个保护复归，相关参数清零。DDL + Delta I 保护与 DDL + Delta T 保护的启动值与返回值为同一设置。

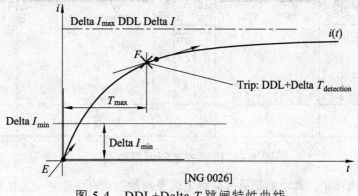

[NG 0026]

图 5-4　DDL+Delta T 跳闸特性曲线

（3）电流定时限保护 $I_{max}+$，$I_{max}++$：

应用场合：

断路器本体大电流脱扣的后备保护，电流设定值一般小于断路器本体的定值，主要通过分析馈线电流识别故障。参数设置如表 5-2 所示。

表 5-2 参数设置

名称	设定范围	单位	保护设置说明
$I_{max}+$	1 ~ 12 000	A	电流过负荷设定值
$T+$	1 ~ 65 535	ms	电流过负荷设定时间

保护装置不断监测当前正向电流最大值 $I_{max}+$。如电流大于设定值并超过设定时间 $T+$，跳闸启动与相应输出激活。如电流小于设定值则保护返回（图 5-5）。

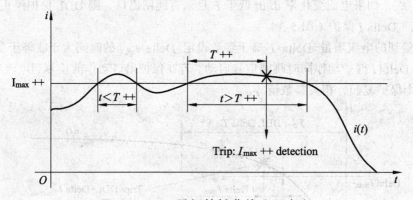

图 5-5 $I_{max}+$跳闸特性曲线（正向）

（4）双边联跳保护。

描述：联跳功能（或转移联跳）主要对同一区段供电的断路器柜间的相互联锁控制，保证与故障（如短路）线路的完全隔离。出于安全考虑，信号采用硬线连接。根据保护装置的工作模式，装置可发出脉冲或持续的联跳信号。只有在工作位置时保护装置才发送联跳信号。

① 双边联跳（图 5-6）方案。

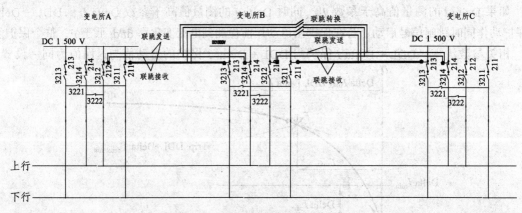

图 5-6 相邻变电所间双边联跳

直流双边联跳保护，其功能是通过联跳电缆及两侧直流开关柜中配置的联跳继电器来实现的。双边联跳可通过开关或显示单元投退。

当本变电所一台断路器跳闸时，必须使相邻变电所内向同一区间供电的断路器同时跳闸；其功能可通过联跳电缆及两侧直流开关柜中的联跳继电器来实现，每条馈线 SEPCOS 数字式保护监控单元的联跳接收与发送采用独立的回路。

其具体实现过程为：

首先，由一个变电所的一台馈线柜内 SEPCOS 型微机综合测控与保护装置联跳发送回路发出联跳信号，然后，经联跳发送继电器及相邻变电所间的联跳电缆，将此联跳信号发送到相邻变电所的向同一区间供电的馈线柜内，最后，经该柜内联跳继电器进入 SEPCOS 型微机综合测控与保护装置，使其实现联跳断路器动作。

② 越区供电时三个变电所间联跳。

当处于中间的变电所退出运行时，合越区隔离开关进行越区供电时，其相邻的两个变电所馈线断路器可以进行联跳信号转换。联跳发送继电器的输出信号通过联跳转换继电器传送给下一牵引变电所的相应馈线柜的联跳接收继电器。联跳转换只与本所馈线柜间接线有关，不需要任何外界连线。

③ 双边联跳控制逻辑。

对于框架保护电流元件动作与电流保护动作产生的联跳信号采用不同的节点输出（电源为 DC 220 V）。框架电流元件动作产生大于 4 s 的联跳信号，联跳并闭锁邻站重合，邻站可就地或远方复归后试送，本站须检修人员手动复归框架电流继电器复归按键后方可复归。电流保护动作产生的联跳信号为 2 s 脉冲，邻所断路器与本所断路器各自经线路测试重合闸。双边联跳控制逻辑详如图 5-7 所示。

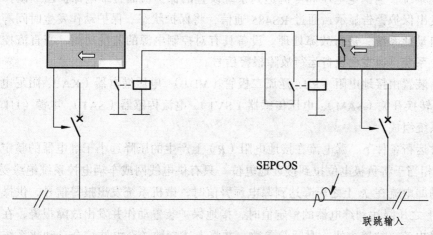

图 5-7　双边连跳逻辑

（5）64D 接地保护。

单轨 64D 接地保护装置如图 5-8 所示。

系统控制采用高灵敏度的电磁式 DC 1 500 V 电压继电器作为主保护，采用一台 16 位单片机实现智能型的监测功能，便于对故障性质进行判别，有利于故障分析和维护维修。

考虑到该装置与快速断路器、车辆接地保护装置形成整个系统的对地保护环节，在主电路设计上重点考虑检测可靠、响应及时、动作准确。为此，接地电阻采用可调整的多挡设定方式，有利于根据供电区间的实际情况进行调节。采用仿日高灵敏度的电磁继电器，提高动作响应时间。该继电器具有可靠性高、保护准确、使用寿命长等特点。在继电器电路中为了调整动作电压，检测调节电阻设计成连续可调。设置逆流二极管，有效地防止了车辆启动时引起的误动作。电路中设置了电流传感器和电压传感器，对漏电流和电压进行适时检测。

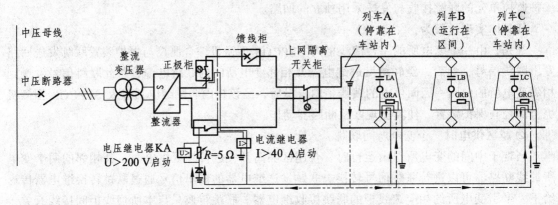

图 5-8　框架保护及 64D 接地保护原理图

系统控制引入微机智能检测和通信系统，将通过电压、电流传感器采集的电压、电流、运行状态、告警事件发生时间、保护动作事件发生时间等自动记录，并可通过通信接口把记录输送给上一级综合自动化系统。控制部分采用 16 位单片机作为主控制单元。根据电压、电流传感器检测到的漏电电压和电流值，进行保护判断，当漏电电压和电流达到系统设置的预警值时，微机控制装置发出保护预警显示，通过 RS485 通信，将保护预警信号报送给上一级综合自动化系统；当漏电电压和电流达到系统设置的保护值而且继电保护已经动作时，微机控制装置发出保护警告显示，通过 RS485 通信，将保护状态、保护动作发生时间等报送给上一级综合自动化系统，进行故障处理。设备具有对控制电源的监视功能，当直流控制电源发生故障时，系统迅速发出设备运行故障报警信号。

原理：装置由接地电阻（R）、逆流二极管（VD1）、电压继电器（KA）、阻尼电阻（$R_1 \sim R_{16}$）、高压转换开关（SAM）、电压传感器（SV1）、电流传感器（SA1）、电源（U1、U2）及微机控制系统组成。

在正常运行条件下，漏电流在接地电阻（R）上产生的压降远小于继电器的整定值，接地电阻（R）相当于将负极电位拉到接近地电位。只有供电线网或车辆电控系统绝缘受到损伤，而且形成的漏电流在 R 上之压降达到漏电预警值时，微机系统发出报警信号，供操作人员注意；当 R 上之压降达到继电器的整定值时，接地保护装置动作并发出故障报警，在显示器上将显示故障电流、故障电压、时间等参数，并将上述参数送至电站综合自动化系统，操作人员可根据故障时间、故障区段、故障电流及车辆运行图，可以判断出故障车。下面分析几种基本情况：

正常工作：从各变电所至各列车，通过馈电线输送直流电流。电流从变电所出来对最近的列车输送最大的电流。接地保护装置检测的电压、电流为正常数值。

馈电线短路事故：馈电线的正、负板间的短路事故一般不会出现。唯一的事故是由于列车前端挡板内卷入了雪，雪堵塞后于正、负极的导电弓间由于雪的水分导致短路。此时接地保护装置动作，将供电所快速断路器断开，并报警（图 5-9）。

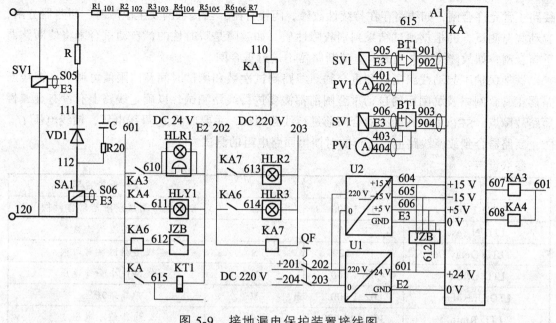

图 5-9　接地漏电保护装置接线图

馈电线接地事故：馈电线的接地事故有时会发生。如正极馈电线由于某些物体（导体）造成绝缘子绝缘不良或造成短路等。接地电流流入至各变电所的接地保护装置，此值达到漏电预警值时，微机系统发出报警信号；此值达到保护值时，接地保护装置动作，将供电所快速断路器断开，并报警。

列车主线路、高压辅助线路的短路事故：列车主线路、高压辅助线路的短路事故极其稀少，发生事故时，当事故点发生在车辆的"快开 LB"之后，通过车辆电控系统的快速断路器 LB 系统被截断。当事故点发生在车辆的"快开 LB"之前，则通过供电所系统的快速断路器将系统断开；跳火等事故时，电流经车辆的接地保护 GR 线路。也将断开 LB 系统。

列车主线路、高压辅助线路的绝缘不良：此时泄漏电流通过车辆 GR 线路。GR 线路设定工作环境是为了防止万一出现乘客触电事故。为此 GR 线路整定值应根据人体所能承受的值进行整定。当故障发生在列车导电弓与 LB 间时，列车通过停站时车辆框架接地装置，使车辆 GR 线路动作（漏电电压大于 100 V），车辆 LB 分断；或者变电所的接地保护装置动作（漏电电压大于 200 V），将供电所快速断路器断开，并报警。

负极母线绝缘不良：在正常情况下，由于漏电流一定，接地电阻上的压降变化很小，一旦负极母线绝缘电阻下降，将使接地电阻上的电压减小，通过检测该电压值并与正常值比较，可以判断该区间负极母线绝缘是否合乎要求。

框架泄露保护。单轨牵引变电所直流 1 500 V 系统采用一点接地，各设备相互连接，最后通过 64D 接地保护装置与地相连，64D 为电压型保护，而框架保护采用电流型，电流型框架保护在直流系统主绝缘击穿时，产生小电流接地故障时动作，其电压和电流检测对故障点的定位都比较困难，选择性较差。电流型框架保护定值精度要求较高，电流元件由于灵敏度过高，在现场整定时，整定定值为 40 A，动作时限为 0 s。

自动重合闸功能。牵引变电所直流 1 500 V 馈线保护装置 SEPCOS-NG 具有通过线路测试回路，判别故障性质的自动重合闸功能。正常操作断路器合闸时，能对线路进行多次测试，线路正常允许合闸，如线路存在持续性故障，闭锁合闸。当接触网发生故障时，断路器分闸，起动线路测试，并根据测试结果判别故障性质，如故障是瞬时性的，自动重合闸将使断路器重新合闸；如故障是永久性的，直流断路器不进行重合闸。

框架保护不起动线路测试和重合闸。线路测试次数和测试时间及门限值可调。在馈线断路器正常合闸以及跳闸后的自动重合闸前都需要进行线路测试，以确定线路上有没有金属性短路故障点。SEPCOS 在断路器合闸前进行线路测试，主要监测 U_r 母线电压，馈线电压 U_f。防止断路器合到故障线路上，进行的对馈出回路电阻的测试。

参数设定：

名称	设定范围	单位	保护设置说明
LTD T ON	0 ~ 1 000	S	线路测试接触器动作时间
LTD N Test	1 ~ 10		线路测试次数
LTD Delay	10 ~ 120	S	线路测试延时时间
LTD Uflow	0 ~ 1 000	V	线路最小工作电压
LTD Uresidue	0 ~ 1 000	V	线路残压
LTD Rmin	300 ~ 10 000	毫欧	线路最小电阻

线路测试的各种情况如下：

$U_r < U_{residue}$，且 $U_f > U_{flow}$，直接合闸。

$U_r > U_{flow}$，且 $U_f > U_{flow}$，直接合闸。

$U_r > U_{flow}$，且 $U_f < U_{residue}$，合线路测试接触器，若测量到的线路电阻 $R \geq R_{min}$，则断路器合闸，否则闭锁

除 ABC 以外的情况均闭锁断路器的合闸。

第6章　单轨接触网系统

单轨接触网系统是单轨供电系统中非常重要的组成部分，供电系统通过接触网将电能持续地输送到列车，以保证列车安全正常运行。由于接触网是无备用的供电设备，而且要承受各种气象条件的影响，因此，保证接触网设备安全可靠是轻轨列车正常运行的必要条件。

单轨接触网采用轨道梁侧面刚性接触悬挂方式，电压等级为直流 1 500 V。接触悬挂位于PC梁中部并被车体完全包络，顺线路方向呈"之"字形布置，以便实现对受电弓均匀磨摩擦，每个伸缩单元设置中心锚结和伸缩接头，实现对汇流排由于温度变化引起的伸缩的补偿，使汇流排在每个支持点处可自由滑动。其主要组成部分（但不限于）绝缘子、T型汇流排、汇流排线夹和接触线等，以及隔离开关、避雷器和直流馈线电缆、回流有电缆等辅助设施。

本章主要介绍重庆单轨接触网设计条件、设计要求、结构特点、设备选型及安装技术标准。

6.1　重庆单轨接触网要求

6.1.1　工作条件

1. 运行环境

重庆地区属亚热带季风气候类型，空气湿润，春早夏长，冬暖多雾，秋雨连绵。年平均气温 18.3 ℃，月平均最高气温在 8 月为 28.1 ℃，月平均最低气温在 1 月为 5.7 ℃，极端最高气温 42.2 ℃，极端最低气温-1.8 ℃。年平均降水量 1 082.6 mm，年平均相对湿度 79%，最热月份相对湿度 70%左右，最冷月份相对湿度 81%。全年主导风向为北向，频率 13%左右，夏季主导风向为西北向，频率 10%左右，年平均风速为 1.3 m/s，极端最大风速为 26.7 m/s。

所以接触网应至少满足以下环境条件：

最低温度：-5 ℃；

最高温度：+45 ℃；

污秽等级：重污区；

雷电日：$N \leqslant 60D$；

覆冰厚度：0 mm；

海拔：<1200 m；

湿度（日平均）：95%；

月平均：90%。

2. 线路条件

最大坡度：区间正线 60‰；

车站 2‰~3‰；

折返牵出线上坡 3‰，下坡 3‰；

车辆段检修、停留线 2.5‰；

道岔 0‰；

最小曲线半径：

区间正线：100 m；

车辆段及综合维修基地：50 m（含出入段线）；

车站：300 m；

道岔附带曲线：50 m。

3. 限界要求

（1）限界制定的主要依据。

接触网限界是依据车辆限界、建筑限界（图 6-1）和轨道梁限界（图 6-2）制定的，轨道梁截面尺寸 0.85 m×1.50 m，支座高度 0.5 m。

（2）限界要求。

由于单轨跨座式接触网的特殊性，接触网安装范围必须严格控制在车辆、建筑及轨道梁限界范围内，并满足绝缘距离要求。

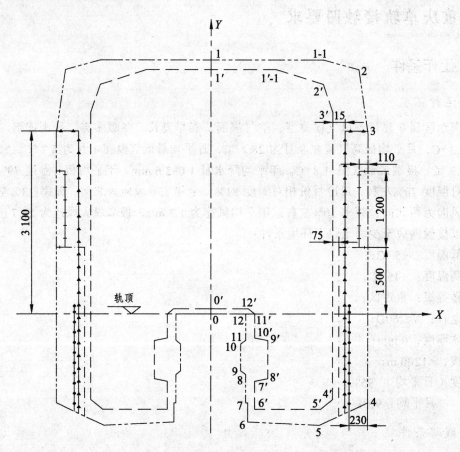

车辆限界坐标　　　　　　　　　　　　　　　　　　　　　　（单位：mm）

控制点	0′	1′	1′—1	2′	3′	4′	5′	6′	7′	8′	9′	10′	11′	12′
X	0	0	800	1 380	1 500	1 500	1 350	540	540	700	700	540	540	460
Y	80	3 850	3 850	3 620	3 080	-1 350	-1 500	-1 500	-1 060	-1 020	-420	-380	0	80

建筑限界坐标　　　　　　　　　　　　　　　　　　　　　　（单位：mm）

控制点	0	1	1—1	2	3	4	5	6	7	8	9	10	11	12
X	0	0	1 380	1 820	1 935	1 935	1 335	455	430	430	370	370	430	430
Y	0	4 000	4 000	3 850	2 880	-1 400	-1 750	-1 700	-1 400	-955	-895	-475	-415	0

图 6-1　车辆限界和建筑物限界图

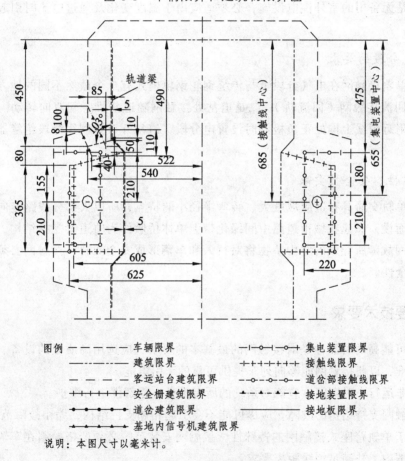

图例　——　——　车辆限界　　　|—○—|—○—|　集电装置限界
　　　——·——　建筑限界　　　+++++++++　接触线限界
　　　—— ——　客运站台建筑限界　——○——○—　道岔部接触线限界
　　　+++++++　安全栅建筑限界　　▲—▲—▲—　接地装置限界
　　　·—·—·—·　道岔建筑限界　　　————　接地板限界
　　　▲—▲—▲　基地内信号机建筑限界

说明：本图尺寸以毫米计。

图 6-2　轨道梁周围的特殊限界图

6.1.2　基本要求

1. 满足传输电能的功能需求

接触网除完成不间断向列车供电的功能外，还承担着传输电能的功能。作为跨座式单轨接触网传输电能的主要部件——汇流排，要具备良好的电气性能，达到减少电能损耗和接触网压降的要求。但受到建筑和车辆限界的限制汇流排截面不可能做得很大，这就对汇流排材料和截面的选择、制造误差提出了很高的要求。

2. 满足良好弓网关系的要求

控制受电弓离线率以及实现受电弓滑板与接触线的均匀磨耗，是满足良好弓网关系要求的关键因素。在跨座式单轨轨道交通中，由于受电弓和接触网完全被车体包络，空间狭小，受电弓行程短，受电弓跟随性较差，这就对影响接触网离线率的因素提出了更高的要求；另外，跨座式单轨受电弓滑板与接触线的接触范围小，只有 120 mm，这就对接触网采用相应布置方法以解决弓网均匀磨耗，延长受电弓滑板和接触线的寿命提出更高的要求。

3. 适应气候的要求

接触网是无备用的室外供电设施，必须适应由于温度变化及通过电流时引起的汇流排、接触线伸缩。

4. 电气分段的要求

跨座式单轨接触网在电气分段上与传统钢轮钢轨模式有 2 个截然不同的地方：一是设置专门的负极回流接触网（回流轨）；二是道岔处接触网随道岔梁一起双向转动。这就要求在牵引变电所附近馈线上网处正负极同时设置电分段，道岔开口处利用分段绝缘器实现局部无电区。

5. 可靠性、安全性要求

跨座式单轨交通具有适应坡度大、转弯半径小的特点，所以大部分线路走向随城市道路走向、坡度而设，靠建在城市道路中间绿化带上单体桥墩作为轨道梁支撑结构，结构空间通透。故接触网故障所导致的空中坠物将对行人和车辆形成安全威胁，接触网必须保证良好的可靠性、安全性。

6.1.3　主要技术要求

（1）尽可能高的可靠性是对接触网的最基本的要求，应选用高质量的设备、材料并严格遵守施工标准，以便接触网能够向列车提供可靠的牵引电能。

（2）在非运行小时期间，应能对系统的所有设备、零部件进行维护。

（3）接触网支持结构的故障，应尽可能不会引起相邻支持结构，缩小故障范围。

（4）由于单轨跨座式接触网的特殊性，接触网安装范围必须严格控制在车辆、建筑及轨道梁限界范围内，并满足绝缘距离要求。

（5）接触网支持点间距取值范围一般为 2.0 ~ 3.0 m，在道岔区和特殊轨道梁区段需特殊布置，以保证良好的受流。

（6）拉出值主要由集电器滑板工作宽度、限界及绝缘距离要求来决定，一般为 60 mm。在膨胀接头处，两根汇流排平行排列，实现集电器平稳过渡。

（7）为实现对接触悬挂的温度补偿，接触网伸缩单元长度一般为 70 ~ 150 m，并在其中间部位设置中心锚结。

（8）供电分段的设置应满足供电功能要求及检修、维护的方便。

（9）电连接的设置原则：

① 在膨胀接头处设置电连接。

② 道岔处根据不同型式道岔电气连接要求设置电连接。

③ 电连接线根据实际情况采用软铜绞线或铜芯软电缆。

④ 电连接应满足载流量的要求。

（10）隔离开关设置原则：

① 在牵引变电所馈出线与接触网连接处设置电动隔离开关。

② 在车辆段与正线分界处设置电动隔离开关。

③ 隧道内电动隔离开关尽量设置在靠近电分段处的车站站端的设备用房内，避免隧道局部开挖。

④ 基地内各不同功能线路设置电动或手动隔离开关。

⑤ 高架区段大部分线路是从城市道路中间隔离带通过，设置隔离开关困难，因此高架区段隔离开关安装用地与牵引变电所用地一同考虑，并尽量靠近电分段处。

（11）全线接触网应考虑良好的安全防护措施，包括防雷接地系统、车体接地系统、检修维护接地等。

（12）满足正线 80 km/h 行车速度的要求，保证集电器良好的取流和集电器滑块的均匀磨损。

（13）接触网载流量应满足远期高峰小时一个牵引变电所解列，由相邻牵引变电所越区供电时列车正常运行的要求。

（14）高架区段加强防雷保护，避雷器的安装应综合考虑城市景观，避雷器的设置原则及要求如下：

① 在高架或地面牵引变电所馈电线上网点附近设置避雷器，以防止雷电波侵入变电所。

② 隧道口设置避雷器，以防止雷电波侵入隧道。

③ 高架区段设置避雷器。

④ 避雷器应可靠接地，接地电阻应不大于 10 Ω。在高土壤电阻率的高架区段，除设置单独的接地极外，可利用桥墩的结构钢筋作为接地极或采取其他的降阻措施。考虑城市景观及安装方便，避雷器电缆从预埋在桥墩内的防护管中穿出，避雷器一般安装在桥墩侧面。

（15）当列车在车站、维修基地停靠时，车体通过车体接地板接地，形成保护回路。接地板材质采用不锈钢，以钢支架固定。接地板通过电缆与车站综合接地网相连，使车体可靠接地，接地电阻应不大于 4 Ω，以保证人员及运营安全。

6.2 单轨接触网受流原理及布置原理

1. 受流原理

单轨接触网受流模式不同于传统轮轨交通所采用的第三轨或架空接触网模式，是一种全新的城市轨道交通接触网受流模式，除正极授流接触网外，因车辆一般采用橡胶轮胎走行轮，轨道梁（不管是钢梁还是钢筋混凝土梁）均不能成为供电回线，因此设置专门的负极回流接触网（回流轨），电流经车辆负极受电弓再经回流轨回流，负极接触网结构与正极相同。其原理如图 6-3 所示。

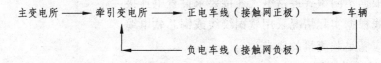

图 6-3　单轨接触网供电回路示意图

单轨接触网位于轨道梁侧面中部并被车体完全包络，平行轨道梁中心线方向呈"之"字形布置，接触受流面相对轨道梁侧面向外，受电弓相对轨道梁侧面向内与接触网接触线摩擦受流。

由于单轨接触网采用轨道梁侧面 DC 1 500 V 刚性悬挂方式，轨道交通电动车组通过 DC 1 500 V 侧式刚性接触网授流，轨道梁一侧（一般行车左侧）为正极，另一侧（一般行车右侧）为负极，不通过走行轨而是通过接触轨负极回流，因此不会产生杂散电流，线路轨道结构、车站结构无须采取杂散电流防护。

2. 布置原理

在跨座式单轨交通中，由于受电弓和接触网完全被车体包络，空间狭小，受电弓行程短，受电弓跟随性较差。因此接触网必须采用相应的布置方法以达到弓网均匀磨耗，提高受电弓滑块和接触线寿命，满足良好弓网关系。

1）跨距布置

绝缘子支持间距 L（即跨距，图 6-4），是指支持汇流排两相邻绝缘子中心线之间的距离。绝缘子直接固定在 PC 梁上示意图如图 6-4 所示。

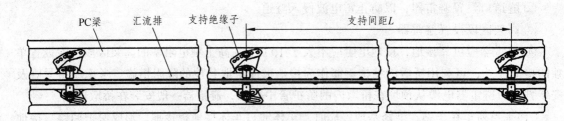

图 6-4　绝缘子直接固定在 PC 梁上

在汇流排的材料、截面和形状已确定的情况下，绝缘子支持间距是影响受流质量的关键因素。绝缘子支持间距计算主要考虑集中荷载、受电弓压力和汇流排自重对支持间距最大值的影响。

（1）汇流排特性条件。

单轨跨座式轨道交通接触网汇流排由于受安装空间限制，一般采用 T 形汇流排，材质采用 A6063-T5 铝合金材料。T 型汇流排是主要的载流导体，其截面面积大小视牵引电流的大小而定，并满足限界要求。等效数学模型见图 6-5，具体尺寸根据不同的工程要求而定。

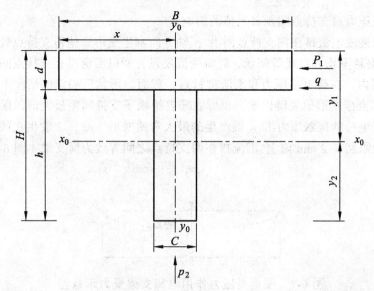

B—汇流排底座长/mm，X—$B/2$ mm；d—汇流排底座高/mm；h—底座至顶端高/mm；H—汇流排高/mm；
C—汇流排顶端宽/mm；$y_1=[H^2C+d^2(B-C)]/2(Bd-hC)$ /mm；$y_2=H-y_1$/mm，P_1—集中荷载/N；
P_2—受电弓压力/N，q—汇流排自重/（N/mm）

图 6-5　T 型汇流排数学模型

（2）集中荷载对支持点间距最大值的影响。

集中荷载一般是指施工维修人员及附带工具在安装或运营维修时对汇流排所造成的荷载（P_1）。汇流必须有足够的强度，以承受这种集中荷载。由于汇流排制造长度一般为 12 m，在一个伸缩单元内由多个汇流排焊接而成，这样在焊接处汇流排强度最低，当集中荷载作用在焊接点处时，会造成汇流排变形破坏。因此，在汇流排材质、焊接处允许应力和集中荷载一定的情况下，绝缘子支持间距成为影响汇流排强度的关键因素，绝缘子支持间距须限制在允许范围内。取焊接处允许应力作为计算标准，汇流排在两支持点之间等效为简支梁（图 6-6）。

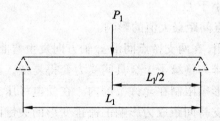

图 6-6　集中荷载时等效简支梁受力示意图

允许应力　$\sigma=L_1P_1/4W_y$

允许支持间距 L_1 计算公式：

$$L_1=4W_y\sigma/P_1$$

式中：W_y——汇流排沿 y_0 轴截面系数（$Z_y=2I_{y0}/B$）mm³；

　　　σ——焊接处允许应力，N/mm²；

　　　P_1——集中荷载（一般取 1 000 N）；

　　　I_{y0}——沿 y_0 轴惯性矩 mm⁴：$[I_{y0}=(dB^3+hC^3)/12]$；

支持间距最大值 L_{max} 应小于 L_1。

（3）受电弓压力对支持点间距最大值的影响。

受电弓压力造成汇流排在两支持点间沿 y_0 轴方向发生变形，使得支持点处成为接触"硬点"，产生接触磨耗不均和离线等问题，影响受流质量，所以汇流排在支持点间的弯曲变形须限制在允许范围内。在受电弓压力和汇流排材料、截面、形状已确定的情况下，绝缘子支持间距成为影响汇流排变形的关键因素，也即意味着绝缘子支持间距最大值须限制在允许范围内。汇流排受受电弓的接触压力沿 y_0 轴产生的最大弯曲变形（$f_{\max y}$）发生在两支持点间的中心位置处（一般限制在 2 mm 内）。汇流排在两支持点之间等效为简支梁（图 6-7）。

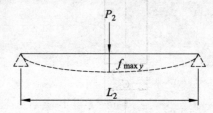

图 6-7　受电弓压力作用时简支梁受力示意图

跨中挠度 $f_{\max y} = L_2^3 P_2 / 48 E I_{x0}$

允许支持间距 L_2 计算公式：

$$L_2 = \sqrt[3]{48 E I_{x0} f_{\max y} / P_2}$$

式中：E——铝合金汇流排弹性模量，N/mm^2；

　　　$f_{\max y}$——y_0 轴方向汇流排受力弯曲最大允许值（一般取 2 mm）；

　　　P_2——受电弓压力（一般取 100 N）；

　　　I_{x0}——沿 x_0 轴惯性矩，mm^4；

$$I_{x0} = \left[C y_2^3 + B y_1^3 - (B-C)(y_1-d)^3 \right] / 3$$

支持间距最大值 $L_{\max}$ 应小于 L_2。

（4）汇流排自重对支持点间距最大值的影响。

汇流排受自身重力的作用，在两支持点间沿 x_0 轴方向发生弯曲变形，使受电弓磨耗不均，影响受流质量；同时，汇流排与绝缘子上金具间受力变得复杂，影响接触网的稳定性，所以汇流排在支持点间的弯曲变形须限制在允许范围内。在受电弓压力和汇流排材料、截面、形状已确定的情况下，绝缘子支持间距成为影响汇流排变形的关键因素，也即意味着绝缘子支持间距最大值须限制在允许范围内。汇流排受自身重力的作用沿 x_0 轴产生的最大弯曲变形（$f_{\max x}$）发生在两支持点间的中心位置处（一般限制在 2 mm 内）。汇流排在两支持点之间等效为简支梁（图 6-8）。

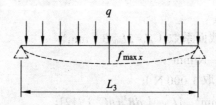

图 6-8　受电弓压力作用时简支梁受力示意图

跨中挠度 $f_{\max x} = 5qL_3^4 / 384EI_{y0}$

允许支持间距 L_3 计算公式：

$$L_3 = \sqrt[4]{384EI_{y0}f_{\max x} / 5q}$$

式中：I_{y0}——汇流排沿 y_0 轴惯性矩，mm^4；

$\quad q$——自重，N/mm；

$\quad f_{\max x}$——x_0 轴方向汇流排受力弯曲最大允许值（一般取 2 mm）；

支持间距最大值 $L_{\max}$ 应小于 L_3。

综合上述三种影响绝缘子支持间距的因素，支持间距 $L_{\max}$ 选用 L_1、L_2、L_3 中最小值作为确定绝缘子支持间距最大值的依据。

（5）单轨跨座式轨道交通接触网绝缘子支持间距最小值的确定。

单轨跨座式轨道交通接触网绝缘子支持间距最小值是由伸缩单元长度和接触网"之"字形布置与 PC 梁侧面中心线之间的最大允许夹角（即接触网"之"字形布置所形成的斜率，以下称最大允许斜率）决定的。

假设伸缩单位长度为 S，在半个伸缩单元内拉出值相对值为 $\Delta\alpha$，绝缘子支持间距为 L，接触网"之"字形布置所形成的斜率为 X，则 $X = 2\Delta\alpha / s$。

由于接触网本身是随温度变化而伸缩的，但受到中心锚结等关键受力点弯矩的限制以及伸缩接头补偿范围的限制，伸缩单元长度不能太长，也不能太短（不经济）。由于 $\Delta\alpha$ 对某一单轨跨座式轨道交通系统而言为常值，这样伸缩单元的最大长度 $S_{\max}$ 和最小长度 $S_{\min}$ 决定了最小允许斜率 $X_{\min}$ 和最大允许斜率 $X_{\max}$ 的取值。

单轨跨座式接触网两相邻绝缘子间允许汇流排调整的最大值为 t，针对一特定的单轨交通系统，t 为常值。这样绝缘子支持间距 L 与斜率 X 的关系为 $X = t / L$（单位均以 mm 计）。绝缘子支持间距与斜率、最小允许斜率和最大允许斜率的关系见图 6-9。

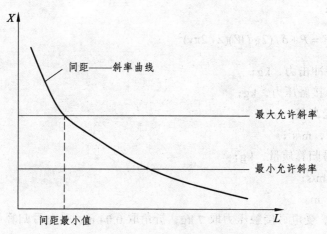

图 6-9　绝缘子间距与斜率关系示意图

由绝缘子支持间距与斜率、最小允许斜率和最大允许斜率的关系图可以看出，绝缘子支持间距—斜率曲线与最大允许斜率交叉点所对应的间距值即为接触网绝缘子支持间距最小值，即 $L_{\min} = tS_{\min} / 2\Delta\alpha$。

绝缘子支持间距最小值取值应大于 $L_{\min}$。

（6）重庆单轨跨座式轨道交通接触网绝缘子支持间距最小值的确定。

重庆跨座式单轨接触网跨距布置，根据计算，绝缘子支持间距最大值一般采用 3.0 m，最小值一般采用 2.0 m。实际接触网支持点间距布置时，除计算出跨距范围值外，还需根据轨道梁预应力钢筋和结构钢筋位置进行微调。在单轨道岔、特殊 PC 梁等特殊安装区段，车辆运行速度低，同时限制安装维修人员在汇流排上作业，绝缘子支持间距可适当增大或减小。

2）拉出值布置

接触网拉出值主要由受电弓滑板工作宽度、限界及绝缘距离要求来决定，工作范围一般为 -60 ~ +60 mm。为使接触网拉出值均匀分布在受电弓滑板有效工作范围以内，拉出值平行轨道梁中心线方向呈"之"字形布置，锚段关节以 4 组锚段为一个循环，以一定的规律将每一个锚段关节分布在不同的拉出值范围内（图 6-10）。

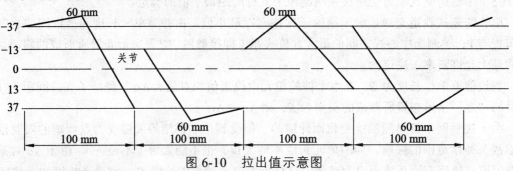

图 6-10　拉出值示意图

3）单轨道岔折角处的通过速度的要求

单轨道岔在曲线状态下，道岔处接触网关节会产生折角，车辆通过折角处时受电弓受到冲击力。该冲击力必须限制在受电弓耐受力范围之内，此冲击力的大小是由车辆通过速度决定的，因此为保证不发生离线和冲击造成过大的机械磨耗，车辆速度需限定在允许范围内。具体计算方法如下：

$$F = P + \delta / (2g / W)(\lambda / 2\pi v)^2$$

式中：F——受电弓冲击力，kg；

　　　P——受电弓接触压力，kg；

　　　δ——折角处高差，m；

　　　g——加速度，m/s^2；

　　　W——受电弓归算质量，kg；

　　　v——速度，m/s；

　　　λ——波长，m。

重庆单轨交通，受电弓接触压力取 7 kg，折角取 0.04 m，受电弓归算质量取 26 kg，波长取 2 m，则受电弓冲击力与速度之间的关系曲线，如图 6-11 所示。当车辆通过速度为 25 km/h 时，受电弓冲击力 F=32.2 kg。如果受电弓滑板的允许耐受力为 35 kg，则车辆通过速度应限制在 25 km/h 以内。

4）锚段关节处过渡高差的要求

锚段关节的布置不仅影响拉出值的整体分布，其过渡高差也是产生离线影响弓网关系的主要原因。因此在正线高速区段，要对关节过渡处的高差设定更为严格的标准，对施工安装精度提出更高的要求。以不发生离线为前提，关节过渡处的高差允许值按以下方法计算：

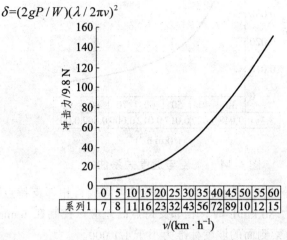

$$\delta = (2gP/W)(\lambda/2\pi v)^2$$

图 6-11　受电弓冲击力与速度曲线

关节处过渡高差与速度的关系曲线如图 6-12 所示。

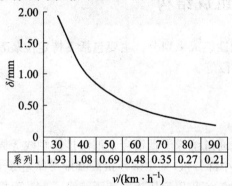

图 6-12　高差与速度关系曲线

以重庆单轨为例，当速度为 80 km/h 时，高差 $\delta = 0.2 \times 10^{-3}$ m。由此可以看出，锚段关节处过渡高差不应超过 0.27 mm。在锚段关节安装调试中，必须形成等高点过渡，提高受流质量。

5）相邻支持点高差的要求

单轨接触网是由绝缘子支持的，支持点的间距一般为 2.5 m。相邻支持点的高差是产生离线的原因之一，特别是在高速运行区段，相邻支持点高差会很容易引起离线，而影响弓网关系。图 6-13 为模拟存在高差情况下的示意图。

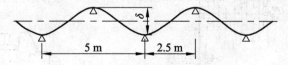

图 6-13　支持点高差分布示意图

相邻支持点高差允许值的计算方法：

$\delta = (2gP/W)(\lambda/2\pi v)^2$，与行车速度的关系曲线见图 6-14。

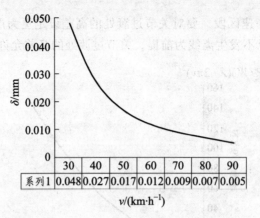

图 6-14 高差与速度关系曲线

v/(km·h^{-1})	30	40	50	60	70	80	90
系列1	0.048	0.027	0.017	0.012	0.009	0.007	0.005

在相邻支持点存在高差速度 80 km/h 时，为不发生离线，相邻支持点高差允许值占 δ = 0.006 m。在设计最高速度为 80 km/h 时，相邻支持点高差应该控制在 6 mm 以内。因此，单轨接触网接触线相对于轨道梁侧面的坡度标准为小于 1/1 000。

6.3 单轨接触网的组成结构

单轨接触网按主要功能性组成来划分，主要包括支持定位装置、锚段及锚段关节、中心锚结、道岔接触网、供电分段等。

6.3.1 支持定位装置

支持定位装置的作用是通过绝缘子把铝合金汇流排接触线等固定在规定位置。单轨接触网支持定位装置位于 PC 梁中部，PC 梁中部预留汇流排支撑绝缘子底座安装孔位，起载流作用的铝合金 T 型汇流排通过汇流排固定压板安装于绝缘子上，而接触线镶嵌于铝合金 T 型底部通过固定螺栓进行夹持紧固，其示意图如图 6-15 所示。

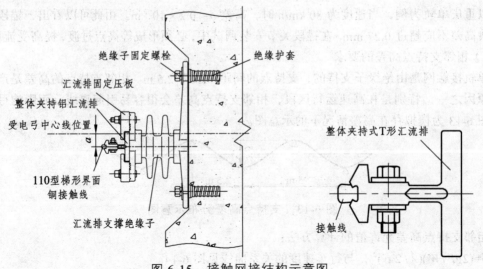

图 6-15　接触网接结构示意图

110

6.3.2 锚段及其锚段关节（膨胀关节）

1. 锚 段

为满足供电和机械受力方面的需要，将接触网分成若干一定长度且相互独立的分段，这种独立的分段称为锚段。

设立锚段可以限制事故范围，当发生事故时，由于各锚段间在机械受力上是独立的，不影响其他线路的接触悬挂，则事故限制在一个锚段内，缩小了事故范围。单轨接触网锚段长度一般为 70～150 m，并在其中间部位设置中心锚结。在锚段终端两侧汇流排平行重叠排列，重叠区接触导线间距为 50 mm，构成锚段关节（膨胀关节）。

2. 锚段关节（膨胀关节）

锚段关节在单轨接触网中称膨胀关节，两个相邻锚段的衔接区段（重叠部分）称为锚段关节。锚段关节位于两个接触网锚段的重合位置，当温度变化时，汇流排在锚段关节处可自由伸缩。

锚段关节的工作状态的好坏直接影响接触网和电力机车取流，电力机车通过锚段关节时，受电弓应能平滑、安全地由一个锚段过渡到另一个锚段，且弓线接触良好，取流正常。锚段之间的电气连接通过电连接线连接，又称关节电连接。

3. 单轨接触网膨胀关节结构

重庆单轨接触网膨胀关节结构形式根据膨胀关节处接触网绝缘子跨距的不同分为 2750 型、3000 型，根据汇流排切口方向分为 Y 型、Z 型。2750 型表示在绝缘子跨距为 2750 mm 处接触网膨胀关节的安装，3000 型表示在绝缘子跨距为 3 000 mm 处接触网膨胀关节的安装。

1）2750 型膨胀关节安装结构

图 6-16 为 2750Y 型膨胀关节现场安装示意图。图 6-17 为 2750Z 型膨胀关节现场安装示意图。

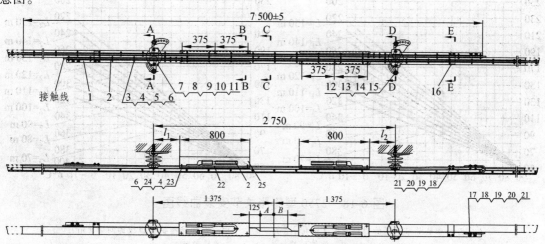

图 6-16　2750Y 型膨胀关节现场安装示意图

1—BY 型膨胀关节汇流排；2—A 型电连接；3，4，5，6—螺栓、螺母、垫圈；7，8，9，10，11—B 型汇流排固定压板及其螺栓、螺母、垫圈；12，13，14，15—汇流排支撑绝缘子及固定螺栓、垫圈；16—汇流排端部并联卡子；17，18，19，20，21—接触线末端固定卡子及螺栓、垫圈；25—电连接护罩

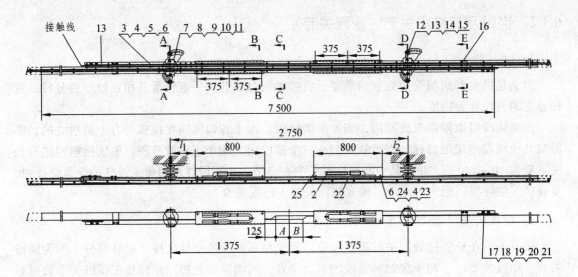

图 6-17　2750Z 型膨胀关节现场安装示意图

1—BZ 型膨胀关节汇流排；2—A 型电连接；3，4，5，6—螺栓、螺母、垫圈；7，8，9，10，11—B 型汇流排固定压板及其螺栓、螺母、垫圈；12，13，14，15—汇流排支撑绝缘子及固定螺栓、垫圈；16—汇流排端部并联卡子；17，18，19，20，21—接触线末端固定卡子及螺栓、垫圈；25—电连接护罩

图中 A、B、l_1、l_2 值按照图 6-18 中安装曲线来确定。

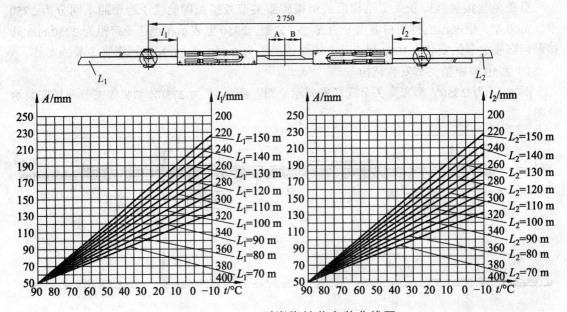

图 6-18　2750 型膨胀关节安装曲线图

L_1、L_2—膨胀关节两侧的锚段长度（m）；l_1、l_2—绝缘子中心与电连接护罩边缘的间距（m）；
A、B—伸缩间隙（mm）；t—汇流排温度

2）3000 型膨胀关节安装结构

图 6-19 为 3000Y 型膨胀关节现场安装示意图。图 6-20 为 3000Z 型膨胀关节现场安装示意图。

112

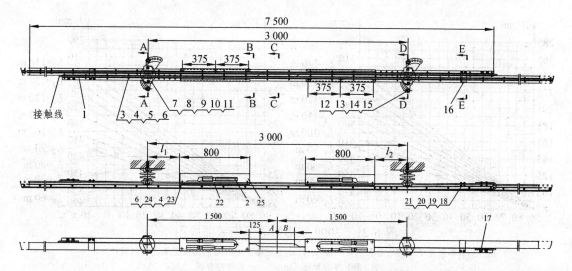

图 6-19　3000Y 型膨胀关节现场安装示意图

1—AY 型膨胀关节汇流排；2—A 型电连接；3，4，5，6—螺栓、螺母、垫圈；7，8，9，10，11—B 型汇流排固定压板及其螺栓、螺母、垫圈；12，13，14，15—汇流排支撑绝缘子及固定螺栓、垫圈；16—汇流排端部并联卡子；17，18，19，20，21—接触线末端固定卡子及螺栓、垫圈；25—电连接护罩

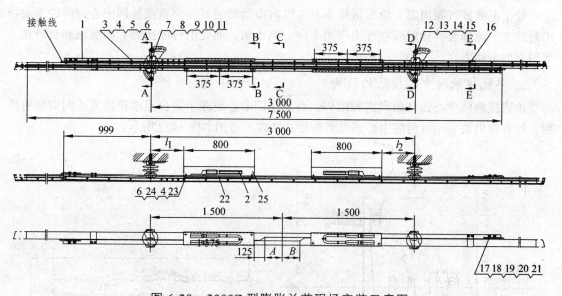

图 6-20　3000Z 型膨胀关节现场安装示意图

1—AZ 型膨胀关节汇流排；2—A 型电连接；3，4，5，6—螺栓、螺母、垫圈；7，8，9，10，11—B 型汇流排固定压板及其螺栓、螺母、垫圈；12，13，14，15—汇流排支撑绝缘子及固定螺栓、垫圈；16—汇流排端部并联卡子；17，18，19，20，21—接触线末端固定卡子及螺栓、垫圈；25—电连接护罩

图中 A、B、l_1、l_2 值按照图 6-21 中安装曲线来确定。

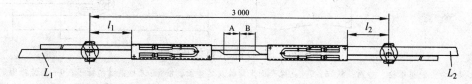

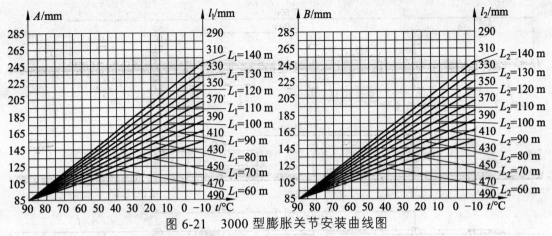

图 6-21　3000 型膨胀关节安装曲线图

L_1、L_2—膨胀关节两侧的锚段长度（m）；l_1、l_2—绝缘子中心与电连接护罩边缘的间距（m）；

A、B—伸缩间隙（mm）；t—汇流排温度

6.3.3　中心锚结

1. 单轨接触网中心锚结的作用

为了防止锚段两端负荷失去平衡而向一端滑动和缩小事故范围，在锚段中部的绝缘子定位点处将汇流排可靠固定，使汇流排不发生纵向滑动的装置。单轨接触网中心锚结的主要作用是防止汇流排及其接触线在外力作用下向一侧串动，如受电弓摩擦力、因坡道和自身重力等引起的串动力。

2. 单轨接触网中心锚结的结构

单轨接触网中心锚结的形式和结构，因其锚段中心绝缘子定位点的拉出值不同而略有区别，如在拉出值 a=-60 时的中心锚结处的形式结构示意图如图 6-22 所示。

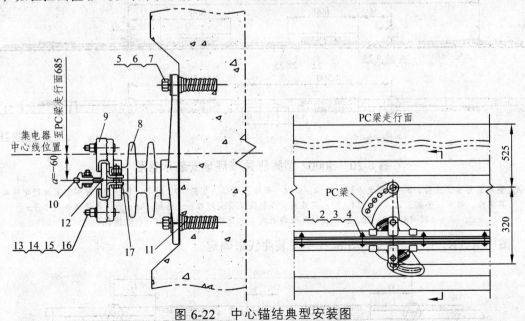

图 6-22　中心锚结典型安装图

1，2，3，4—为汇流排螺栓、垫圈；5，6，7—绝缘子固定螺栓及其垫圈；8—汇流排支撑绝缘子；9—汇流排固定压板；10—接触线；11—绝缘子固定预埋管；12—整体夹持 T 型汇流排；13，14，15，16—螺栓垫圈；17—中心锚结线夹

由图 6-22 可知，中心锚结处接触网的结构形式与一般的绝缘子定位点相比，在两侧各增加一套中心锚结线夹固定，防止串动，从而起到中心锚结固定的作用。其中心锚结线夹材料采用 Q235A，在进行中心锚结线夹紧固时，其标准紧固力矩为 44 N·M。

6.3.4 道岔处接触网

在站场，站线、侧线、渡线、到发线总是并入正线的。如果线路设一个道岔，接触网就必须在道岔衔接处有相应的布置。道岔处接触网的作用是保证电力机车受电弓安全平滑地由道岔接触网过渡至相应的线路接触网，达到转换线路的目的。单轨道岔接触网独有的特点是接触网随着道岔的转动而移动，接触网必须满足道岔在不同位置情况下受电弓平滑过渡的要求。因单轨道岔具有多种形式，接触网的布置方式也有所不同。

道岔处接触网结构分为道岔闭口端接触网衔接安装图（分 A、B、C、D 型）、道岔开口端接触网衔接安装图（分 A、B、C、D 型）、道岔钢轨道梁中部接触网典型安装图（A、B 型）、道岔钢轨道梁之间接触网衔接典型安装图（A、B 型）。

1. 道岔闭口端接触网衔接安装图

图 6-23 为道岔闭口端接触网衔接安装图（A 型）。图 6-24 为道岔闭口端接触网衔接安装图（B 型）。图 6-25 为道岔闭口端接触网衔接安装图（C 型）。图 6-26 为道岔闭口端接触网衔接安装图（D 型）。

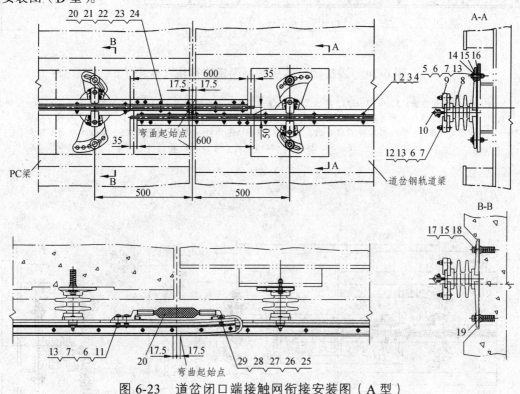

图 6-23　道岔闭口端接触网衔接安装图（A 型）

1，2，3，4—M8 螺栓及垫圈；5，6，7—M12 螺栓及垫圈；8—汇流排支撑绝缘子；9—A 型汇流排固定压板；10—接触线；
11，12，13—M12 螺栓及螺母；14—绝缘护套；15—大垫圈；16—绝缘垫；17，18—绝缘子固定螺栓及垫圈；
19—绝缘子固定预埋管；20—B 型电连接；21，22，23，24—M8 螺栓、螺母及垫圈；
25—接触线末端固定卡子；26，27，28，29—M10 螺栓、螺母及垫圈

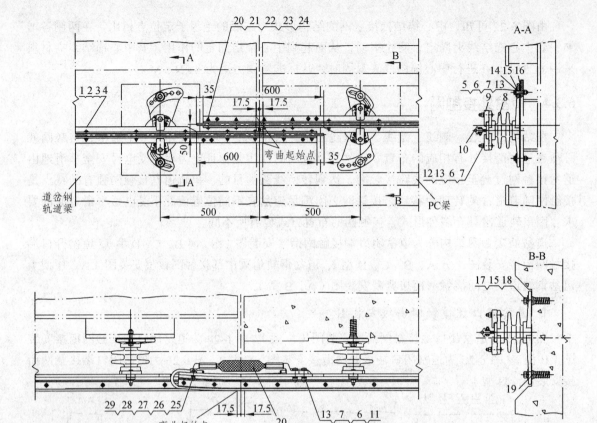

图 6-24　道岔闭口端接触网衔接安装图（B 型）

1，2，3，4—M8 螺栓及垫圈；5，6，7—M12 螺栓及垫圈；8—汇流排支撑绝缘子；9—A 型汇流排固定压板；10—接触线；
11，12，13—M12 螺栓及螺母；14—绝缘护套；15—大垫圈；16—绝缘垫；17，18—绝缘子固定螺栓及垫圈；
19—绝缘子固定预埋管；20—B 型电连接；21，22，23，24—M8 螺栓、螺母及垫圈；25—接触线末端固定卡子；
26，27，28，29—M10 螺栓、螺母及垫圈

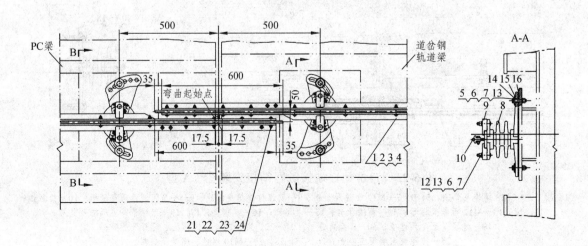

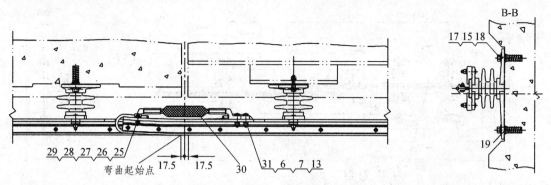

图 6-25　道岔闭口端接触网衔接安装图（C型）

1, 2, 3, 4—M8 螺栓及垫圈；5, 6, 7—M12 螺栓及垫圈；8—汇流排支撑绝缘子；9—A型汇流排固定压板；10—接触线；
11, 12, 13—M12 螺栓及螺母；14—绝缘护套；15—大垫圈；16—绝缘垫；17, 18—绝缘子固定螺栓及垫圈；
19—绝缘子固定预埋管；20—B型电连接；21, 22, 23, 24—M8 螺栓、螺母及垫圈；
25—接触线末端固定卡子；26, 27, 28, 29—M10 螺栓、螺母及垫圈

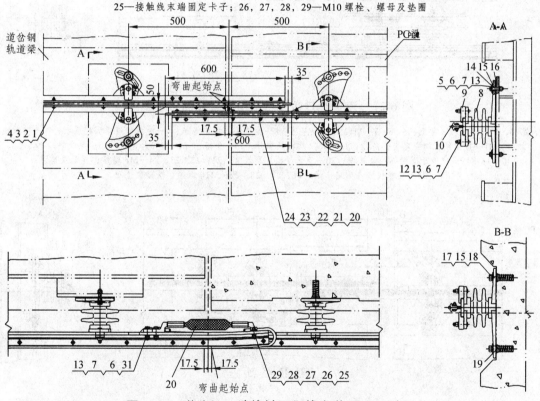

图 6-26　道岔闭口端接触网衔接安装图（D型）

1, 2, 3, 4—M8 螺栓及垫圈；5, 6, 7—M12 螺栓及垫圈；8—汇流排支撑绝缘子；9—A型汇流排固定压板；10—接触线；
11, 12, 13—M12 螺栓及螺母；14—绝缘护套；15—大垫圈；16—绝缘垫；17, 18—绝缘子固定螺栓及垫圈；
19—绝缘子固定预埋管；20—B型电连接；21, 22, 23, 24—M8 螺栓、螺母及垫圈；25—接触线末端固定卡子；
26, 27, 28, 29—M10 螺栓、螺母及垫圈

2. 道岔开口端接触网衔接安装图

图 6-27 为道岔开口端接触网衔接安装图（A型）。图 6-28 为道岔开口端接触网衔接安装图（B型）。图 6-29 为道岔开口端接触网衔接安装图（C型）。图 6-30 为道岔开口端接触网衔接安装图（D型）。

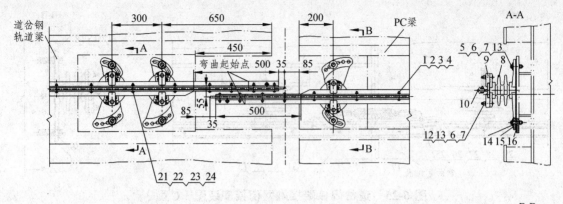

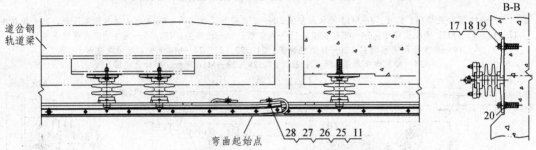

图 6-27 道岔开口端接触网衔接安装图（A 型）

1，2，3，4—M8 螺栓及垫圈；5，6，7—M12 螺栓及垫圈；8—汇流排支撑绝缘子；9—A 型汇流排固定压板；10—接触线；
11—接触线末端固定卡子；12，13—M12 螺栓及螺母；14—绝缘护套；15—大垫圈；16—绝缘垫；
17，18，19—绝缘子固定螺栓及垫圈；20—绝缘子固定预埋管；21，22，23，24—M8 螺栓、螺母及垫圈；
25—接触线末端固定卡子；26，27，28，29—M10 螺栓、螺母及垫圈

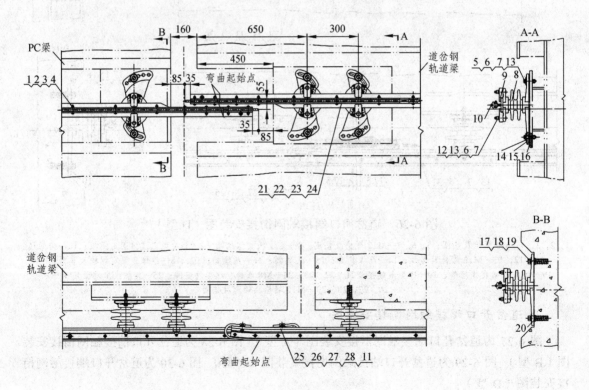

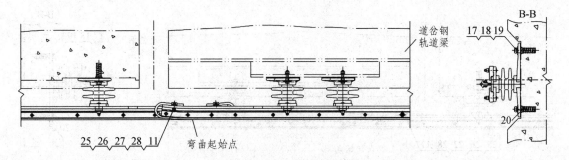

图 6-28　道岔开口端接触网衔接安装图（B 型）

1，2，3，4—M8 螺栓及垫圈；5，6，7—M12 螺栓及垫圈；8—汇流排支撑绝缘子；9—A 型汇流排固定压板；10—接触线；
11—接触线末端固定卡子；12，13—M12 螺栓及螺母；14—绝缘护套；15—大垫圈；16—绝缘垫；
17，18，19—绝缘子固定螺栓及垫圈；20—绝缘子固定预埋管；21，22，23，24—M8 螺栓、螺母及垫圈；
25，26，27，28—M10 螺栓、螺母及垫圈

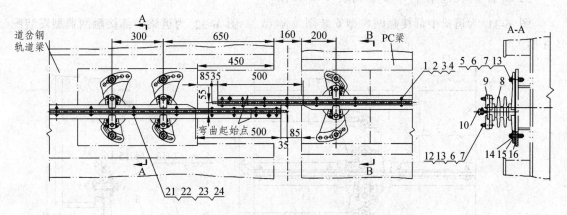

图 6-29　道岔开口端接触网衔接安装图（C 型）

1，2，3，4—M8 螺栓及垫圈；5，6，7—M12 螺栓及垫圈；8—汇流排支撑绝缘子；9—A 型汇流排固定压板；10—接触线；
11—接触线末端固定卡子；12，13—M12 螺栓及螺母；14—绝缘护套；15—大垫圈；16—绝缘垫；17，18，
19—绝缘子固定螺栓及垫圈；20—绝缘子固定预埋管；21，22，23，24—M8 螺栓、螺母及垫圈；
25，26，27，28—M10 螺栓、螺母及垫圈

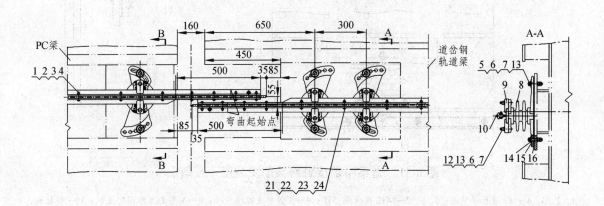

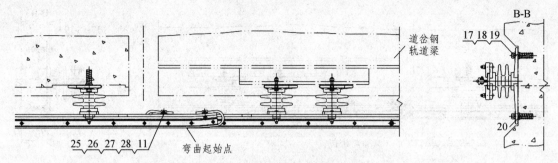

图 6-30　道岔开口端接触网衔接安装图（D 型）

1，2，3，4—M8 螺栓及垫圈；5，6，7—M12 螺栓及垫圈；8—汇流排支撑绝缘子；9—A 型汇流排固定压板；10—接触线；
11—接触线末端固定卡子；12，13—M12 螺栓及螺母；14—绝缘护套；15—大垫圈；16—绝缘垫；
17，18，19—绝缘子固定螺栓及垫圈；20—绝缘子固定预埋管；21，22，23，24 —M8 螺栓、螺母及垫圈；
25，26，27，28—M10 螺栓、螺母及垫圈

3. 道岔钢轨道梁中部接触网典型安装图

图 6-31 为道梁中部接触网典型安装图（A 型）。图 6-32 为道梁中部接触网典型安装图
（B 型）。

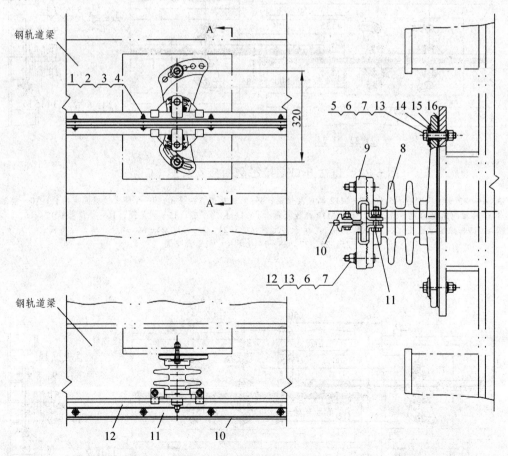

图 6-31　道梁中部接触网典型安装图（A 型）

1，2，3，4—M8 螺栓及垫圈；5，6，7—M12 螺栓及垫圈；8—汇流排支撑绝缘子；9—A 型汇流排固定压板；10—接触线；
11—中心锚结线夹；12，13—M12 螺栓及螺母；14—绝缘护套；15—大垫圈；16—绝缘垫

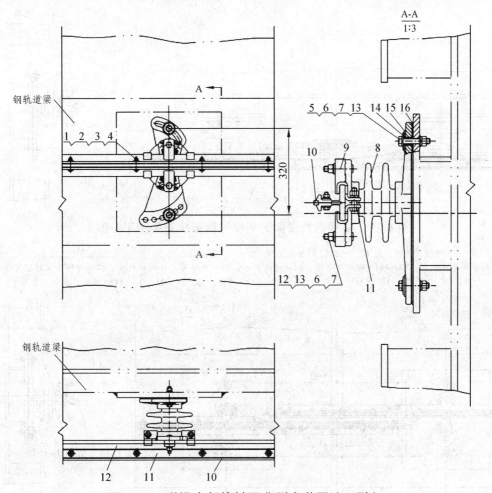

图 6-32　道梁中部接触网典型安装图（B 型）

1，2，3，4—M8 螺栓及垫圈；5，6，7—M12 螺栓及垫圈；8—汇流排支撑绝缘子；9—A 型汇流排固定压板；10—接触线；
11—中心锚结线夹；12，13—M12 螺栓及螺母；14—绝缘护套；15—大垫圈；16—绝缘垫

4. 道岔钢轨道梁之间接触网衔接安装图

图 6-33 为道岔钢轨道梁之间接触网衔接安装图（A 型）。图 6-34 为道岔钢轨道梁之间接触网衔接安装图（B 型）。

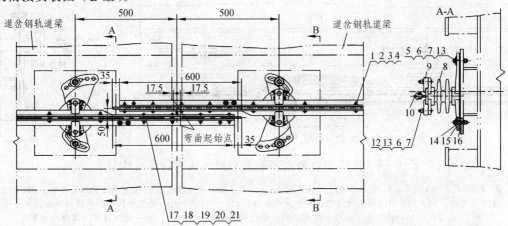

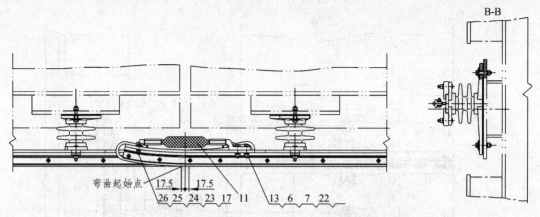

图 6-33　道岔钢轨道梁之间接触网衔接安装图（A 型）

1，2，3，4—M8 螺栓及垫圈；5，6，7—M12 螺栓及垫圈；8—汇流排支撑绝缘子；9—A 型汇流排固定压板；10—接触线；
11—B 型电连接；12，13—M12 螺栓及螺母；14—绝缘护套；15—大垫圈；16—绝缘垫；17—接触线末端固定卡子；
18，19，20，21—M8 螺栓、螺母、垫圈；22—M12 螺栓；23，24，25，26—M10 螺栓、螺母、垫圈

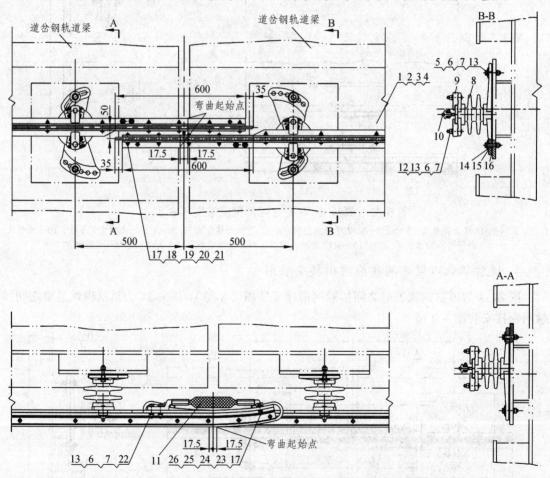

图 6-34　道岔钢轨道梁之间接触网衔接安装图（B 型）

1，2，3，4—M8 螺栓及垫圈；5，6，7—M12 螺栓及垫圈；8—汇流排支撑绝缘子；9—A 型汇流排固定压板；10—接触线；
11—B 型电连接；12，13—M12 螺栓及螺母；14—绝缘护套；15—大垫圈；16—绝缘垫；17—接触线末端固定卡子；
18，19，20，21—M8 螺栓、螺母、垫圈；22—M12 螺栓；23，24，25，26—M10 螺栓、螺母、垫圈

6.3.5 供电分段

为便于检修和缩小事故范围，在纵向或者横向将接触网从电气连接上互相分开的装置。单轨接触网采用分段绝缘器实现供电分段。根据跨座式单轨列车组特点，采用不带消弧角的专用分段绝缘器，使用高强度聚合材料。分段绝缘器典型安装图如6-35所示。

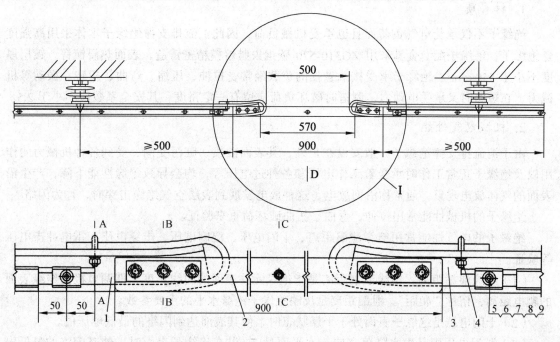

图 6-35　分段绝缘器典型安装图

1—汇流排；2—分段绝缘器；3—汇流排；4—接触线末端固定 U 型螺栓；5—50 型接触线固定夹板；
6，7，8，9—M8 螺栓及垫圈

6.4　单轨接触网设备

单轨接触网按其设备材料零部件来划分，由接触悬挂及附属设施组成。接触悬挂主要由（但不限于）汇流排支撑绝缘子、汇流排、汇流排固定夹板、接触线、各种紧固件以及接触悬挂其他零件组成；附属设施主要由（但不限于）隔离开关、避雷器、分段绝缘器、车体接地板、馈线（回流）电缆、避雷器连接电缆、电连接电缆、车体接地电缆以及各种必要的连接、紧固件等组成。

6.4.1　绝缘子

绝缘子是接触网中最广泛应用的重要部件之一，绝缘子用以悬吊和支持接触悬挂并使带电体与接地体保持电气绝缘。绝缘子质量及其性能的优劣对接触网的工作状态有着很大的影响。绝缘子在使用中将承受高电压（包括过电压）、各种负载、震动等机械和电气方面的影响，同时环境污染、尘埃等都会影响绝缘子工作状态。因此，对绝缘子性能及状态应有足够重视。

单轨接触网使用的绝缘子主要为汇流排支撑绝缘子，是跨座式单轨接触网专用绝缘子，除实现绝缘和支持功能外，接触网拉出值也是通过绝缘子轴向转动使绝缘子下金具不同孔位安装在轨道梁上实现的，是接触网控制误差、实现接触网呈"之"字形布置、使受电弓滑块均匀摩擦、保持良好弓网关系的重要部件。

1. 材 质

绝缘子不仅承受电气负荷而且也承受机械负荷，因此汇流排支撑绝缘子本体采用高强度瓷绝缘子，绝缘子配套金具采用 ZG310-570 碳钢失腊熔模精密铸造，表面热浸镀锌，镀层厚度不小于 550 g/m²。绝缘子承受接触悬挂的负载经常受拉伸、压缩、弯曲、扭转、振动等机械力，在短路时又承受电动力，制造时破坏负荷应留有一定裕度，其安全系数应不小于 2.5。

2. 机械电气性能

由于汇流排支撑绝缘子一般安设在户外，其表面破损、脏污受潮、受到各种机械力的作用以及绝缘子正常工作时承受着工作电压和各种过电压等，均会导致绝缘性能下降，产生沿表面的气体放电现象，通常称沿面放电，这种放电发展到表层空气绝缘击穿时，称为闪络。

绝缘子的机械性能常用拉伸、弯曲、扭曲破坏荷重来验证。

绝缘子的电气性能常用绝缘泄漏距离、干闪电压、湿闪电压、击穿电压、雷电冲击电压等验证。

（1）绝缘泄漏距离：绝缘泄漏距离是指绝缘元件表面的曲线长度，即两电极间绝缘表面的爬电距离，俗称"爬距"。泄漏距离是反映绝缘子绝缘水平的重要参数。

（2）干闪电压是绝缘子表面处于干燥状态时，使其表面达到闪络的最低电压值。

（3）湿闪电压则是雨水降落方向与水平面呈 45°淋在绝缘子表面时，使其闪络的最低电压值。

汇流排支撑绝缘子的机械电气性能如表 6-1 所示。

表 6-1　汇流排支撑绝缘子的机械电气性能

序号	类型	项　目	数据
1	机械性能	最小拉伸破坏荷重	9.8 kN
2		最小弯曲破坏荷重	5.4 kN
3		最小扭曲破坏荷重	588 N·m
4	电气性能	最小爬电距离	250 mm
5		一分钟工频干耐受电压	60 kV
6		一分钟工频湿耐受电压	30 kV
7		雷电全波冲击耐压	125 kV
8		在 0.35 mg/cm² 盐密下耐受电压	8 kV

3. 主要结构形式

汇流排支撑绝缘子由瓷体及两端金具组成，瓷体上端金具通过汇流排压板与汇流排连接，并与汇流排压板的齿紧密啮合。瓷体下端金具直接固定在轨道梁上。绝缘子瓷体轴线直线度误差小于瓷体总长的 0.5%。瓷体两端金具进行热浸镀锌，镀层厚度不小于 80 μm。并且瓷体两端金具同轴度误差小于 1 mm。金具安装孔均能方便的与预留孔连接，不得存在卡滞不到位的缺陷。绝缘子瓷体表面平滑均匀，无损伤、裂纹及其他缺陷（图 6-36）。

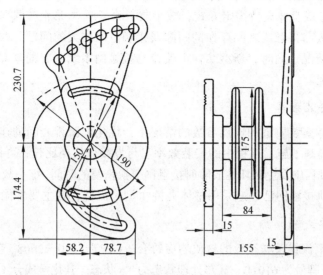

图 6.36　绝缘子结构示意图

6.4.2　汇流排及联接板

汇流排是单轨接触网受流的主要载流导体，且对接触线起着支持固定作用，所以应具有良好的电气及机械性能，即良好的导电性、较高的强度、韧性、刚度及耐腐蚀性能。

重庆单轨接触网在二号线较新线建设时，汇流排采用标称截面为 1 439 mm² 的 T 型铝汇流排、配套标称截面为 257 mm² 的接触线固定夹板夹持固定接触线；汇流排与汇流排之间采用焊接的形式连接。随着重庆较新线一期、二期的建设以及开通运营，T 型汇流排（图 6-37）暴露出汇流排焊接技术要求高，接触线线夹安装困难等缺点，因此在重庆三号线建设中成功国产化研制了整体夹持型 T 型汇流排（图 6-38）。

图 6-37　T 型汇流排

图 6-38　整体夹持 T 型汇流排

整体夹持 T 型汇流排，其特点如下：

1. 提高整体接触网导电性能

整体夹持 T 型汇流排与原有结构相比较，取消了接触线固定夹板，汇流排通过螺栓直接与接触线相连接，形成整体夹持固定方式，减小或消除了原 T 形汇流排与接触线固定夹板之间、接触线固定夹板与接触线之间存在的间隙及接触电阻增大的问题，改善了三者之间存在的氧化和电腐蚀等情况。同时，新型结构汇流排与接触网系统既有的零部件有相容性，使新线与既有线完全匹配。

2. 提高施工安装效率

在保证系统整体安装质量和性能参数的情况下，优化汇流排之间的连接。汇流排之间采用铆接工艺连接，提高了施工过程中的安装效率。与焊接方式相比较，可提高工效 50%以上。同时达到缩短运营过程中发生破坏性故障时接触网更换恢复的时间，缩小故障造成的社会影响。

目前，重庆单轨接触网已普遍采用整体夹持 T 型汇流排，其主要性能参数如下：

1. 材质及化学成分

整体夹持 T 型汇流排及联接板的材质均应符合（GB/T 3190—2008）《变形铝及铝合金化学成分》标准要求，牌号为 6101B，其热处理状态为 T6 状态。其化学成分（%）如表 6-2 所示。

表 6-2　整体夹持 T 型汇流排及联接板的材质成分百分比（%）

Si	Fe	Mn	Mg	Zn	Cu	其他		Al
						单个	总计	
0.30~0.60	0.10~0.30	0.05	0.35~0.60	0.10	0.05	0.03	0.10	余量

2. 主要性能

1）物理特性（表 6-3）

表 6-3　物理特性

导电率/%（20 ℃）	比重/（g/mm³）（20 ℃）	纵弹性系数 E/(kN/mm²)	横弹性系数 G/（kN/mm²）	线膨胀系数 $\times 10^{-6}$/℃	电阻温度系数 $\times 10^{-3}$/℃	热传导率（25 ℃）W/m.k
>53	2.7	70	25.5	23.5	3.6	218

2）机械电气性能

（1）汇流排（表 6-4）

表 6-4　汇流排

序号	类型	项目	数据
1	机械性能	抗拉强度	≥205 MPa
2		规定非比例延伸强度	≥160 MPa
3		延伸率（A5.65）	≥10%
4		韦氏硬度	≥10 HW
5		人工最小弯曲半径	≥300 M
6		机械最小弯曲半径	≥45 M
7	电气性能	直流电阻（20 ℃）	≤21 μΩ/m
8		持续载流量（最高工作温度 90 ℃，最高温升 50 ℃，通电 3 600 s）	≥2 200 A

（2）联接板（表6-5）

表 6-5　联　接　板

序号	类型	项目	数据
1	机械性能	抗拉强度	≥205 MPa
2		规定非比例延伸强度	≥160 MPa
3		延伸率（A5.65）	≥10%
4		韦氏硬度	≥10 HW
5	电气性能	直流电阻（20 ℃）	≤20 μΩ/m

3. 汇流排主要结构形式

1）截面形状

整体夹持 T 型汇流排截面形状如图 6-39 所示，其标称截面面积为 1 594 mm²。

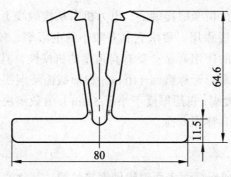

图 6-39　汇流排主要结构示意图

2）规格型号

（1）普通型汇流排：最大长度为 12 m，其余根据现场安装需要确定。

（2）特殊型汇流排：长度按实际需要确定，构造符合图纸要求。

① 锚段关节处汇流排：分为左切型、右切型两种，长度均为 7.5 m。

② 与分段绝缘器连接的汇流排：长度为 3～10 m，共 8 种。

③ 道岔处汇流排：长度根据现场实测数据需要确定。

④ 弯道处汇流排：曲线半径小于 300 m 均采用工厂整体弯曲成型处理。

（3）尺寸偏差。

整体夹持 T 型汇流排采用挤压成型工艺，挤压后的型材按各种规格型号的要求进行深加工，各部尺寸符合图纸要求；汇流排本体尺寸偏差应符合（GB/T 14846—2008）《铝及铝合金挤压型材尺寸偏差》（高精级）要求。

（4）表面质量。

汇流排表面应光亮，不允许有起皮、裂纹、扭曲等对实际使用有害的缺陷存在。

4. 联接板主要结构形式

联接板截面形状如图 6-40 所示，其标称截面面积为 1 673 mm²，制造长度为 270 mm。联接板距绝缘子固定点的距离应大于 250 mm。

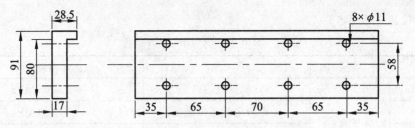

图 6-40　联接板主要结构示意图

联接板采用挤压成型工艺，尺寸偏差应符合（GB/T 14846—2008）《铝及铝合金挤压型材尺寸偏差》（高精级）要求，深加工符合图纸要求。表面应光亮，不允许有起皮、裂纹、扭曲等对实际使用有害的缺陷存在。

6.4.3　接触线

接触线是直接和受电弓滑板摩擦接触的，电力机车从接触线上取得电能。接触线的材质、工艺及性能对接触网起着重要作用。要求它具有较小的电阻率、较大的导电能力；要具有良好的抗磨损性能，具有较长的使用寿命；要有高强度的机械性，具有较强的抗张能力。

重庆单轨接触网接触线采用标称截面 110 mm² 梯形截面硬铜接触线，考虑重庆多雾、酸雨的环境特点，在接触线表面镀锡（锡层厚度不小于 5 μm），有效解决异金属之间的电腐蚀问题，以提高接触网的耐腐蚀能力和使用寿命。

1. 材质及其化学成分

采用标称截面 110 mm² 梯形截面表面镀锡硬铜接触线，其化学成分如表 6-6 所示。

表 6-6　接触线材质及其化学成分（%）

Cu /%	杂质含量，不大于/%									
	As	Sb	Bi	Fe	Pb	Sn	Ni	Zn	S	P
99.95	0.001 5	0.001 5	0.000 6	0.002 5	0.002	0.001	0.002	0.002	0.002 5	0.001

2. 主要性能

1）物理特性

① 比重：8.9 g/cm³；

② 线膨胀系数：17×10^{-6}；

③ 弹性模量：126 000 MPa。

2）机械电气性能（表 6-7）

3. 主要结构形式

梯形截面铜接触线的标称截面为 110 mm²，表面保证采用低温电镀的方法进行镀锡，锡层厚度不小于 5 μm。梯形截面铜接触线在规定制造长度内无接头，长度公差为制造长度的 0 ~ +2%。梯形截面铜接触线中不含裂纹、裂缝等对实际使用有害的缺陷，其表面平滑均匀，无损伤、锈蚀、裂纹、扭曲及其他缺陷（图 6-41）。

表 6-7　机械电气性能

序号	类型	项目	数据
1	机械性能	抗拉强度	365 MPa
2		综合拉断力	39.96 kN
3		延伸率	3%
4		反复弯曲到断开次数	8 次（弯曲 90° 计为一次）
5		反复弯曲半径	25 mm
6		扭转至断开圈数	3 周
7	电气性能	电阻率 20 °C	≤0.017 86 Ωmm²/m
8		持续载流量（90 °C）	480 A

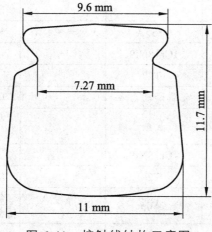

图 6-41　接触线结构示意图

6.4.4　各种紧固件及其他零件

（1）单轨接触网各种紧固件及其他零件应符合（TB/T 2073—2003）《电气化铁道接触网零部件通用技术条件》及相关的标准。主要包括汇流排固定压板、中心锚结线夹、电连接线夹压接端子、电连接线、汇流排端部并联卡子、接触线末端固定卡子、接触线末端固定 U 螺栓、电连接板、电缆上网端子、车体接地板、车体接地板托架、接地膨胀连接板、接地板连接线端子、电连接护罩、保护板、保护板固定卡子、螺栓垫圈。接触网主要零部件的规格型号、材料如表 6-8 所示。

如表 6-8　接触网主要零部件的规格型号、材料

序号	零件、材料名称	材质	防腐措施	备注
1	汇流排固定压板	Q235A	3 级热浸镀锌	分为 A22、A26、B22、B26 型共四种。要求与绝缘子上金具配套生产
2	中心锚结线夹	Q235A	3 级热浸镀锌	
3	电连接线压接端子	铜铝过渡（L3T2）/铜 T2		锚段关节处/道岔处

序号	零件、材料名称	材 质	防腐措施	备 注
4	电连接线	表面镀锡扁平软铜绞线		用于锚段关节及道岔处
6	汇流排端部并联卡子	0Cr18Ni9		
7	接触线末端固定卡子	Q235A	3级热浸镀锌	
8	接触线末端固定U螺栓	0Cr18Ni9		
9	电连接板	铝		分为A、B型两种
10	电缆上网端子	铜铝过渡（L3T2）		分为A、B型两种
11	车体接地板	1Cr18Ni9		分为一般型、始端型及末端型三种。需调整设计。配套螺母为施必牢防松型
12	车体接地板托架	Q235A	3级热浸镀锌	分为S1、S2、S3、D型四种
13	接地膨胀连接板	1Cr18Ni9		
14	接地板连接线端子	T2		
15	电连接护罩	硬质聚氯乙烯		阻燃、低烟、无卤材料
16	保护板	硬质聚氯乙烯		阻燃、低烟、无卤材料，分为A、B、C、D、E五种
17	保护板固定卡子	1Cr18Ni9		
18	接地压接线夹	T2		DT150
19	铝垫圈	5A05		微缝型（与整体夹持T型汇流排配套）
20	螺栓M12*60	0Cr18Ni9		
21	螺栓M8*50	0Cr18Ni9		
22	防松螺母M12	不锈钢		"施必牢"类防松螺母全套件
23	防松螺母M8	不锈钢		
24	平垫圈12	1Cr18Ni9		

（2）接触网主要典型零部件图片（图6-42）

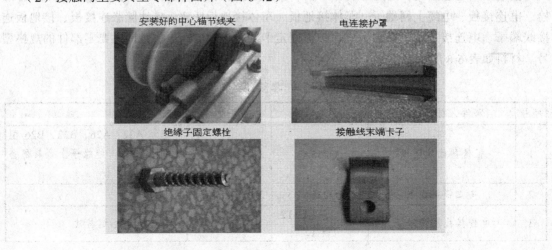

安装好的中心锚节线夹　　　　电连接护罩

绝缘子固定螺栓　　　　接触线末端卡子

接触线末端U型螺栓 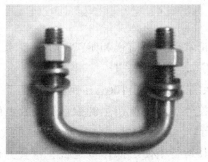　　　　　　并联卡子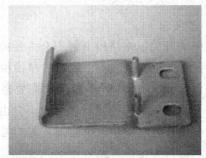

中心锚节线夹 　　　　　　锚段关节电连接

图 6-42　典型零部件图片

6.4.5　隔离开关（柜）

隔离开关（柜）的作用是连通或切断接触网供电分段间的电路，增加供电的灵活性，以满足检修和供电方式的需要。

根据跨座式接触网正极供电、负极回流的独有特点，重庆接触网隔离开关采用直流 1 500 V 双极电动或手动隔离开关，额定电流 3 600 A，安装在牵引变电所内的接触网隔离开关要求绝缘安装并与牵引变电所其他设备外壳连接在一起采取保护措施，其余的接触网隔离开关非绝缘安装设备外壳与相近接地极连接。具体性能参数、操作方法如下：

1. 主要技术参数及性能（表 6-9）

表 6-9　隔离开关（柜）主要技术参数及性能

项　目	数　据
额定电压	DC 1 500 V
最高电压	DC 1 800 V
最低电压	DC 1 000 V
开关主回路爬电距离	250 mm
辅助和控制回路 1 min 工频耐压	2 000 V
开关主回路电阻值	40 Ω
开关触头镀银在最高环境温度下的温升	65 °C
开关分合电容电流值	8 A
开关机械寿命	不小于 10 000 次分合
耐污性能	在 0.35 mg/cm^2 盐密下耐受电压不小于 8 kV
外壳防护等级	IP45

2. 隔离开关的要求

1) 一般要求

（1）隔离开关柜在结构上能安全方便地满足正常运行、监视和维护工作的要求。维护工作包括：元件的检修、试验、故障的寻找和处理等。

（2）对于额定参数和结构相同而需要替代的元件和部件可100%互换。

（3）开关柜的结构稳固、可靠，不会由于开关分、合闸所产生的振动影响及电磁干扰等影响各种仪表、继电器及控制监视装置的可靠运行。

（4）当元件发生故障时，不影响相邻设备，其运行中便于操作员巡视、检查。任何可移开部件与固定部分的接触，在正常使用条件下，特别是在短路时，不会由于电动力的作用而被意外地分开。

（5）所选用的制造材料具备耐火、防潮、自熄、低烟、无卤、阻燃的性能。

（6）隔离开关柜设计满足"五防要求"。

2) 二次回路要求

辅助触点能反映隔离开关分闸、合闸、非分非合位置，遥控、当地操作位置，接触网带电检测信号，开关操作机构故障，以及开关手柄位置。操动机构辅助触点为：8常开8常闭，并有扩展功能。

（1）控制回路与电机回路的辅助电源分别设置有报警接点的微型断路器。

（2）信号灯采用低功耗型节能灯。

（3）接触网带电检测回路。

设置用于检测接触网电压的电压传感器以及相关继电器，当接触网带电时有硬节点输出。隔离开关设置接触网带电显示灯，此信号的当地显示不依赖外部辅助电源。当接触网电压大于额定电压40%时有信号输出并且当地显示器有显示，当接触网电压大于额定电压65%时其发光亮度不得低于50 cd/m^2。

（4）柜面有分闸、合闸、接触网带电检测的信号指示灯，带接地刀闸开关柜还有接地信号指示。

（5）有远方或就地操作的转换开关，并有返信接点。

（6）二次端子排采用优质的菲尼克斯或魏德米勒国际知名品牌产品。

（7）隔离开关与直流断路器的联锁关系满足设计要求。

3. 主要结构形式

电动隔离开关需安装在柜体内，正线使用的安装型式是三台隔离开关联体安装，其中两台为正线牵引变电所馈电上网开关，中间一台为联络开关，接线方式如表6-10所示。

（1）设备包括开关本体、开关电动操动机构、手动操动手柄、开关操动杆及柜体、母线、状态显示灯等。开关本体、开关电动操动机构、开关操动杆均安装在柜体内。

（2）操动机构应具备电动、手动两种操动方式，并能实现远动控制，手动操动时不进行远动控制。

（3）开关柜盘面上方安装开、合和接地显示灯各一处以及透明观察窗（能观察到开关刀闸的开合状态）。状态显示灯的显示应与开关的分合状态连锁，显示灯使用寿命不小于17 600小时。

表 6-10 隔离开关柜接线方式

地点	规格	接线图	额定电流
正线电分段处	三台联体电动隔离开关柜		4 000 A
正线折返线（避难线）及车辆段内开关	单台电动隔离开关柜（含接地刀闸和不带接地刀闸）		4 000 A

（4）馈线上网开关柜每台进出线分别为 6 mm²×2 mm²×300 mm² 软电缆；联络开关柜与馈线上网开关柜之间的进、出线采用母排方式。各开关柜中进、出电缆均为下进下出方式。开关柜根据电缆的进、出线要求，合理安排了接线端子排位置，便于电缆的接线和敷设，电缆进出柜内不会弯曲，并设置电缆接线后的封堵措施。开关接线板尺寸及铜母线安装合理，方便电缆进出及安装、维修方便。

（5）电动开关柜外形尺寸满足不大于 1 200 mm×1 740 mm×2 300 mm（宽×深×高）的要求，开关柜采用正面检修方式。

（6）柜体及门轴用具有良好防腐性能，厚度不小于 2 mm 的不锈钢板制成，结构、材料具有足够的机械强度，保证安装在柜内的元件具有它们原来的机械特性和电气特性。为便于维修，开关柜为前后开门形式。开关柜外壳颜色柜体颜色采用国际标准色标，颜色统一。

（7）隔离开关柜的监视窗、指示灯、手动机构操作手柄等设于柜体正面。

（8）手动操作手柄的设置高度便于维修人员进行操作。

（9）操动机构设分、合闸位置标志，并在柜前门板上设有一次接线模拟图。

（10）操动机构在分、合闸的过程中出现故障或将电机卡死时，能自动断开控制回路和电机回路并给出信号。

（11）隔离开关分、合闸位置准确而且具有终端可靠定位装置。

（12）操动机构箱内装设分、合闸按钮及当地与远方操作的转换开关，并装设电动机保护或自动空气开关。

（13）隔离开关柜便于安装。

（14）开关柜柜前、柜后各设一把锁，所有开关柜门锁的钥匙通用。

（15）隔离开关柜门开启时，不侵入车辆的设备限界；在柜门关闭时能保证锁住，在任何非人力的情况下柜门均不会被打开，能确保行车安全。

（16）隔离开关柜有安全接地措施。隔离开关柜设置监视窗，以便于观察开关的明显断合。户内型柜体采用绝缘安装方式。

（17）控制回路和电机回路电源：DC 220 V；其他电源：AC 220 V。

（18）操作电源电压变化范围在额定电压的 75% 和 110% 之间能正常启动。

（19）操动杆、底座如采用钢件等均应采用三级热浸镀锌。

（20）柜体及内部元器件牢固安装或连接，能承受设备运行中正常及故障状态下所产生的电动力。

4. 直流隔离开关柜手动分合闸操作步骤

（1）确定开关柜主回路无电源。

（2）用钥匙打开操作室门取下电动机构箱门上的手操作杆，将手操纵杆从上方插入机构箱外右侧的手操作杆插孔，左手向上抬起离合器手柄。按机构箱右侧板上的箭头方向操作手操杆对隔离开关进行分合闸操作。

（3）当手操杆转动到与下方的限位板相接触时，表示分闸已到位。左手放下离合器手柄，并确认离合器手柄位于面板上卡口最下端位置。

（4）取下手操杆，从上方插入机构箱外右侧的手操杆插孔中。左手向上抬起离合器手柄，按机构箱右侧板上的箭头方向操作手操杆对隔离开关进行合闸操作。

（5）当手操杆转动到与下方的限位板相接触时，表示合闸已到位。左手放下离合器手柄，并确认离合器手柄位于面板卡口最下位置。如上操作应重复进行 1 次。并整个操作过程无卡滞现象。手动操作完毕，取下手操杆还原于机构箱门上。

5. 直流隔离开关柜电动分合闸操作步骤

（1）确认开关柜主回路无电源。

（2）用钥匙打开操作室门，将电源控制开关拨于合闸位置，远动就地开关手柄旋转于"就地"位置，确认手操杆可靠的安装于机构箱门上，然后按动分闸按钮使隔离开关分闸。

（3）确认分闸到位后，再按动合闸按钮使隔离开关合闸。

（4）合闸完毕，关上操作室柜门并锁紧，然后取出钥匙。如上操作应重复进行 1 次。并整个操作过程无卡滞现象和异常的电动音响及震动。

6. 防误操作试验

（1）防止手动操作隔离开关的同时误进行电动操作。

当取下手操杆时，电动机构箱门上的闭锁位置开关凸出释放，将电气分合闸回路切断，这时试按动分合闸按钮，电动机构将不能进行电动操作。

将手操杆可靠放回机构箱门上，箱门上的闭锁位置开关被压入，这时试按动分合闸按钮，电动机构将能正常进行分合闸操作。

（2）防误入带电间隔试验。

开关柜后上下门内侧设置了与进线断路器连锁的电磁锁。即只有当进线断路器分闸后，方能接通该电磁锁并解锁，从而打开上下门。该试操作可人为给电磁锁施加电源进来。

6.4.6 避雷器

避雷器是用于保护电气设备免受雷击时高瞬态过电压危害，并限制续流时间，也常限制续流赋值的一种电器。避雷器有时也称为过电压保护器，过电压限制器。

重庆单轨接触网采用带脱离器及计数器直流金属氧化物避雷器，安装于全不锈钢 304 材料制作的避雷器箱体内，其主要特点是：具有无残压动作计数器，且计数器不降低避雷器保护水平；具有脱离器，当避雷器击穿时，能可靠脱离，使避雷器退出运行，并给出明显标志，从而阻止事故扩大。避雷器及避雷器箱体主要技术参数如下：

1. 主要技术要求

1）系统参数

额定电压：DC 1 500 V

最高电压：DC 1 800 V

最低电压：DC 1 000 V

额定电流：3 600 A

2）设备主要参数

2 ms 方波通流容量：1 200 A

电流冲击：100 kA 4/10 s

冲击电流耐受：600 A 2 000 s

直流 1 mA 参考电压：DC 2 600 V

10 kA 标称放电电流下残压：4 800 V

复合外套工频耐压：50 kV（干），25 kV（湿）

复合外套冲击耐压：75 kV（干）

3）主要功能

① 避雷器具有国家认同的质检中心的型式试验报告。

② 避雷器具有无残压动作计数器，且计数器不降低避雷器保护水平。

③ 具有脱离器，当避雷器击穿时，能可靠脱离，使避雷器退出运行，并给出明显标志。

2. 主要结构形式

（1）设备包括避雷器、计数器、脱离器、箱体、进出电缆接线端子以及其他配件。

（2）避雷器安装在不锈钢（厚度不小于 2 mm）箱体内，整个箱体安装在高架桥桥礅侧面，属室外安装，箱体、门轴及与预埋件连接材料选用具有良好防腐性能的不锈钢材料，箱体在使用寿命期内能经受酸雨、严重空气污染的考验。箱体结构具备足够的强度，并且方便电缆进出及连接以便安装。计数器采用无残压计数器，三位动作显示。

（3）所有标准件采用不锈钢标准件、进出线采用 30×3 铜排连接。

（4）箱体尺寸：

装 4 台避雷器的箱体尺寸为 2 500 mm（高）×1 000 mm（宽）×600 mm（深）

装 2 台避雷器的箱体尺寸为 1 100 mm（高）×700 mm（宽）×600 mm（深）

接地电缆连接箱尺寸为 600 mm（高）×500 mm（宽）×200 mm（深）

特殊安装位置的箱体尺寸，需满足设计要求。

（5）箱体的金属封闭防护等级为 IP34。保护内部设备不受外界的影响，防止人体和外物接近带电部分和触及运动部分。箱体内设安全接地端子。

（6）箱体颜色为国际标准色标，颜色统一，具体颜色满足设计要求。

（7）箱体及内部元器件牢固安装或连接，能承受设备运行中正常及故障状态下所产生的电动力。

（8）柜体内部需设置电缆固定支架和卡子，支架位置满足电缆的弯曲半径要求。

（9）接地电缆连接箱内避雷器工作接地接线端子与箱体安全接地端子分别绝缘安装。

6.4.7　分段绝缘器

为了保证接触网供电的可靠性、灵活性，并能缩小停电事故的范围，需要对接触网进行电分段。分段绝缘器又称分区绝缘器，在正常情况下，分段绝缘器被隔离开关短接，机车受电弓滑行通过；当某一侧接触网发生故障或因检修需要停电时，可打开该处的隔离开关，将该部分接触网停电，而其他部分接触网仍能正常供电，从而提高了供电的可靠性和灵活性。

重庆单轨接触网采用不带消弧角的专用分段绝缘器，使用高强度聚合材料。其主要性能参数要求如下：

1. 材　　质

分段绝缘器本体及垫块的材质采用高强度环氧树脂玻璃钢制造，同时本体外覆不饱合聚酯户外防护材料制造，耐磨性能完全满足 70 万弓架次的要求。连接垫板采用牌号为 1Cr18Ni9 的奥氏体不锈钢板精密冲压制造，紧固件均采用耐腐蚀不锈钢材料制造。

分段绝缘器连接螺栓按（GB/T 1220—1992）《不锈钢棒》，螺栓采用牌号为 0Cr18Ni9 的奥氏体不锈钢制造，螺母、平垫、弹垫采用牌号为 1Cr18Ni9 的奥氏体不锈钢制造。

不锈钢螺栓、螺母的机械性能按（GB/T 3098.1~2—2000）《紧固件机械性能——不锈钢螺钉、螺栓和螺母》，性能等级为 A2-70 级。

2. 性能（表 6-11）

表 6-11　分段绝缘器性能

序号	项目	单件绝缘体技术参数	备注
1	额定电压	1.5 kV	
2	最大工作电压	1.8 kV	
3	工频干耐受电压不小于	60 kV	
4	工频湿耐受电压不小于	30 kV	
5	盐密 0.35 mg/cm² 时，污耐受电压不小于	10 kV	
6	最大短路电流	6 000 A/0.25 s	
7	泄漏距离不小于	400 mm	
8	冲击耐压	125 kV	
9	绝缘电阻	50 000 MΩ	
10	泄漏电流	50 μA	
11	五分钟耐压	厂家提供	
12	耐弧性能	180 s	
13	抗漏电性能	1A4.5 级	
14	吸水率	0.5‰	
15	最小拉伸破坏荷重	9.8 kN	

3. 主要结构形式（图 6-43）

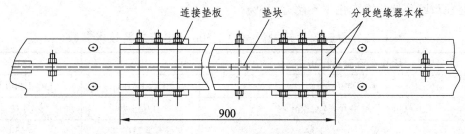

连接垫板　　垫块　　分段绝缘器本体

900

图 6-43　分段绝缘器结构示意图

单轨接触网分段绝缘器由分段绝缘器本体、垫块及连接垫板组成，通过螺栓固定。分段绝缘器各部件的材料具有优良的耐弧性。

6.4.8　直流 1 500 V 电缆

重庆单轨接触网直流 1 500 V 电缆主要用于接触网馈线上网、避雷器引线、车体接地板引线，以及供电分段间的电气连接。其规格型号主要为 300 mm²、150 mm² 直流 1 500 V 橡皮绝缘阻燃软电缆。主要性能要求如下：

1. 主要技术参数及性能

要求具有低烟、无卤、无毒、阻燃、防水、耐腐蚀、抗紫外线、耐老化性能好并具有良好的耐撕、耐屈挠性能，柔软性好。（主要技术参数详见表 6-12）

（1）电缆防水、防潮性能。

电缆防水、防潮性能应满足以下要求：电缆样品在水中浸泡 72 小时后，去除绝缘层外面的复合层后，用肉眼观察，绝缘层外表面应是干燥的。

（2）电缆燃烧时的阻燃性能。

电缆燃烧时的阻燃性能应能满足 GB/T 18380.3 规定的 B 类成束电缆垂直燃烧试验。

（3）电缆燃烧时的低烟性能。

电缆燃烧时的低烟性能应能满足在 GB/T 17651—1998 规定的试验条件下，燃烧时产生的烟浓度其最小透光率不小于 60%。

（4）电缆无卤特性及燃烧时逸出气体的 pH 值和导电率。

电缆低烟无卤阻燃护套材料在 GB/T 17650.1—1998 标准规定的试验条件下，燃烧时产生的卤酸气体逸出量不大于 5 mg/g。

电缆燃烧时逸出气体的 pH 值和导电率测试按 GB/T 17650.2—1998 规定，pH 值不小于 4.3，导电率不大于 10 μs/mm。

（5）电缆外护套抗日照、防紫外线性能。

电缆外护套抗日照、防紫外线老化性能满足以下要求：

① 0 ~ 1 008 h 老化后：

老化前后抗张强度变化率不超过±30%；

老化前后断裂伸长率变化率不超过±30%。

② 504 ~ 1 008 h 老化后：

老化前后抗张强度变化率不超过±15%；

老化前后断裂伸长率变化率不超过±15%。

表 6-12　重庆单轨接触网直流 1 500 V 电缆主要技术参数

标称截面面积/mm²	300	150
额定电压	DC 1 500	DC 1 500 V
20 ℃ 时直流电阻/（Ω/km）	0.065 4	0.132
载流量（20 ℃）/A	≥710	≥454
长期允许工作温度/℃	90	90
允许弯曲半径（D 为电缆外径）	≤6D	≤6D
5 s 短路电流/kA	≥19.2	≥9.6
电缆外径/mm	<38.3	<31.3
导体外径/mm	<25.4	<18.0

2. 电缆结构

（1）导体。

导体采用 GB/T 3956—1997 标准规定的第 5 种铜芯软导体，导体外观紧密、圆整。

导体结构：单丝直径不大于 0.50 mm，束合按照标准执行。

导体外采用一层标称厚度为 0.2 mm 的无纺布重叠绕包，绕包平整、紧密，绕包方向与导体最外层绞向相反。

（2）材料（其中绝缘材料、护套材料采用国际知名品牌原料）（表 6-13）。

表 6-13　重庆单轨接触网直流 1 500 V 电缆主要材料及结构尺寸

标称截面面积/mm²		300	150
导体	材料	镀锡铜芯软导体	镀锡铜芯软导体
	参考外径/mm	不大于 25.4	不大于 18
绝缘层	材料	乙丙橡胶	乙丙橡胶
	标称厚度/mm	不小于 2.4	不小于 2.4
	最薄点厚度/mm	不小于 2.06	不小于 2.06
防水层	材料	阻水无纺布	阻水无纺布
	标称厚度/mm	0.2	0.2
阻燃层	材料	高阻燃填充料	高阻燃填充料
	标称厚度/mm	不小于 1.2	不小于 1.2
护套层	材料	聚烯烃	聚烯烃
	标称厚度/mm	不小于 2.0	不小于 2.2
	最薄点厚度/mm	不小于 1.6	不小于 1.76
电缆参考外径/mm		38.1	31.1
断面结构图		厂家提供	厂家提供

（3）绝缘采用乙丙（EPR）绝缘料挤包，绝缘挤包厚度均匀。绝缘性能符合 GB/T 12706 —2002 标准要求。

绝缘外采用一层高阻燃带重叠绕包。

（4）挤包护层。

电缆挤包护层由低烟低卤隔氧层阻燃料（挤包内衬层）和低烟低卤阻燃防紫外线聚烯烃护套料（挤包外护套）组成。

电缆挤包内衬层和外护套料均含有特种低卤阻燃剂、消烟剂，经特殊配方精密混炼加工而成。具有优良的低烟低卤阻燃性能。

同时选用内衬层和外护套料均具有良好的挤塑加工性能，保证挤出制品结构、性能稳定，质量可靠。

6.5　单轨接触网安装

6.5.1　轨道梁预埋件检查及测量

单轨接触网基于线路 PC 梁进行安装，主要依靠 PC 梁预埋件进行安装，其预埋件包括绝缘子安装预埋孔、车体接地板安装预埋孔、电缆桥支架安装预埋孔、电缆用 PVC 预埋管等。因此为保证接触网安装条件和精度，接触网安装前必须对 PC 梁的架设方向、制造精度，和安装接触网的预埋情况进行仔细检测，发现问题及时联系相关线路土建单位进行整改。

1. 确定梁的方位

PC 梁方位的确定：PC 梁小里程方向为前端，大里程方向为后端；面朝大里程方向，PC 梁左侧为正极侧，右侧为负极侧，并用红油漆在 PC 梁端头进行正负极标识。测点：从小里程方向往大里程方向依次为：1、2、3…。如图 6-44 所示。

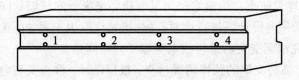

图 6-44　绝缘子预埋孔标示图

2. 检测预埋件

制梁厂测量时，需用铝合金升降梯登上 PC 梁顶面进行测量，线路测量时，用工程作业车进行测量。

① PC 梁外部尺寸的测量：PC 梁绝缘子预埋件处对应走行面宽度的测量，用专用测量尺测量 PC 梁走行面的宽度。

技术参数：PC 梁走行面梁端部尺寸为（850±2）mm；PC 梁走行面梁中间尺寸为（850±4）mm。

② PC 梁上绝缘子安装部位的凹陷深度的测量：用专用测量尺测量 PC 梁上绝缘子安装部位的凹陷深度（图 6-45）。

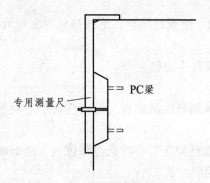

图 6-45　PC 凹槽深度测量示意图

技术参数：在 PC 梁上绝缘子安装部位的凹陷深度应确保为 60_{-0}^{+4} mm。

③ PC 梁绝缘子预埋管位置检测：用专用测量尺测出上预埋管距走行面的距离，再测出上下预埋管间的距离。

技术参数：上预埋管距走行面的距离为（525±5）mm；上、下预埋管间距为（320±1.5）mm；其垂直误差为±3°以内；高速区段（含试车线）两相邻绝缘子固定预埋管高度误差在 1/1 000 以内。

④ PC 梁上车体接地板预埋孔位置的检测：用钢直尺测出车体接地板的预埋管距接触网凹面角处的距离（图 6-46）。

图 6-46　测量示意图

技术参数：车体接地板的预埋管距 PC 梁凹面角处的距离为（42.5±2.5）mm。

⑤ 测量绝缘子预埋管间距：用钢卷尺测量两相邻绝缘子的预埋管间距，其数值理论上应小于 3 m，现场测量后须与设计值进行比对；PC 梁架设后由于两 PC 梁之间有缝隙，架梁单位在将梁缝最终调整完成无变化后进行线上绝缘子间距测量。

⑥ PC 梁上安装电缆桥支架的预埋情况检查：根据设计，检查安装电缆桥支架的预埋管是否已预埋，有否被混凝土遮盖，管内是否被混凝土堵住。

⑦ PC 梁上穿电缆用的 PVC 管预埋情况检查：检查轨道梁上 PVC 管是否已按设计预埋，且利用软电缆检查预埋的 PVC 管是否通畅。

⑧ 用绝缘子固定螺栓和车体接地板托架螺栓分别对 PC 梁上绝缘子螺栓预埋管和车体接地板托架预埋管进行试安装，检查预埋管在安装螺栓达到设计要求的紧固力矩时是否有损坏。绝缘子固定螺栓的紧固力矩为 66 N·m，车体接地板托架螺栓的紧固力矩为 44 N·m。

6.5.2　支持绝缘子检测、安装

1. 绝缘子检测

① 外观检查：绝缘子安装前，要对其进行外观检查，如有无瓷体损伤、裂纹以及金具部

分的损伤、镀锌层脱落、瓷体与金具部分连接不紧固等。

②镀锌层厚度检测：对金具的镀锌层厚度进行检测，镀锌层的厚度不得小于 80 μΩ。

③绝缘子电气性能试验：绝缘子出库前，用 2 500 V 绝缘摇表进行绝缘电阻测试，绝缘子的绝缘测试比例为 100%，绝缘电阻值不得小于 500 MΩ。若绝缘电阻试验合格，再选取 5% 的绝缘子用高压发生器进行耐压试验，试验时间为 1 min，试验过程中不得出现闪络（干闪）或击穿。

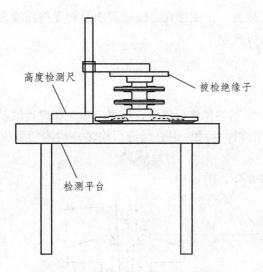

图 6-47　绝缘子高度测量示意图

④绝缘子高度检查：如图 6-47 所示在操作平台上，用高度检测尺检测绝缘子高度误差值并在绝缘子上注明，绝缘子高度应为（55±1）mm。并分类存放，堆码整齐牢固。

2. 确定安装孔位

安装方向及安装孔位的确定：绝缘子安装前，认真核实接触网平面布置图，确定绝缘子安装方向及安装孔位，并制定绝缘子安装表指导施工。

3. 绝缘子安装

①绝缘子在安装前需对绝缘子做好保护工作，防止绝缘子被损坏。

②绝缘子安装时根据绝缘子安装表进行逐个安装，安装完成后用悬挂调整尺对绝缘子高度进行测量，加减绝缘胶垫以使相邻绝缘子坡度达到设计要求。

③安装时绝缘子螺栓紧固需用扭矩搬手进行紧固，PC 梁上绝缘子固定螺栓的标准紧固力矩为 66 N·m，钢梁上及道岔梁上绝缘子固定螺栓的标准紧固力矩为 44 N·m。在钢梁上安装绝缘子时，应在钢梁与绝缘子间加装绝缘橡胶垫及绝缘子固定螺栓绝缘护套。

④安装汇流排下部固定压板，此时未装汇流排，用开口搬手紧固，无需过于拧紧。固定压板上的齿应与绝缘子金具端部的凹槽吻合，同时下压板必须垂直。

⑤固定压板的选择。膨胀关节处统一用 B22 型，其他定位处有防护板时用 A26 型，无防护板时用 A22 型。

6.5.3　整体夹持 T 型汇流排检验

单轨接触网安装空间，安装精度要求高，汇流排的制造精度直接影响接触网的精度调整。为保证接触网安装质量一次达标，满足精度要求，因此在汇流排装前必须提前检测产品质量是否达标。主要检测内容和方法如下：

1．外观检查

检查汇流排包装有无破损、汇流排在运输过程中是否受挤压变形、汇流排本体表面是否光亮，是否起皮、裂纹、扭曲等。

2．尺寸检查

1）普通型汇流排检测

① 整体尺寸的检测：用钢卷尺进行测量，检测结果应在设计值及允许误差范围内。

② 孔位尺寸检测：用游标卡尺、钢直尺进行检测，检测结果应在设计值及允许误差范围内。

相关尺寸标准详见图 6-48、图 6-49。

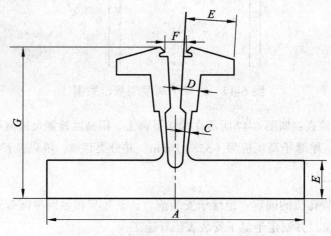

图 6-48　整体夹持 T 型汇流排截面图

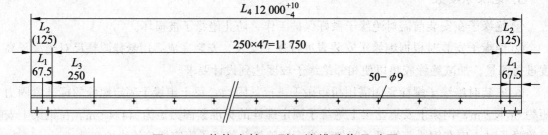

图 6-49　整体夹持 T 型汇流排孔位尺寸图

2）分段汇流排检测

① 孔位尺寸检测：用游标卡尺、钢直尺进行检测，检测结果应在设计值允许误差范围内。

② 弯曲起始点的检测：将分段汇流排放在汇流排检测平台上，将平台顶面调至水平，用钢直尺紧靠夹持底部（即接触线与夹持接触底部），用 0.2 mm 塞尺从弯曲末端向直线端移动，

塞尺移动到弯曲起始点（即 100 mm 处）无法再往直线端移动时视为合格。

③弯曲量的检测：将分段汇流排放在平直的水平面上，用钢直尺紧靠夹持底部（即接触线与夹持接触底部），端部与钢直尺的高差距离为弯曲量，用游标卡尺进行测量，允许误差为（10±1.1）mm。

相关尺寸标准详见图 6-50。

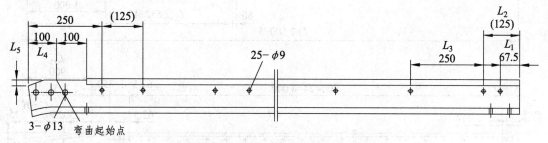

图 6-50　整体夹持 T 型汇流排（分段汇流排）尺寸图

3）膨胀关节汇流排检测

①整体尺寸的检测：用钢卷尺进行测量，检测结果应在设计值允许误差范围内。

②孔位尺寸检测：用游标卡尺、钢直尺进行检测，检测结果应在设计值及允许误差范围内。

③弯曲起始点的检测：将关节汇流排放在平直的水平面上，用 2 m 水平尺紧靠汇流排夹持顶面，用 0.2 mm 塞尺从弯曲末端向直线端移动，塞尺移动到理论弯曲起始点（900 mm 处）处不能移动视为合格；若塞尺移动时超出理论弯曲起始点（900 mm 处），则需测量超出范围，若小于 3 mm，则视为合格。

④弯曲量的检测：将关节汇流排放在平直的水平面上，用 2 m 水平尺紧靠汇流排夹持顶面，并联卡子靠近末端螺栓孔位置与水平尺的高差距离为 7~9 mm，弯曲末端与水平尺的高差距离允许误差为（18+1）mm。

相关尺寸标准详见图 6-51、图 6-52。

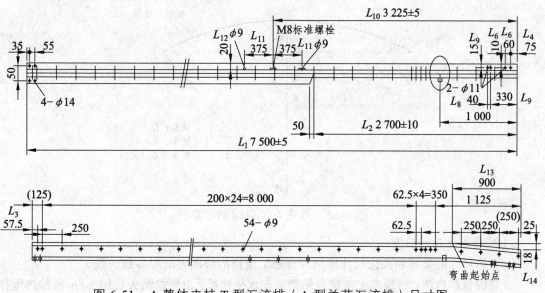

图 6-51　A 整体夹持 T 型汇流排（A 型关节汇流排）尺寸图

143

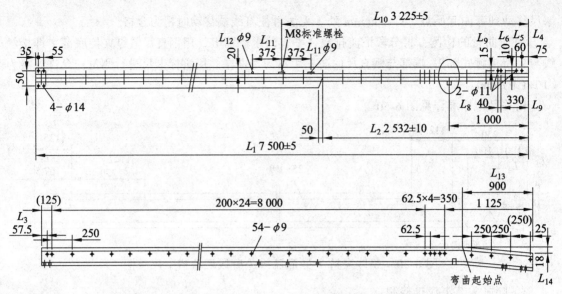

图 6-52　B 整体夹持 T 型汇流排（B 型关节汇流排）尺寸图

4）道岔汇流排检测

① 整体尺寸的检测：用钢卷尺进行测量，检测结果应在设计值允许误差范围内。

② 孔位尺寸检测：用游标卡尺、钢直尺进行检测，检测结果应在设计值及允许误差范围内。

③ 弯曲起始点的检测：将道岔汇流排放在平直的水平面上，用 2 m 水平尺紧靠汇流排夹持顶面，用 0.2 mm 塞尺从弯曲末端向直线端移动，塞尺移动到理论弯曲起始点处便不能移动则视为合格。

④ 弯曲量的检测：将道岔汇流排放在平直的水平面上，用 2 m 水平尺紧靠汇流排夹持顶面，弯曲末端与水平尺的高差距离为弯曲量，用游标卡尺进行测量，在设计值及允许误差范围内，则视为合格。

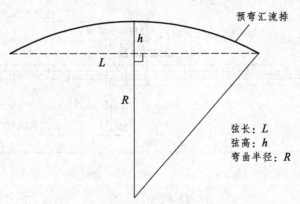

图 6-53　预弯汇流排检测示意图

5）预弯汇流排的检测

① 整体尺寸的检测和孔位尺寸检测与普通汇流排的检测方法和参数一致。

② 弯曲量的检测：将预弯汇流排自然侧放于水平地面，由两检测人员用 20 m 的检测绳拉

144

直测出汇流排弦长 L，在汇流排中心点处测出弦高 h，则可根据下面的公式计算出弯曲半径（图6-53）：

$$R = \frac{h^2 + (L/2)^2}{2h}$$

3. 直流电阻测试

用微欧计对汇流排本体进行测试，20 ℃时汇流排本体直流电阻应小于 20 μΩ/m。

6.5.4 汇流排锚段关节电连接焊接

1. 焊前电连接直流电阻测试

锚段关节焊接前，应对每根电连接的每个端子进行直流电阻测试（图6-54），端子 A 的测试方法为 1 和 4 接电流，2 和 3 接电压。B 测试方法同 A，若端子测试数值为 ≤15 mΩ（温度小于 40 ℃），则其满足安装要求。注意：两根电压线接在被测物内侧，两根电流线接在外侧。电压与电流接线端子之间不能接触，应留有一定间隙，两根电压线（2 和 3）之间的距离为 230 mm。

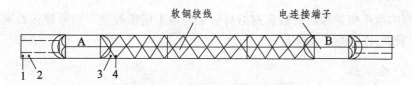

图 6-54 电连接测量示意图

2. 焊前清理

（1）电连接端子的打磨：用角磨机打磨坡口氧化膜及与汇流排接触面的氧化膜，为了保证电连接端子与汇流排紧密结合，电连接端子与汇流排的接触面必须打磨平整，使之密贴。

（2）汇流排的打磨：根据图纸确定电连接端子在汇流排上的焊接位置，向两端各延伸30 mm 进行打磨，打磨宽度与汇流排等宽。

3. 定位点固

（1）电连接焊接前，首先应进行定位点固。

（2）在点固之前检查电连接有无断股、散股现象，如有必须更换电连接。

（3）根据图纸确定电连接端子在汇流排上的焊接位置，用人工固定方式将两电连接端子与汇流排保持密贴，然后根据表6-14的焊接参数进行点固。点固方式为三面点固。

（4）在放置电连接时，电连接铜编织导线大圈应在外。

（5）小压块的点固方式：对小压块顺汇流排方向两面进行点固、小压块中心应在距汇流排端头 1 m 处。

4. 电连接的焊接

（1）焊接方法为熔化极氩弧焊，采用直流反接，即工件接电源负极，焊丝作电源正极。

（2）根据表6-14的工艺参数，进行焊接。

（3）焊接层数为两层，第一层为打底焊接，第二层为盖面焊接。

（4）焊接时，应用石棉布或薄木板对电连接软铜绞线进行保护，以免焊接过程中的飞溅物烫伤电连接软铜绞线。

（5）焊接时，应从端子的两侧面中的一面施焊，进行三面围焊。盖面焊接时，以填平电连接端子倒梯子形倾斜面为基准。焊接参数详见表6-14。

表6-14　焊接参数

档位	电流/A	电压/V	速度/（m / min）
1 档	204~216	23.5	5.5
2 档	184~196	23	5
3 档	244~252	25.3	6.5

（6）多层焊时，先检查上一层是否已焊透，并清除氧化膜后再进行下一层焊接。

（7）只能在焊接部位直接引弧，不能在汇流排的其他部位试验电流和引弧。

（8）具体焊接尺寸详见图6-55。

5. 余高的打磨

为了不影响电连接护罩的安装，打磨焊缝余高与汇流排等宽，清除焊接处周围的焊渣；打磨时不得损伤电连接端子及汇流排。

6. 着色渗透探伤

（1）在焊接表面处着色渗透，检查焊缝表面、近表面的气孔、裂纹，如果产生气孔、裂纹等缺陷，用砂轮机等工具磨削焊缝表面后进行焊接修补。其方法如下：

① 预处理：在焊缝表面及两侧至少 25 mm 区域，用砂轮打磨的方法清除焊渣，飞溅，氧化皮。

② 渗透处理：把渗透剂（溶剂去除型）喷在焊接表面，时间不得小于 8 min。

③ 去除处理：先在受检表面喷涂溶剂，后用布或纸沿一个方向擦洗。

④ 干燥处理：用电吹风吹干，表面温度不超过 50 ℃。

⑤ 显像：把显像剂喷在焊接表面，显像时间为 7 min。

⑥ 观察：观察焊接缺陷痕迹，一般为圆形、椭圆、长圆形及细条纹等痕迹。

⑦ 后处理：用清洗剂进行清洗。

（2）对返修后的接头应重新做渗透探伤检验。

7. 焊后检测

1）焊后电连接直流电阻测试

每焊接完一个端子对其进行直流电阻测试（两组电连接为四个端子），至最后一个端子焊接完毕后若该端子测试数值为≤15 μΩ（温度小于 40 ℃），则其满足安装要求。直流电阻测试详见图6-56：分别对 A、B、C、D 四个端子逐个测试（焊接顺序从 A 至 D），端子 A 的测试方法为 1 和 4 接电流，2 和 3 接电压。B、C、D 测试方法同 A。注意：两根电压线接在被测物内侧，两根电流线接在外侧。电压与电流接线端子之间不能接触，应保持一定间隙，电压线与被测物（端子）之间保持 4~10 mm 间距。

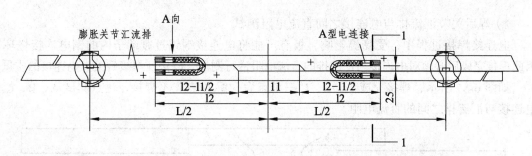

膨胀关节型号	L/mm	破口长度	l_1/mm	l_2/mm	$l_1 - l_2/2$/mm
2750型B型	2 750	2 532	330	940	775
3000型A型	3 000	2 700	400	975	775

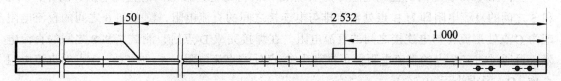

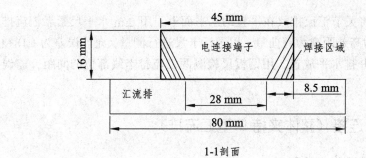

1-1剖面

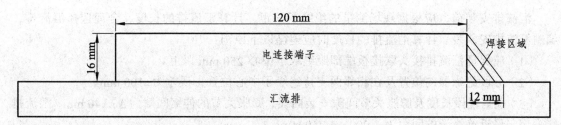

A向

图 6-55　焊接尺寸图

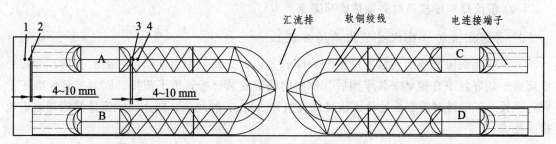

图 6-56　直流电阻测试图

147

2）焊后关节汇流排与电连接之间直流电阻测试

电连接焊接过程中，受高温影响，极有可能将电连接铜铝过渡端子内的铜电连接烧坏，因此焊接完成后必须对电连接与汇流排的直流电阻进行测量，以保证焊接后关节电连接的质量。

如图 6-57 所示，焊接完成 A、B、C 三个点后，留 D 点先不焊接，逐点测试 A、B、C 处电连接与汇流排之间的直流电阻。

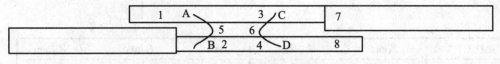

图 6-57　焊接测试示意图

注：测 1 和 5 之间的直流电阻即为 A 点处汇流排与电连接之间的直流电阻，同样，测 2 和 5 之间的直流电阻即为 B 点处汇流排与电连接之间的直流电阻，测 3 和 6 之间的直流电阻即为 C 点处汇流排与电连接之间的直流电阻。在焊接完成 D 点后，测试 7 和 8 之间的直流电阻，再通过前三个点的直流电阻便可推算出 D 点处的直流电阻。A、B、C、D 点的直流电阻 ≤15 μΩ（温度小于 40 ℃）。

3）焊后关节检测

① 弯曲量的检测：将关节汇流排放在平直的水平面上，用 2 m 水平尺紧靠汇流排夹持顶面，弯曲末端与水平尺的高差距离为弯曲量，用游标卡尺进行测量，允许误差为（18+1）mm。

② 将两关节汇流排并排水平放置，用钢板尺检测两汇流排卡线部位的间距，需误差范围为（50±4）mm。

6.5.5　汇流排安装、连接（整体夹持 T 型汇流排）

1. 普通汇流排、膨胀关节预配

汇流排安装前，应根据现场测量的绝缘子间距，计算汇流排的长度，合理选择汇流排，编制汇流排安装表。计算汇流排的长度时应遵循以下原则：

（1）应保证汇流排接头联接板端部距绝缘子中心 250 mm 以上。

（2）分段绝缘器的位置及在相邻两支持绝缘子中心位置，误差为±100 mm。

（3）根据锚段长度及膨胀关节间隙安装曲线，膨胀关节的伸缩间隙为 ΔL±40 mm，汇流排端头部与最近绝缘子的间距为 1 000 ~ 1 250 mm。

（4）线路曲线半径<300 m 时，需根据线路实际曲线半径，对汇流排进行工厂预弯。

（5）汇流排长度核算时应考虑安装时的温度因素。

（6）汇流排长度核算时必须精确至毫米。

2. 普通汇流排、膨胀关节汇流排安装

（1）按照汇流排预配表数据进行汇流排的安装。先安装中心锚结位置的汇流排，中锚处汇流排安装好且中心锚结安装牢固后，依次向两端安装标准长度汇流排，同时安装绝缘子上固定压板。汇流排对接端头处两汇流排间应留约 30 mm 的间隙，防止因汇流排伸缩导致汇流排损伤。

（2）汇流排安装时，应保证汇流排固定压板的齿与绝缘子金具的凹槽密贴，下压板应保

持与汇流排垂直。压板与汇流排接触部位不能出现卡滞现象，以免伸缩时损伤汇流排。压板与汇流排间重力方向的间隙不宜大于 3 mm，在水平方向的间隙不宜大于 2 mm。

（3）连接接头的要求：应保证汇流排接头联接板边缘距绝缘子中心 250 mm 以上。

（4）中心锚结线夹在汇流排位置定好后应立即安装牢固，中心锚结线夹与绝缘子金具部分密贴，中锚线夹螺栓紧固力为 44 N·m。

（5）根据汇流排安装表，确定汇流排关节型号。根据锚段长度及膨胀关节间隙安装曲线，膨胀关节的伸缩间隙为 $\Delta L \pm 40$ mm，汇流排端头部与最近绝缘子的间距为 1 000 ~ 1 250 mm。

（6）加工制作调整段时需根据实际测量调整段长度选取合适的汇流排进行加工，对不同长度的调整段进行合理的组合，使其长度分别接近 8 m、8.5 m、9 m、9.5 m、10 m、10.5 m、11 m、11.5 m、12 m。

（7）关键部位汇流排（如中锚处汇流排、关节汇流排、分段汇流排等）一旦定位后，后续严禁拖动改变上述汇流排的固定位置，以免联接板末端距绝缘子中心距离、关节伸缩间隙、分段绝缘器位置不符合设计要求。

（8）线路半径小于 300 m 的曲线段汇流排为工厂加工预弯汇流排，必须严格按汇流排安装表所要求的型号进行安装。

（9）关节汇流排安装时必须严格依据锚段长度和当时的环境温度查询《安装曲线表》，以确保膨胀关节伸缩间隙（A、B 值）的准确值。

（10）汇流排安装前必须仔细对汇流排进行质量检查外观、批次号等是否符合《技术规格书》要求，特殊汇流排如分段处汇流排、关节汇流排安装前除进行外观检查还需认真核对其型号、长度、安装位置、曲线半径及曲内或曲外等参数，若检查发现汇流排有变形或损伤则不能安装。

（11）膨胀关节处统一用 B22 型，其他定位处有防护板时用 A26 型，无防护板时用 A22 型。固定汇流排压板的 M12 不锈钢螺栓其标准紧固力矩为 44 N·m。在进行汇流排固定压板安装前需对其进行检查，确保压板的镀锌层厚度不得小于 80 $\mu\Omega$，与汇流排的接触线面光滑、平整、无毛刺、无脱锌等缺陷。

3. 分段绝缘器安装

当伸缩单元中存在分段绝缘器时，先从中锚处向分段绝缘器处安装汇流排，然后安装分段绝缘器，分段绝缘器的安装位置在相邻两支持绝缘子中心位置，误差为±100 mm。此时无需调整分段绝缘器，然后继续汇流排的安装直到调整段。

4. 汇流排铆接

（1）连接汇流排前确认汇流排联接板端部距绝缘子中心距离在 250 mm 以上。

（2）对汇流排表面进行清洁。

（3）用百洁布对汇流排连接部位去除氧化膜，若有水分，则需进行干燥处理。

（4）用百洁布清洁联接板与汇流排接触部位，并在联接板与汇流排接触面均匀涂抹薄薄一层（注：薄薄一层即可，不能涂得太厚，否则影响直流电阻）导电脂。

（5）将两汇流排端头紧密贴合在一起，不得有缝隙或错位现象。联接板与汇流排的连接孔对齐，用螺栓将联接板与汇流排临时固定，便于哈克铆栓的安装。临时紧固时，将汇流排连接处靠端头外侧的四个孔固定，固定时呈对角紧固，均匀用力，不可一次将一个螺栓紧固到位，以免连接的时候汇流排因局部受力过大而错位，端头处四个孔不安装临时紧固螺栓。

（6）将端头外侧四个孔的临时紧固螺栓安装牢固后，对端头处四个孔呈对角顺序进行哈克铆栓的安装。哈克铆栓螺杆由 PC 梁侧向汇流排外侧穿出，用专用工具（哈克铆枪）对哈克螺栓进行紧固，使用专用工具时，断掉的螺杆由铆枪后部弹出，弹出孔不应正对人体（应朝下方），以免伤人。

（7）连接端头四个哈克铆栓安装好后将端头外侧四个临时紧固螺栓拆除，再以对角顺序依次对连接端头外侧四个孔的哈克铆栓进行紧固。

（8）安装哈克铆栓时，必须以四个孔的对角顺序逐个进行紧固，以免汇流排受力不均而发生错位现象。

（9）若是调整段汇流排，联接好汇流排后还需用直径 9 mm 的钻头在距汇流排端部 67.5 mm 处进行接触线夹紧螺栓孔的加工，同时加工的螺栓孔与汇流排中间部位的螺栓孔应在同一条直线上，以便于后续接触线安装工序的进行。

（10）联接板的八颗哈克锚栓安装完毕后，两汇流排之间间隙不得大于 3 mm，联接板与两汇流排顶面之间间隙不得大于 2 mm，联接板与两汇流排背面间隙用 0.05 mm 的塞尺插入深度不得大于 5 mm。

5. 调整段汇流排安装

1）调整膨胀关节伸缩间隙 AB 值

根据膨胀关节所在锚段长度和调整时环境温度并核查此条件下的标准伸缩间隙值，按图 6-58 调整膨胀关节处汇流排伸缩间隙 A 值（B 值）达到设计要求。

膨胀关节伸缩间隙的调整

图 6-58　膨胀关节伸缩间隙的调整示意图

2）测量调整段汇流排长度

测量膨胀关节两端调整段实际长度 L（图 6-59）。

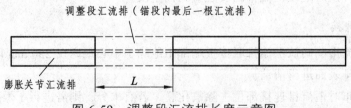

图 6-59　调整段汇流排长度示意图

3）调整段汇流排加工

① 根据现场实测的调整段长度 L 值，加工调整段汇流排长度，选用预配长度的汇流排进行加工，用切割机进行切割、用台钻配合打孔模具进行打孔，并将加工完的汇流排进行安装

位置和极性的标记。

② 和普通汇流排安装工艺一样的进行调整段汇流排安装。

6. 直流电阻测试

当汇流排联接板安装好后应当对连接点进行直流电阻测试并做好测试记录，直流电阻值换算至 20 ℃ 时应不大于 21 μΩ/m。

7. 小曲线（曲线半径小于 300 m）段汇流排安装

当曲线半径小于 300 m 时，根据线路实际曲线半径提前预配工厂预弯形的汇流排，以满足现场调整需要，但关节汇流排不能预弯，故关节汇流排与普通预弯汇流排连接时，必须将汇流排端头位置对好，用螺栓临时紧固后对汇流排接头做精细调整，直到满足要求为止，拧紧螺栓，按交叉顺序铆接，铆接过程中需时刻注意接头是否有错位，是否有变形。

曲线部位的汇流排与压板之间要有伸缩间隙，除中锚外，任何部位都不能出现压板卡滞汇流排的现象。

6.5.6　接触线架设

1. 架线准备

（1）接触线检查：接触线到货后应立即组织进行自检，进行外观检查和直流电阻测试，外观应无破损、变形等缺陷，直流电阻测试结果（换算至 20 ℃ 时）应≤0.017 86 Ωmm²/m。

（2）车辆组织：按放线方向，调度组织车辆顺序。架线车组的组成如下：

作业车 1 + 作业车 2（放线作业时，由后车指挥前车行进，两车速度保持一致）。

（3）线盘检查：在接触线配盘时应考虑到施工的连续性，尽量减少线盘的吊装次数；因为伸缩单元内禁止接触线接头，故接触线吊装前应检查核对配盘表，确认线盘，复核线盘上线条长度，保证伸缩单元内接触线的完整性；导线应一层层整齐密贴缠绕，不得有相互嵌缠的情况；导线不得有任何的损伤、扭曲和硬弯；同时对线盘的稳固性进行检查，确保现盘无倾斜、松垮。

（4）线盘吊装：线盘吊装时必须注意出线方向；线盘放置时严禁造成作业车偏载。

（5）碾直器检查：检查接触线的碾直器是否固定牢固，碾直器的碾直轮有无松动，确认无误后，将接触线穿入碾直器进行碾直试验，同时对碾直轮进行调节，确保从碾直器碾出的接触线笔直。

2. 起　锚

（1）用约 6 m 长的额定负荷为 2.5 T 安全绳在 PC 梁上临时固定接触线，防止接触线在放线过程中滑动。

（2）每个锚段的接触线伸出汇流排两端各 1 m，用于制作接触线弯头。

3. 架　线

（1）接触线架设时采用"双线并列架设"工艺，正、负极的接触线同时架设，如图 6-60 所示。

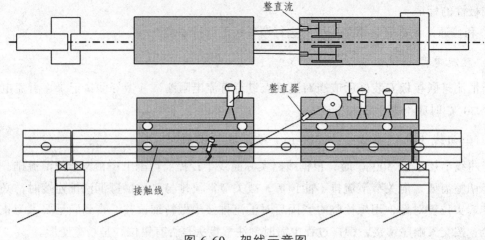

图 6-60　架线示意图

（2）线盘带上些许阻力，防止线盘反转，缓缓移动架线车，以 300 m/h 的速度匀速架线。

（3）前车匀速放线，为防止接触线在架设过程中滑落，后车作业平台上操作人员快速用 $\phi 2.0$ mm 的铁线将接触线捆绑在定位点处的汇流排上，两车之间的间距不应超过 10 m。

4. 落　锚

一个锚段的接触线展放完毕之后，在比锚段关节汇流排非工作支末端长约 1 m 的位置断线，断线时必须先固定接触线，防止断线瞬间接触线弹开。

5. 接触线安装

（1）卡线：每个锚段卡线前用百洁布清理汇流排卡线槽内的氧化膜，并均匀涂抹导电油脂，然后再卡线；卡线时需从锚段的一端向另一端依次进行，接触线与汇流排卡线槽之间应密贴；固定接触线的夹紧螺栓用扭矩扳手进行紧固，其紧固标准力矩为 24 N·m；当一个锚段的接触线未卡完但需中途停止时，需对接触线进行临时固定，以防止接触线滑落，同时防止接触线不出现扭曲或损伤。

（2）制作接触线弯头：接触线弯头应按图 6-61 所示尺寸制作安装。接触线末端固定线夹螺栓扭矩为 25 N·m。

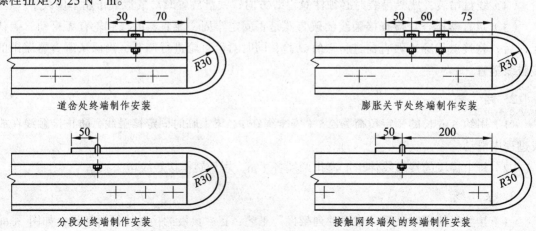

道岔处终端制作安装　　　　　　　　膨胀关节处终端制作安装

分段处终端制作安装　　　　　　　　接触网终端处的终端制作安装

图 6-61　接触线末端安装图（mm）

6.5.7 悬挂调整

1. 导线高度及拉出值测量

（1）导线高度测量：将汇流排压板螺栓拧紧后，使用悬挂调整尺测量出每处定位点的导线高度，判断其是否超出限界要求，另外还需计算相邻定位点导线高度是否满足导线坡度不大于1/1 000的要求，以及车辆段及低速区段处不大于3/1 000的要求。

（2）拉出值测量：使用专用检测尺测量出每处定位点的实际拉出值，与施工作业表中标注的该定位点设计拉出值相比较，判断其是否在允许偏差范围内。拉出值允许偏差为±3 mm，但拉出值在任何时候不得超出±60 mm范围。

2. 导线高度及拉出值调整

（1）导线高度调整：根据测量结果确定需调整高度的定位点位置，适当增加或减少绝缘垫的数量，一般情况下2 mm绝缘垫实际调整高度约为1.7 mm，3 mm绝缘垫实际调整高度约为2.3 mm。

（2）拉出值调整：对于拉出值超出允许偏差的通过更换绝缘子孔位和调整压板位置的方法调整拉出值，使其符合要求，最后复核导线相对走行面坡度是否满足小于7/1 000的要求。

（3）悬挂调整时，汇流排压板与绝缘子小金具配合应密贴，且不应出现影响汇流排滑动的卡滞现象。汇流排与压板之间在重力方向的间隙不宜大于3 mm，在水平方向的间隙不宜大于2 mm。

3. 膨胀关节悬挂调整

（1）测量膨胀关节两定位点处接触线高度及拉出值，并复核与膨胀关节相邻的定位点接触线高度。

（2）通过加减调整垫改变接触线高度，更换绝缘子孔位，移动汇流排压板位置调整接触线拉出值，使其满足设计要求。

（3）为了使受电弓在膨胀关节处能平滑过渡，通过使用调直器对关节汇流排进行调整，保证关节定位点外非支接触线高度低于工作支，即使两支接触线的等高点始终位于两绝缘子之间。

（4）复核膨胀关节 *AB* 值是否满足设计要求，膨胀关节两定位点处汇流排与固定压板之间是否有伸缩间隙，汇流排并联卡子有无变形及卡滞汇流排现象，非支汇流排末端是否与工作支有摩擦现象，接触线等高区段夹板螺栓是否抵触现象。

（5）膨胀关节悬挂调整时，并联卡子两个固定螺栓中靠关节末端方向的那颗螺栓处两接触线的高差控制在7~9 mm；接触线末端两接触线的高差控制在13~19 mm，同时保证非支接触线不抵触工作支接触线，垂直方向不出现变形，汇流排末端并联卡子不得卡滞汇流排，以免影响汇流排的伸缩；工作支与非工作支的接触线中心距离为50±4 mm。

（6）调整完毕后，检查关节电连接是否存在有断丝的情况。

4. 技术要求

（1）检查所有螺栓的紧固力矩是否达到设计要求。

（2）检查汇流排压板是否都进槽。

（3）检查悬挂接触网的安装是否满足限界要求。

5. 直流电阻测试

一个供电区间内的接触网悬挂调整全部完成后需进行悬挂直流电阻测试，直流电阻折算后平均值应小于 21 μΩ/m。

6.5.8　道岔接触网安装

1. 道岔汇流排预配

（1）钢轨道梁上的道岔汇流排预配，需先取得道岔专业在道岔安装验收后实测的转辙量和转辙角度等数据，确认道岔汇流排的弯曲起始点和弯曲量能否满足现场道岔的需求。

（2）确认道岔汇流排的弯曲起始点和弯曲量能满足现场道岔的需求后，将检测合格的道岔汇流进行预制，将接触线、接触线夹紧螺栓、接触线末端固定卡子等接触网零部件全部按要求安装调整到位，安装接触线和接触网零部件时，必须对汇流排进行保护，不得用坚硬工具直接敲打汇流排，不得在预制过程中使汇流排受外力而变形。

（3）将预制好的道岔汇流排采取有效的保护措施运输至安装现场，避免在运输过程中使预制好的汇流排变形或受损伤。

2. 道岔汇流排安装

（1）首先确认道岔的曲内与曲外部位，根据预制的曲内与曲外道岔汇流排按使用部位分别安装。

（2）道岔汇流排安装过程中须按照设计图纸将各安装尺寸进行临时固定，中心锚结线夹位置一旦确定就要紧固到位，以免出现错位的不良现象。

（3）分段绝缘器应安装在钢梁或 PC 梁的正中间，误差允许值在正负 100 mm 范围内。

3. 道岔汇流排调整

（1）道岔汇流排检查调整。

① 保证拉出值、导高在设计值允许偏差范围内。

② 检查每根汇流排的弯曲起始点、弯曲量，弯曲型号（曲内、曲外）是否满足设计要求，整体是否有变形。

③ 调整时从一端往另一端调整，如：从闭口端过渡点开始调整时，先测闭口端 PC 梁上与道岔钢梁衔接处几个定位点的导高，以此高度为基准，向开口端调整道岔过渡点和中间定位点点的导高与基准高度一致，保持坡度不大于 1‰，一致调整至开口端后一档 PC 梁，使道岔过渡点在正线状态下能很好地平滑过渡；正线过渡调整到位后在过渡点做好标记，然后将道岔调整在曲线位置，对过渡点做精细的调整，使过渡点在曲线状态时不打弓；调整好后再将道岔调整在直线位置，观察过渡点是否有变化，若有变化则作细微调整；如此反复多次，以寻找过渡点在道岔直线和曲线状态时的最佳状态点。

④ 道岔中间定位点和过渡点的调整用简易悬挂调整尺（羊角尺）、2 m 标准水平尺和 500 mm 标准水平尺进行配合精细调整。

⑤ 检查汇流排弯曲起始点重合点是否与钢梁衔接中间点重合，且受电弓与接触网保持平

滑过渡的关系，在道岔不同的状态下进行精确调整，在直线和曲线状态下按设计图纸要求能实现点过渡，调整到位后，用红油漆在过渡点做标识，便于运行一段时间后进行现场查看；

⑥如果经过精确调整后的汇流排还不能良好的平滑过渡，则采用汇流排专用工装和模具对汇流排弯曲量进行细致的调整，确保达到平滑过渡。

⑦道岔汇流排与绝缘子金具间加装胶皮以抵消其间隙，防止长期运行后道岔汇流排松动，造成弓网关系过渡不平滑。

（2）道岔处分段绝缘器的调整：用 2 m 标准水平尺将分绝缘器两端汇流排靠紧，然后细调分段绝缘器，以满足分段绝缘器与分段汇流排之间平滑过渡；利用这种方法在道岔不同的状态下进行反复调整，以满足道岔在不同状态下分段绝缘器与分段汇流排能始终保持平滑过渡；

（3）道岔处接触网在试运行一段时间后，要进行后续的跟踪，查看道岔接触网是否保持良好的平滑过渡，若有偏差，则必须根据现场实际情况再次进行精细的调整。

4. 技术要求

（1）道岔汇流排与电连接之间应均匀涂敷导电油脂，螺栓紧固力矩为 44 N·m。

（2）钢梁与绝缘子之间及钢梁中心锚结处汇流排压板与汇流排间应加装绝缘橡胶垫，螺栓紧固力矩为 44 N·m。

（3）中心锚结与绝缘子之间应密贴，螺栓紧固力矩为 44 N·m。

（4）开口端两线间距应满足（55±2）mm，道岔梁之间及闭口端两线间距应满足（50+4）mm。

（5）道岔梁之间的中心线应与汇流排弯曲起始点重合；开口端及闭口端 PC 梁上的汇流排弯曲起始点应与相应道岔梁上汇流排弯曲起始点重合。

（6）道岔梁上相邻定位点的导线高度应尽量调整到同一高度，误差范围为±1 mm。

6.5.9 防护板安装

一般区域防护板根据安装位置不同共分三种类型，分别是 A 型、B 型和 C 型。A 型防护板安装在汇流排支撑绝缘子位置，B 型防护板主要用于相临两支撑绝缘子之间的位置，C 型防护板则是用于 A 型、B 型衔接的部分。另外，B 型防护板需用防护板固定卡子固定，如图 6-62 所示。

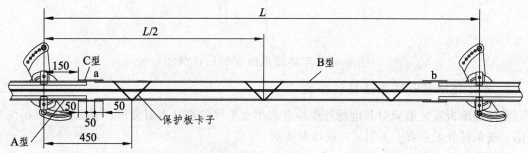

图 6-62　防护板安装示意图

（1）用记号笔在汇流排上标出支撑绝缘子中心位置，以此标记为起点分别在顺线路方向 250 mm 处画出标记。

（2）松开支撑绝缘子的上固定压板螺栓，将 A 型防护板套在汇流排上移动到绝缘子位置，使 A 型防护板中心与绝缘子中心重合。

（3）如图 6-62 所示量取 a、b 点之间长度，选择合适长度的 B 型防护板进行安装，长度允许误差为±20 mm，长出部分可根据情况截短使用。

（4）A 型、B 型防护板安装完毕后，将间隙调整在（50±10）mm 范围内，然后进行 C 型防护板的安装，应保证其与另外两种型号防护板的重叠部分均匀。

（5）防护板调整合格后，将防护板固定卡子安装，第 1、3 个固定卡子距两端绝缘子中心为 450 mm，第 2 个固定卡子装在跨距中心位置。

（6）安装完毕后，用扭矩扳手将支撑绝缘子压板恢复，汇流排与压板之间在重力方向的间隙不宜大于 3 mm，在水平方向的间隙不宜大于 2 mm。

（7）限界检查：使用水平尺与钢直尺对防护板进行高度检查，保证防护板与接触线顶面的距离不小于 10 mm；以避免防护板出现打弓现象。对于不满足要求的部分，应进行处理。

6.5.10 车体接地板安装

1. 车体接地板托架安装

车体接地板托架分为三种类型，S1 型托架、S2 型托架和 S3 型托架：S1 型托架是车体接地板中间部位托架；S2 型托架是两车体接地板连接部位托架；S3 型托架是车站两端车体接地板末端部位托架。

依据设计图纸对车体接地板托架进行安装，安装完毕后用接地板专用量规检测其高度（图 6-63），进行微调，使之相邻的车体接地板托架的高低差应小于 2.5/1 000。固定螺栓其标准扭矩为 44 N·m。

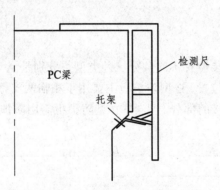

图 6-63 车体接地板安装后检测图

2. 车体接地板和膨胀连接板安装

车体接地板安装前应对其进行外观检查：用水平尺检查是否有变形，表面是否有损伤等缺陷；确保其外观平直，无明显的损坏和变形。

车体接地板分为 A 型车体接地板、J 型车体接地板、F 型车体接地板、G 型车体接地板、Sa 型车体接地板、Sb 型车体接地板等几种类型。安装车体接地板时，固定车体接地板的沉头螺钉与车体接地板托架的条形孔之间应留有不小于 1 mm 的间隙，且沉头螺钉的顶面不应高出车体接地板的外表面，以防对车体接地靴产生磕碰及打靴现象。其中 D 型节点的条形孔中需留有 1～2 mm 的间隙，以适应温度变化时引起的车体接地板伸缩。车体接地板及膨胀连接板安装好后，对接地板的坡度进行检查，确保相邻托架处车体接地板的高差应小于 2.5/1 000，同时检查其限界是否符合设计要求。

3. 车体接地板电连接安装

车体接地板电连接线为 TJR16 软铜绞线，电连接线可提前进行预制。电连接按照车体接地板节点分为两种类型：D1 型电连接长度和 S2 型电连接长度按现场实际要求确定。

4. 车体接地板接地连接

（1）车体接地板通过 DC 1 500 V 电缆（1×150 mm²）与车站综合接地网相连。在压接电缆端子时应将压接管内清理干净，并涂抹导电油脂。

（2）接地端子压接前应检查每个接地点的接地电阻，电阻值不大于 4 Ω，同时与土建单位办理中间移交。

6.5.11　避雷器箱体安装（含引线安装）

1. 箱体运输及安装防护

（1）避雷器箱体开箱检查合格后，带包装一起运至施工现场，一次以两台避雷器箱体（含接地电缆连接箱）为宜，必须用紧线器固定牢固，不得偏载。运输过程中，随时注意箱体的情况，防止抖动剧烈对避雷器箱体造成损坏。

（2）避雷器箱体运至指定地点后，应立即设置占道施工防护设施，施工区域占一股道。

2. 箱体安装

（1）避雷器箱体安装。

① 在箱体安装前应先对预埋件进行检查，检查内容主要有：检查预埋件之间相对位置是否符合安装要求；检查预埋件有无堵塞或漏埋的情况；检查预埋件有无锈蚀的情况，预埋件若不符合安装要求，则需在现场进行钻孔，用 M16×200 的膨胀螺栓进行避雷器箱体固定（图 6-64）。

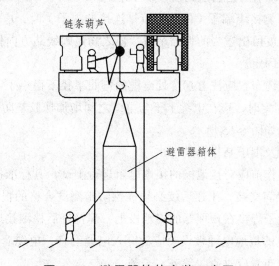

链条葫芦

避雷器箱体

图 6-64　避雷器箱体安装示意图

②高架区间避雷器箱体的安装主要采用吊装的方式进行安装，如图 6-64 所示。先将避雷器箱体运送到施工现场，左右线 PC 梁上搭设 10#槽钢，槽钢下方固定链条葫芦，同时将链条葫芦下方检修通道钢格板打开，在检修通道上作业的人员必须从一开始便将安全带牢系在身上，安全带的锁扣打在没有打开的检修通道两钢格板之间的扁钢上，以免发生意外。用链条葫芦将避雷器箱体吊装至预埋件和预留孔洞的高度，地面作业人员用稳定绳稳定好箱体，然后安装人员利用竹梯攀至避雷器箱体位置，打开避雷箱体前门，对箱体与预留孔洞进行对位安装。

（2）接地电缆箱体安装。

①接地电缆连接箱体安装前需对箱体进行外观检查，检查无破损后方可进行安装；

②接地电缆连接箱体安装前需对预埋件进行清理；

③按照预埋件及预留孔洞位置对接地电缆箱体进行对位安装；

④接地电缆连接箱安装高度不得低于现场地平面，若预埋件在地平面下方，则需重新进行钻孔安装。

3. 避雷器引线敷设、端头制作

因避雷器电缆一般较短，可采用几个区间集中敷设的方式进行。

（1）PC 梁下避雷器电缆沿 PC 梁下桥架进行敷设，桥架必须与检修通道用铜编织带进行良好接地，固定方式采用电缆绑带固定，至梁下预埋电缆进口预留长度为 3.5 m。

（2）桥墩处避雷器电缆从桥架端头穿出，通过墩梁上的预埋 PVC 管引至箱体内。

（3）电缆敷设完后若不立即进行端头制作应对电缆头用热缩帽进行密封保护。

（4）电缆终端头制作。

按照电缆接线路径预留好避雷器箱体内的电缆长度，截去多余电缆，根据端子压接管的长度，分层剥离电缆端头的保护层和绝缘层。将接线端子压接孔内清除干净且注满电力导电脂，将电缆线芯去除氧化膜后放至压接孔的根部进行压接。压接后在压接部位及端子与电缆外绝缘层连接部位用热缩套管进行密封。

注意：在制作上网侧接线端子（即与汇流排连接的端子）时，应对从电缆预埋管出口至电缆端子之间的电缆长度留出适当的伸缩余量，使之满足顺线路方向伸长 50 mm 的要求。

（5）箱体内电缆的固定。

避雷器箱体内的电缆布置应注意拐弯处电缆的弯曲半径不得小于 6 倍的电缆直径，即为180 mm。用电缆卡子固定时，应在电缆卡子与电缆之间增加橡胶垫防止损坏电缆。

避雷器箱体内接线如图 6-65 所示。

（6）接地电缆敷设及端子制作。

接地电缆端子在制作前应对接地极的接地电阻进行测试，其标准接地电阻应小于 10 Ω，检测合格与土建办理中间交接（土建后续必须提供防雷测试合格的报告）后方能进行接地端子的制作，接地电缆端子焊接在预埋好的接地极上，焊接好后检测接地电阻应小于 10 Ω。从电缆连接箱引入接地极的接地电缆敷设前应先穿入电缆套管，电缆套管埋入地面深度不得少于 50 mm，电缆套管的布置应垂直、整齐、美观。

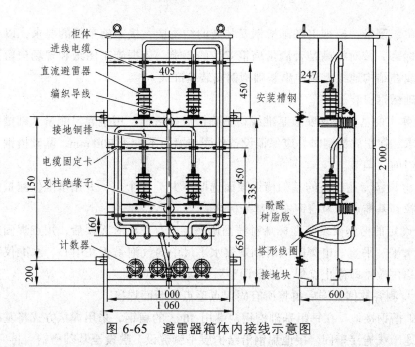

图 6-65 避雷器箱体内接线示意图

6.5.12 电动隔离开关柜安装

1. 基础槽钢安装

（1）确认土建预留的孔洞和预埋件位置满足设计提供的施工图纸要求，并确认基础槽钢的固定方式，即在变电所房建结构层预埋件上的焊接方式。如图 6-66（a）、（b）所示为四种不同的固定方式。

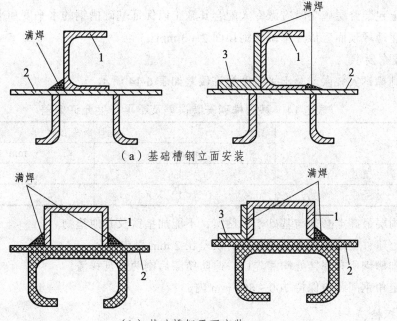

（a）基础槽钢立面安装

（b）基础槽钢平面安装

图 6-66 结构预埋示意图

1—槽钢；2—结构预埋钢板；3—角钢

（2）定位、测量：清理出基础槽钢安装处的结构层，按照施工图的要求，以土建移交的标高为基准标高，核对标高是否满足槽钢安装的要求。依据施工图纸和现场预留孔洞情况用钢卷尺、墨线在结构地板上放样出基础槽钢安装基准线。

（3）基础槽钢安装。

① 依据弹出的基础槽钢安装基准线，正确摆放好槽钢，用钢卷尺测量基础槽钢是否符合设计图纸要求，在摆放槽钢时，应保证设备外壳与墙面不少于 800 mm，基础槽钢可根据预留孔洞位置适当前后调节。

② 在供电设备专业设备的基础槽钢顶面选取不少于 3 个点，并用水准仪测量其标高并记录测量值，找到基准点作为槽钢安装基准标高。

③ 依据确定的槽钢安装基准标高对槽钢调平、调直并核对无误后，用点焊固定，点焊时应保持槽钢水平、平直，电焊时应时刻观察水平尺中的气泡是否在中心、水准仪数据是否偏移，若气泡移位应立即停止点焊，进行调整后继续开始点焊。

④ 全面复测各数据无误后再将所有固定点逐点全断面焊接。

（4）基础槽钢接地。在每组基础槽钢两端用 50×5 的扁钢，采用焊接方式将基础槽钢与变电所内的接地干线连接牢固。接地扁钢沿结构层平躺敷设，敷设至基础槽钢后再麻花状扭面，以扁钢正面紧贴基础槽钢后满焊，焊缝总长度不小于 150 mm，接地扁钢与基础槽钢焊接应三边满焊，无虚焊、假焊现象。

（5）基础槽钢防腐处理。

① 基础槽钢全部焊接后，敲掉焊缝焊渣并打磨，清除锈蚀。

② 基础槽钢先刷一遍防锈漆后刷两遍富锌漆。

（6）配合土建地坪施工。

① 在土建装修层施工时应派专人配合其施工以保证基础槽钢的水平度和平行度。

② 土建地坪顶面应低于基础槽钢顶面 2～3 mm。

（7）技术要求。

① 基础槽钢安装误差及不平行度允许偏差如表 6-14 所示。

表 6-14　基础槽钢安装误差及不平行度允许偏差

项　目	允许偏差	
	mm/m	mm/全长
不直度	＜1	＜5
水平度	＜1	＜5

② 结构层最高点必须与基础槽钢贴实，不能加垫铁及其他垫物。

③ 以土建移交的标高为基准标高，误差在 2 mm 以内。

④ 基础槽钢所有焊接处均需先刷一遍防锈漆后刷两遍富锌漆。

⑤ 固定角钢间距应保持 700～800 mm 内。

2. 盘柜检查

在正式安装前，对隔离开关柜再次进行外观和内部附件的检查。确保盘柜外观无破损，内部元器件及附件无位移和损伤，且所要安装的隔离开关柜型号及编号与设计图纸要求一致。

3. 柜体就位

（1）按照施工图纸确定隔离开关柜的安装位置：如是三联柜（或多台并排安装），则依据图纸用墨线弹出每列柜的平齐线及断线，列柜的端线要同时打出，且墨线清晰、无重影，用30 m钢卷尺核实与图纸要求一致。如是单柜安装，则无需弹线。

（2）绝缘板安装在基础槽钢和柜体之间，用棉布对绝缘板和槽钢的表面进行擦拭，然后将绝缘板临时固定在基础槽钢上，用测量对角线长度的方法并配合角尺保证绝缘板的正确位置。

（3）在绝缘板上（与隔离开关柜底部接触位置）均匀涂抹绝缘胶，安装隔离开关用的螺栓孔周围及绝缘套管内均需充满绝缘胶，以免柜体长期运行或受雨水影响后绝缘性能降低。

（4）参照已安装绝缘板的基础槽钢，进行隔离开关柜的组立：利用吊装架（最大承重 4 吨）将隔离开关柜逐台吊运至基础槽钢上。

（5）盘、柜找正固定：将盘、柜端部第一个盘柜用小滚杠和撬棍、手摇千斤顶、手锤等工具缓慢移动柜体，使其柜边与所打墨线完全重合。移动柜体时，所使用工具与柜体接触的地方必须加垫木，以免工具损伤柜体。

（6）使用上一步骤相同方法，将本列末端开关柜找正，在首末两柜前面中上部拉线。使线与柜距离在 4~5 cm，以线为基准，将成列开关柜找直；成列开关柜顶部误差<5 mm，柜面误差应满足相邻边<2 mm，成列柜面误差<5 mm。

（7）如果是单柜安装，则直接将单柜安装水平、垂直满足规范要求即可。

（8）固定螺栓、绝缘套管安装连接：将连接螺栓穿上绝缘套管，由上向下穿入，连接固定牢固，如图 6-67 所示。

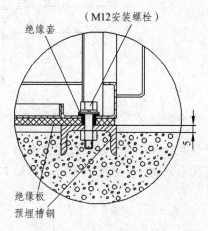

图 6-67　固定螺栓、绝缘套管安装连接示意图

4. 柜体连接固定

（1）将柜体进行细致调整，成列开关柜顶部误差<5 mm，开关柜面误差应满足相邻边<2 mm，成列开关柜面误差<5 mm，柜体垂直度应小于 1.5 mm/m。

（2）调整盘（柜）至上述标准后紧固基础固定螺栓及柜间连接螺栓。

5. 母排安装、连接

（1）隔离开关柜连接母排安装前应进行外观检查，确认无损伤后，将表面清理干净。

（2）母排安装处应均匀涂抹电力复合脂以增强其导电性。

（3）连接母排按供应商所提供的螺栓进行连接，紧固力矩按上表执行，紧固后画红线标识，以确保每一个连接螺栓都安装紧固。

（4）安装完成后对照安装说明书进行检查确认，确认无误后方可进行下道工序。

6. 绝缘电阻测试

隔离开关柜安装完毕后应测量柜体对地绝缘电阻，其值不得小于 1.5 MΩ。

6.5.13 分段绝缘器安装

1. 安装前检查

（1）外观检查：分段绝缘器安装前，应对其进行外观检查，如有无裂纹、破损等缺陷，分段绝缘器表面应清洁光滑，无明显变形。

（2）尺寸检查：根据设计图纸（图 6-68）对分段绝缘器进行尺寸检查。

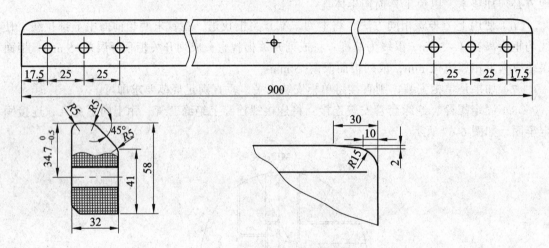

图 6-68 分段绝缘器设计尺寸图

（3）分段绝缘器工作面平整度检查：将分段绝缘器放在水平工作台上，用 2 m 标准水平尺靠分段绝缘器工作面以检查其平整度，平整度公差要求满足 IT14 公差标准（即平整度误差为±1.5 mm）。

2. 安装分段绝缘器

（1）量取分段绝缘器两侧固定绝缘子之间跨距，在跨距中心的轨道梁上标记一垂直直线。

（2）将分段绝缘器分别与两端汇流排通过螺栓固定，移动分段绝缘器和分段汇流排，使分段绝缘器中心与轨道梁上的垂直直线标识重合。分段绝缘器中心应位于跨距中心位置，允许误差不超过±100 mm。

3. 调整分段绝缘器

（1）将分段绝缘器安装位置处两相邻绝缘子高度调整至一致，误差±1 mm。

（2）使用悬挂调整尺将分段绝缘器上、下两构件高度调整在一个平面。

（3）利用 2 m 标准水平尺调整分段绝缘器工作面与接触线顶面在一个平面。

（4）利用悬挂调整尺查看分段绝缘器两端及中间部位的导高是否一致，若不一致则做精细调整，使之高度保持一致。

（5）重复以上步操作，最终将分段绝缘器与接触线调整至受电弓（水平尺模拟）能平滑过渡，无打弓、碰弓等缺陷，且工作面与轨道梁侧面应保持平行。

（6）分段绝缘器调整到位后，需立即将安装螺栓紧固到位，其标准紧固力矩为 44 N·m。螺栓穿向为从下向上。

（7）对于曲线区段（$R<300$ m）上的分段绝缘器安装，反复精细调整，保证行车方向受电弓不打弓。

（8）分段绝缘器与相邻绝缘子的高差满足设计要求（正线小于1‰，车场道岔等低速区小于 3‰）。

6.6 典型单轨接触网图纸

6.6.1 平面布置图

单轨接触网分为正、负极，一般来说，正极布置在行车的左侧，负极布置在行车的右侧。单轨接触网平面布置图中应有以下信息，即：轨道梁绝缘子编号、绝缘子间距、接触线拉出值、绝缘子安装偏移位置标志、对应安装图号、伸缩单元长度等。

单轨接触网平面布置图符号图例示意如表 6-15 所示。

表 6-15　单轨接触网平面布置图符号图例示意

符号	名称	符号	名称
——	接触线/汇流排	—— - ——	车体接地板
―∥―	分段绝缘器	— —	防护板
○	绝缘子	 —////////—	馈线上网
◈	中心锚结	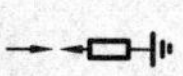 —·□—	避雷器
 ◖◗	电连接	——⊦	车体接地

典型的单轨接触网平面布置图如图 6-69、图 6-70 所示。

163

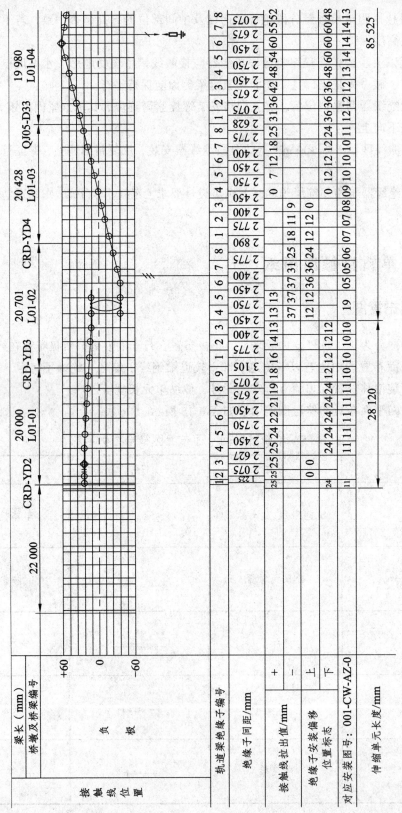

图 6-69　负极平面布置图

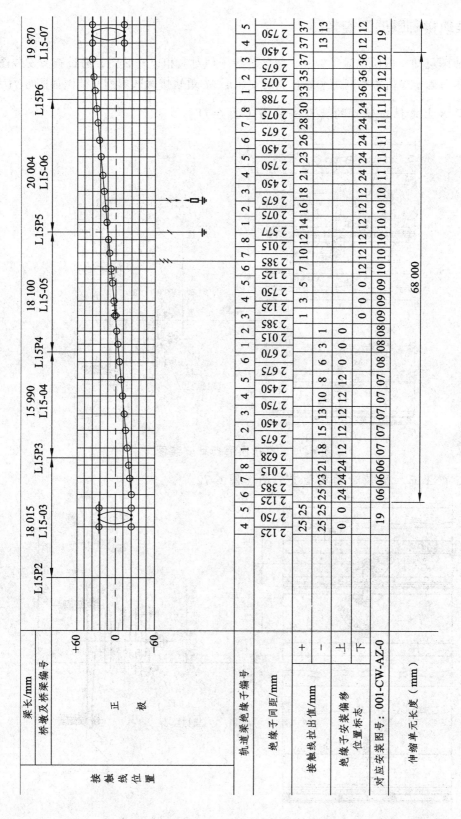

图 6-70　正极平面布置图

165

6.6.2 单轨接触网典型安装图

由平面图可知，按照绝缘子编号，每处绝缘子都对应相应安装图，通过查阅安装图号对应的安装图可确定单轨接触网每个悬挂点的安装形式。单轨接触网典型安装图如图6-71所示。

1. PC 梁上负拉出值时的典型安装图（图 6-71）

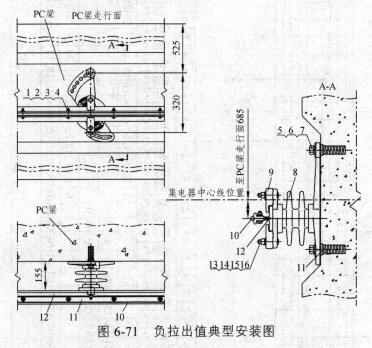

图 6-71 负拉出值典型安装图

2. PC 梁上正拉出值时的典型安装图（图 6-72）

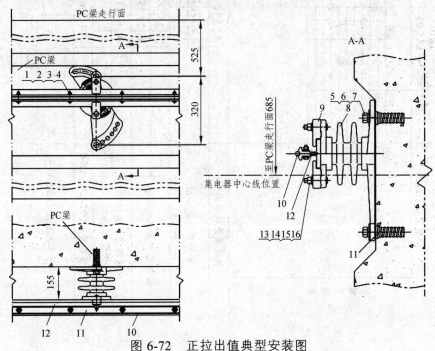

图 6-72 正拉出值典型安装图

3. 接触网膨胀关节安装图（图 6-73）

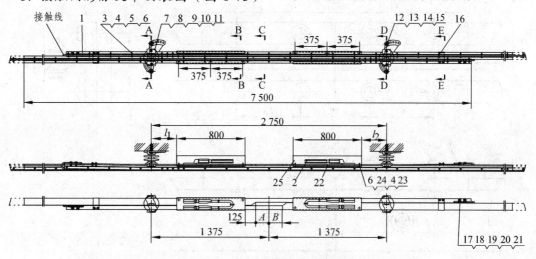

图 6-73　接触网锚段关节典型安装图

4. 接触网道岔安装典型布置（图 6-74）

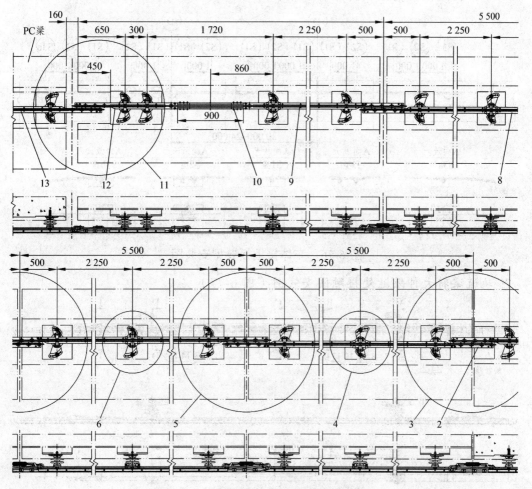

图 6-74　接触网道岔安装典型布置图

5. T型汇流排接续安装图（图6-75）

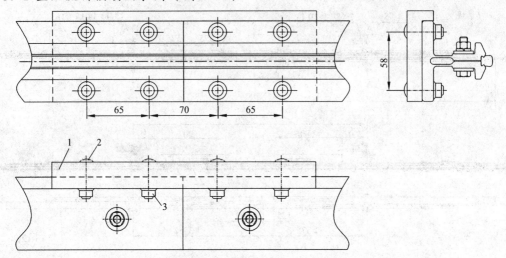

图6-75　T型汇流排接续安装图

6. 车体接地板典型安装图（图6-76）

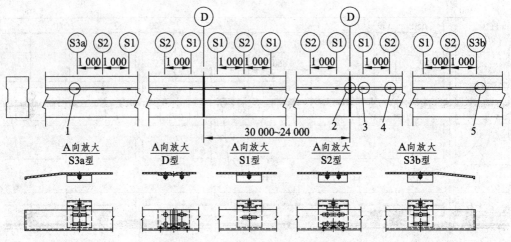

图6-76　车体接地板典型安装图

7. 轨道梁特大伸缩缝处接触网安装图（图6-77）

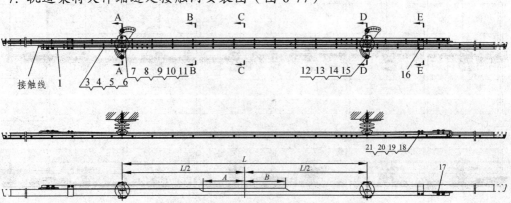

图6-77　轨道梁特大伸缩缝处接触网安装图

168

第7章 动力照明

7.1 单轨动力照明系统概述

7.1.1 动力照明分类

单轨的动力照明系统根据配电的对象不同，分为车站动力照明、区间动力照明及车辆基地动力照明三大部分。车辆基地动力照明系统与工厂配电相类似，本书不做重点介绍，主要介绍单轨车站及区间动力照明系统。

7.1.2 动力照明配电范围

根据中压网络的设置，每个车站均设有降压变电所或牵引降压混合变电所，其配电变压器及 400 V 开关柜负责本站以及前后各半个区间的动力与照明配电。长大区间会增设区间变电所，负责本所以及前后半个区间的动力与照明配电。车辆基地根据其规模设置一个混合变电所负责整个基地的动力与照明配电，或设置一个混合变电所与一个跟随所各负责半个基地的动力与照明配电。

7.1.3 动力照明与其他相关专业的接口

因单轨交通系统各专业都需要用电，除列车采用直流牵引供电外，其余各专业均需使用低压电源，因此动力照明专业除与上一级供电系统有接口外，还几乎与其他所有系统设备专业都有接口，再加上设备安装装修的需要，与土建、装饰装修也少不了接口。综上所述，动力照明是一个接口繁多的专业。

1）与供电系统各专业的接口

动力照明与变电所的分界接口在 400 V 开关柜馈出端子处，动力照明专业负责从馈线电缆至以下各动力设备与照明的配电。因变电所照明与变电所检修电源由变电所交流屏配电，因此其接口分界在交流屏馈出端子处，400 V 开关柜至交流屏的电缆由变电所专业自行负责。

动力照明专业的电缆在变电所范围内或与变电所、环网电缆等共路径的，均借用供电系统的电缆支架。主要有以下几处：变电所电缆夹层（所投影面积），站台板下层外侧环网电缆敷设支架，隧道区间环网支架，高架区间轨道梁下供电环网桥架或检修通道供电电缆敷设通道，部分高架车站至其外挂变电所的电缆通道等。其余不能共用供电专业路径的配电电缆桥/支架均为动力照明专业自行负责。

2）与弱电系统各专业的配电接口

弱电专业主要含通信、信号、AFC、综合监控（含 FAS/BAS）、公安通信、商用通信、气体灭火专业等，其中通信、AFC、综合监控（含 BAS）、公安通信电源由通信专业进行整合，整合电源设置在综合电源室。动力照明专业在各弱电设备房间设置电源箱，接口就在电源箱的馈出端。FAS主机与气体灭火控制主机均安装在车控室，因此，这两个弱电系统的电源箱设置在车控室内。

因弱电专业基本为一级负荷，为其设置的电源箱为双电源箱，至于此双电源箱是否带自动切换装置，还是由弱电专业自带自动切换装置，就得看各条线各专业是如何划分接口的了。在划分接口时最好能使一个城市里的各条线路都统一。

3）与弱电系统综合监控（含FAS/BAS）专业的控制接口

单轨系统中各设备除了能满足设备就地控制外，还要受综合监控（含FAS/BAS）系统的远方监视与控制。根据设备的控制要求及综合监控（含FAS/BAS）专业的接口要求，设备的控制箱/柜内会预留提供给综合监控专业的远方监控接口，一般含硬线接口与通信端口两类，接口分界点在设备控制箱/柜的二次接线端子处。

4）与机电设备的接口

（1）给排水专业设备：给排水设备主要有消防类给水水泵、污水废水等排水水泵以及电动水阀三类设备，给排水专业的设备都自带控制箱，动力照明与其接口位置在自带控制箱的进线端。

（2）通风空调专业设备：通风空调专业的主要设备有各类风机及风阀、冷水机组及其配套设备、分体或集中式空调、档烟垂帘等，除各类风机外，其余设备均自带就地控制箱，动力照明为其配电至箱体进线端。动力照明专业集中设环控柜或分散设就地控制箱负责风机的控制，接口在风机电机的接线端子处。

（3）站台门：动力照明在站台门控制室设置电源箱，接口位置在电源箱的出线端子处。

（4）电梯及扶梯：根据电梯与扶梯的安装位置，动力照明在其附近设置电源箱，并负责至电梯或扶梯自带控制箱的电缆，其接口在电梯及扶梯自带控制箱的进线端子处。

（5）道岔：在铁路或地铁等其他钢轮钢轨系统中，道岔是信号系统负责的一个设备——转折机。而在单轨系统中，道岔梁的移动需要一组多台电机，因此由动力照明系统单独配电，其接口位置在双电源配电箱的出线端子处。

5）接地与各专业的接口

如由动力照明负责综合接地网，除为本专业预留接地引出点外，还应为变电所与弱电系统预留接地引出点，引出点一般设置为两用一备，高架及地面车站多以预埋接地钢板为主，地下车站设置专用接地引出线。从接地引出点至变电所的接地由变电所自行负责，而各弱电设备房间需为其设置接地端子箱并接引自接地网的引出点。

6）与土建及装饰装修专业的接口

动力照明与土建类专业的接口主要出现在设计施工阶段。动力照明专业对其配电房的需求、电缆通道及电缆竖井的要求需在土建设计时提出，建筑按此要求设计施工。设备安装需要预留预埋安装条件的，以及公共区的设备需要装饰装修配合定位，装饰伪装的，都需要提前提出，土建专业在施工时一并完成。

上述动力照明专业与其他专业的接口位置为常规约定的接口位置，具体细节与界面划分因工程，地域差异，设计，施工，运营管理等的不同要求会有所不同，在接口划分中，最重要的是必须专业明确，分工合理，各自专业的范围不重复也不漏项。

7）与限界专业的接口

车站站台层轨行区内安装的照明灯具，动力设备和配电箱，区间的动力检修箱、照明配电箱及灯具安装位置应满足限界要求。本专业设备安装位置确定后，需结合限界专业的断面图，确定本专业的设备不能侵入列车的设备安装限界。

7.1.4 动力照明负荷分级及供电方式

1. 动力照明的负荷分级

1）负荷分级原则

根据我国低压配电负荷分级原则，按供电可靠性及中断供电所造成的损失或影响的程度，用电负荷共分三级。

中断供电将造成人身伤亡、造成重大影响或重大损失、将破坏有重大影响的用电单位的正常工作，或造成公共场所秩序严重混乱的，都应当按一级负荷供电。在一级负荷当中，当中断供电将发生中毒、爆炸和火灾等情况的负荷，以及特别重要场所的不允许中断供电的负荷，应为特别重要负荷。中断供电将造成较大影响或损失、将影响重要用电单位的正常工作或造成公共场所秩序混乱的，应按二级负荷供电。其余不属于一、二级负荷的用电负荷，都按三级负荷供电。

2）单轨系统的动力照明负荷分级

根据负荷分级原则，单轨系统动力照明用电设备的负荷等级也分为三级。

一级负荷：火灾自动报警系统设备、消防水泵及消防水管电保温设备、防排烟风机及各类防火排烟阀、防火（卷帘）门、消防疏散用自动扶梯、消防电梯、应急照明、主排水泵、雨水泵、防淹门及火灾或其他灾害仍需使用的用电设备；通信系统设备、信号系统设备、综合监控系统设备、电力监控系统设备、环境与设备监控系统设备、门禁系统设备、安防设施；自动售检票设备、站台门设备、道岔设备、变电所操作电源、地下站厅站台等公共区照明、地下区间照明、供暖区的锅炉房设备等。其中，火灾自动报警系统设备、环境与设备监控系统设备、专用通信系统设备、信号系统设备、变电所操作电源、地下车站及区间的应急照明为一级负荷中特别重要负荷。

二级负荷：乘客信息系统、变电所检修电源、地上站厅站台等公共区照明、附属房间照明、高架及地面区间工作照明、普通风机、排污泵、电梯、非消防疏散用自动扶梯和自动人行道等。

三级负荷：区间检修设备、附属房间电源插座、车站空调制冷及水系统设备、广告照明、灯饰工程照明、清洁设备、电热设备、培训及模拟系统设备等。

上述未包含的用电设备负荷，因根据其负荷的重要性，划分为相应的负荷等级。车辆基地、控制中心大楼内等建筑电气设备的负荷分级，应符合相关民用标准及行业要求。

2. 动力照明各级负荷供电方式（图7-1）

一级负荷：采用双电源双回线路供电。除公共区正常照明外，一级负荷设备由两路分别来自变电所两段低压母线的电源供电，一用一备，在末级配电箱处自动切换；站台、站厅等公共区正常照明由变电所两段低压母线分别供电，各带约50%的一般照明负荷，交叉配电，实现双电源供电。

一级负荷中的特别重要负荷除双电源供电外，还增设应急电源。单轨系统中主要采用蓄电池作为应急电源。各弱电系统自带 UPS 作为应急电源；车站应急照明一般采用集中设置 EPS 的方式作为应急电源，区间应急电源引自车站，车辆基地等较小的单体内，应急照明比较分散，采用灯具自带蓄电池作为应急电源。

二级负荷：采用双电源单回线路专线供电。二级负荷由来自变电所的任一段低压母线电源供电，当变电所只有一台变压器运行时，合并低压母联断路器保证供电。

三级负荷：采用单电源单回线路供电。三级负荷由来自变电所的任一段低压母线电源供电，当变电所只有一台变压器运行时，根据变压器的负荷情况允许对其停止供电。部分变电所每段母线上增设了一段三级负荷小母线，设置三级负荷总开关，方便对三级负荷电源的投切。

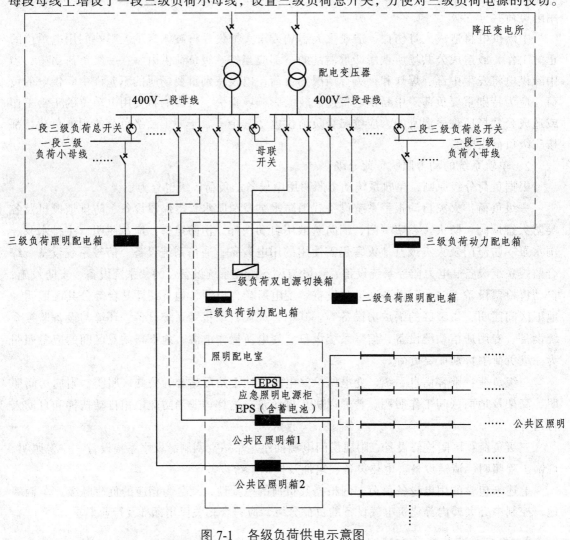

图 7-1 各级负荷供电示意图

7.1.5 动力照明主要配电原则

（1）动力照明配电系统应做到安全可靠，技术先进，经济合理，接线简单，维护方便和节能环保。

（2）动力照明配电电压采用 220/380 V 三相四线制系统（TN-S 接地系统）。

（3）按用电设备的负荷分级原则进行配电，配电方式必须满足设备的负荷等级要求。

（4）动力设备供电方式主要采用放射式，照明供电采用放射式和树干式相结合的方式，区间设备采用放射式和树干式（含链接）相结合的方式。

（5）动力照明系统主要采用的电压等级：

动力、照明：AC 220/380 V；

应急照明系统：正常交-交旁路，应急直-交（逆变）供电模式，输出电压为 AC 220/380 V；

安全特低电压照明：AC 36 V。

（6）正常运行情况下，用电设备端子处电压偏差允许值（以额定电压的百分数表示）：

电动机：±5%；区间动力设备：±5%；

照明：一般±5%，区间照明+5% ~ -10%。

（7）各配电箱/柜均根据单轨系统的工作性质、车站规模和负荷容量大小及运营使用要求等综合考虑，一般预留总回路数的 25%左右作为备用回路。

（8）动力与照明设备根据各专业需要与运行需求，可采用就地控制、车站控制室（BAS）控制、中央控制即控制中心控制（综合监控专业实现）等方式。

（9）在进出车站的高架区间的第一面配电箱内安装浪涌保护器，防止雷电波侵入。

（10）消防设备与非消防设备自变电所低压柜出线起分别配电，自成系统。即消防设备采用专用的供电回路，严禁其他非消防负荷接入。在火灾工况下，FAS 负责在变电所低压柜处切除非消防负荷。

7.2 车站动力照明配电方式

7.2.1 车站动力配电

1. 车站动力设备分类

车站动力设备主要有以下几类：弱电专业系统设备、车站机电设备、通风空调专业设备、给排水设备、电梯及扶梯、各种小动力设备、检修电源类以及商业等便民服务设施。其中，通风空调专业设备与电梯、扶梯为车站主要用电设备，占整个车站低压用电负荷的 60%以上。

（1）弱电专业系统设备主要含整合电源（通信、AFC、综合监控、BAS、公安通信）、信号系统设备、商用通信设备、车控室消防电源（FAS、气体灭火）。

（2）车站机电设备主要为站台门。

（3）通风空调专业设备主要含各类风机与风阀、冷冻水系统设备、空调。

（4）给排水设备主要含消防类给水泵、污水泵、废水泵、雨水泵等排水泵。

（5）电梯及扶梯主要含消防电梯、客梯、用于消防疏散与不用于消防疏散的自动扶梯、自动人行道、轮椅升降机。

（6）各种小动力设备主要含车站各类零星的，功率不足 10 kW 的小动力设备，如安检设备、防火卷帘、电动卷帘门、挡烟垂壁等。

检修电源类主要含变电所检修电源，车站临时施工检修电源以及其他专业在某些车站内需要增加设置的检修电源。

商业等便民服务设施主要含小型商铺与自动售货机等设备。

2. 主要配电方式

1）系统设备类

弱电系统设备及站台门设备均有独立的设备房间，一般都为一级负荷。动力照明根据各专业对双电源自动切换的要求，配置双电源不切换箱或自动切换箱至其设备房间，并考虑配电箱至其设备的管路敷设。

2）通风空调类

地下车站一般在站厅层两侧设环控电控室，负责环控设备的集中配电与控制。消防负荷的电控柜采用双电源自动切换的主接线方式，两路电源一用一备，也可根据当地的运营需求采用单母线分段等形式；非消防负荷的电控柜采用单电源进线的主接线方式。高架车站一般风机较少，在风机就地处设置就地控制箱负责其配电与控制，根据风机的负荷等级要求设置双电源切换或单电源进线。

地下车站的冷冻水系统设置有冷水机房，一般在机房旁设置电控室，也可与环控电控室共建。其配电与控制方式与环控电控室类似，设置环控电控柜集中控制。冷水机组一般为大容量设备，因此由降压变电所直接供电至冷水机组自带的控制柜。用于公共区的制冷系统按三级负荷配电，用于设备区的制冷系统因含有重要设备用房的制冷，若此类房间温度过高，设备无法正常工作，可能影响运营，因此此部分冷水系统按二级负荷配电。也有车站冷冻水系统未进行公共区与设备区划分的，采用一套系统，此系统不仅不节能，而且控制不灵活，不建议使用。

高架及地面车站一般不设置冷冻水系统，采用分体式、集中式或多联机等空调，因此类负荷容量较大，均采用专线配电。

风阀在集中处可设置风阀配电箱进行配电，零散的风阀可就近使用相同负荷等级的配电回路配电，如风机控制箱，小动力箱等。

3）给排水类设备

消防给水泵安装在独立设置的消防泵房内，动力照明根据泵房内各系统最大使用负荷进行配电，设置双电源切换箱。根据车站的情况进行设置，一般含消火栓泵、喷淋泵及其稳压泵系统，每个系统的泵均为一用一备，不考虑同时使用的情况。

其余的排水泵有污水泵、雨水泵、废水泵等，根据其是否用于消防或其他防灾确定负荷等级。有独立设置泵房的，也有在集水坑旁单独安装的，均需配电至其泵旁的控制柜。泵比较集中处可设置一总配电箱再分别进行配电。此类泵一般一用一备，但在高水位时有同时使用的可能，因此配电容量需满足此要求。

4）电梯及扶梯类

电扶梯类均自带控制箱，动力照明需根据其是否用与疏散与消防来确定负荷等级，根据负荷等级就地设置双电源切换箱与单电源箱。

5）小动力设备

在车站各站厅、站台、站台下夹层等处的配电室内设置小动力配电箱，容量一般 10～

20 kW，负责为本配电区域内较分散的小动力负荷配电。一个配电室内一般为三面小动力箱，变电所一、二段母线电源各一个，三级负荷一个，以满足各类负荷等级的小动力配电，如安检设备、卷帘门、业态服务的售货机等。

6）检修电源类

变电所设置动力检修箱，因考虑变压器及两段母线会轮流检修，因此由变电所交流屏配电较为合理，能保证其检修用电。

各类设备房间内也需要设置插座，用于检修、调试、办公等，插座的数量、单/三相插座根据房间的情况和专业要求定。

车站站厅配电室设置临时维修电源箱，出线端子可拆卸，可用于大功率设备临时施工搭接电源。

7）商业等便民服务类

站厅、站台公共区设清扫插座与小型商业设备用插座，可由三级负荷小动力箱配电。车站的大型业态区域，需单独从变电所配电，设置独立的配电箱。所有与商业有关的配电均需单独计量。

7.2.2　车站照明配电

1. 照明分类

车站照明种类可分为正常照明、应急照明、值班照明和过渡照明，应急照明包括备用照明和疏散照明。除此之外，还有特殊功能性质的照明，如广告灯箱照明、导向标志照明、灯饰工程照明等。

正常照明主要含公共区正常照明（站厅、站台及出入口）、附属用房工作照明（设备房间、管理用房、风道风机房等）、变电所电缆夹层和站台板下安全特低电压照明。

应急照明含备用照明和疏散照明：当正常照明失电后，对需要确保正常工作或活动继续进行的场所设置备用照明，如车站综合控制室、变电所、配电室、重要系统设备房间、防排烟风机房、消防水泵房等。当正常照明因故障熄灭或火灾情况下正常照明断电时，对需要确保人员安全疏散的场所应设置疏散照明，如站厅、站台公共区、出入口通道等。疏散照明由疏散照明灯、安全出口标志灯、疏散指示标志灯组成。

值班照明在非 24 小时连续运营的公共场所设置，在夜间列车停运后，供内部人员通行和巡视时使用，如站厅、站台公共区、出入口通道等。单轨系统中，一般采用应急照明兼作值班照明。

过渡照明是为减少车站内部构筑物与外界过大的亮度差而增设的照明，亮度逐次变化，一般在车站出入口，双层地面及高架站站台到站厅之间楼梯处设置，目的是为使乘客进出时眼睛对周围亮度处于适应状态。

广告灯箱照明、导向标志照明、灯饰工程照明等特殊功能性的照明，由相关专业考虑设置，动力照明专业根据相关要求配电。

2. 正常照明

1）公共区照明

公共区照明灯具采用两路电源，电源分别引自变电所的两段低压母线，在灯具处交叉配电。车站站厅、站台两端的照明配电室内公共区照明配电箱各自控制的公共区照明范围是以车站中心线为界，各负责本层的一半。对于高架的侧式车站，可由各自的站台下夹层配电室内公共区照明配电箱负责本侧站台的照明。

公共区不单独设置值班照明回路，一般由应急照明兼做值班照明，约占公共区总照明的1/10。

站厅、站台、出入口等处的公共区照明要与设备管理用房等场所的照明在配电上分开，在出入口或换乘通道较长时设照明配电分箱。

2）设备区照明

站厅两端、站台下夹层、地下车站站台两端均为设备管理用房区域，每个区域内均设置照明配电室，由配电室内设备管理用房配电箱负责配电。因单轨系统轨道梁高度较高，因此站台下夹层净高较高，可设置设备及管理用房，需单独进行照明配电。

在设备用房很少时，由公共区照明配电箱出专用回路。如某些地下车站站台层设备房间很少，可采用此方案。

变电所设单独的照明配电系统，变电所的正常照明电源引自变电所交流屏，变电所应急照明引自车站 EPS 系统专用回路。

3. 应急照明系统

应急照明后备电源系统采用 EPS 电源柜集中供电的方式。在车站站厅、站台两端配电室内各设一组 EPS，高架车站可设置在站台下夹层配电室。如土建有条件，可单独设置应急照明配电室，放置 EPS。

EPS 电源柜由变电所两段低压母排上各引来一路电源供电，在柜内自动切换，采用 TN-S 系统接地型式，中性线与从接地装置直接引来的接地干线相连。正常时采用交流旁路 220/380 V 供电，在两路交流电源都失压的情况下由 EPS 逆变向应急照明供电。蓄电池的持续供电时间，在预期寿命期间不小于 60 min。

EPS 配电柜供电范围同本照明配电室，即以车站中心线为界，负责本层半个公共区及附属房间的应急照明供电。高架侧式车站本侧站台及站台下夹层由站台下夹层 EPS 负责。

备用照明设置于行车值班室、综控室、站长室、通信机房、信号机房、售票室、变电所、配电室、通风空调电控室、消防泵房等重要场所，根据其设备房性质，确定应急照度占正常照明的 10% ~ 100%。

在车站站厅、站台、楼梯、通道及通道转弯处附近、出入口、房间通道，风道等处设置疏散指示标志，并根据需要设置在紧急出口标志灯。要求如下：

（1）疏散通道拐弯处、交叉口、沿通道长向每隔不大于 10 m 处、设置灯光疏散指示标志，指示标志距地面小于 1 m。

（2）疏散门、安全出口设置灯光疏散指示标志，设置在门洞正上方。

（3）车站公共区站台、站厅乘客疏散路线和疏散通道等人员密集部位的地面上，以及疏散楼梯台阶侧立面，设蓄光疏散指示标志，并保持视觉连续。

4. 广告、导向等照明

在车站的站台、站厅公共区、出入口通道等处设置广告照明，具体位置由装修专业确定，广告照明配电箱设在各层照明配电室内。广告照明设单独电能计量，由 BAS 系统进行控制。

车站公共区内导向标识系统，包括确认标识、导向标识、综合信息标识、禁止和警告类标识等，导向标志照明由公共区照明配电箱提供电源，单独设置配电回路，可根据系统要求控制开/断各回路，运营期间开启停运后关闭。导向标识根据其安装方式可分为，悬挂类、站立类、贴柱、地贴、门套、贴墙等，有的不需要配电，需要配电的功率也各不同，因此需要根据其安装方式与功率大小设置配电回路。

在高架与地面车站配电室预留灯饰照明配电箱电源，负责本站与左右半个区间的灯饰工程用电。灯饰工程需根据其外立面装修风格，周遍环境风格等因素深化设计，选用不用颜色的彩灯与不同造型达到其装饰效果的要求。

5. 照度标准

车站的照度标准值参见表 7-1。

表 7-1　车站的照度标准值

序号	场　　所	平均照度/lx	应急照度/lx	照明功率密度/（W/m²）	参考平面
1	地下车站站厅层公共区	200	20	12	地面
2	地下车站站台层公共区	150	15	10	地面
3	高架车站站厅层公共区	150	15	11	地面
4	高架车站站台层公共区	100	10	10	地面
5	车站控制室	300	300	11	距地 1.2 m 盘面
6	车站售票厅	300	150	11	工作面
7	站长室	300	150	11	工作面
8	变电所	150	150	8	工作面
9	通信、信号、AFC 机房	150	15	8	工作面
10	出入口、通道、楼梯	150	15	10	地面
11	电控室、配电室	150	150	8	工作面
12	各种机房	100	10	7	工作面
13	管理用房	150	15	11	工作面
14	风道	10	3	4	地面

6. 其他配电要求

穿越人防段的照明配电回路采用内外分开回路配电的方式，或在人防段内侧设熔断器以方便的断开回路。

变电所电缆夹层内设 36 V 的安全特低电压照明，采用安全隔离变压器供电。

所有灯具的功率因数 $\cos\phi \geqslant 0.9$，公共区照明及应急照明灯具为保证安全可靠性，方便维护可加单灯熔断器保护。

7.3 车站动力照明控制方式

7.3.1 动力设备控制方式

系统设备类设备为专用设备，自成系统，自行负责控制，这里不做介绍。本节主要介绍通风空调类与给排水类等通用用电设备的控制方式。

1. 通风空调类

1）地下车站风机的控制

各类风机的控制方式：车站轨顶排热风机、组合式空气处理机组、公共区回排风机等长期运行且有风量调节需求的采用变频控制，消防用风机在火灾工况下将变频装置短接运行；消防专用排烟/正压送风风机采用直接起动方式，过载保护只报警不跳闸；平时兼消防排风（烟）双速风机采用双速运行，平时低速运行，火灾工况下采用高速运行；区间隧道风机与区间射流风机采用正反转控制，根据环控专业正常或消防运行模式进行正转或反转控制；一般风机采用直接启动，当风机功率较大时，启动电流对电网供电有一定影响的可加装软启动器启动或采用其他启动措施；未装有具有保护功能的变频器与软启动器等元器件的风机回路，需要加装智能马达保护或传统热继电器等保护元器件进行保护，在火灾工况下过载保护只报警不跳闸。

各类风机的三级控制：在车站两端通风空调电控室内设通风空调电控柜，负责本侧车站、风道及区间的通风设备配电及控制，可在环控室集中控制；在风机就地处设按钮箱，可在风机单体调试、维护时进行现场控制；平时正常情况下，由综合监控系统（FAS/BAS）按环控专业控制模式在车控室自动控制，同时由综合监控系统（FAS/BAS）完成在各级控制下返信号至车控室，以显示设备运行状态及故障信号。消防专用风机需在车控室内 IBP 盘上增设控制按钮，在火灾情况下，FAS 系统控制失效时，可由值班人员手动控制。

冷冻水系统的控制：在冷冻机房旁设冷冻电控室，也可与环控电控室合建，内设冷冻机房电控柜，负责冷水机组及冷水机组配套设备供电及控制，主要设备含冷冻泵、冷却泵、冷却塔风机等，在设备旁均设有就地按钮箱。冷冻机房用电设备可在电控室和设备旁就地控制，还可通过群控系统由 BAS 在车控室控制。正常情况下，通风空调各设备按运行模式要求进行启停由群控系统负责。

2）高架及地面车站风机的控制

各类风机的控制方式：消防专用排烟/正压送风风机采用直接起动方式，过载保护只报警不跳闸；平时兼消防双速风机采用双速启动，平时低速端运行，火灾工况下采用高速端运行；其他风机采用直接启动。

各类风机的两级控制：在车站风机就地设控制箱，设备维护及单机调试时可在设备旁就地控制；平时正常情况下，由综合监控系统（FAS/BAS）在车控室自动控制，同时由综合监控系统（FAS/BAS）完成在各级控制下返信号至车控室，以显示设备运行状态及故障信号。消防专用风机同样需在车控室内 IBP 盘上增设控制按钮。

3）各类风阀的控制

各类风阀的控制方式：电动风阀，一般为通断型控制，可控制风阀开与关；电动风量调节阀，为连续型控制，除可控制风阀开与关外，还可调节风阀开启角度；隧道风机风阀，为通断型控制，可控制风阀开与关，根据不同的通风模式确定多个风阀的开关状态。

各类风阀的多级控制：在风阀就地处设风阀就地手操控制箱，可在风阀单体调试、维护时进行现场控制；风阀在环控电控室接入 BAS 专业控制屏，可集中监控，并通过 BAS 系统传至车控室综合监控系统。平时正常情况下，由综合监控系统（FAS/BAS）在车控室自动控制，同时由综合监控系统（FAS/BAS）完成在各级控制下返信号至车控室，以显示设备运行状态及故障信号。

4）风机与风阀的联动联锁控制

电气联动联锁：部分风机根据环控专业的通风模式要求，与其相关的风阀有联锁联动要求，联动要求即风阀先开启，然后给风机开启信号，风机才能启动；关闭时，需风机先关闭，然后返回关机信号，风阀才能关闭。联锁要求即风机与风阀控制回路含闭锁关系，风阀未开启时，风机是无法进行启动操作；风机未关机时，风阀是无法进行关闭操作的。

熔断联锁：当火灾发生时，排烟风机通过管道排烟，当排烟时间超过 1 h/0.5 h，管道内烟气温度超过阀门内温感元件温度（280 ℃），阀门熔断关闭，阻断火势蔓延，此时需联锁排烟风机一同关闭。正压送风机与风阀也可设置此联锁关系，工作原理类似，阀的熔断温度值为70 ℃。

5）系统性控制

车站内的所有风机与风阀有多种工作模式，如根据季节气候的不同确定的各种正常工作模式，根据发生火灾的位置不同确定的各种火灾工作模式等。可由动力照明专业负责其各个单体设备的就地控制，并预留每个设备的远控接口，由综合监控专业（FAS/BAS）一一接入监控系统进行模式化编程，根据不同情况发布模式化控制指令；也可由动力照明专业设置控制系统，进行模式化编程，综合监控专业根据不同情况向此系统发布工作模式编号。

2. 给排水类

1）各类水泵的控制方式

消防水泵根据功率大小可选用直接起动或星-三角起动方式，火灾运行时设备过载保护只报警不停机。平时正常情况，消防水泵均有自动巡检系统，若检测泵或控制回路等有故障情况，可向车控室 FAS 系统报警。在火灾情况下，如需使用消火栓，按下消火栓旁设置的启泵按钮，车控室 FAS 系统或值班人员收到信号后确认火灾并启动消火栓泵。喷淋系统在火灾时被自动触发后，管道内水流使压力开关动作，提供喷淋泵的启动信号使泵启动，FAS 系统对整个过程进行监视。

其他各类排水泵可根据功率大小选用多种起动方式，自动控制情况下设备通过液位仪检查水位情况，根据水位情况选择一台或两台水泵工作或停机，多台泵平时轮换使用。液位仪可选用浮球装置或超声波等，也可选用多种液位仪组合检测不同水位。

2）各类水泵的多级控制

在车站水泵就地设控制箱/柜，设备维护及单机调试时可在设备旁就地手动控制。

消防给水泵在火灾情况下，由综合监控系统（FAS）在车控室控制，同时由综合监控系统（FAS）完成在各级控制下返信号至车控室，以显示设备运行状态及故障信号。消火栓泵需在车控室内 IBP 盘上增设控制按钮，在火灾情况下，除 FAS 系统自动控制外，也可由值班人员确定火灾后进行手动启泵。

各类排水泵在一般情况下采用程序自动控制，并通过通信接口由综合监控系统（BAS）在车控室监视，返信号至车控室，以显示设备运行状态及故障信号。

7.3.2 照明控制方式

1. 正常照明控制

车站公共区照明（含站厅、站台、出入口和换乘通道等）设自动控制系统，可采用传统接触器式控制，也可采用智能照明控制系统，控制系统接入 BAS，可由 BAS 或就地按回路进行开/关控制，根据运营的不同时段对照度的需求开关部分回路以达到节能的目的。

公共区照明可设置各种不同照度模式，在各配电箱内设接触器或开关模块，按不同运营时间所设定的照明控制模式控制开/断各照明回路，高架与地面车站可根据外部自然光照情况实时调整照明模式。站台、站厅公共区的照明可按高（全开）、中（开 2/3 的灯）、低（开 1/3 的灯）和停运（全关，仅留值班照明）四档照度值设置，也可根据情况设置更多档位，有装饰性照明的也可增加其开启的模式。在运营中可根据佳节日、高峰时段调节照度值运行，以便节约电能。

其余设备管理用房照明在就地或就近设开关控制。

正常照明火灾时受 FAS 控制，可根据情况按防火分区在变电所内切除。公共区的正常照明宜采用延时切除，在消防水系统启动前由 FAS 系统切除其电源。

2. 应急照明控制

地下站公共区应急照明不设控制。

高架站 EPS 柜公共区应急照明馈出回路设置开关控制，平时由控制系统自动控制，以达节能目的，火灾时由 FAS 强启接通回路。

所有站附属设备管理用房应急照明采用就地控制，在火灾时由 FAS 强启。火灾结束后由 FAS 系统复位或在 EPS 处就地复位。

3. 其他照明控制

有通断电源要求的配电箱，如广告照明配电箱、灯饰工程照明配电箱等，在配电回路内设置接触器，可在配电箱上设置按钮对回路电源进行通断，也可由 BAS 系统在车控室进行接通/切断电源。

导向标志照明也纳入公共区照明控制，由专用回路供电，可由 BAS 或就地控制开/关。以上照明可根据运营与非运营时间自动对其开启与关闭。

7.4 区间动力照明系统

7.4.1 区间动力配电

1. 配电设备

区间动力设备品种较少，仅含地下区间排水泵、区间检修配电箱和道岔电源箱的配电。

地下区间风机因需车站集中配电及控制，因此一般归于车站动力照明系统。

2. 动力检修电源

动力检修电源一般采用插座箱方式，由临近车站降压变电所 0.4 kV 母线段接引电源，单电源进线。根据运营检修需要，可在照明配电室内设动力检修总箱，也可不设，直接从变电所接至区间第一面检修箱。

检修箱在区间的具体安装间距可根据运营需求确定，保证检修人员方便取电。一般地下区间每隔 100 m 设置动力检修插座箱一个，第一个检修箱设于车站端部，上下行线路各自在一隧道内，因此上下行线各需设置一路检修电源。高架区间每隔一个桥墩在其盖梁上部设置动力检修插座箱一个，如无检修通道，为方便取电也可每个桥墩设置一个检修箱，第一面检修箱设于区间第一个盖梁处，因上下行线路一般在一起，共用墩柱及盖梁，因此高架区间设置一路检修电源即可。

检修箱电源满足区间供电原则，即车站变电所负责左右各半个区间的检修电源配电。根据实际使用情况，减少配电容量大小及配电电缆截面，每个检修配电回路仅考虑一处检修插座箱使用，不考虑同时使用。

动力检修箱仅供小型维修动力设备用电，电压为 220 V/380 V，容量根据需求一般可设为 10、15 或 20 kW，设一个三相插座、一个单相插座。插座箱电源开关带漏电保护装置，并应防潮、防霉、防水，防护等级 IP65。

在道岔区旁边应单独设置一个大容量的动力检修箱，以满足道岔这个大功率机电设备的检修要求，容量一般为 65 kW。

3. 地下区间水泵

地下区间给排水专业根据排水要求会设置区间废水泵房和区间雨水泵房，内设多台排水泵。水泵负荷等级为一级负荷，由临近车站降压变电所两段低压母线各引入一路电源，电缆敷设至泵房内用电设备双电源切换箱端口处。

因区间检修维护不太方便，一般给排水专业会设置多台水泵，部分为主用部分为备用，如一用一备，二用一备，一用两备，两用两备等，因此在配电上需考虑其最大可能同时工作的水泵数量而确定配电负荷。在控制上也要考虑水泵轮流工作，以免备用水泵长期不使用而损坏。

一般控制箱由水泵厂家自带。控制箱设液位自动控制与就地控制，正常情况下控制箱根据集水井内液位仪确定的水位信号确定泵的启动与停止，调试维修时也可由工作人员现场按钮控制。控制箱设通信口，将泵的运行信号，超高/低水位报警信号等通过 BAS 系统引至较近的车站控制室，由综合监控专业进行监视并记录数据。

此外，区间水泵房设等电位联接，将 PE 线、结构钢筋及正常时不带电的金属管道进行联接。水泵房内还应考虑照明，兼消防疏散联络通道的泵房还应设置应急照明。

4. 道岔电源

道岔区一般紧挨车站，由车站变电所提供电源，因此也可以将道岔配电划到车站动照的配电范围。动照专业按一级负荷要求进行配电，在道岔区就地设置双电源切换箱，配电容量考虑最多同时动作的道岔的功率总和。道岔设备自带控制箱，并且正常情况下由信号专业进行控制。

7.4.2　区间照明配电

1. 照明分类

区间照明有以下几类：区间工作照明；地下区间应急照明；隧道区间洞口处的过渡照明；道岔区照明；区间疏散联络通道、风机房及水泵房等附属建筑的照明；灯饰工程照明。无论那种区间照明都遵循由左右两个车站各负责一半的区间照明配电的原则，但也有部分特例需要灵活处理的，如两站区间一部分为高架一部分为地下的，可以隧道洞口分断，高架区间由临近的高架站负责供电，地下区间由临近的地下站负责供电。遇到这类复杂区间时，需特殊情况特殊分析。

2. 区间工作照明

地下区间工作照明由降压变电所低压两段母线各引接一路电源在车站两端照明配电室内经双电源切换箱给区间照明配电箱供电，每端区间照明配电箱负责其相邻半个区间照明的供电，并进行集中控制。

高架区间如果设置了检修平台的，可设置工作照明，由站内降压变电所任一段低压母线引接电源回路至站内照明配电室内的区间照明总配电箱给区间照明配电箱供电，每端区间照明配电箱负责其相邻半个区间照明供电，并进行集中控制。

与检修箱类似，地下区间上下行隧道内需各引一路正常照明回路，分别控制。电缆敷设与配电箱安装和检修箱一样，在强电侧隧道壁上，一般为行车方向左边。照明灯具也安装于此侧，安装高度注意不能影响司机驾驶。高架区间上设置一路照明回路，电缆敷设在检修通道下强电电缆通道内，配电箱也安装在有墩柱处，可安装在盖梁上，无检修电源箱处安装。灯具安装于检修通道两侧，交错布置。

区间内各照明分配电箱约隔 150 m 设一处，间隔距离是根据配电范围与负荷容量综合考虑的。各箱采用链接或"T"接方式。工作照明平均照度不小于 5 lx，根据灯具规格参数计算确定灯具安装间距。在车站配电室内区间照明总配电箱处设置 BAS 接口，正常情况下可对区间照明进行控制。

3. 区间应急照明

地下区间设置应急照明，其电源引自相邻车站 EPS 装置，EPS 装置预留专用配电回路。应急照明的配电方式几乎与工作照明相同，约每隔 150 m 设应急照明配电箱向应急灯供电，采用链接或"T"接方式接入各分配电箱。应急照明平均照度不小于 3 lx，根据灯具规格参数计算确定灯具安装间距，并与正常照明统一考虑，如每隔一盏或两盏灯设置为应急照明灯，其余为正常工作照明。区间应急照明不设控制，为常明灯。

此外，地下隧道区间的疏散联络通道、风机房疏散通道等设疏散照明及疏散指示标志；隧道区间内需设置双向疏散指示标志，由区间应急照明配电箱提供电源。双向疏散指示标志可采用控制指示方向的，也可采用指示至两端安全疏散口距离的等多种方式。

4. 过渡照明

如单轨系统采用有人驾驶的模式，为减少列车在进出隧道洞口时光线变化对司机的影响，可在隧道洞口至隧道内一段距离增设过渡照明。过渡照明区段在接近洞口处照度考虑与外界日光强度成一定比例（照度值参考规范要求选取），然后往隧道方向逐渐减弱，过了过渡照明区段后即为隧道正常工作照明照度。

过渡照明设时钟自动控制，在日间隧道与外界照度反差较大时开启，夜晚与停运时段关闭。也可采用光敏控制器控制，根据隧道外自然光照强度决定是否开启过渡照明，此控制方式比时钟控制更为合理。

5. 道岔区照明

因道岔区照度要求比较高，需要通过视频监控道岔的转折情况，此部分平均照度不低于100 lx，因此需要增设道岔区照明。地下区间的道岔区可在隧道壁上方增设大功率灯具，高架区间在道岔平台上可增加灯杆灯具，灯具照射方向注意正对道岔转折部位。配电回路由照明配电室内的区间照明总配电箱单独出配电回路，单独进行控制，可在道岔区就地增设按钮箱控制，也可在配电总箱处控制，正常情况下由 BAS 系统在车控室远控。

6. 其他照明

区间疏散联络通道、风机房及水泵房等附属建筑可根据实际情况引取照明电源。此类房间面积较小，照明负荷不大，电源可从房间内的动力配电箱出一单独回路负责照明配电，也可从隧道外照明干线上分接一路照明电源。根据实际情况及要求设置工作照明与应急照明。

高架区间可设置灯饰照明，由车站预留电源。此类照明需要二次设计与施工，在轨道梁的下部不影响行车的位置预留预埋件，供灯具安装；在轨道梁下有桥架的位置也可安装在桥架侧。根据线路周遍的环境特点，采用不同的 LED 彩灯造型，增加轨道梁夜间在城市中的美感，犹如一条彩龙穿梭于城市之间。

7.5 电线、电缆选型及敷设方式

7.5.1 电线、电缆的选型

1. 基本选型要求

（1）按允许载流量选择导线截面。因电线电缆本身的电阻存在，在使用时会产生热效应，温度升高，同时又向周围发散热量。在此过程之中，导体的热量必须要低于其绝缘介质所允许承受的最高温度，才能使绝缘介质不燃烧，不加速老化。导线的截面对应了允许载流量，选择时应大于保护电器的整定保护电流，而保护电器的整定保护电流应大于线路的计算长期最大负荷电流。

（2）按允许电压损失选择导线截面。在单轨系统中，普遍存在长电缆低压供电的情况，主要有：地下车站降压所在车站一端，车站另一端的设备距降压所大约 200 m，出入口处的配电电缆更长，这类电缆需要校验电压损失；高架车站牵引降压混合变电所一般在车站外重新选址修建，因受规划等因素影响，一般离车站较远，车站动力照明的低压配电电缆通过连接的电缆隧道进入车站，这类电缆也相对较长，需要校验电压损失；车站负责左右各半个区间的低压配电，此处电缆长度根据区间长短而定，少则几百米，多则上千米，因此也需要校验电压损失。

（3）按经济电流密度选择导线截面。虽然导体截面选择越大，其阻抗越小，使用后电能损失越少，但初期造价越大，因此需计算选择合理的截面，使经济性最佳。

（4）校验电缆的机械强度，动稳定及热稳定。

（5）中性线、保护线的截面选择。因单轨系统多用 TN-S 的接地系统，导体除了相线以外还有中性线（N）与保护线（PE）。N 线与 PE 线的最小截面要求见表 7-2。

表 7-2　N 线与 PE 线的最小截面要求

相线截面 S/mm^2	N 线、PE 线的最小截面/mm^2
$S \leqslant 16$	S
$16 < S \leqslant 35$	16
$S > 35$	$S/2$

其中对于 N 线的选择，应根据其负荷类型合理选择，一般三相的动力回路按最小要求选择，三相不平衡线路与照明类的单相配电回路选择与相线截面相同。

2. 防火选择要求

（1）单轨系统一般动力照明采用无卤、低烟的阻燃电线和电缆。火灾时需要保证供电的配电线路采用耐火型的电线和电缆，或矿物绝缘电缆。

（2）电线电缆的使用分级场所分为特级、一级、二级、三级，单轨系统为一级使用场所，因此选择电线电缆时应按一级场所的标准选择。

（3）电线电缆的阻燃级别分为 A、B、C、D 四个级别，其试验要求不同。单轨系统电缆阻燃级别选择 B 级及以上，电线选择 C 级及以上。

（4）对火灾时需要保证供电的配电线路，在采用耐火型电缆还是矿物绝缘电缆上，是需要根据实际情况考虑的。电缆的耐火试验要求，耐火电缆在 750 ℃ 供火温度下，90 min 保证线路的完整性，矿物电缆是在 950 ℃，180 min 的供火条件下保证线路的完整性。因此我们可火灾情况下，耐火电缆能保证持续供电 1.5 h，而矿物电缆为 3 h。根据矿物电缆的结构和材料我们也可以看出，矿物电缆采用的金属铜外套和矿物质绝缘填充（一般为氧化镁）为难燃材料，不会产生有毒烟雾，机械受力也较好，在火灾时使用效果优于耐火电缆。

对于消防水泵的供电电缆，因其明确了火灾持续工作时间不低于 2 h，因此必须选用矿物绝缘电缆；而对于单轨系统中，深埋的地下车站由于消防难度的增大，因此在电缆的选择上也考虑多选用矿物绝缘电缆。至于一般的消防回路，采用耐火电缆已经足够了。

3. 其他

车站内敷设的电缆采用非铠装电缆，在区间敷设的电缆采用铠装电缆。高架区间敷设的电缆还应考虑防紫外线。

7.5.2　敷设方式

1. 车站敷设方式

车站的电缆敷设方式有电缆桥架敷设、电缆支架敷设及穿管单独敷设（矿物电缆可不穿管直接敷设）三种；电线敷设方式有钢线槽集中敷设及穿管敷设两种。电缆桥架主要采用了梯级式与槽式两种，而穿管敷设也有明敷设与暗敷设两种方式。以下是几种在不同位置所采用的不同敷设方式：

敷设在电缆竖井内的电缆可采用电缆支架或梯级式桥架，在选择敷设方式时应充分考虑电缆规格及敷设数量，以便能整齐的绑扎排列。

因单轨车车型断面的影响，车站站台下夹层层高比较高，用作设备管理用房区域，电缆可采用桥架吊顶敷设。但在轨行区一侧至区间的电缆需采用电缆支架敷设，支架安装在侧墙上。

一般设备区、公共区部分的电缆采用桥架敷设。至于采用槽式还是梯级式桥架，需要根据消防及美观等要求合理选择。

电缆由桥架进暗装配电箱的一段可沿墙穿钢管暗敷设；进明装配电箱的一段电缆沿墙穿钢线槽明敷设。

局部少量至配电箱或设备的电缆可采用穿管明敷或暗敷设。

末级配电线路为导线的，需穿管明敷设或暗敷设在墙、地内。导线比较集中处，如配电室至公共区一段的照明导线回路较多，路径相同，此处可采用钢线槽敷设。

使用安全特低电压照明的回路导线需穿 PE 管敷设。

敷设的其他要求：

穿越人防防护密闭门、墙及疏散通道的电线、电缆应按人防电气要求处理，其保护管需要提前进行预埋。

所有穿越防火分区、楼板、墙体的洞口处都需要做防火封堵。

强弱电线缆间距要求，以及线缆与风管水管等间距要求必须满足国家相关规定，要便于检修维护以及避免相互干扰。

2. 区间敷设方式

（1）单轨系统的地下区间和其他轨道交通形式类似，电缆敷设在隧道壁上。动力照明的电缆与供电环网等强电电缆一般布置在沿行车方向的左侧，右侧为通信、信号等弱电专业电缆。侧壁上的电缆支架为多层支架，电缆一般按电压等级由高至低由上而下的顺序排列，最后排列控制电缆，如果条件受限制，控制电缆可与低压电缆敷设在同一层支架上。排列顺序全线需统一。

（2）单轨系统的高架区间结构形式完全不同于其他轨道交通系统，电缆敷设方式也根据有无检修通道的情况分为两类。

在无检修通道的单轨系统中，区间电缆是敷设在轨道梁下面的电缆桥架上，上行线梁下是强电电缆，下行线梁下是弱电电缆。

在有检修通道的单轨系统中，钢结构的检修通道下层就是作为电缆敷设通道，中间隔开，一边是强电电缆，一边是弱电电缆。在局部区段电缆较多无法敷设时，还是需要在轨道梁下增设电缆桥架。图 7-2 为电缆敷设方式。

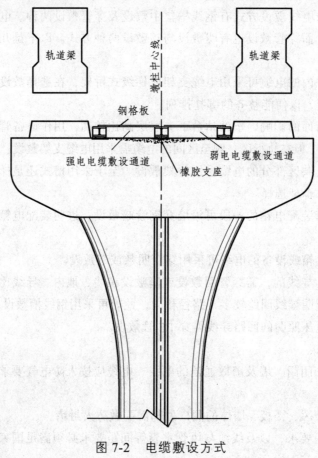

图 7-2　电缆敷设方式

7.6　主要配电设备选型与安装方式

7.6.1　环控电控柜

1. 组成及分类

环控电控柜为封闭式户内成套设备，主要是给地下车站和隧道区间的通风空调设备提供电源与集中控制的低压配电柜。在单轨系统的地下车站里环控设备负荷占动力电源的负荷比例很大，根据环控设备布置可以在负荷集中的机房旁设置环控电控室，放置环控电控柜。

环控电控柜柜型一般为抽屉式，主要是考虑各控制回路的良好互换性与方便维护性。大功率回路，复杂控制回路需要占用高模数的采用固定式。

环控电控柜内主要零部件含有双电源切换装置、断路器、智能马达保护装置、模块式 PLC、监控主机（PLC）、软启动器、变频器、接触器、热继电器、电流互感器、各类仪表、智能元件等。

环控电控柜根据其功能大概分如下几类（表 7-3）。根据进出线回路进行排列，一面环控柜上也可能兼顾多项功能，如进线柜进线回路仅占用部分模数的，剩余模数可设置为馈线回路。

表 7-3

序号	项 目	内 容
1	双电源进线柜	双电源自动切换，剩余空间为馈出回路
2	单电源进线柜	单电源，剩余空间为馈出回路
3	变频器柜	长期运行、变风量调节的风机配电保护回路，小容量变频器可共用一面变频柜
4	馈出柜	为通风空调设备提供控制及保护，根据风机控制需求可选用智能马达保护器控制或热继电器+接触器控制；也可提供小容量负载配电回路
5	软启动柜	安装软启动器，用于大功率风机的配电、控制及保护
6	消防专用风机	控制采用热继电器+接触器，需在车控室IBP盘上增设控制按钮，且过载只动作信号不跳闸
7	PLC控制柜	如环控柜需对所控制风机进行模式化控制的需增设此柜，由上一级综合监控专业进行模式化控制的可不设

2. 设备安装

环控柜一般的外形参考尺寸为 1 000 mm×1 000 mm×2 200 mm（宽×深×高），具体尺寸根据柜型不同，功能不同，所装元器件规格数量的差异可适当进行调整，一般宽度可适当减少，使环控柜并排安装后长度缩短。

环控柜在单轨系统中一般安装在独立设置的环控电控室内，因其为低压配电柜的一种，其安装间距和要求基本与变电所 400 V 开关柜相同。在电控室内，环控柜一般采用单排布置与双排面对面布置两种，其最小间距要求见表 7-4。

表 7-4　环控柜的最小间距

布置方式\环控柜种类	单排布置/m		双排面对面布置/m	
	柜前	柜后	柜前	柜后
固定式	1.3	0.8	1.8	0.8
抽屉式	1.6	0.8	2.0	0.8

环控柜一般采用上进上出的进出线方式，柜顶上部设置桥架。

3. 典型排列图

以重庆单轨系统主要采用的 MNS 柜型进行简单介绍。MNS 柜体基本结构是由 C 型型材装配组成。C 型型材是以 $E=25$ mm 为模数安装孔的钢板弯制而成，单个安装高度模数为 8E，整面柜体的有效安装高度模数为 72E。抽出式柜内分为三个隔室，其隔室分为功能单元室（柜前左边）、母线室（柜后部）、电缆室（柜前右边）。由于水平母线隔室在后面，所以又可做成双面柜。为了减少开关柜排列宽带而设计的后出线，开关柜的主母线水平安装在开关柜的顶部，柜的后半部为电缆室。

图 7-3 为典型消防负荷风机类环控柜的系统排列图。

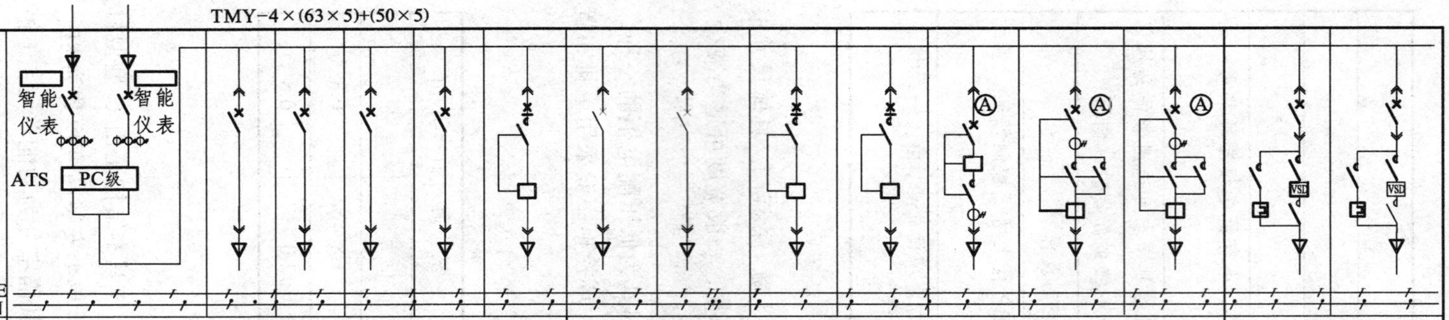

TMY-4×(63×5)+(50×5)

一次系统图：电源上进线、上出线；ATS、PC级、智能仪表、智能仪表

低压开关柜编号 / 型号 / 外形尺寸 W×D×H/mm：
- ACE11：900X1000X2200（AZ.5 / D ACE11(主) / D ACE11(备) / B6.5）
- ACE12：700X1000X2200
- ACE13：900X1000X2200

熔断器 RL6-25/6A：3×2
PC级双电源互投装置：TGME-500A/4P
电缆型号及规格 BTTZ-750- / WDZB-YJY

回路编号	盘宽模数	设备名称	设备容量/kW	计算电流/A	设备代号	断路器	整定值	智能电机控制器(厂家配置)	电流互感器	智能仪表	交流接触器	热继电器	联锁阀门	电缆 BTTZ-750-	对应按钮箱编号
电源进线	25M	电源进线	167.5	318.1		2×(NSX400F/3P MIC2.3)	$I_n=350$ A		6×500/5	2*(PD800GK-M14/C)				2×4(1×185)	
ACE11-1	4M/2	阀门电源箱	2	3.4	FME1	C65N D16A/3P								4×2.5	
ACE11-2	4M/2	阀门电源箱	2	3.4	FME2	C65N D16A/3P								4×2.5	
备用	4M/2	备用				C65N D16A/3P									
ACE11-5	2M	正压送风机	3	5.7	TX/C1		$I_n=7$ A	LJBJ2+LXCM2 +1,1,1,C03误差参数动		CP48-A				3×2.5	ANTX/C1
ACE12-1	4M/2	阀门电源箱	2	3.4	FME3	C65N D16A/3P								4×2.5	
备用	4M/2	备用					$I_n=5$ A	LJBJ2+LXCM5							
备用	2M	备用					$I_n=4$ A	LJBJ2+LXCM2 +1,1,1,C03误差参数动							
ACE12-4	2M	送风机	1.5	2.9	SF/XB		$I_n=4$ A	LJBJ2+LXCM2 +1,1,1,C03误差参数动						3×2.5	ANSF/XB
备用	3M	备用				NSX100F/3P MIC2.2M	$I_n=40$ A	LTMR100A0P4M+ LTMEV40P4MT速机动	50/5	CP48-A	LC1-D50C				
ACE12-6	12M	区间事故风机	90	170.9	TVF/B1	NSX250F/3P MIC2.2M	$I_n=185$ A	LTMR100A0P4M+ LTMEV40P4MT速机动	200/5	CP48-A	2*(LC1-D205C)	LRD-3359C	DM-B4	3×(1×70)	ANTVF/B1
备用	12M	备用				NSX250F/3P MIC2.2M	$I_n=185$ A	LTMR100A0P4M+ LTMEV40P4MT速机动	200/5	CP48-A	2*(LC1-D205C)	LRD-3363C	DM-B4		
ACE13-1		回排风机	30	57	HPF/B	NSX100F/3P MA100A	$I_n=70$ A	ATV61HD37N4（补偿电路: ATV61HD30N4）			3*(LC1-D80C)	LRD-3359C	HFH(L)-B1	3×16	ANHPF/B
ACE13-2		轨顶排热风机	37	70	OTE/B	NSX100F/3P MA100A	$I_n=80$ A	ATV61HD37N4			3*(LC1-D95C)	LRD-3363C	DM-B6 HFH(L)-B8	3×25	ANOTE/B

图 7-3　典型消防负荷风机类环控柜柜的系统排列图

图中环控柜配电风机均为一级负荷，进线采用双电源切换装置的模式。进线柜剩余空间用作小型配电回路与小功率风机控制回路。加压送风机，排烟风机等消防专用风机与小功率风机均采用热继电器加接触器控制，容量稍大点的风机，如 ACA23-1 的排风机采用的智能马达保护器控制。柜内还含有平时低速排风，火灾时高速排烟的双速风机控制回路，大功率的使用了软启动器正反转控制的事故风机控制回路，以及环控专业有调速要求的排热风机，组合式空调机组等采用的变频控制回路。

7.6.2 EPS 应急电源

1. 工作原理

EPS 应急电源一般由充电器、逆变器、蓄电池、切换开关、监控装置、保护装置等和机柜组成。EPS 应急电源为离线式工作，需要采用切换开关切换，切换开关一般采用接触器、静态旁路开关等（图 7-4）。

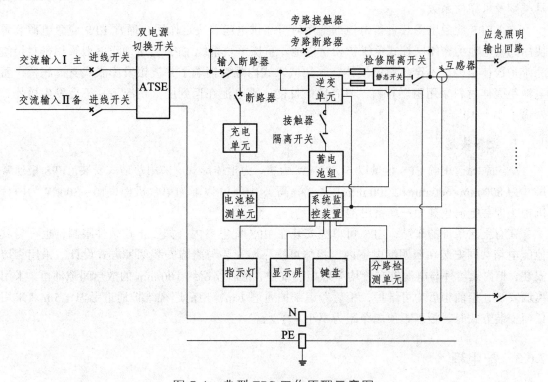

图 7-4 典型 EPS 工作原理示意图

当交流电源正常时，由电源经过 EPS 装置的交流旁路给应急照明供电，同时进行电源检测及蓄电池充电管理。在 EPS 的逻辑控制板的调控下，逆变器停止工作处于自动关机状态。应急照明负载实际使用的电源是来自电网的交流电，EPS 应急电源也是通常说的工作在睡眠状态。

当两路交流电源供电中断时，切换开关将投切至逆变器供电，在蓄电池所提供的直流能源的支持下，应急照明负载所使用的电源是通过 EPS 的逆变器转换的交流电源。

当交流电源电压恢复正常工作时，EPS 的监控装置发出信号对逆变器执行自动关机操作，同时还通过它的转换开关执行从逆变器供电向交流旁路供电的切换操作。EPS 在经交流旁路供电通路向应急照明负载提供交流电源的同时，还通过充电器向电池组充电。

2. 选型要求

（1）向应急照明供电的 EPS，供电中断时间小于 5 s。

（2）为尽可能地利用正常交流电源，减少 EPS 能耗，当交流电源电压为 187～242 V（即 220 V 交流供电电压波动范围为-15%～+10%时，EPS 仍为交流旁路供电，而不采用蓄电池逆变器供电。

（3）EPS 蓄电池的配置容量，应满足在交流电源供电中断后，保证应急照明的供电时间不小于 60 min 的要求。此处需特别说明的是，电池随着使用寿命的增长，容量会逐渐衰减，所以在初期配置电池容量时应充分考虑电池容量的衰减，使其在正常的工作寿命内满足应急照明供电时间的要求。

（4）对于应急照明负载类型不同，EPS 容量计算方法也不同，其额定输出功率不应小于所连接的应急照明负荷总容量的 1.3 倍。在 EPS 选择时，需要考虑负载灯具的功率因数、灯具类别及可靠性系数。

（5）EPS 应急电源装置蓄电池的选用对可靠供电起着决定作用。通常 EPS 应急电源装置使用的蓄电池为密闭阀控式免维护铅蓄电池。重庆单轨系统 EPS 蓄电池组一般采用密封铅酸免维护胶体电池，不产生腐蚀气体，采用嵌入式内螺纹铜端子并镀银及膨胀式支撑底桥，蓄电池组壳体材料采用阻燃材料，具备阻燃性能，蓄电池在遇到明火情况下，不会发生爆炸，寿命不小于 10 年。

3. 设备安装

单轨系统选用的 EPS 容量以 5～20 kW 为主，为柜体形式，采用落地式安装。EPS 柜通常尺寸为 800 mm×600 mm×2 200 mm（宽×深×高），10 kW 以下为单台机柜，10～30 kW 为两台机柜（即蓄电池单独为一面蓄电池柜）。

在有土建条件的车站，EPS 可单独安装在 EPS 配电室内，如受土建条件限制，也可与其他配电箱共同安装在照明配电室内。柜体可按靠墙安装与离墙安装两种方式设计。采用靠墙安装，柜内元器件与电池等布置均考虑柜前维护，柜后仅留约 100 mm 的散热间隙即可。采用离墙安装，柜前柜后均可维护，柜后考虑维护通道 1 m，柜前巡视维护通道考虑 1.5 m。采用任何安装方式时，柜顶距顶棚净距为不小于 1.2 m。

7.6.3 配电箱

1. 组成及分类

配电箱是按电气接线要求将开关设备、测量仪表、保护电器和辅助设备组装在封闭或半封闭金属柜中或屏幅上，构成低压配电箱，用作分配电能及设备控制保护等。正常运行时可借助手动或自动开关接通或分断电路。故障或不正常运行时借助保护电器切断电路或报警。借测量仪表可显示运行中的各种参数，还可对某些电气参数进行调整，对偏离正常工作状态进行提示或发出信号。

单轨系统中配电箱主要包括双电源切换箱、动力配电箱、照明配电箱、风机控制箱、就地按钮箱、智能照明控制箱、广告照明配电箱、商业用电配电箱、车站检修插座箱、区间检修插座箱等。配电箱内主要元器件有：断路器、双电源切换开关、接触器、热继电器、中间继电器、LED 指示灯、按钮、插接件、箱内母线、导线、电力仪表、智能照明控制系统模块、浪涌保护器等，根据配电箱的种类及要求选择多种元器件组合装配实现其功能要求。

2. 结构形式及选型要求

车站内安装的配电箱箱体、箱门材料一般采用优质冷轧钢板，箱内设置安装轨、进线护罩和母线挡板等，并设有中性线和接地端子排。部分配电箱两侧还预留散热百叶口，根据维护人员需求可选择设置透视窗，配电箱根据安装位置及管理需求，箱门可带锁防护。箱体防护等级 IP20。设置于室外的配电箱一般采用不锈钢箱体，具备良好的防雨水功能，有防雨盖的防护等级 IP54，无盖的采用 IP65 或以上的防护等级。

箱体根据明、暗装形式的不同，可选用不同的箱门。所有箱门与箱体外壳间均需要安装接地导线。配电箱的上、下进出接线方式，可根据现场线缆的路径选择。

单轨系统区间安装的配电箱箱体采用高级聚碳酸酯一次注塑成型。隧道内具有防尘、防潮、防腐、防爆和阻燃、耐高温、抗老化、韧性大、抗冲击性好、光洁度高等特点。高架区间除满足以上要求外，还具有防雨、抗紫外线功能。配电箱的整体防护等级为 IP65。馈出开关设置高防护等级的可透视操作窗罩。避免了开箱操作时粉尘、雨水等有害物质乘隙而入。

区间检修箱的插头、插座和组合插座具有合理的结构，保证接插时插杆与插套之间极低的接触电阻，外壳颜色标识使用于不同的电压。不同型号插头、插座因插头位置、直径、极数不相同而能防止误插，有防脱落装置并具备优异的电气绝缘性能。

3. 箱体安装方式

配电箱的安装应考虑安全、方便操作维护，并应兼顾美观。车站内的配电箱主要有挂墙式明安装，嵌入式暗安装及落地式安装（极少）。配电箱安装高度一般为底边距建筑地面 1 100～1 400 mm，并可根据箱体大小进行调整，以便于操作维护。

在各系统设备机房、车控室、公共区和变电所的配电箱均采用暗装方式；照明配电室、风机房、风道内的配电箱采用明装方式安装。安装在公共区（站厅、站台）、出入口通道的配电箱可由装修专业进行伪装。

在隧道区间配电箱一般安装在与动照电缆敷设同一侧的侧壁上，高架区间配电箱一般安装在盖梁上。因单轨系统在高架区间为 PC 梁直接架设在墩柱与盖梁构成的基础上，无多余安装位置，安装在墩柱上不方便操作维护以及电缆走线，因此综合考虑认为安装在盖梁上较合适。如果单轨系统设置了检修疏散平台，也可考虑在检修平台上选择一处不干扰限界的位置进行安装。

7.6.4 双电源切换装置

1. 组成及分类

双电源切换装置即双电源自动转换装置（ATSE），是由两个或几个转换开关电器和其他必需的联锁、控制设备组成，用于监视电源，并在特定条件下，将负载设备从一个电源自动转换到另一个电源的电器设备。它主要由开关转换电器、联锁设备和转换控制电器组成。

双电源切换装置可分为 PC 级与 CB 级两个级别。根据采用转换开关电器的不同可分为四种：接触器式、断路器式、负荷开关式、专用转换开关式。转换控制器的不同可分为电磁继电器和数字控制器。

PC 级指能够接通、承载，但不用于分断短路电流的自动转换装置。CB 级指采用断路器并配备过电流脱扣器的自动转换装置，它的主触头能够接通并用于分断短路电流。因此，只有转换开关电器采用了短路器,能够在短路情况下分断短路电流,才称为 CB 级自动转换装置，其余不采用断路器，不能分断短路电流的，都称为 PC 级。

2. 各分类特点及选型

双电源自动切换装置由开关电器本体和转换控制器组成。开关电器采用断路器时，即为 CB 级，由两台或以上断路器和机械联锁机构组成，具有过载、短路保护功能，体积较大，切换时间一般为 1.5 s 以上。PC 级开关电器为一体式结构（二进一出），体积小，转换速度快，一般在 0.2 ~ 1.3 s。因单轨系统对转换时间即供电舒适性的要求，目前均以选用 PC 级转换开关为主。

由传统的电磁式继电器构成的转换控制器，优点是成本低，但存在性能单一、体积大的缺点。数字电子式转换控制器，可根据用户要求设定产品参数，具有精度高、体积小、使用方便等特点。再加上单轨系统对双电源工作状态有监控要求，因此选用的电子式控制器还附带通信接口，将工作状态上传给综合监控专业。

3. 工作特点

1）双电源切换装置三种主要工作模式

（1）自投自复：自动投入后，常用电源恢复正常时，自动将负载返回到常用电源。

（2）自投不自复：自动投入后，不能自动返回常用电源，需人工手动操作返回到常用电源。

（3）互为备用：自动投入后，只有常用电源恢复正常且备用电源出现故障时自动将负载返回到常用电源。

2）双电源切换装置的延时

双电源切换装置上、下级动作时间应根据系统要求进行配合，因此需人为设定延时动作时间。正常电源与备用电源为两路市电或一路市电与一路备用发电机其转换时间要求是不同的。单轨系统变电所一般采用单母线分段形式供电，双电源切换装置主备电源分别引自两段母线。因变电所两段母线之间设置了母联开关，双电源切换装置总动作时间应与变电所母联开关设定的动作时间整定值配合，一般大于联络开关动作时间 0.5 ~ 1 s 或以上。但对于转换时间有严格要求的设备，可不采用延时，并配以互为备用等工作模式，具体使用负载可根据其工作性质设定转换时间，灵活处理。

7.6.5 断路器

动力照明系统使用的断路器为低压断路器，在单轨动力照明系统中含塑壳（塑料外壳式）断路器与微型断路器两大类。

低压断路器又称自动空气开关或自动空气断路器，简称断路器。它是一种既有手动开关作用，又能自动进行失压、欠压、过载、和短路保护的电器，可用来接通和分断负载电路。它即可用来分配电能，也可用来控制不频繁启动的电动机，对电源线路及电动机等实行保护，当它们发生严重的过载或者短路及欠压等故障时能自动切断电路，其功能相当于闸刀开关、过电流继电器、失压继电器、热继电器及漏电保护器等电器部分或全部的功能组合。而且在分断故障电流后一般不需要变更零部件，已在低压配电系统中获得了广泛的应用。

1. 组成及分类

断路器一般由触头系统、灭弧系统、操作机构、保护装置（各种脱扣器）、外壳等构成，具有多种保护功能（过载、短路、欠电压保护等）、动作值可调、分断能力高、操作方便、安全等特点。

按脱扣器型式可分为热磁式脱扣器（含单磁式）与电子式脱扣器两大类。

磁保护：当短路时，大电流（根据设定值）产生的磁场克服反力弹簧，脱扣器拉动操作机构动作，开关瞬时跳闸。

热保护：当过载时，电流变大，发热量加剧，双金属片变形到一定程度推动机构动作（电流越大，动作时间越短）。

电子式：使用互感器采集各相电流大小，与设定值比较，当电流异常时微处理器发出信号，使电子脱扣器带动操作机构动作。

按极数分：有单极、二极、三极和四极等。

2. 附　件

低压断路器本体一般只提供过载及短路保护功能，如需要进行其他保护或控制，需要添加附件。这里介绍几种单轨动力照明系统中常用的附件。

辅助触头：与断路器主电路分、合机构机械上连动的触头，主要用于断路器分、合状态的显示，接在断路器的控制电路中通过断路器的分合，对其相关电器实施控制或联锁。

报警触头：用于断路器事故的报警触头，且此触头只有当断路器脱扣分断后才动作，主要用于断路器的负载出现过载短路或欠电压等故障时而自由脱扣，报警触头从原来的常开位置转换成闭合位置，接通辅助线路中的指示灯或电铃、蜂鸣器等，显示或提醒断路器的故障脱扣状态。

分励脱扣器：分励脱扣器是一种用电压源激励的脱扣器，它的电压与主电路电压无关。分励脱扣器是一种远距离操纵分闸的附件。当控制信号提供的电源电压等于额定控制电源电压的 70% ~ 110%时，就能可靠性的分断断路器。

欠电压脱扣器：欠电压脱扣器是在它的端电压降至某一规定范围时，使断路器有延时或无延时断开的一种脱扣器，当电源电压下降（甚至缓慢下降）到额定工作电压的 70%至 35%时，欠电压脱扣器应运作，欠电压脱扣器在电源电压等于脱扣器额定工作电压的 35%时，欠电压脱扣器应能防止断路器闭合；电源电压等于或大于 85%欠电压脱扣器的额定工作电压时，在热态条件下，应能保证断路器可靠闭合。因此，当受保护电路中电源电压发生一定的电压降时，能自动断开断路器切断电源，使该断路器以下的负载电器或电气设备免受欠电压的损坏。

漏电保护器：漏电保护器即剩余电流动作保护器，断路器正常时要通过负荷电流，它们的动作保护值要避越正常负荷电流来整定，因此它的主要作用是用来切断系统的短路故障及实现系统的过载保护。而漏电保护器是利用系统的剩余电流反应和动作，正常运行时系统的剩余电流几乎为零，故它的动作整定值可以整定得很小（一般为 mA 级），当系统发生人身触电或设备外壳带电时，出现较大的剩余电流，漏电保护器则通过检测和处理这个剩余电流后可靠地动作，切断断路器主回路电源，也可仅提供报警信号。电磁式漏电保护结构与原理如图 7-5 所示。

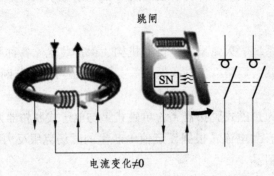

图 7-5　电磁式漏电保护结构与原理图

第8章 电力监控与数据采集

8.1 PSCADA 系统概述

早期的城轨供电系统由于技术的局限，没有条件设立电力监控系统，其监控管理以人工为主，辅以调度电话方式来实现供电系统的运行管理。这种监控方式要求变电所内设置当地报警设备，当系统发生故障时值班人员能够及时发现并上报调度部门。

目前，城市轨道交通电力监控系统已经历了三个发展阶段：人工监控、分立自动化系统、综合监控系统。随着自动化系统技术的不断进步，电力监控系统必然会出现新的建设模式。

电力监控系统称为 PSCADA 系统或者远动系统，也称 SCADA 系统。它对城轨供电系统主变电所、牵引变电所、降压变电所等不同类别变电所内的高压 66～110 kV 设备、中压 10～35 kV、DC 750 V 或 DC 1 500 V 设备、低压 400 V 设备、交-直流电源屏、排流柜、轨道电位限制装置等对象进行监控、实现对各种设备的控制、信息采集、数据分析处理、远方维护、统计报表、事故报警、画面调阅、立式数据查询等功能。

现代城市轨道供电系统的电力监控系统分为：变电站自动化系统、传输系统、维护工作站、调度工作站四部分组成。变电所均为无人值守，所内设备的运行参数（电压、电流数值）、位置信息，开关分合闸控制，主变的有载调压、报警及闭锁信号的复归等四遥功能均可在远方的控制中心实现。

8.2 PSCADA 系统设计原则

（1）PSCADA 系统全线设置一套电力监控系统及相应的调度通信用设备。全线牵引供电系统通过在控制中心设置的电力调度台进行集中监控。

（2）电力监控系统采用计算机型监控装置，交换式以太网结构。

（3）电力监控系统包括四遥功能，即"遥控""遥信""遥调""遥测"。

（4）电力监控系统由设置在控制中心的主站，设置在主变电所、牵引降压混合变电所、降压变电所、跟随所的综合自动化系统被控站，通信通道、设置在车辆段、停车场供电车间和信号楼的供电复示系统构成。

（5）电力监控系统主站采用开放型分布式计算机局域网结构，客户机/服务器模式，网络采用高可靠性的双以太网结构，系统采用高容错能力的"1+N"冗余工作模式。重要设备冗余配置，系统预留远期扩展裕度。

（6）电力监控系统被控站功能由变电所综合自动化系统实现。

（7）电力监控系统主站与被控站及供电复示系统之间采用通信系统提供的专用以太网通信通道，通道速率 100 Mb/s。

（8）电力监控系统采用两层管理、三级控制的模式，两层管理为：控制中心、变电所控制室；三级控制为：控制中心、变电所控制室、就地控制。

8.3 PSCADA 系统构成

8.3.1 电力监控系统构成

电力监控系统由控制中心内的电力监控主站系统，沿线各类型变电所被控站、通信通道、设置在车辆段、停车场的供电车间和信号楼的供电复示系统构成。系统采用计算机型监控装置。系统的硬、软件设计采用 RAS 技术，充分考虑系统应具有高度可靠性、柔软的扩展性、完备的自检性及良好的可维护性，同时遵循模块化冗余设计的原则，且技术成熟，功能完善，性能先进。电力监控系统实现对全线变电所供电设备的监视控制、数据采集以及对牵引网电动开关设备运行状态的监视控制，负责全线牵引供电系统的运行管理、正常检修及事故抢修的调度指挥，以确保整个供电系统及设备安全、可靠地运行。

8.3.2 电力监控系统基本配置

电力监控系统主站电力监控系统主站采用计算机局域网络结构、分布式计算机监控系统。系统以计算机设备为核心、以功能为模块，以节点为单元进行构置，配置系统服务器、调度员工作站、维护工作站、接口服务器等网络节点设备以及人机接口设备、实时打印机、报表打印机、程序打印机、UPS 电源、大屏幕模拟显示系统等外围设备，同时提供完善的软件资源。

1. 局域网

计算机网络采用成熟、可靠、通用性和容错能力强的以太网，网络访问方式为客户机/服务器方式，网络通信协议为 TCP/IP 协议，网络速率为 1 000 Mb/s。网络介质一般采用超 5 类双绞线或其他介质，网络采用双网冗余配置，并行工作方式。在正常运行时，网络采用网络负载均衡技术，实现双网同时工作并合理分担负载量。当某一网络故障时，另一网络能够完全接替故障网络执行全部功能。系统网络应具有一定的网络管理能力、同时具有足够的扩展能力及良好的扩展性能，既能保证今后系统的扩容，又能保证客户机的增加不影响网络的各项性能指标。

2. 应用服务器

系统配置两套应用服务器，用于各种应用软件的安装、运行、数据的统计分析处理等。两套应用服务器采用主备工作方式，当一台服务器故障，由另一台服务器自动兼顾全部功能，其监控功能恢复的时间不应大于 15 s。两套应用服务器均通过网络适配器挂接在双网上。两套应用服务器同时接收网络上的各种数据，具有相同功能。但正常运行时，仅主服务器进行数据流控制及管理，主、备服务器支持数据校验以保证完整一致的数据库，系统同时提供对双机工作状态的在线检测。

3. 数据服务器

系统配置两套数据服务器，用于实时数据处理，历史数据管理等。两套数据服务器采用主备工作方式，当一台服务器故障时，由另一台服务器自动兼顾全部功能，其监控功能恢复的时间不应大于 15 s。两套数据服务器均通过网络适配器挂接在双网上。两套数据服务器同时接收网络上的各种数据，具有相同功能。正常运行时，仅主服务器进行数据流控制及管理，主、备服务器支持数据校验以保证完整一致的数据库，系统同时提供对双机工作状态的在线检测。

4. 磁盘阵列

系统新配置一套磁盘阵列用于完成数据的海量存储，数据存储系统采用双数据服务器共用磁盘阵列存储方式，可靠的保证电力监控系统的数据备份。

5. 前端处理器

前端处理器一般是小型或微型机，专门为实时服务器处理数据通信控制功能。前端处理器能够控制对网络的存取并允许注册过的用户才能使用系统；对信息指定优先权；登记所有的数据通信活动；统计全部网络活动；在网络链路间路由信息，大大释放了实时服务器的数据通信控制功能，使主机能从事其他信息处理任务。

6. 调度员工作站

调度员工作站，用于调度人员的日常控制、监视和调度管理，工作站能监视各种信息，但在同一时刻仅允许一台调度员工作站发出控制命令。每台工作站都可以独立进行监控，每个工作站都能完成控制操作及对牵引供电系统的实时监视，并完成对所管辖范围内供电系统的调度管理。

7. 维护工作站

维护工作站用于维护系统软件、定义系统运行参数、定义系统数据库及编辑、修改、增扩人机界面画面及二次开发等工作，并具有与调度员工作站完全等价的操作功能。

8. 管理工作站

管理工作站，用于网络资源分配和监视系统内所有网络设备的端口运行状态，以便维护工程师实施掌握整个系统内的设备和通道的运行状态。

9. 接口服务器与交换机

用于其他网络系统访问本系统时信息交换的服务管理，可作为与行车调度系统、综合监控系统接口的信息传输设备，向行调系统和综合监控系统提供牵引供电系统的运行状态信息。

10. 打印机

系统配置具有网络功能的打印机，用于实时打印、报表打印、屏幕拷贝。系统另配程序打印机一台，与维护计算机相连，用于软件维护时程序打印或用于系统管理数据打印。

11. UPS 装置及配电盘

系统配置一套配电盘，该盘输入电源为两路三相四线制 380 V 交流电源。配电盘具有过压、过流保护功能。配电柜带各种显示表计，配电盘馈线回路数及容量应满足系统设备用电要求并预留一定的馈线回路。系统配置一套在线式 UPS 装置，作为输入交流电源停电时系统的备用电源。

12. 时钟子系统

电力调度系统主站和被控站通过与通信系统进行对时进行系统时钟同步。系统应能接收时钟同步系统提供的对时信号，同时，主站与被控站之间可通过软件对时作为备用时钟同步方式。

13. 软　件

系统服务器、操作员及维护工作站均采用安全稳定的 UNIX 操作系统。系统配置分布式面向对象式的数据库管理系统，历史数据库一般采用大型商用数据库，如：Oracle，Sybase 等，用于系统历史数据存储。实时数据库采用本节点机驻留式数据库，避免大量的网上数据传输，采用内存驻留式数据库访问方式，以提高系统实时响应，系统具有一致性及安全性的特点。

系统配置完善的模块化设计的应用软件包及系统调试软件包，主要包括：人机接口模块、数据采集模块、数据处理模块、通信处理模块、网络管理模块、模拟培训软件及系统维护软件等软件包。

14. 通信通道

电力监控系统与全线被控站及供电复示系统之间采用通信系统提供的专用通信通道进行数据通信。通道采用主备以太网数据通道，通信速率 100 Mb/s，可以实现主备用通道自动及手动切换，接口方式 RJ45 或光口。

15. 变电所综合自动化系统被控站

变电所综合自动化系统采用微机技术将传统变电所的二次设备功能进行整合，实现对变电所的自动监视、测量、保护、控制、通信和统一数据管理，并通过与车站级通信传输通道，实现与电力监控调度系统联通。

变电所综合自动化系统采用集中管理、分散布置模式，分层、分布式系统结构，系统由站级管理层、网络通信层、间隔设备层组成。系统以供电设备为对象，通过网络将所内间隔层设备与站级控制管理设备控制信号屏连接起来。

16. 供电复示系统

供电复示系统设置于车辆段、停车场的供电车间和信号楼内。设置在供电车间的复示系统用于监视全线变电所设备、牵引网设备的运行情况，使供电维护人员及时了解现场事故信息，提高处理事故的工作效率。设置在信号楼的复示系统用于向车辆段、停车场的车辆调度人员提供接触网电动隔离开关的状态信息。供电复示系统主要设备包括复示计算机、打印机、UPS、工作台及相应的通信接口设备等。UPS 电源采用在线工作方式，为供电复示系统提供备用电源。

8.4 PSCADA 系统主要功能

8.4.1 控制及操作功能

1. 遥控

系统遥控功能，即在电力调度中心对接入系统的任何一个可遥控的对象进行合、分遥控。

遥控操作执行严格的权限管理，执行遥控必须是有操作权限或经过授权的工作人员。在同一时刻，对同一控制对象系统只允许有一个遥控操作进行。

所有的遥控操作记录都保存到系统日志中。

遥控可分为单控、程控，单控的实现方式与变电所综合自动化系统相同。程控的控制对象主要是 35 kV、1 500 V 设备。

电力监控系统的遥控主要应用于以下操作：

（1）接触网停送电：对接触网进行停送电时，调度员可以调度预先设定好的程控操作票，发布程控命令对全线所有车站的 1 500 V 断路器进行停电或送电操作。这样可以减少操作员的操作步骤，节省供电调度时间。

（2）一座主所退出时，35 kV 环网开关倒闸：当一座主所退出时，由其他主所支援供电，需要对 35 kV 环网开关进行倒闸操作。此时，可以根据供电系统运行方式，预先编辑一座主所退出时的倒闸操作流程，根据此流程编辑相应的程控指令。当需要其他主所支援供电时，下发倒闸操作程控票。

2. 断路器故障跳闸远方复归

当变电所开关的智能保护装置检测到故障电流发出跳闸指令时，开关故障跳闸，同时保护装置闭锁对该开关的操作，中心电力调度员需要对被闭锁开关的保护装置进行远方复位操作，解除其对开关操作的闭锁，方可对该开关进行遥控操作，使其能够重新投入运行。

3. 保护定值组管理

调度人员可以对 35 kV、1 500 V 开关保护装置的保护定值组进行统一管理，包括保护定值召唤、显示、保存、打印等。可以选择站名、装置名称、装置种类进行召唤显示、保存，保存后可以按照报表格式进行打印。

4. 供电系统控制闭锁功能

系统具有控制闭锁功能：当现场供电设备故障时，引起相应开关跳闸，则此开关控制命令的操作被自动闭锁。被控对象在定义时，可编辑输入与之相关的闭锁条件，在满足闭锁条件时，执行命令应被自动屏蔽并给出提示信息。

5. 系统远程维护功能

可以通过控制中心维护工作站对变电所综合自动化系统进行维护。维护内容包括：对基础设备采集量的修改、人机界面更改、硬件参数配置。

利用远程维护工具可完成人机界面调阅，可进行系统及软件模块的启停、修改维护数据库、图形编辑、修改软件配置、系统故障的远方处理等操作。

6. 通道测试

系统支持通信通道测试功能，此处通道指：控制中心至变电所的通信通道。

控制中心可以通过人机界面上的测试按钮向变电所发送测试信息，当变电所综合自动化系统收到信息时，驱动变电所内继电器动作，并由智能测控单元采集继电器动作信号。变电所综合自动化系统向控制中心返回继电器动作信号。

8.4.2 数据采集与处理功能

1. 遥 信

系统从变电所综合自动化系统采集各种遥信信息，包括位置遥信和保护遥信。位置遥信分为单位置遥信和双位置遥信，保护遥信为单位置遥信。遥信信息在人机界面上实时刷新，以便操作员及时了解现场设备运行状态。

位置遥信包括各种开关、刀闸、接触器等设备的合、分状态，开关手车的工作、试验位置状态，温度检测设备的过限与否等。

保护遥信包括各类保护动作、重合闸动作的启动、出口、失败等。分为事故遥信和预告遥信。事故遥信指使设备停电、停运的事故信号，预告遥信指不影响设备继续运行的故障信号。

遥信点变位描述可按要求定义，系统按遥信的类型（事故总信号、断路器、刀闸、手车、保护信号、通信状态、保护压板、预告信号、接地刀闸、PT遥信、远方就地等）分类定义变位描述，也可进行自定义描述。

系统可定义给出变电所综合自动化系统计算机节点的工作状态、网络运行状态、通道运行状态等虚拟遥信点。

2. 遥 测

系统应具有完善的遥测量处理功能。

（1）具有变电所各种电气量的采集功能：包括测量对象的相电压、线电压、电流、零序电流，直流电压，直流电流，有功功率、无功功率、有功电度、无功电度、功率因数、变压器温度、再生逆变相关数据等。

（2）完成各种数据格式的转换：可将二进制数格式、BCD码格式、浮点数格式等各种格式的模拟量统一转换为实时数据库支持的数据格式。

（3）超量程检查：系统对每个遥测信号要进行量程检查，超量程报警。

（4）零点嵌位（近零死区的处理）：可在数据库中设置一个近零死区，如果遥测值在近零死区范围内时可嵌位成零（下限值）。当采集点的绝对值在归零死区内时，视该点数据为零值。

（5）遥测信号的传送死区处理：对遥测量进行限值和死区检验，用于过滤不正常的采集量。

（6）电度表满刻度及换表处理：回零处理：满刻度正确填写后，程序自动解决电度表回零数据处理。

换表处理：需人工参与，提供一程序界面进行电度数据处理。

（7）具有多种计算功能：实时数据库可为每个遥测量配置工程值换算系数和偏移量，从而完成实际工程值的计算。一些无法直接从子站采集的数据，可在实时数据库中编辑公式计算。

（8）具有多种统计功能：每个遥测量都可进行 1 min、15 min、1 h、4 h、日最大值、日最小值、日平均值、日最小值出现时间、日最大值出现时间的统计。当采集点类型为电压时，还可进行电压合格率统计，结合系统强大的计算功能，提供了各种综合量的计算。

3. 数据处理及打印功能

系统接收由变电所综合自动化系统传送上来的数据信息，经过各种算术及逻辑处理后，将数据存储到系统的实时数据库和历史数据库中，并可分类打印。

4. SOE 事件记录

SOE（事件顺序）记录用于分辨事件发生的先后顺序（如故障跳闸的顺序）。系统可以以各种方式（按时间、按事故源对象等）查询、分析和打印 SOE 记录。

5. 故障录波数据读取

当供电系统发生故障，保护装置启动保护功能，使故障线路的开关设备事故跳闸的同时，保护装置自动进行故障录波，并以每次故障为单位将故障录波文件存放在当地保护装置中。系统能读取保护装置故障录波数据并能显示、储存。远方召唤时，录波数据可通过通信口上传到控制中心，通信规约开放。

6. 统计报表功能

可以利用各种实时数据和报表组态工具对数据进行选择、组合、累积、统计等加工处理，生成各种报表，报表可以由用户自由设定以定期（日、月或年）、定时（每日指定的时间）或召唤（用户指定的时间范围）方式打印，或以 Microsoft Excel 格式保存。

8.4.3 显示功能

1. 人机界面显示

人机界面是调度员日常监控、操作的主界面，由运行监控程序和其他辅助的模块组成。主要提供如下功能：

①调度画面显示、调度员常用操作等功能。

②人机操作接口提供了窗口管理、画面显示以及操作等功能。

③在人机界面可进行相关程序启动操作。

④系统可显示供电系统图、牵引网系统图、各变电所主接线图、停送电程控画面、报警/预告画面及其他画面等。

各类画面可以通过控制中心大屏幕画面显示，也可以在工作站人机界面显示。

2. 趋势显示

遥测量（电压、电流、功率等）按定义的保存周期保存在历史数据库中，曲线浏览程序根据每个模拟量保存的数据点，按要求通过曲线方式显示出来。

系统可以显示实时或者历史模拟量的趋势曲线（包括平均值、最大值、最小值等）。当进行实时趋势曲线显示时，曲线按照一定周期自动刷新。

3. 变电所综合自动化系统运行状况显示

系统能实时显示各个变电所综合自动化系统的运行状况。若发现系统设备发生故障能自动报警提示维护人员，并对运行设备的设备名称、设备所在车站、故障发生时间、恢复/更换时间进行自动记录。

4. 事故反演功能

系统将从历史数据库中取出部分最近的事故及发生的时间，它们按时间先后排序，其中最近发生的排在最前面。画面上可以反映某一事故发生前后的事故断面，可通过按钮逐步反演事故发生时全线遥信、遥测信息量变化的情况。

8.4.4 报警功能

1. 事故报警功能

供电系统一切非正常状态均可产生报警信息，报警信息包括：模拟量越限，数字量的状态改变，被监控设备非正常运行状态、监控系统自身以及后备电源的故障。

报警方式为声音报警、文字报警、打印报警、推画面报警、灯光报警等几种方式，可单独使用，也可组合使用，报警方式的实现可在调度工作站实现，也可在其他工作站实现，并可根据工作站的职责范围有选择性地报警。

报警等级分若干级，各级含义、颜色和声音在数据库中定义。

2. 报警事件打印功能

当供电系统内出现事故报警时，系统可以通过打印机实时打印供电系统发生的报警事件。打印内容包括：
① 事件类别；
② 事件发生站点；
③ 事件发生间隔位置；
④ 事件发生时间。

8.4.5 系统权限管理功能

1. 使用权限管理

系统的使用权限有多个级：
① 系统管理员级；
② 检修管理员级；
③ 检修员级；
④ 中心操作员级；
⑤ 显示级。

2. 控制权限管理

控制权管理方式可分为：中心控制和车站控制的控制权互斥；就地控制和远方控制（中心或车站）的控制权互斥。

调度人员可以通过"系统控制权限管理"界面进行控制权移交、控制权查询、控制权强制解除功能。同时为应对突发事件，系统管理员可以强制解除控制权限，此时中心级调度员和车站级值班员都可以对站内任何受控对象进行遥控操作。

8.5 典型 PSCADA 系统设计图

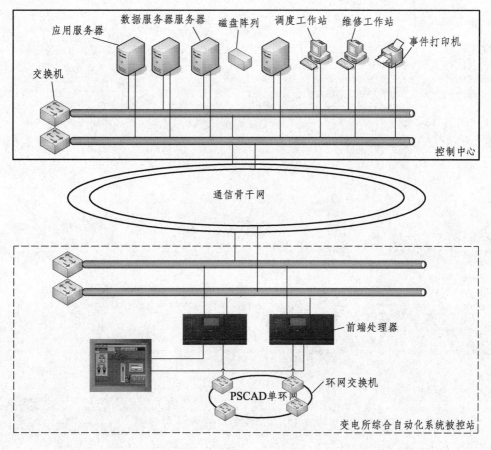

图 8-1

8.6 PSCADA 系统升级

PSCADA 系统设备皆为电子设备。随着运行时间的不断增加，设备老化加剧，故障率成大幅上升，系统厂家的设备也在不断更新换代，维修难度不断加大，从而大大影响系统的可靠性。因此对系统的升级改造是所有运营公司必须重点考虑的问题。

PSCADA 系统升级改造要求:

① 在系统原有设计要求下进行相应的设备升级;

② 克服供电设备多,通信协议繁杂;

③ 制定详细施工方案,改造期间不得影响正常运营工作;

④ 对改造后系统全功能的调试验证。

第9章　接地与过电压

9.1　概　述

接地是描述供电系统中电气装置和电气设备与电位参照点地球的电气连接关系，使其对地保持一个低的电位差。它是维护供电系统和设备运行可靠性、稳定性，保护设备和人身安全，防止雷击危害，抑制电磁干扰等必要措施。

电力系统工作的可靠性，主要取决于其设备或装置的绝缘能否耐受作用于其上的各种电压。过电压指峰值大于正常运行下最大稳态电压的相应峰值的任何电压。在工程上，它指一切可能对设备绝缘造成损害的危险电压。这种危及设备绝缘的电压统称为过电压。

本章从跨座式单轨交通供电系统的接地形式与过电压配合及保护方式进行介绍。

9.2　接　地

9.2.1　接地的分类

按照接地的作用可分为工作接地和保护性接地两类，保护性接地又可分为保护接地、防静电接地，防雷接地，防过电压接地。这种分类旨对系统理论的归纳，并不严格，伴随供电技术的发展，供电设备集成度的提供，往往一种接地形式均综合多种作用和目的。如防雷接地与防过电压接地，相同之处其目的都是防止高电压对设备或人身产生损害，在危害产生的位置形成与地的通路，已达到迅速释放能量至大地，防止间隙性危害造成的损害，区别在于危害产生的主体不同，量级不同，范围不同。

1. 工作接地

工作接地是为了保证电力系统正常运行，将电网某一点接地，获得稳定对地电位，确保电力系统正常情况下的稳定性，以及异常情况下继电保护的可靠性。工作接地主要是相对供电系统电源端的，其方式的选择决定了系统最基本的运行方式及参数考量。

2. 保护性接地

保护接地——是为了保护人身和设备安全，防止因电气设备绝缘劣化，外壳可能带电而危及人身安全，或因过电压对人身和设备造成损害。

防静电接地——主要是防止蓄有静电产生火花造成的损害，如储油罐接地、运输危险品的汽车接地等。

防雷接地——为雷电流提供迅速导入大地的通路，防止或控制因雷击冲击波造成的损害。防过电压接地，准确说应称之为放过电压保护措施，与防雷接地类似，都是通过避雷器、浪涌保护器来实现。如变电所 1 500 V 直流母线，35 kV、10 kV 交流母线上安装的避雷器，交流屏上装的浪涌保护器等都属于过电压防护措施。

3. 等电位连接

等电位连接是安全接地的重要内容，是间接接触防护的主要措施，它不是强调与地的连接，而是要求人身所能同时接触到的、电气系统正常运行不带电而异常时可能带电的周围设备外漏可导电部分之间的电气连接，从而避免或减小两者或多者之间的电位差，防止人身发生触电危险。

接地在供电系统中不是单一形式出现的，而是根据不同的作用和目的组合，构成的接地系统。从轨道交通功能区域可划分为：低压配电接地系统，弱电接地系统，供电接地系统（包含交流接地系统和直流接地系统），防雷及过电压接地系统。在轨道交通系统中通过接地干线将这几个接地系统连接在一起，共用一个复合接地网组成综合接地系统。

9.2.2 工作接地

工作接地的作用是保持系统电位的稳定性，也有抑制电压升高的作用。如没有工作接地，发生一相接地故障时，中性点对地电压可上升到接近相电压，另两相对地电压上升到接近线电压。如有工作接地，由于接地故障电流经工作接地成回路，对地电压的"漂移"受到抑制，在线电压 0.4 kV 的配电网中，中性点对地电压一般不超过 50 V，另外两相对地电压一般不超过 250 V。

在轨道交通供电系统中，110 kV 主变电站的变压器中性点经消弧线圈接地或者经小电阻接地，车站变电所 0.4 kV 配电变中性点直接接地均属于工作接地形式。要特别说明的是，不接地也是一种接地方式，如单轨交通直流供电系统的工作接地采用不接地系统。即正常情况下直流系统内所有设备的正极和负极均与地绝缘。110 kV 主变电站的变压器一次侧中性点与地的连接是有接地刀闸的，该刀闸的分合是根据轨道交通供电系统与地方区域供电部门所签订的调度协议，进行方式管理。

工作接地分为小电流接地和大电流接地方式两种。方式的选择与电压等级、单项接地短路电流、过电压水平、继电保护配置等有关，应综合考虑选择。

1. 小电流接地

小电流接地方式包括中性点不接地、中性点经消弧线圈接地、经高电阻接地。这种方式在发生单相对地短路时，接地电流小是其主要特点。

2. 中性点不接地

中性点不接地方式，发生单相接地故障时，接地相对地电压下降，非故障相对地电压升高，最高可达线电压。对用电设备和线路的绝缘水平应按线电压考虑，使建设投资增加；三相之间的线电压仍然对称，用户的三相用电设备可继续运行 2 h（在此时间内修复故障，就不用中断供电），使系统供电连续可靠。

单轨交通系统主要采用 10 kV、35 kV 中压环网系统，其中 10 kV 系统在电容电流不超过允许值可采用不接地方式。但实际单轨交通中压环网均采用电缆线路，电容电流相对较大

（30 A 左右），当发生单相接地是时，产生电弧，这种接地电弧间隙性熄灭和重燃产生的过电压已超过系统设备的绝缘耐压水平，会损害系统设备，应加以避免。因此单轨交通供电系统未采用此方式。

3. 中性点经消弧线圈接地

中性点不接地系统中发生单相接地时，产生电弧接地电流，其值等于非故障相对地的电容电流，当这种接地电容电流超过一定值时，接地电弧不会自熄，也不会形成稳定持续接地电弧（这种电弧电流并不足够大），而表现为电流过零熄灭，电压回复后又重燃形成间隙性电弧。间隙性电弧形成的过程引起系统震荡，出现过电压。其主要作用就是限制或降低这种间隙性电弧接地过电压。如图 9-1（a）所示，I_L 与（I_B+I_C）相位相反，所以适当选择消弧线圈的电感量 L 值，即适当选择电感电流 I_L 可以抵消接地电流 $I_d=I_L+$（I_B+I_C）的数值（即经消弧线圈补偿后的残留）减小到足够小，使接地电弧很快熄灭且不易重燃达到限制间隙性电弧接地过电压的作用。

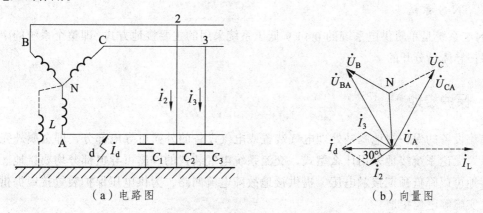

（a）电路图　　　　　　（b）向量图

图 9-1　中性点经消弧线圈接地后的电路图及向量图

通常把消弧线圈电感电流补偿系统对地电容的百分数称为消弧线圈的补偿度，又称调谐度，用 K 表示；而将 $1-K$ 称为脱谐度，用 v 表示，即

$$K = \frac{I_L}{I_C} = \frac{U_{xg}\Big/\dfrac{1}{\omega L}}{\omega(C_1+C_2+C_3)U_{xg}}$$

$$= \frac{1}{\omega^2 L(C_1+C_2+C_3)} = \frac{\left(\dfrac{1}{\sqrt{L(C_1+C_2+C_3)}}\right)^2}{\omega^2} = \frac{\omega_0^2}{\omega^2}$$

$$\omega_0 = \frac{1}{\sqrt{L(C_1+C_2+C_3)}}$$

式中：ω_0——电路中的自振角频率；

U_{xg}——电源相电压幅值。

$$v = 1-K = 1-\frac{I_L}{I_C} = \frac{I_L+I_C}{I_C} = 1-\frac{\omega_0^2}{\omega^2}$$

根据补偿度（脱谐度）的不同，消弧线圈可处于欠补偿、全补偿、过补偿三种运行状态，通常采用过补偿 5%～10%运行（即 v=-0.05～-0.1）。采用过补偿是应为电网发展过程中，可能逐步发展为欠补偿，在运行中部分线路可能退出，则可能形成全补偿，产生较大的中性点电压偏移，有可能引起零序网络中产生严重的铁磁谐振过电压。中性点经消弧线圈接地后在大多数情况下可以消除单相接地电弧而不破坏电网运行，把单相接地电弧过电压限制在 2.5 倍的相电压，但消弧线圈的阻抗较大，既不能释放线路的残余电荷，也不能降低过电压的稳态分量，因此对其他形式的操作过电压不起作用。

4. 中性点直接接地或经小电阻接地

中心点直接接地或小电阻接地方式的单相接地电流很大，故障设备或线路须立即切除，降低了供电的连续性。但由于过电压较低，设备和线路的绝缘水平可以选择低一些，节约了项目投资，特别是交流高压系统经济效益显著，以此单轨交通供电系统 110 kV 主变电站中性点多采用小电阻接地方式。

5. TN-S 系统

TN-S 系统是单轨供电系统的 0.4 kV 低压系统采用的主要接地方式，即整个系统的中性导体和保护导体是分开的。

9.2.3 保护接地

交流设备的保护接地就是处理电气装置或电气设备的外露可导电部分，即金属外壳与地的关系。无论系统接地采用什么型式，交流系统电气装置的外露可导电部分均要接地。实施保护接地可以降低预期接触电压，提供接地故障电流回路，为供电压保护装置接地提供接地条件，实施等电位接地。

交流电气设备的接地范围：
- 主变压器、牵引变压器、配电变压器的底座和外壳；
- 交流高压封闭式组合电器（GIS）和箱式变电所的金属箱体；
- 中压、低压开关设备的金属外壳；
- 交-直流电源屏的金属外壳；
- 电气用各类金属构架、支架；
- 电缆桥架和金属线槽；
- 电力电缆、控制电缆穿线金属管；
- 电力电缆、控制电缆的金属护套和铠装等。

9.2.4 防雷接地

防雷接地主要作用与防雷保护中，防雷接地装置的性能好坏直接影响到被保护设备的耐雷水平和防雷保护的可靠性。比起其他轮轨系统的轨道交通，单轨系统在高架线路上的优势非常显著，因此高架车站数量较多。高架车站必须要考虑建筑防雷，在高架车站数量较多的单轨系统中，防雷设计与施工便是重点。根据建筑物的重要性、使用性质、发生雷击事故的可能性和后果，按防雷要求分为三类。重庆的单轨车站基本按第二类防雷建筑物进行设计与施工的。

1. 接闪器

典型高架车站一般站台层为最上层，站台层采用轻钢雨蓬做屋面，利用屋面彩钢板作接闪器，其厚度需 > 0.5 mm 厚，并且彩钢板无绝缘被覆层。彩钢板间需要进行电气连通采用搭接时，其搭接长度不小于 100 mm。

如车站为非金属屋面的非典型的地面车站，那么就需按相关要求采用圆钢或扁钢设置避雷网接闪带了。

2. 引下线

站台部分利用屋顶轻钢雨蓬支撑钢柱作引下线，其余部分利用混凝土柱内的结构钢筋作为引下线。应选取规格为两根 $\phi \geqslant 16$ mm 的结构钢筋作引下线，每组引下的钢筋必须上下贯通，所有连接处均应采用焊接，车站墩柱内作为引下线的结构钢筋应与其基础内的结构钢筋焊接连通。

特别需要注意的是，作为引下线的雨篷支撑钢柱与混凝土结构柱的施工时间不同，因此此处连接忘忘容易被忽视，需要提前考虑预留预埋连接条件。

3. 复合接地网

高架车站多一套防雷接地系统，一般一个车站所有的接地系统都共用一套接地装置。

1) 接地要求

（1）接地装置应保证乘客及运营人员的人身安全、设备运行安全可靠、技术先进、经济合理。

（2）车站采用防雷接地（高架与地面车站）、电气系统接地和电子系统接地共用的综合接地网，其接地电阻不大于 1 Ω。

（3）因单轨系统的直流供电制式不同于其他钢轮钢轨系统，钢轮钢轨系统采用正极接触网，负极通过钢轨回流，会产生杂散电流，而单轨系统正负极均有专用的接触网，无杂散电流，因此不用考虑其对建筑结构钢筋的腐蚀。在车站，综合接地网均由墩柱结构主筋可靠焊接组成自然接地体，并辅以人工接地体，连接成一体构成复合接地网。

2) 接地装置

（1）自然接地装置：利用车站墩柱、承台和建筑桩基作为自然接地体。结构柱及结构底板内用作自然接地体的钢筋，如果采用机械连接，则另采用不小于 $\phi 10$ mm 的钢筋或圆钢将机械连接两端钢筋跨接可靠焊接，要求双面满焊，搭接焊接长度不小于 6 倍钢筋或圆钢直径。要求墩柱内作为引下线的两根 $\phi \geqslant 16$ mm 结构主筋应与承台内钢筋焊接，承台内钢筋应与每个承台下四个桩基中各两根 $\phi \geqslant 16$ mm 结构主筋焊接。

（2）人工接地装置：在地面以下 0.8 ~ 1 m 处设置水平接地网，并设置垂直接地极。根据车站的环境，人工地网的可维护性及重要性，选用不同的材质。人工地网主要的材料有镀锌钢材、镀铜钢材及铜材，其耐腐蚀性能是不一样的。如地下车站人工地网不能维护，一般采用扁铜做水平接地体，采用铜棒、铜包圆钢或铜制离子接地体做垂直接地体，均为耐腐蚀的铜材。而高架车站一般为独柱形式，设置在路中绿化带上，方便更换维护，因此水平接地体采用镀锌扁钢，垂直接地体采用镀锌钢管，如果考虑耐腐蚀，可加厚镀锌层厚度或加大钢材本体截面。

3）单轨典型高架车站综合接地系统示意图（图9-2）

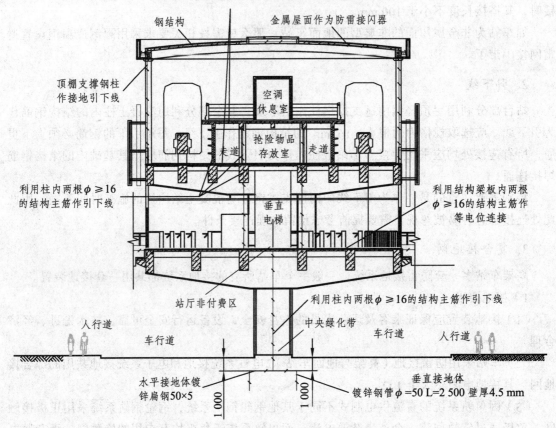

图9-2 单轨典型高架车站综合接地系统示意图

9.2.5 单轨综合接地系统接地电阻计算

单轨系统综合接地系统是指供电系统和需要接地的其他设备系统的系统接地、保护接地、电磁兼容接地、防雷接地等采用共同的接地装置，并实施等电位联结措施。各类接地可以采用单独的接地线，但接地极和"等电位面"是共用的，不存在不同接地系统导体之间的耦合问题，也避免了采用不同接地导体时产生的电位不同问题。综合接地系统的接地电阻值按照接入设备的要求和人身安全防护的要求等方面综合确定，综合接地系统的接地电阻值必须不大于接入设备所要求的最小接地电阻值。因弱电设备的要求，单轨综合接地电阻要求一般不大于1 Ω。

1. 综合接地系统的接地电阻值的计算

在进行单轨综合接地系统的接地设计中，已知条件为：$R \leqslant 1\ \Omega$；由水平长方形接地网连

接 n 根垂直接地体和车站建筑墩柱内钢筋（自然接地体）组成的复合接地装置。因此其接地电阻计算公式如下：

$$\frac{1}{R}=\left(\frac{1}{R_n}+\frac{1}{R_{ch.n}}\right)\frac{1}{\eta}$$

式中：R_n ——任意形状边缘闭合接地网的接地电阻；

$R_{ch.n}$ —— n 根垂直接地体组成的接地装置的冲击接地电阻；

η ——冲击利用系数，其值在 0.65 ~ 0.8。

（1）任意形状边缘闭合接地网的接地电阻 R_n 的计算公式如下：

$$B=\frac{1}{1+4.6\times\dfrac{h}{\sqrt{S}}}$$

$$R_E=0.213\times\frac{\rho}{\sqrt{S}}\times(1+B)+\frac{\rho}{2\pi L}\times\left(\ln\frac{S}{9hd}-5B\right)$$

$$a_1=\left(3\times\ln\frac{L_0}{\sqrt{S}}-0.2\right)\times\frac{\sqrt{S}}{L_0}$$

$$R_n=a_1\times R_E$$

式中：R_E ——等值（即等面积、等水平接地极总长度）方形接地网的接地电阻，Ω；

S ——接地网的总面积，m^2；

d ——水平接地极的直径或等效直径，m；

h ——水平接地极的埋设深度，m；

L_0 ——接地网的外缘边线总长度，m；

L ——水平接地极的总长度，m。

（2）n 根垂直接地体组成的接地装置的冲击接地电阻 $R_{ch.n}$ 的计算公式：

$$R_{ch.n}=\frac{R_{ch}}{n}\times\frac{1}{\eta}$$

（3）单独接地极的冲击接地电阻 R_{ch} 如下式：

$$R_{ch}=\alpha_{ch}\times R_{cg}$$

式中：α_{ch} ——接地装置的冲击系数。

（4）单个垂直接地体的工频接地电阻 R_{cg}，以单轨综合接地系统高架车站，采用常用的镀锌钢管作为垂直接地体的计算公式如下：

$$R_{cg}=\frac{\rho}{2\pi l}\left(\ln\frac{2l}{d}+\frac{1}{2}\ln\frac{4t+1}{4t-1}\right)$$

式中：l ——垂直接地体的长度，m；

d ——垂直接地体的直径，m；

t ——垂直接地体的平均埋设深度（中点至地面的距离），m。

9.3 过电压

9.3.1 过电压的分类

由于雷击或电力系统的操作、事故等原因，是某些电气设备和线路上承载的电压大大超过了正常运行电压，是设备或线路的绝缘遭受破坏。电力系统中这种危机绝缘的电压升高称为过电压。

过电压按引起的原因分为雷电过电压和内部过电压。雷电引起的称雷电过电压，电力系统中的操作或故障引起的过电压叫内部过电压。

1. 雷电过电压

雷电过电压分为直击雷过电压和感应雷过电压。雷电直接击中电气设备或线路产生放电，将电气设备或线路击毁的过电压事故称为直击雷过电压。感应雷过电压是指雷电没有直接击中电气设备或线路，但是由于大气中的雷云电荷作用，在电力架空线路上感应出电荷。当雷云对地面或其他物体放电时，雷云电荷迅速流入大地，架空线路上的感应电荷由于失去雷云电荷对它的束缚，而迅速流动。迅速流动的雷电波对电气设备构成威胁，称为雷电入侵波，就是感应雷过电压。

在架空线路和电气设备附近打雷时，强大的雷电流通过电磁感应在线路和电气设备上感应产生很高的电压，对线路和电气设备产生破坏，就是感应雷过电压

2. 内部过电压

电气设备和电力线路在运行中，改变运行方式或停送电等需要进行倒闸操作，切合线路、变压器等或断线事故使电力系统运行状态发生变化，在变化的过渡过程中，会引起电场能量和磁场能量的转换，这是可能会出现很高的电压形成过电压。这种由电力系统内部原因引起的过电压称为内部过电压。

内部过电压形成的因素很多，有时几种因素叠加引起很高的过电压，一般认为内部过电压可达相电压的 3～4 倍，相间内部过电压对地可达 1.3～1.4 倍，根据实际经验，有时内部过电压可达相间的 5～6 倍。应引起高度重视，采取相应的保护措施。

内部过电压可分为：工频过电压、操作过电压、谐振过电压。

1）工频过电压

在正常或故障时，电力系统中出现的幅值超过最大工作电压，频率为工频的过电压称为工频过电压。工频过电压的幅值对电力系统的设备绝缘一般不构成威胁，但却是其他过电压的基值，叠加后会产生很高的过电压。且会对避雷器等保护电气的工作条件和效果产生影响。长期的工频电压升高会使污秽绝缘子产生闪络、铁芯过热、电晕等应引起重视。

2）操作过电压

操作过电压是在电力系统中由于操作引起的一类过电压。包括正常操作和分正常的故障，如线路通过间隙性电弧接地等。产生操作过电压的原因：在电力系统中存在储能元件的电感与电容，当正常操作或故障时，电力系统状态发生改变，由此引起了震荡的过渡过程，这样就有可能在系统中出现超过正常工作电压的过电压，这就是操作过电压。在震荡的过渡过程

中，电感的磁场能量与电容的电场能量互相转换。在某一瞬时储存于电感中的磁场能量会转变为电容中的电场能量，由此在系统中出现数倍于系统电压的操作过电压。

电力系统中常见的操作过电压有：

（1）中性点绝缘系统中的间隙电弧接地过电压；

（2）切合空载线路过电压；

（3）切合空载变压器过电压。

操作过电压的持续时间比雷电过电压长，比工频过电压短，一般在几毫秒至几十毫秒。当同时存在工频过电压和操作过电压时，操作过电压表现为在工频过电压的基础上迭加暂态的震荡过程，可使曹操作过电压幅值达到更高的数值。

3）谐振过电压

在不同电压等级和不同结构的电力系统中可以产生不同类型的谐振，按其性质可分为三类：线性谐振过电压、铁磁谐振过电压（非线性）、参数谐振过电压。

（1）线性谐振过电压。

线性谐振过电压的特点是谐振串联电路中的电感、电容都为恒定常数。在串联回路内如果电源中某次谐波的频率正好与电路的自震频率相同，则发生串联谐振。在电力系统中可能出现的谐振有：空载长线路电容引起的谐振，消弧线圈全补偿时（或消弧线圈欠补偿时切除部分负荷达到全补偿）的谐振等。

（2）铁磁谐振过电压。

铁磁谐振过电压是电路中的电感带有铁芯（如变压器、电压互感器等）由于铁芯电感的感抗随电源电压的变化而变化，不是常数。在正常运行条件下，电感、电容串联回路中感抗大于容抗，由于出现某种因素导致电感两端电压有所升高，是铁芯饱和，感抗减小，当感抗小于容抗时，电路相位从感性变为容性，相位翻转。这是回路中电流突然升高，电容、电感两端的电压也突然升高，形成过电压，称为铁磁谐振过电压。

（3）参数谐振过电压。

参数谐振过电压是指水轮发电机的同步电抗在直轴电抗和交轴电抗之间周期性变动，这时如果外电路的容抗与发电机的同步电抗正好相等，就会出现电流、电压谐振现象。使发电机端子电压、电流急剧升高，这种现象称为参数谐振过电压。

9.3.2　电气设备绝缘配合

绝缘配合就是根据系统中可能出现的各种电压和保护装置的特性，来确定设备的绝缘水平；或者根据已有的设备绝缘水平，选择适当的保护装置，以便把作用在设备上的各种电压所引起的设备损坏和影响连续运行的概率降低到经济和技术上能接受的水平。

单轨供电系统主要是 110 kV 及以下电气装置一般由雷电过电压决定绝缘水平。使单轨变电所电气设备与避雷器雷电保护水平进行配合。根据国内情况，对雷电过电压的配合系数取不小于 1.4，以电气设备的额定雷电冲击耐受电压表征。对操作过电压以电气设备短时（1 min）工频耐受电压表征。当需要用避雷器来限制某些操作过电压时，则以避雷器的相应保护水平为基础进行绝缘配合。对操作冲击的配合系数一般取不小于 1.15。表 9-1 为单轨采用的不同电压等级的过电压耐受水平数值。

表 9-1　单轨采用的不同电压等级的过电压耐受水平数值

系统标称电压 /kV	设备最高电压 /kV	设备类别	雷电冲击耐受电压（峰值）/kV				1 min 工频耐受电压（有效值）/kV			
			相对地	相间	断口		相对地	相间	断口	
					断路器	隔离开关			断路器	隔离开关
10	12	变压器	75（60）	75（60）	—	—	35（28）	35（28）	—	—
		开关	75（60）	75（60）	75（60）	85（70）	42（28）	42（28）	42（28）	42（28）
35	40.5	变压器	185/200	185/200	—	—	80/85	80/85		
		开关	185	185	185	215	95	95	95	118
110	126	变压器	450/480	450/480	—	—	185/200	185/200		
		开关	450/550	450/550	450/550	520/630	200/230	200/230	200/230	225/265

注：分子、分母数据分别对应外绝缘和内绝缘；括号内、外数据小电阻接地和非小电阻接地。

9.3.3　过电压保护

1. 雷电过电压保护

（1）变电所的直击雷保护采用避雷针或避雷线。

（2）具有 35 kV 及以上电缆进行的变电所，在电缆与架空线的连接处装设阀型避雷器，其接地与电缆金属铠装层连接，以防止雷电波入侵。对三芯电缆，其末端的金属铠装应直接接地，对单芯电缆可经金属氧化物电缆保护器或保护间隙接地。

（3）35～110 kV 变电所应根据其重要性和进行路数等条件，在母线上或进线上装设阀式避雷器。

（4）35 kV 配电变压器，高、底压侧均应装设阀式避雷器。

（5）10 kV 配电系统的配电变压器应装设阀式避雷器，避雷器应靠近变压器装设，其接地应与变压器低压侧中性点以及金属外壳连在一起接地。

2. 内部过电压保护

（1）对 110 kV 以下系统一般不要求采取专门措施限制工频过电压。

（2）限制消弧线圈与导线对地电容的串联谐振方法是采取欠补偿或过补偿运行方式。

（3）避免变压器高压侧发生不对称接地故障，断路器非全相或不同期动作而产生的零序过电压，要求断路器三相同期动作，减少在高压侧使用熔断器，这也有利于限制断相引起铁磁谐振过电压。

（4）10 kV 容量较小的变压器，当采用真空断路器，操作过电压保护可采用阻容吸收装置。

（5）限制电压互感器和引起的铁磁谐振过电压，可采用励磁特性好的电磁式互感器或电容性互感器。若采用带开口的三角形绕组的电压互感器，也可在零序回路中加阻尼电阻。

3. 过电压保护方案

雷电过电压保护与变电所设与地面、地下以及电源线路的引入和引出采用架空线路还是电缆线路密切相关。城市轨道交通包括单轨的主变电所电源的引入和引出大多采用电缆方式。

电缆线路使单项接地故障电流较大，因此单轨供电系统采用小电阻接地方式，并且与其他系统的接地或设备共用接地装置。具体单轨变电所过电压保护方案如下：

1）地下变电所

（1）地下线设置的牵引变电所和降压变电所，相应的引入线和馈出线均在地下区间或车站，不考虑雷电过电压，只考虑内部过电压。

（2）在变压器及其保护断路器之间设置避雷器或阻容吸收装置，避雷器以最短路径与综合接地装置相连接。

（3）变压器低压侧采用 SPD 保护。

（4）在若中压母线设置带有开口三角形电压互感器，应采用阻尼电阻保护。

2）地面及高架线变电所

（1）地面和高架线路所设置的变电所一般位于车站内，但因电力线路明敷与地面区间，过应考虑雷击过电压保护。

（2）变电所由车站建筑专业配合动力照明专业统一考虑直击雷的防护。

（3）变电所每段中压母线设置避雷器保护。

（4）在变压器及其保护断路器之间设置避雷器或阻容吸收装置，避雷器以最短路径与综合接地装置相连接。

（5）变压器低压侧母线设 I 级 SPD 保护。

（6）在若中压母线设置带有开口三角形电压互感器，应采用阻尼电阻保护。

（7）直流开关柜正极和负极母线均设置避雷器保护。

第10章　再生节能与谐波治理

10.1　再生节能

城市轨道交通一般线路短，车站布置较密，列车在运行中需要频繁地启动和制动。由于列车在制动时，会向牵引电网回馈能量，致使牵引电网电压升高，对供电系统设备的安全稳定运行产生不利影响，所以传统的方式是采用在车辆上安装能量消耗装置，将再生制动能量吸收消耗，但这样会增加车辆负担并导致隧道洞内温度升高。为了减少车载设备，抑制隧道洞内温度的升高，目前，城市轨道交通一般采用在运营线的牵引变电所内设置再生制动能量吸收装置。

现在一些城市轨道交通采用电阻吸收型再生制动能量吸收装置，电能未被有效利用，能量被电阻以发热的形式消耗掉，存在一定的能源浪费，这与节能环保的主题相悖。而率先在重庆轨道交通正线上使用电阻-逆变混合型再生制动能量吸收装置则可以在维持牵引电网电压稳定的情况下又避免了再生制动能量的浪费。

10.1.1　电阻逆变混合型再生制动能量吸收装置原理

重庆单轨交通二号线采用的是电阻吸收型再生制动能量吸收装置。单轨三号线在二号线纯电阻吸收装置基础上增加逆变吸收部分构成电阻-逆变混合型再生制动能量吸收装置，主要利用 IGBT 逆变器将再生制动能量逆变成 400 V 三相交流电能回馈至牵引变电所 400 V 配电系统，实现电能再利用；同时，考虑到 400 V 配电系统的容量有限，在列车再生制动能量较大、超过逆变容量的情况下，利用电阻吸收超过的那部分能量，确保列车制动安全、可靠。

电阻-逆变混合型再生制动能量吸收装置直流侧与 DC 1 500 V 母线相连，交流侧与牵引变电所 AC 400 V 低压配电系统相连，分为电阻吸收和逆变吸收两大部分，装置主电路由电动隔离开关（QS）、线路接触器（KM1）、预充接触器（KM2）、滤波装置、IGBT 斩波器、吸收电阻（R1、R2）、逆变直流接触器（KM21）、逆变预充接触器（KM22）、IGBT 逆变器、逆变交流接触器（KM10）、隔离变压器、逆变回馈断路器（410）等构成，其主电路图如图 10-1 所示。

微机控制系统根据电网电压的大小来判断逆变或者电阻吸收装置是否工作。当电网电压达到 1 400 V，微机控制系统完成整个装置投入吸收前的准备工作。系统设置电网电压二级判断基准值，当电网电压升到第一级判断电压时，系统首先投入逆变装置吸收；当逆变装置不能完全吸收该能量时，将引起电网电压进一步上升，在电压升到第二级判断电压时，电阻斩波器立即投入工作，电阻吸收消耗，稳定电网电压，确保列车充分有效利用电制动。

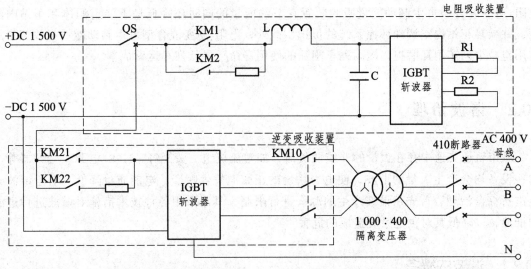

图 10-1　电阻-逆变混合型再生制动能量吸收装置主电路图

10.1.2　装置节能分析

重庆轨道交通 3 号线（跨座式单轨）二塘-江北机场全长 39 km、29 个车站、11 座牵引变电所（不含车辆段），目前早晚高峰时采取大小交路套跑运行，二塘—江北机场大交路 14 列编组运行、四公里—龙头寺小交路 8 列编组运行；平峰时二塘—江北机场 18 列编组运行。电阻-逆变混合型再生制动能量吸收装置平均每天吸收车辆制动产生电量 5 149 kW·h，回馈至 400 V 配电系统电量 2 467 kW·h、占 47.91%，回馈至 35 kV 中压系统电量 1 825 kW·h、占 35.44%，电阻吸收电量 555 kW·h、占 10.78%，隔离变压器损耗电量 302 kW·h、占 5.86%。一年回馈到 400 V 及 35 kV 系统有效电量约 1 566 600 kW·h，节省电费约 122.19 万元；现在因逆变回馈断路器额定电流等方面限制，目前逆变装置未全容量投入，只投入额定容量的 42.5%。

从单轨三号线再生制动能量吸收分配示意图看（图 10-2），列车再生制动所产生的绝大部分电量被逆变回馈至牵引变电所 400 V 及 35 kV 系统；电阻吸收电量三号线占 10.78%，若逆变装置全容量投入，电阻吸收电量所占比例将更小。相比较传统车载电阻制动能量吸收设备，

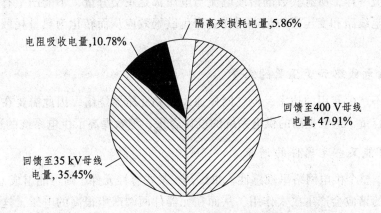

图 10-2　3 号线再生制动能量吸收分配示意图

电阻-逆变混合型再生制动能量吸收装置在节约能量的同时还降低地下隧道洞体和车站内温度，并减轻车站内空调和环控系统的负担。此外，电阻-逆变混合型再生制动能量吸收装置的应用也减少列车闸瓦磨损，提高列车闸瓦的使用寿命，降低列车运营成本。

10.2 谐波治理

城市轨道交通中存在大量的非线性负荷，如整流机组、荧光灯、UPS 电源、变频器等，这些设备均会产生大量的谐波，使电力系统的正弦波发生畸变，电能质量降低。对于谐波必须进行综合治理，首先从谐波产生的源头进行限制，其次采用各种技术措施对谐波进行过滤和抵消，以降低其对供电系统造成的危害。

10.2.1 谐波的概念

在理想的干净供电系统中，电流和电压都是正弦波的。由于电力系统中某些设备和负荷的非线性特性，电流与电压不再遵循正弦关系，即产生了波形的畸变。根据法国数学家傅立叶分析原理证明，任何重复的波形都可视为由不同频率的正弦波迭加而成，因此畸变的电流波形可视为由一个工频正弦分量和许多高频正弦分量的迭加和。所有的高频分量统称为谐波。

根据各高频分量本身频率的不同，将其命名为几次谐波。比如本身频率为 100 Hz 的分量，其频率是工频（50 Hz）的两倍，故将其称为 2 次谐波；频率为 200 Hz 的分量，称为 4 次谐波等，以此类推。

各次谐波均为正弦波，但根据谐波源的不同各次谐波可能具有不同的幅值和相位角。

10.2.2 谐波的危害

谐波对供电系统的危害包括以下几个方面：

1. 谐波在输配电环节中产生了附加损耗

与无功电流一样，所有次数的谐波电流与电压都是正交分量，不能产生有用的功率。但谐波电流在输电线路和变压器绕组中同样会产生欧姆效应从而转化为热量耗散，这是一种纯粹的浪费。

2. 浪费输电线路和变压器的容量

谐波电流不产生有用的功率，但它同样通线路和变压器绕组，因此需要在计算容量之外为其预留额外容量，这就提高的供电系统的设计容量，等效提高了供电系统的造价。

3. 谐波可能某些元器件的谐振

一般情况下整个供电网络呈现感性，如其含有某些容性元件，则可能组成 LC 电路。该电路对特定次数的谐波会产生放大作用，从而在元器件两端产生很高的电压，这种情况被称为谐振。谐振产生的高电压足以造成元件的损坏。

10.2.3　谐波的产生

在轨道交通供电系统当中，几乎所有的谐波都来源于桥式整流电路，包括牵引整流机组，各种变频器、UPS 以及荧光灯电子镇流器的整流电路。电路的拓扑结构如图 10-3 所示。

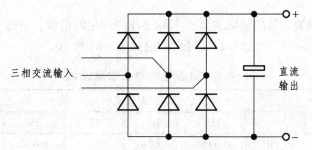

图 10-3　三相桥式整流电路原理图

由上图可知每相电路由两个二极管串联组成一个桥臂，每个工频周期上下两个二极管各导通一次，三相电路共导通六次，故称其为六脉波整流电路。该电路在工作时的电压及电流波形如图 10-4 所示。

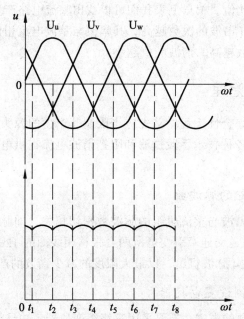

图 10-4　三相桥式整流电路工作波形图

由上图可见电流的波形并非正弦，必然包含有多次谐波。可分为特征谐波和非特征谐波两大类。

特征谐波是指整流装置工作在理想状态下产生的谐波，根据傅立叶级数分析计算，整流装置的特征谐波次数由整流机组的脉波确定，计算公式如下：

$$h=pk\pm1$$

式中：h——谐波次数；

　　　p——脉波数；

　　　k——1，2，3，正整数。

非特征谐波是指由于整流装置在实际制造和使用中存在着各种非理想性因素，产生了除特征谐波次数以外的谐波。

10.2.4 谐波的幅值

为了确定各种典型结构的整流装置在实际工作中产生的谐波，进行了大量的现场记录和统计工作，对现场记录进行统计加权后得出结论如表 10-1 所示。

表 10-1 整流电路谐波含量统计表

脉波数	谐波次数							
	5	7	11	13	17	19	23	25
6	0.175	0.110	0.045	0.029	0.015	0.010	0.009	0.008
12	0.026	0.016	0.045	0.029	0.002	0.001	0.009	0.008
24	0.026	0.016	0.007	0.004	0.002	0.001	0.009	0.008

在上表中，纵向标题栏是整流电路的脉波数，横向标题栏是谐波的次数，表中的数值代表各次谐波与基波电流的比值。根据上表我们可以找出整流电路产生谐波的一般规律：

（1）对各种整流电路，谐波的次数越高，其幅值与基波电流相比越小。

（2）整流电路的脉波数越高，谐波的值越小。

10.2.5 谐波的限制和治理

谐波的治理属于一项综合性工程。首先应当限制其产生的源头，采取必要的措施减少谐波电流的产生；其次采取各种技术手段过滤和阻挡谐波电流在供电系统中的传播。目前，主要的措施包括以下几项：

1. 增加牵引整流机组的脉波数

由上一节可知，高次谐波与整流机组的脉波数密切相关，即脉波数越多，谐波电流的幅值越小。因此，目前国内轨道交通牵引变电所两套带移相线圈的 12 脉波机组，在正常情况下，两台机组并联运行，形成 24 脉波机组，以最大限度的减少谐波的产生。

2. 在整流器的交流侧设置电抗器

采用增加整流器脉波数的方式，需要采用三绕组变压器，并且整流二极的数量需要加倍，对于低压变频器或软启动器之类的设备成本太高，一般不会采用。此类设备较为常见的做法是在交流进线侧加装电抗器。因为电抗器相当于一个低通滤波器，能够在通过工频电流的同时阻挡高次谐波向外散播。

3. 设置滤波器

对已存在于供电系统中的谐波电流，可用在网络节点处设置滤波器的方式进行消除，根据作用机理的不同，滤波器可分为以下两大类：

1）无源滤波器（PF）

该装置主要利用电容-电抗串并联回路对特定频率的谐波呈现低阻性的特点，人为的制造一个吸收掉绝大部分谐波功率的"陷阱"，从而防止谐波向供电网络的传输。该装置的原理和生产工艺均十分成熟，成本相对比较低，在特定情况下具有很高的效率，因此在一段时期内得到了非常广泛的应用。

不过该装置本身具有几个与生俱来的缺点，妨碍其应用的范围：

一个设计好的滤波电路只有一个特定频率的谐波有效，这就意谓想要滤除几次谐波就要设置几套调谐在不同频率的电路，从而大大增加装置的复杂性和成本。

在特定的情况下，滤波器与整个供电系统可能产生谐振。

2）有源滤波器（APF）

与无源滤波器不同，该设备利用电流互感器采集电网结点处的实时电流值，通过快速变换分离出当中的谐波分量，再控制功率半导体器件向供电网络注入与谐波电流幅值相等、相位相反的电流，两股电流相互抵消后，剩下的便是纯净的正弦波。其原理如图10-5所示。

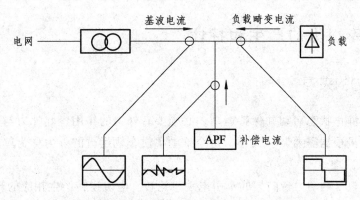

图 10-5　有源滤波器原理图

有源滤波器与无源滤波器相比，具有以下优点：

（1）一套装置可补偿多次谐波。该装置能按照控制系统的命令同时产生各次谐波，只受到装置总容量的限制。

（2）没有与供电系统发生谐振的危险。有源滤波新装置本身的阻抗特性与谐波频率无关，不论外界供电系统如何，不可能呈过低的阻抗。

第11章 直流牵引供电系统设计原理

单轨供电系统可分主变电所、中压环网、动力照明配电系统及直流牵引供电系统四个部分。前三个部分与一般的工业民用项目十分相似，已经拥有成熟的理论和计算方法，在设计时可参照相关既有设计规范和设计手册。唯有最后一个部分是轨道交通独有的，它不仅牵涉到供电系统本身，而且与车辆的动力特性有着密切的关系。本章将以此为起点，论述牵引供电系统设计的原理。

11.1 列车牵引力的产生和特性

11.1.1 牵引力的来源

单轨车辆由静止状态启动并保持运动，必须要有外力的作用，此外力与单轨车辆运行方向相同并可由司机根据需要调节大小。这个推动单轨车辆运行的外力称为单轨车辆运行牵引力 F_t，单位为 N。

其来源于单轨车辆动力转向架的牵引电动机运转。电机运转产生相应的转矩 T_{tq}，经传动系传至走行轮上，此时作用于走行轮上的转矩 T_t 产生一对轨道梁路面的圆周力 F_c，同时，轨道梁路面对走行轮产生一个切向反作用力 F_{t0}（方向与圆周力相反），这个力就是单轨车辆的牵引力。因此车辆前进动力的直接来源于牵引电机，其机电特性直接决定了车辆牵引特性。

11.1.2 牵引电机的特性

近30年来，随着电力电子、微电子和微机控制技术的长足进步，单轨车辆已采用交流牵引 VVVF 调速系统，此调速系统主要由逆变器、计算机控制装置、主要电器元件、交流异步牵引电动机组成。与直流牵引电动机相比，交流异步牵引"电动机具有结构简单、维修方便、体积小、重量轻、转速高、功率大、能自动防滑、价格低廉、效率较高、运行可靠，以及防空转性能较好等一系列优点，因此，取代了以前广泛使用的直流牵引电动机。

1. 牵引电机的机械特性

交流异步牵引电动机的转子必须通过切割磁通，才能产生力矩，因此转子的速度必须比磁场的速度（即同步转速）略慢一些。通常把同步转速 n_s 和电动机转速 n 二者之差与同步转速 n_s 的比值称为转差率，也称为转差或滑差 s，即：$s=(n_s-n)/n_s$。

当交流异步牵引电动机定子的电压、频率以及参数固定的条件下，它的电磁转矩 T 与转子转速 n 之间的变化关系，称为交流异步牵引电动机的机械特性，记作 $T=f(n)$，若用转差率 s 代替电动机转速 n，此时机械特性记作 $T=f(s)$，如图 11-1 所示。

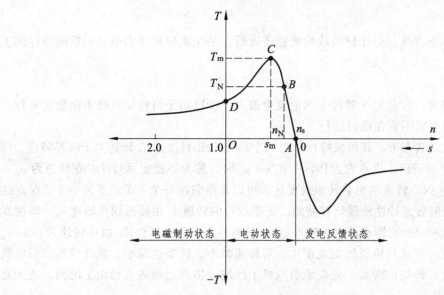

图 11-1 交流异步牵引电动机的机械特性

从图 11-1 中可以看出，交流异步牵引电动机的机械特性不是一条直线，可将其分为三部分：

1）电动状态

在转差率为 $0 < s \leqslant 1$ 范围内，即转速为 $0 < n \leqslant n_s$。电磁转矩 T 和转子转速 n 都为正，方向相同，转子转速 n 与同步转速 n_s 的方向也相同。牵引电机从电网吸取电功率，从轴上输出机械功率，牵引电机处于电动运行状态。

牵引电机机械特性曲线在此范围内，可划分为 AC 段和 CD 段，以及拥有四个特殊点，如图 11-2 所示。

（1）同步运行点 A，也称为离心空载点。

该点 $T=0$，$n=n_s$，$s=0$，此时牵引电机不进行机电能量转换。由于交流异步牵引电动机计算在空载时也存在空载转矩 T_0，牵引电机在没有外力作用下不可能达到此状态。

（2）额定工作点 B。

该点的转速、转差率、转矩、电流及功率都是额定值。机械特性曲线上的额定转矩就是指额定电磁转矩 T_N，单位为 N·m，它等于额定输出转矩 T_{2N} 与空载转矩 T_0 之和。由于工程计算中通常忽略空载转矩 T_0，所以也可认为额定电磁转矩称为牵引电机的额定输出转矩 T_{2N}。

（3）最大转矩点 C，也称为临界点。

该点 $T=T_m$ 为最大转矩，相应的转差率 s_m 称为临界转差率。最大转矩是交流异步牵引电机的重要性能指标之一，不仅反映了牵引电机的过载能力，对起动性能也有影响。临界状态说明交流异步牵引电动机具有短时过载能力，但在任何情况下牵引电机的负载转矩均不能大于，否则牵引电机的转速将急剧下降，迫使牵引电机堵转，有可能造成事故。同时，也不允许牵引电机长期过载运行，从而导致其损坏。

（4）起动点 D。

该点 $s=1$，$n=0$，电磁转矩 T 为初始起动转矩 T_{st}。起动转矩 T_{st} 与额定电磁转 T_N 之比称为起动转矩倍数 k_{st}。

（5）AC 段。

该段近似为一条直线，对任何负载均能稳定运行，是交流异步牵引电动机机械特性的工作段。

（6）CD 段。

该段的转差率大，以及定子和转子的电流也很大，所以对于恒转矩负载不能稳定运行，即单轨车辆的牵引电机不宜在该段运行。

牵引电机在电动状态下，其机械特性分为两个部分（图 11-2）：在转速大于临界转速，即 $n>n_m$ 时，称为稳定运行区，即正常工作区；在 $n<n_m$ 时，称为不稳定运行区。在转速为 $n_m<n\leqslant n_s$ 的稳定运行区内，转速与负载转矩成反比，可以是负载在一个工况点至另一个工况点达到新的平衡；该段的转速特性曲线比较陡峭，正常运行的转速 n 很接近同步转速 n_s，转速变化不大，其额定转差率很小，即硬的机械特性，从而具有良好的防空转性能。而在转速为 $0<n<n_m$ 的不稳定运行区内，转速与负载转矩成正比，若转速减小，转矩也减小，最终导致牵引电机停转；若转速增大，转矩也增大，使得牵引电机工况越过临界点而进入稳定工况内，达到新的平衡。

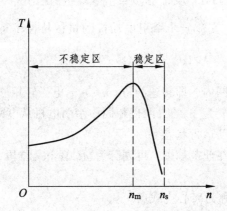

图 11-2 交流异步牵引电动机的稳定工作区

2）发电反馈状态

在转差率为 $s<0$ 范围内，即转速为 $n>n_s$，旋转磁场的转向与转子转向一致，此时电磁转矩 T 为负值，是制动转矩，牵引电机处于制动状态。由于电磁功率也是负值，向电网反馈电能，因此，牵引电机也处于发电状态。

3）电磁制动状态

在转差率为 $s>1$ 范围内，即转速为 $n<0$，旋转磁场的转向与转子转向相反，此时电磁转矩 T 为正值。牵引电机处于制动状态，也称为转速反向的反接制动。

2. 牵引电机的调速

单轨车辆的调速实际上就是对交流异步牵引电动机的调速，而交流异步牵引电动机又主要采用变频调速。根据控制方式的不同，交流异步牵引电动机的调速可分为恒转矩变频调速和恒功率变频调速。单轨车辆通过 VVVF 控制，根据实际负载情况，自动选择最优化的恒转矩变频调速或恒功率变频调速。变频调速实际上是通过改变三相电源的频率，进而改变三相异步牵引电机的同步转速来实现单轨车辆调速的。由于交流异步牵引电动机的同步转速 n_s 与

定子电源的频率 f_1 成正比，在牵引电机磁极对数一定条件下，改变电源频率 f_1 就可以平滑地改变同步转速 n_s，即调节牵引电机的转速 n。定子电源频率 f_1 的变化范围越大，牵引电机的调速范围也越宽广，这就可以满足单轨车辆牵引电机从零到最大值的调速要求。

对于变频调速下的交流异步牵引电动机的机械特性形状都相似，呈马鞍形，但随着定子电源频率 f_1 和定子电压 u_1 的变化，其机械特性分布的转速范围和倾覆转矩 T_m 的大小也同时发生变化。

以牵引电机的额定频率为基准频率，称为基频。变频调速时以基频为分界线，可以从基频向上调，也可以从基频向下调。

（1）由基频向下调速：此时保持电压与频率的比值为常数。在交流异步牵引电动机的变频调速时，如果只降低定子电源频率，而定子每相电压保持额定值不变，则气隙磁通要增大。由于电源频率石在基频时牵引电机的主磁通就已接近饱和，气隙磁通再增大，主磁通必然过饱和，这将使励磁电流急剧增大，转予铜损耗增加，功率因素下降，牵引电机的容量也得不到充分利用。

若降低电源频率，其定子电压也随之降低，保持两者比值为常数，则气隙磁通为常数，从而避免上述现象发生，这也称为恒磁通变频调速控制方式。恒磁通变频调速时的机械特性如图 11-3 所示，这种调速方法与他励直流电动机降低电源电压调速相似，具有机械特性较硬，在一定静差率要求下调速范围宽，低速下运行时稳定性好等优点。由于频率可以连续调节，所以变频调速为无极调速，调速的平滑性好。此外，牵引电机拖动正常载荷在不同转速下运行时，转差率较小，因此转子铜损耗小，效率高。

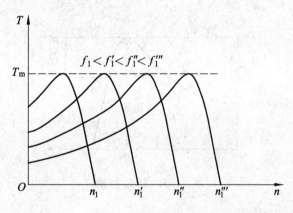

图 11-3 恒磁通变频调速时的机械特性

因此，在低频条件下，气隙磁通和倾覆转矩不变，基本上就可以满足单轨车辆低速起动时具有大而稳定不变的牵引力要求。并且，利用这种恒磁通变频调速方法，可以获得单轨车辆运行的恒转矩工况，如果磁通较接近于饱和状态，则可以认为牵引电机工作在全磁场工况。

（2）由基频向上调速：$f_1 > f_N$ 时，$U_1 = U_N$ 的恒功率变频调速。

在基频向上变频调速时，$f_1 > f_N$，气隙磁通要保持恒定，定子电压需要高于额定值，这是不允许的。因此，只能保持定子电压矾为额定值不变，这样随着电源频率升高，气隙磁通将减小，相当于他励直流电动机弱磁调速方法。

在定子电压为常数的条件下，倾覆转矩与电源频率的平方成反比例变化，其机械特性曲线如图 11-4 所示，在不同频率下各机械特性曲线的稳定运行区段近似平行。由于电源频率升高，倾覆转矩减小，电源频率降低，倾覆转矩增大，这种方式称为恒功率变频调速控制方式，能够满足单轨车辆恒功率牵引特性的要求。

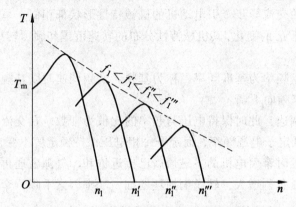

图 11-4　恒功率变频调速时的机械特性

由于定子电压为常数，气隙磁通将减少，因此牵引电机工作在磁场消弱工况。因此，单轨车辆的交流异步牵引电动机的最大电磁转矩取决于牵引电机漏抗，最大电磁转矩与实际输出转矩的差值称为转矩裕量如图 11-5 所示。牵引电机运行时，应确保即使在恒功区的最高速度点仍有适当的转矩裕量。但转矩裕量过大，又会使牵引电机的重量和体积不必要地增加。

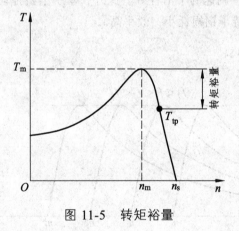

图 11-5　转矩裕量

11.1.3　单轨车辆的牵引特性

上一节分析牵引电机在不同频率下的牵引力特性，而电源频率的不同也就决定了电机转速，从而决定了单轨列车的速度。由此可以绘制出一张表格，反映在不同速度下电机的牵引力和功率输出的极限值。

单轨车辆的牵引力可通过牵引电机的转矩计算得出，也可通过专门的试验测算得出。将牵引电机的功率 P_c、牵引电机的转矩 T_{tq} 与单轨车辆运行速度 u_a 之间的关系以曲线表示，则此曲线称为单轨车辆的牵引特性曲线。

目前，单轨车辆牵引电机的牵引特性曲线一般由列车牵引系统生产厂家给出，如图 11-6 所示。这张图表非常的重要，是进行列车运行仿真的基础。

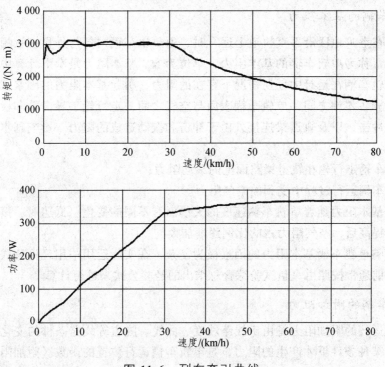

图 11-6 列车牵引曲线

11.2 列车运行的阻力和制动力

11.2.1 单轨车辆的运行阻力

单轨车辆在轨道梁上运行时，有许多外力作用在单轨车辆上，阻止其运行且不受人力操纵，这些外力统称为单轨车辆运行阻力，简称单轨车辆阻力作用于单轨车辆的阻力有许多形式，按其影响因素一般可分为以下几种：

（1）走行轮的滚动阻力；

（2）空气阻力；

（3）冲击和振动阻力；

（4）坡道阻力；

（5）曲线阻力；

（6）隧道阻力；

（7）加速度阻力；

（8）风阻力；

（9）起动惯性阻力。

单轨车辆的运行阻力，按其产生的原理，可分为基本阻力和附加阻力。其中，基本阻力包括滚动阻力、空气阻力、冲击和振动阻力；附加阻力包括坡道阻力、曲线阻力、隧道阻力、加速度阻力、风阻力等。

1. 单轨车辆的基本阻力

单轨车辆在空旷地段沿平直轨道上运行时，由单轨车辆内部与外界接触相互摩擦和冲击而引起的阻力，称为单轨车辆的基本阻力，单位为 N。基本阻力是牵引计算中常用的重要参数之一，是单轨车辆在运行中任何情况下存在的阻力，引起基本阻力的因素很多，其中最主要的是单轨车辆各零件之间，单轨车辆表面与空气之间，走行轮、导向轮和稳定轮与轨道梁之间的摩擦和冲击，以及轨道梁连接处由于冲击和振动造成的阻力。影响基本阻力的因素主要有以下两种：

（1）单轨车辆走行轮在轨道梁路面上的滚动阻力；

（2）单轨车辆运行过程中受到的空气阻力。

上述两种基本阻力随着单轨车辆速度的大小而有不同的变化。低速时，滚动阻力占较大的比例；速度提高后，空气阻力占的比例逐渐加大。

总之，影响单轨车辆基本阻力的因素极为复杂，在实际运用中用理论公式来推导比较困难。因此，目前通常按照由大量试验综合总结出的经验公式来进行计算。

2. 单轨车辆的附加阻力

单轨车辆运行的附加阻力是由于线路坡度、曲线、隧道等线路条件的变化造成的阻力，即在运行中的某种条件下才产生的阻力，是单轨车辆运行位置的函数。附加阻力与基本阻力不同，受单轨车辆类型的影响很小，主要决定于运行的线路条件。因此，附加阻力是按整列单轨车辆计算的。

附加阻力是单轨车辆在运行中在某种条件下才产生的阻力。例如：在坡道上运行时有坡道附加阻力；在曲线上运行时有曲线附加阻力；在隧道内运行时有隧道附加阻力；以及克服惯性力加速时有加速附加阻力。以上四种阻力，第一种和第四种最为重要，重点加以介绍。

单轨车辆在坡道上运行时，除基本阻力之外，还受到重力沿轨道方向的分力的影响，这个分力就是坡道附加阻力 F_i，单位为 N，如图 11-7 所示，其计算公式为：

$$F_i = G\sin\theta$$

式中：G ——表示作用于单轨车辆上的重力，N；

θ ——表示轨道梁路面与水平面的夹角。

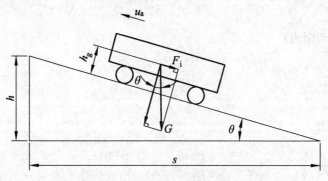

图 11-7　单轨车辆的坡道附加阻力

图 11-7 为单轨车辆（代表整列单轨车辆，且都在坡道上）运行于上坡道的示意图。其中，若单轨车辆上坡道运行时，坡度附加阻力与单轨车辆运行方向相反，阻力值为正值；反之，

228

阻力值为负值。

单轨车辆加速运行时,需要克服由于其质量加速运动而产生的惯性力,称为加速附加阻力,单位为 N。单轨车辆质量分为平移质量和旋转质量两部分,即加速时,不仅要克服平移质量产生惯性力,同时还要克服旋转质量产生的惯性力偶矩。该力偶通常用附加质量百分数来表示。

另外单轨车辆停留时,空心车轴与轴承之间的润滑油被挤出,油膜减薄,以及减速箱内温度降低,油的黏度增大,在起动时,空心车轴与轴承之间和齿轮间的摩擦阻力增大。此外,走行轮胎在静止时的变形比运行时大,增加了滚动阻力。

同时,为克服单轨车辆的静态惯性力,起动时需要更大的加速力。因此,需要另行计算单轨车辆起动时的阻力,此阻力称为单轨车辆的起动阻力,单位为 N。单轨车辆的起动阻力是单轨车辆起动时才存在的阻力,包括起动时的基本阻力和起动附加阻力。单轨车辆在实际运行中,一旦起动,单轨车辆阻力就从起动阻力回落到基本阻力,是一个从静态到动态的瞬变过程。在牵引仿真计算中,一般在起动开始到单轨车辆速度为 5 km/h 的时间内起动阻力有效。

11.2.2 单轨车辆的制动力

制动装置产生的,并与单轨车辆运行方向相反、阻碍其运行的,以及可以根据需要人为调节的外力,称为单轨车辆制动力。利用单轨车辆的制动力,可以人为地控制单轨车辆速度和进站停车距离,因而这个人为的阻力比自然产生的单轨车辆运行阻力一般要大得多。所以,在单轨车辆制动减速过程中,尽管运行阻力也在起作用,但单轨车辆制动力起着主要作用。

单轨车辆主要有空气盘形制动、动力制动和电空混合制动等形式。其中,空气盘形制动是单轨车辆的基础制动装置,以压缩空气为动力源,空气制动机使闸片压紧制动盘侧面,通过闸片与制动盘侧面的机械摩擦,把单轨车辆的动能转变为热能消散于大气,从而形成制动能力。动力制动包括电阻制动、再生制动和反接制动,它是让单轨车辆的走行轮带动其牵引电机,使其产生逆作用,从而消耗单轨车辆动能,产生制动作用。电空混合制动是通过制动器和单轨车辆的其他控制设备,合理分配动力制动和空气盘形制动的大小和比例,从而能实现比较理想的制动力,对单轨车辆进行分级制动控制。对于制动力来说,最重要的是制动曲线,即每个速度位置下制动力的大小。其形式与牵引曲线类似,同样由厂家给出。

11.3 列车的运动方程

前面已经对单轨车辆的牵引力和运行阻力进行了研究,若将整个单轨车辆视为刚性系统,当牵引电机的牵引特性,减速器的传动比和机械效率,走行轮半径、滚动阻力系数和侧偏刚度,单轨车辆的空气阻力系数、迎风截面面积,以及整车质量等初步确定后,单轨车辆通过隧道和一定曲线半径的运行方程式可写为 $F_m = F_t$,即牵引力与阻力应当相等。

同样,对于视为刚性系统的单轨车辆,也可以利用系统合力微功等于系统动能增量的动能定律而推导出来。由于单轨车辆的质量可以划分为平移质量和旋转质量两部分,因此,单轨车辆的动能应由单轨车辆线性运动的动能和单轨车辆旋转部分的转动动能两部分构成,即

$$E = \frac{1}{2}\delta m v^2$$

式中：E——列车的动能；

δ——旋转质量系数；

m——列车的质量；

v——列车的速度。

对上式两端进行微分，则单轨车辆动能的增量为

$$dE = \delta m v \, dv$$

由于动能的增量等于作用于单轨车辆上的合力所作的功，即

$$dE = \delta m v \, dv = F dS = F v dt$$

整理后 对上式两边积分，便得到单轨车辆运行时分的求解方程：

$$\int dt = \int \frac{\delta m}{F} dv$$

由位移公式

$$dS = v \, dt \text{ 则 } dS = \frac{\delta m v}{F} dv$$

对上式两边积分，便得到单轨车辆运行距离的求解方程：

$$\int dS = \int \frac{\delta m v}{F} dv$$

由于作用于单轨车辆上的合力是速度的复杂函数，直接利用以上两个积分式来求解单轨车辆运行时分和运行距离，即直接积分，是非常困难的。因此，在实际计算时，通常采用简化的办法，将单轨车辆速度范围划分为若干个速度间隔，以有限小的速度间隔来代替无限小的速度变化，并假定在每个速度间隔内单轨车辆所受的合力不变。显然，对每个速度间隔来说，单轨车辆都是在做匀变速运动。则单轨车辆在每个速度间隔内的运行时间为

$$\Delta t = t_2 - t_1 = \frac{\delta m}{F}(v_2 - v_1)$$

同理，单轨车辆在每个速度间隔内的运行距离为

$$\Delta s = s_2 - s_1 = \frac{\delta m}{F}(v_2^2 - v_1^2)$$

通过对微小速度间隔内单轨车辆受力不变的简化，推导出了单轨车辆在速度间隔内的运行时间公式和运行距离公式，分别对整个单轨车辆运行区段进行积分，可以求解出单轨车辆的运行速度—距离曲线和运行时间—距离曲线等，进而可以求解出功率—时间曲线。由于对作用于单轨车辆的合力进行了简化，因此随着速度间隔的减小，计算精度就越高，此时速度间隔数量就会相应增加，计算工作量也同时增加了。但是，随着计算机计算和信息技术的发展，能够保证牵引计算在快速的情况下，达到高精度的要求。

11.4 牵引变电所的布点设计

在一条轨道线路上，在哪些位置上设牵引变电所，到目前为止依然要依靠半经验的方法，即先按照经验进行布点，再按照列车运行曲线进行校验；如果通不过要进行修改，之后重新校验，直到结果满意为止。

首先，以两个变电所之间的一个区间为例，设整个区间长度为 L。区间中有一列车，根据运行时间—距离曲线，在 t 时刻列车距一号变电所距离为 L_1，距二号变电所距离为 L_2，显然 $L_1 + L_2 = L$；而根据功率—时间曲线，此时列车从接触网上吸收的功率为 P，则其吸收电流为 $I = P/U_0$（U_0 为整流机组额定电压）。由此可以得到两个关系式：

$$I_1 + I_2 = I$$
$$I_1/I_2 = L_2/L_1$$

式中，I_1 和 I_2 分别为列车从两个变电所的取流。第一个关系式很好理解，下面推导第二个关系式。

假设两个变电所的出口电压均为整流机组的额定电压 U_0，接触网单位长度电阻为 r_0，第一段接触网的总电阻为 $R_1 = r_0 \times L_1$，第二段接触网的总电阻为 $R_2 = r_0 \times L_2$。两段接触网上的电压降分别为 $U_{1r} = I_1 \times R_1 = I_1 \times r_0 \times L_1$、$U_{2r} = I_2 \times R_2 = I_2 \times r_0 \times L_2$。在列车取流处的电压 $U = U_0 - U_{1r} = U_0 - U_{2r}$，即 $U_{1r} = U_{2r}$，代入上式后化简即得到 2 式。

在 t 时刻 I、L_1、L_2 三个参数都是已知的，联立两式可解出 I_1 和 I_2 以及 U。很显然 U 与 U_0 并不相等，因此原先假设列车从接触网上取流值 $I = P/U_0$ 应修改为 I，然后重新代入式中进行计算，这样的计算过程要重复多次，直到上一次和下一次的结果差值小到一定程度为止。

以上是对一个区间只有一列车时的计算方法，当有一列以上的车时，可以对每一列车用以上方法进行一次计算，结果用戴维兰等效原理进行叠加。然后将总得结果作为条件投入下一轮计算中。当然，一条线路分为许多个区间，车辆在区间当中要许多个时刻（这取决于进行车辆运动仿真时取的时间间隔）。每个区间的每个时刻都必须进行上述计算，可见整个计算量是相当大的，但有了计算机仿真软件后，只需输入初始条件，等待输出结果即可。

通过以上计算，可以得到两个非常重要的结果：

（1）牵引变电所的馈线电流，进而得出变电所的输出功率；

（2）列车取流处接触网的网压。

以上两条是牵引所布点限制条件，即：

（1）牵引所输出功率不能超过整流机组的额定功率。

（2）在任意时刻接触网的网压不能低于规范的要求。

根据仿真输出的结果，校核以上两条指标，如果有某处不达标就必须进行局部调整，然后重新算一遍。全部达标后，将全线牵引所逐一解列后，重新计算，有几个所就要计算几遍。这为了模拟当单个牵引所故障时，系统的运行水平。因为是故障状态，第一项标准可以放宽，变电所的输出功率不超过设备额定值的 150% 即可；第二项指标不变。

以上便是牵引供电系统基本的设计原理和流程，可以看到其计算量相当之大，如果没有计算机的帮助光凭人工计算几乎不可能完成。但也并不能因此忽视设计人员在整个设计过程当中的作用，毕竟所有的原始数据必须人工录入，尤其是在牵引策略的指定和牵引所布点与调整方面很大程度依赖于设计人员的经验。

第12章 运营管理

供电专业运营管理即是运营单位通过计划、组织、实施、协调控制等手段，对供电系统生产过程全程管理，确保人身设备安全，为单轨交通系统提供安全、可靠电源，为运营增值服务。本章主要以供电系统的运营接管、试运营、运行管理为主线，主要介绍试运营接管基本条件、新线介入期间接管人员、运营应急物资准备、试运营管理、运行管理任务及内容、管理组织体系、生产安全管理等方面。

12.1 运营接管

运营接管由两个阶段组成，分为"三权"移交、实物资产移交。

（1）"三权"移交，指供电系统的调度指挥权、管理权、使用权的移交。分为两阶段，一阶段，供电设备单体试验合格，由建设部门向联调部门移交；二阶段，联调部门系统联调合格后向运营部门移交。主要移交内容包括：移交范围内供电系统图、设备运行状态、单体试验合格报告、设备操作维护说明书、设备操作维护工具等。

（2）实物资产移交，工程实体竣工验收后由建设部门按实物资产移交表向运营部门进行实物资产移交。主要移交内容包括：实物资产基础信息表、设备移交表、设备安装位置表、专用工具、备件移交表、钥匙移交表、竣工档案移交表等。

12.1.1 接管程序

（1）运营接管程序：建设期运营介入→参与新线联跳→编制接管计划→联调向运营移交联调资料及报告→联调向运营"三权"移交→运营核图校线→缺陷整改修复→竣工档案移交→实物资产移交。

（2）运营接管的一般规定。

① 运营部门在新线建设期应提前安排有一定的专业知识基础、现场经验丰富、责任心强的骨干人员参与新线介入工作，全程参与新线初步设计，技术设计联络，现场施工及后期设备单体及联合调试等新线建设过程，以便于提前熟悉设备，提前发现并解决建设期间质量缺陷。

② 运营接管部门应在联合调试期间组建接管组织架构，编制接管计划，并逐项分解细化，落实各部门责任。

③ 建设部门向联调部门"三权"移交时，联调部门应仔细核对移交设备经承包商及监理签字的单体试验报告的完整性，检查接触网环网供电范围封闭完整。联调部门向运营部门"三权"移交时应向运营部门移交联调报告，联调缺陷清单，移交范围表，最终供电系统图及设备现状表。

④ 运营接管后组织接触网、变电所、电力监控系统等专业开展核图校线工作，检查图纸

与实物之间差别，核对设备运行状态及各项保护功能是否与设计功能相符。

12.1.2 运营接管条件

跨座式单轨交通载客试运营前，供电系统及各单位子系统安装调试工作应全部完成，运营部门应根据运营公司总体运营进度计划全部接管供电系统。供电设备质量及供电可靠性满足国家（GB 50150—2006）《电气装置安装工程电气设备交接试验标准》规定及（GB/T 30013—2013）《城市轨道交通试运营基本条件》等相关的规定。

（1）主变电所、牵引降压混合变电所、降压变电所、接触网及环网、电力监控系统等实体工程全部完成，设备型号、规格、各项参数及功满足设计要求及国家强制性标准，工程已各方预验收合格，满足行车要求。

（2）接触网各区段导高、拉出值、两线间距等几何参数符合设计规范，2 500 V兆欧表测量正、负极分别对地绝缘电阻大于 1 MΩ 以上。

（3）接触网近端、中远端、远端短路试验正常，直流断路器保护动作灵敏可靠。

（4）电力监控系统已连续运行 144 h 以上，功能完善，遥控、遥信、遥调和遥测功能正常，各类电气元件和开关的整定值调整准确。

（5）各变电所均有两路独立可靠的电源供电，一级负荷应确保由双电源双回路供电，主变电所数量应满足负载需求。当有外电源退出、相邻外电源跨区供电时仍能满足负载需求。

（6）在双边供电情况下，供电系统的容量应满足线路高峰小时列车最小行车间隔牵引用电量。

（7）供电系统的继电保护自动装置完好，设备故障是保证实现投/退保护功能。

（8）车站及区间照明系统照度应符合 GB/T 16275—2008 的要求，并出具照度测试报告，应急照明、应急电源和电能计量装置配置符合规范要求。

（9）变电所内、外部设备整洁、设备间距符合规定、电缆沟及隐蔽工程内清洁、无杂物，变电所外部符合防火要求，具备巡视和检修条件。

（10）电缆空洞封堵，安装防鼠板，悬挂电缆走向标识牌。

（11）供电系统维修班组沿线发布合理设置，发生故障时快速相应、及时处置。

（12）供电系统维修部门建立基础资料档案管理制度，包括维修与保养手册、部件功能描述、配线图、模块电路图、设备台账和供电设备清单等。

（13）运营交接移交应包括档案移交，包括工程承包合同、工程设计文件、竣工图纸、安装记录、操作手册、维护手册、设备总平面图等资料。

12.1.3 接管准备

1. 技术准备

运营部门技术准备的目的是为即将开通运营线路提供技术支持，规范运行维护人员、调度人员工作流程，提高运行维护人员、调度人员专业技能，防范"三违"现象发生，保证人身及设备安全。技术准备一般应在试运营专家评审之前完成。

技术准备的主要内容包括，技术资料收集，技术文件熟悉，安全管理、操作、维护、调度管理等规程类编制，应急预案编制及演练，各类运营人员培训等内容。

1）技术准备程序（图 12-1）

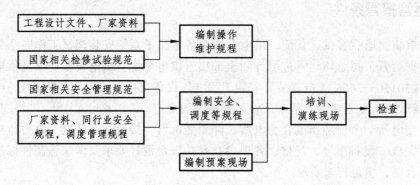

图 12-1　技术准备程序

2）技术准备一般规定

（1）各类规程、预案应由专业基础较好，现场经验丰富的工程技术人员编制。编制前应充分熟悉工程设计文件，国家相关安全管理规定及预防性检修试验标准，同时应借鉴同行业相关管理经验，并结合现场设备及条件编制。

（2）设备安装调试期间，结合现场实际做好运行维护人员的新设备、新技术、新工艺培训工作。

（3）检修维护人员、调度人员工作流程培训包括倒闸作业、检修作业、应急抢修作业等流程。

（4）应急预案编制后应组织进行演练，对存在不足进行修改。

2．人员准备

根据运营公司新线开通总体计划，供电系统建设项目预验收后逐步移交运营管理，运营单位应在新线建设初期拟定人员筹备计划，按岗及定编原则逐步配置到位，为运营接管做准备。

1）运营人员分类

（1）按职业特点划分。

①运营管理人才、专业技术人才：此类人才有较丰富行业从业经历，较强的管理经验，较高技术水平及技术职称。

②专业技术工人：有各种专业生产技能，在基层生产岗位上从事具体生产工作。

（2）按专业划分。

①电力调度员：负责供电系统运行管理、作业管理、电网突发事故处理。

②变电检修工：负责变电所设备巡查、检修、故障处理。

③接触网检修工：负责接触网及环网设备巡查、检修、故障处理。

④高压试验工：负责供电系统预防性高压试验工作，安全工器具试验工作。

⑤继电保护工：负责供电系统交直流保护检修试验工作。

⑥电力监控维护工：负责电力监控系统中心层、厂站层设备维护工作。

2）人员筹备程序

工种分析核算定编→运营单位审批→编制人才需求计划→启动招聘程序→选拔到岗→岗

前三级安全教育→岗前业务培训→特种作业证取证→试用期考核→上网证考核→分配各岗位。

3）人员筹备一般规定

（1）运行维护人员管理应满足国家（GB/T 30012—2013）《城市轨道交通运营管理规范》标准中相关条例规定。

（2）运营人员筹备培养周期较长，又由于供电专业属于特殊工种，大中专院校毕业生一般需3~5年培养方能独上岗，因此运营公司需在建设期同步筹备，分期分批逐步到岗。

（3）人员定额编制应综合分析工种特点，工作现场环境，检修作业修程，应急抢修布点等方面因素，管理岗人数宜按生产岗总人数10%比例配置。

（4）人才需求计划表应明确社会招聘及校园招聘比例，及分期分批到岗计划。社会招人数宜按总人数40%比例配置。

（5）社会招聘及校园招聘人员均应进行岗前三级安全教育及新设备、新技术、新工艺的岗前技术培训，经考核合格取得上岗资格证后方能独立上岗。

3. 物资准备

（1）物资是指运营生产正常消耗生产资料，设备维护保养所需备品备件及专用工器具，应急抢险使用专用工具器及备件总称，物资分类如下：

① 主要备品备件，该元件在设备上损坏将导致设备全功能丧失而退出运行，如断路器小车、保护装置、避雷器、汇流排、接触线、服务器、工作站等。

② 低值易耗品，该元件在设备上损坏不会导致设备全部功能丧失，设备不退出运行，如指示灯、按钮开关、螺栓等。

③ 应急抢险物资，做为突发事故应急抢险专用物资，正常维护保养不得挪用专用工器具及备件。

④ 维护保养专用工器具，设备计划检修，预防试验所使用专用工具，如万用表、各类扳手、试验仪器等。

⑤ 安全工器具，检修抢修作业时保证人身安全防护用品，如验电器、绝缘靴、绝缘手套、安全帽、安全带等。

⑥ 劳动防护用品，维护保养中保护人员免受伤害，预防职业病的用品，如口罩、手套、护目镜、工作服、工作鞋等。

⑦ 办公物资，运营生产单位正常办公使用物资，如办公桌椅、办公电脑、电话、传真机、打印机等。

（2）新线开通前物资准备程序：

编制计划→运营公司审批→物资部门采购→到货检验→入库→仓储→领用及发放→退库。

（3）物资采购渠道：

① 新线建设承包商提供，新线开通前由建设承包商代业主采购主要备品备件、常用低值易耗品及维护专用工具，该类品件随同设备同时生产同时到货，主要用于投运初期设备故障的应急处理，一般不超过设备总价的3%。

② 运营单位物资部门采购，新线开通前运营部门申报安全用具、劳动防护品、办公用品

需求计划，由运营单位物资部门组织采购。

③检修试验工器具及仪器仪表，也可纳入新线承包商采购，设备移交时一并移交运营单位。

④应急抢险物资与设备相关备件应纳入新线承包商采购，通用物资由运营单位根据情况自行采购。

（3）物资准备一般规定：

①物资采购领用实行计划管理，新线开通前应提前申报物资需求计划。

②纳入新线承包商采购物资，运营部门需在编制招标文件阶段提出物资需求清单。

③变电所安全工器具应在变电所受电前配置到位，且应有关检验资质单位检验合格，并在检验合格周期内，不合格品严禁使用。

④个人防护用品应在员工三级安全教育结束前配置到个人，无个人防护用品员工严禁进入新线施工现场。

⑤应急抢险物资及抢险工器具、抢险用地面汽车应在开通前配置到位，且沿线分布合理，建立专用清单及保养台账，定期检查保养，确保使用状态良好。

⑥新线开通前运营维护工区应有固定的办公场所，办公物资配置到位，如办公电脑、传真、打印机等。

12.2 试运营管理

跨座式单轨交通主体工程完工，按运营模式进行系统试运转及安全测试合格后，各系统通过安全性、可靠性、可用性考核，运营人员培训、故障模拟和应急演练等情况经过检验，试运营规程制度健全，通过第三方机构试运营基本条件评审合格，进行载客运营。

12.2.1 试运营的基本条件

（1）供电系统各子系统预验收全部合格，且满足国家（GB 30012—2013）《城市轨道交通工程试运营基本条件》标准中相关规定。

（2）供电各子系统档案已验收合格，并已向运营部门移交必备的试运营图纸、操作、维护手册等资料。

（3）按设计文件建设承包商已移交必备的主要备品备件及维修专用工具，满足试运营期运营维修需要。

（4）变电所通风、空调、给排水系统功能正常，已投入使用。消防器材配置到位，消防报警系统测试合格并已通过验收。

（5）试运期缺陷已全部得到整改。

（6）联调单位联调工作已基本结束，调度权、管理权、使用权已全部移交运营部门。

（7）各系统保护定值整定合格，满足保护选择性、灵敏性、可靠性要求，接触网短路试验合格。

（8）再生制动地面吸收装置与单轨车配合试验合格，电压抑制在列车允许范围内。

（9）供电各项规章制度、操作规程、维护规程、调度规程、事故事件处理规则等均已发布实施，运营部门事故应急预案已制定并演练。

12.2.2 试运营期管理

1. 维护人员管理

（1）联调单位向运营部门"三权"移交后各运营岗位即开始按运营正式生产流程运转，运营调度、维修各岗位 24 小时轮流在岗值班，做好设备日常巡查及应急抢修值班工作。

（2）全员安全教育，层层分解落实安全生产责任，各岗位人员安全生产责任及工作职责划分清晰。

（3）建立员工培训计划，定期组织新设备、新技术、新工艺业务技能培训及业务考核。

（4）生产流程跟踪检查纠偏。

（5）制定绩效考核制度，激励员工积极主动性。

2. 试运营期设备管理

（1）建立设备履历台账，内容包括设备名称、规格型号、主要参数、数量单位、安装地点、生产厂家、施工安装单位、设备参考价格、投运时间等。

（2）建立设备缺陷故障记录，统计故障设备、故障原因、更换元器件、处理措施、故障频率等，每月应根据缺陷故障记录分析评价设备状态。

（3）建立设备运行日志，新投运设备每天不少于 4 次巡视检查，新投运变压器 24 小时内应每小时巡视检查 1 次。运行日志检查内容应包括运行电压、电流、有功负荷、无功负荷、有功电量、无功电量、功率因素、环境温度、设备运行温度、变电所通风空调情况等。

（4）建立设备检修保养记录，每次应准确记录维护保养时间、内容、更换零部件、检修措施、检修人验收人姓名等。

（5）建立设备故障分析报告，设备故障及处理后及时分析查找原因，及时形成分析报告，报告内容包括故障现象、故障处理经过、故障原因、防范措施等内容。

（6）试运营期设备处于磨合状态，各变电所、机房应按有人值守管理，便于设备缺陷故障的及时发现及处理。

（7）接触网运营时段应定期添乘单轨列车检查弓网配合状态，每天停运后应按计划复测接触网几荷参数是否与设计一致，单轨车上有在线检测设备的应定期调取影像资料，检查弓网配合状态。温差变化大季节应检查锚段关节位移量，伸缩单元是否有卡滞现象。

12.3 运行管理

跨座式单轨交通供电系统主要作用是接受城市电网专用供电线路供电，其一部分降压输送到各车站、车场（车辆段）用电，另一部分通过降压整流为单轨列车供电。供电专业运营管理即是运营单位通过计划、组织、实施、协调控制等手段，对供电系统生产过程全程管理，确保人身设备安全，为单轨交通系统提供安全、可靠电源，为运营增值服务。

12.3.1 运行管理的任务和内容

供电专业运营管理主要任务是通过合理高效方法和措施，提高管理水平，降低生产成本，减小人身设备事故发生率，提高供电质量。运营管理主要内容是明确各岗位职责及生产流程，成本控制、安全管理等。

1. 建立合理高效管理体系统

（1）建立合理管理架构体系统，供电专业架构体系一般分为直线式、职能式、直线-职能式，结构如下三种方式。

直线式：管理部门无职能管部门及人员，从部门主任至生产班组直线管理，其优点责任明确，指令执行统一，管理标准一致；缺点是主要领导管理难度，层级多是传递效率不高，适用于单线管理，如图12-2所示。

职能式：部门内部设多个职能管理部门，按各自职责分别向生产班组下达指令，优点是减轻主要领导工作压力，各职能部门按专业在职权范围内行使管理权，充分发挥专业化管理作用；缺点是生产班组多个部门下达不同指令，有时可能是矛盾指令，导致效率低下，适于网络运营初始阶段，如图12-3所示。

直线-职能式：部门内部既有纵向直线管理流程，又有横向职能管理流程，兼顾了直线式及职能式部分优点，缺点是管理人员较多，多部门矛盾指令未能很好解决，出现矛盾指令需主要领导协调解决，适于大多数网络运营，如图12-4所示。

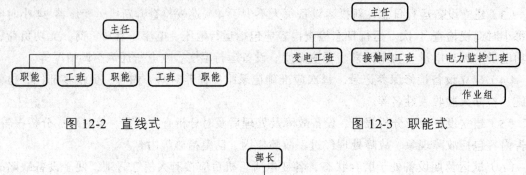

图 12-2　直线式　　　　　　　　　　　　图 12-3　职能式

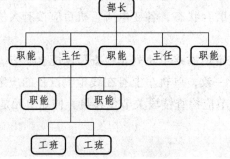

图 12-4　职能-直线式

（2）建立畅通的生产管理流程。

① 建立检修作业申报审批流程。维护保养必须按检修作业规程规定的修程编制计划向电力调度申报检修作业，作业结束后填写填记录。

② 建立设备巡视检查制度及缺陷管理制度。按规程规定的巡查周期对设备状态进行检查，

发现缺陷及时登记在缺陷登记簿上，并及时安排缺陷处理，经处理后及时消号及填上缺陷处理人姓名及时间。

③建立设备月度、年度分析制度。每月应对设备进行运行情况分析，每年应对设备进行运行情况分析及年度运行状况评价。

④建立设备技改大修管理流程。设备老化导致设备存在安全隐患，设备维修成层增加，设备因此需进行技改大修，恢复原有功能。应在每年末制定第二年大修技改计划，报运营公司立项审批后实施，需委外的还应按招投标程序办理，项目结束后应及时分析总结。

⑤建立物资申报采购流程。每年年末应制订第二年物资需求计划，每季度末应提报下季度物资采购计划，运营日常维护及技改大修应提前做好物资准备，物资管理人员每月应定期盘存并做好物资消耗报表。

12.3.2 运行管理组织和职责

运行管理组织是指采用检查、协调、考核等控制手段以达到预期制定目标的管理团队。落实岗位责任是确保管理团队各级人员按职履责的前提条件。

单线运营管理团队一般采用直线式组织架构，由车间主任、技术员、安全员、计划管理员等组成。

网络化运营管理团队一般采用取能-直线式管理组强架构，网络化运营模式下管理团队人员数一般不超过总人数 8%，由部门正副负责人、各专业工程师、安全管理员、质量管理员、合同预算员、各车间负责人等组成。

1．供电管理部门负责人的职责

（1）供电部门主要负责人为安全生产第一责任人，全面负责供电专业的生产、安全、质量、成本、员工培训、人才队伍建设等工作。

（2）认真贯彻执行国家有关安全生产的方针、政策、法规及运营单位的规章制度，抓好安全生产工作。

（3）根据运营单位年度目标，组织制定本专业生产、安全目标，并层层分解落实安全生产责任，确保年度目标实现。

（4）组织制定本专业各项规章制度，检修技术标准，并落实实施。

（5）组织开展节能降耗和技术改造等工作；组织突发事件及安全事故的应急抢险工作；主持或参与事故（事件）的调查分析工作。

2．专业工程师职责

（1）贯彻执行供电专业相关技术标准，做好本专业技术管理和参与新线筹备及运营接管工作。

（2）负责编制和修订本专业各类规章规程、检修作业指导书、记录表格等工作，并督促贯彻落实。

（3）负责审核本专业的年度维修计划及物资需求、采购计划。

（4）深入车间和工班，督查和指导本专业设备检修程序与质量，指导车间做好相关安全技术工作，掌握生产情况，对设备检修、整改过程中出现的各类问题进行技术支持，提出改进意见和措施。

（5）负责对本专业设备更新、大修、非标准检修、技术改造和本系统发生重大问题等情况，提出处理方案、技术措施和物资计划，并负责处理质量检查和运行跟踪。

（6）参与本专业设备故障（事故）的抢修（抢险），做好故障（事故）统计和技术分析，并提出改进措施。

（7）指导本专业车间开展技术练兵和演练活动；组织专业安全技术培训工作。

（8）负责分公司供用电管理工作，协调联系电力公司相关业务。

（9）完成上级交办的其他工作。

3. 安全管理员

（1）协助本公司决策机构和有关负责人组织制定本单位安全生产年度管理目标并实施考核工作。

（2）拟订本专业安全生产管理工作计划，编写本专业各部门、各岗位的安全生产职责，并实施监督检查。

（3）参与制订本专业安全生产的投入计划和安全技术措施计划并组织实施或者监督相关部门实施。

（4）组织拟订或者修订本专业安全生产规章制度，参与审查安全技术操作规程及相关技术规范，并对执行情况进行监督检查。

（5）实施生产经营场所现场安全生产检查，对检查发现的事故隐患问题，责令相关人员及时处理；制止违章作业，在紧急情况下对不听劝阻者，有权停止其工作，并立即报告有关负责人予以处理。

（6）参加审查本单位新建、改建、扩建、大修工程项目设计计划，参加项目安全评价审查、工程验收和试运行工作，并负责审查承包、承租单位资质、条件和证照等资料。

（7）组织落实本专业职业病危害防治工作，落实职业危害防治措施。

（8）组织实施本专业安全生产宣传、教育和培训，总结和推广安全生产工作的先进经验。

4. 质量管理员岗位职责

（1）协助组织落实各项质量目标，贯彻质量方针；

（2）现场巡检预防检修质量事故的发生，解决现场的质量问题，参与质量事故的调查并编制分析报告；

（3）参与设备缺陷及故障分析并进行跟踪处理；

（4）负责对检验标准的制定、修改、定期评审，检查标准执行状况、有效性；

（5）负责组织并实施对公司的员工质量管理体系知识的培训；

（6）协助公司相关部门制订公司的产品质量标准。

5. 车间主任岗位职责

（1）负责本车间安全技术、设备维护、故障处理及应急抢险、成本控制、质量贯标、人员培训及培养以及车间综合事务等管理工作。

（2）组织制定本车间的管理目标、工作计划、实施细则和具体措施，层层落实责任，并进行考核，确保车间年度各项目标的实现。

（3）贯彻执行国家及集团公司的有关政策、法规，传达上级各种安全文件、通知精神，执行上级指令和调度命令，修订、完善车间相关管理制度和安全规定，并对执行情况进行监督检查。

（4）组织编制本车间的"两措"计划，经审批后组织实施；参加或组织重要的检修（施工、操作）项目安全技术措施的制订。

（5）掌握本车间管辖区的设备运行状况，督促检查工班执行检修作业制度和情况，做好设备和线路的巡视、检修、试验，正确地填写各种记录，并对人身、设备安全及设备检修质量负责。

（6）协助有关部门制定事故预防措施并监督执行。发生安全生产事故后，应当立即启动相关预案，赶赴现场，组织抢险，参加或主持有关事故的调查处理工作。

（7）按规定做好本车间员工的劳动保护工作，按要求配备和发放劳动防护用品，并监督指导从业人员正确佩戴和使用。

12.3.3 运行管理规程和制度

单轨交通供电系统运营生产是指通过运行维保人员对设备运行维保管理，使设备安全可靠运行，为单轨交通系统可靠供电。运营管理团队运用生产管手段使供电运行维保规程在运营工作得到贯彻执行。

1. **生产管理规程制定**

1）电力调度规程制定

运营主管部门应根据单轨交通供电系统自身特点参照国网电力调度规程编制单轨交通供电系统电力调度规程，规程应包括调度组织机构、调度管辖范围、正副班调度职责、电网运行方式管理、调度操作原则、系统故障处理、继保装置运行管理、新设备投入管理、供电系统检修管理等内容。

电力调度职责是负责供电系统安全稳定运行管理，负责系统运行方式管理及系统检修作业管理，按事故处理"先通后复"原则，负责系统突发事故先期处置。

2）变电所运行管理规程制定

轨道交通一般采用集中供电方式，变电所由主变电所、牵引降压混合所、降压所等组成，主变电所初期按有人值守，牵引降压混合所、降压所按无人值守设计，变电所运行管理规程应按主变电所运行管理规程，无人值守变电所运行管理规程编制。

主变电运行管理规程内容包括与电源侧调度及资产分界点，主变电所运行值班方式、巡视检查一般规定、环控通风设备管理、消防管理、设备倒闸操作等内容。

无人值守变电所运行管理规程内容包括无人变电所巡视检查一般规定，设备倒闸操作、环控通风设备管理等内容。

3）变电所设备检修规程、接触网设备检修规程、电力监控检修规程制定

检修规程应参照（DL/T 596—1996）《电力设备预防性试验规程》标准、设计文件、厂家文件进行编制，应包括检修修程、试验周期、检修项目、检修内容等。设备检修实行"定人、定设备、定巡检周期，记名检修方式进行管理。

2. 倒闸作业流程

（1）变电所设备控制分为远程集控、变电所远动盘控制、设备就地操作，正常运方式由电力调度根据方式需要远程操作，当中心操作失败时，电力调度可下放操作权下令变电所远远动盘或设备就地操作。

（2）倒闸操作流程如图 12-5 所示。

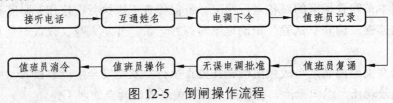

图 12-5　倒闸操作流程

3. 检作作业流程

1）变电所检修作业流程

变电所检修作业分无人所检修作业和主变电所检修作业，无人所检修作业要令、消令人由工作负责人担当，主变电所为有人值班变电所时由要令、消令人由值班长担当。

发票人签发工作票后应尽快交工作负责人复核，熟悉工作票作业内容。

电调审票分为传真审票和电话审票，传真审票即作业前由工作负责人将工作票传真电力调度审核；电话审票即是要令人要令时向电力调度电话宣读工作票后电力调度审核，因电话审票对电力调度业务水平要求较高，新线开通初期一般采用传真审票。作业流程如图 12-6 所示。

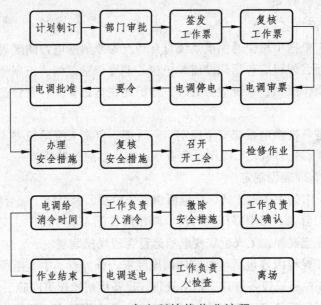

图 12-6　变电所检修作业流程

2）接触网检修作业流程

（1）接触网作业分正线与车辆段设备作业，轨行区作业正线由行车调度管理、车辆段作业归车场调度管理，维修部门发票人发票后应尽早报行调或场调审核。

（2）要令人、消令人应由工作负责人担当，行调批准进场作业令后通知电调对作业区段及工作车走行区段停电，电调停电后，行调向作业负责人发令，作业负责人得到进场作业令工作人员方能进入轨行区，作业组人员及工具材料应全部撤出轨行区方可消令，一经消令，轨行区即视为带电，任何人员不得再进入轨行区。

（3）作业区段各个来电方向均应挂设接地线，挂设接地线前 100 米外应用醒目标识做行车防护，防止其他工作车进入作业区段。作业流程如图 12-7 所示。

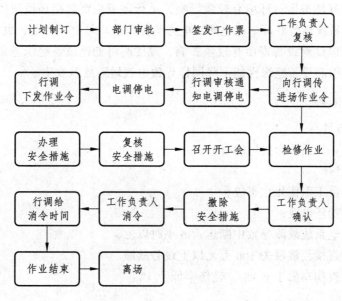

图 12-7　接触网检修作业流程

12.3.4　供电系统安全管理

轨道交通供电系统在正常运营中通常因人为因素、设备故障或环境因素影响导致供电安全事故发生。供电安全事故主要包括触电、电气火灾、设备故障停电导致运营中断。为了防范供电安全事故发生，运营单位应建立安全管理体系，组建安全管理组织机构，明确管理职责，建立安全管理制度，查找识别安全风险，落实整改危险源，防范安全事故发生。

1. 供电安全事故类别

（1）火灾事故，分为电气短路火灾、易燃物着火火灾、人为纵火火灾。

（2）触电事故，分为触电死亡、重伤、轻伤事故。

（3）设备故障，分为停电导致运营中断 6 小时以上事故，或直接经济损失 100 万元以上事故。

2. 安全事故主要因素

安全事故发生通常由三类因素构成，人、设备、环境。

1）人的因素

在安全管理中人的因素是安全事故主要因素，多数安全事故的发生总与人员严重违章分不开，设备老化、运行环境不良在维保人员能及时发现前提下总能将事故消除在萌芽状态。

2）设备因素

在安全管理中设备因素导致的安全事故一般在设备投运初期或设备老化期居多，投运初

243

期因产品不成熟或质量瑕疵或产品设计原因导致事故发生。在长期投入运行中设备逐渐老化，因保养不到位或未及时发现设备缺陷导致事故扩大。如接触网磨耗，在长年弓网摩擦副作用下，接触线局部将会有严重磨损，如未及时发现将出现严重的弓网事故导致列车停运。

3）环境因素

供电系统运行好坏与运行环境有较强影响，运行环境主要包括环境通风空调系统、防排水系统、消防设施系统运行好坏。变电所、电力监控机房均是电气产品，也有较多电子器件，变电所、机房温、湿度对设备寿命有较强影响，温度高将加速设备绝缘老化导致电气短路故障发生，湿度大将引起设备绝缘性能下降同样导致电气短路故障发生。

3. 安全管理体系

1）安全管理方针

贯彻"安全第一，预防为主"的方针。

2）安全管理目标

（1）杜绝有责员工工伤死亡事故；

（2）杜绝火灾责任事故；

（3）杜绝因供电系统故障导致中断运营 6 小时以上；

（4）杜绝有责直接经济损失 100 万元以上设备故障；

（5）员工有责重伤率低于 0.3‰，轻伤率低于 1‰。

4. 安全管理组织机构及职责

1）安全管理组织机构

建立以供电部门部长为安全生产第一责任人，分管安全副部长为分管直接责任人，安全生产技术室为安全管理办公室，车间、车间安全管理人员、工班长为成员的安全组织机构。组织机构如图 12-8 所示。

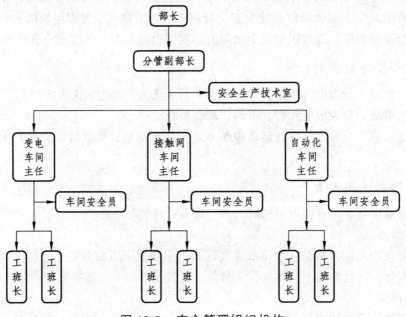

图 12-8 安全管理组织机构

2）各级职责

（1）部长。

①为本专业安全生产第一责任人，供电系统人、设备安全生产负直接管理责任。

②认真贯彻执行国家安全生产方针、政策，安全生产法规及企业安全生产规章制度。

③建立和完善本部门安全生产管理体系，层层分解落实安全生产责任，保证安全生产经费投入。

④组织制定本部门安全生产管理规章制度，完善安全生产奖罚措施，做到全员参与安全生产。

⑤推行"四新"技术在安全生产中运用，为安全生产创造良好条件。

⑥配合接受上级部门安全生产监督检查，向上级部门及时主动汇报安全生产情况及整改落实情况。

（2）分管安全副部长。

①协助部长主持本部门安全生产管理工作，对本部门安全生产负责直接领导责任。

②认真贯彻执行国家安全生产方针、政策，安全生产法规及企业安全生产规章制度。

③组织编写本部门事故应急预案，开展本部门员工安全生产教育工作，主持安全生产大型联动演练。

④深入现场开展安全生产检查，安全隐患排查，及时动态操作现场安全生产情况，并落实现场安全隐患整改。

⑤定期召开安全生产分析会，分析本部门安全生产形势。

⑥组织或参与安全生产事故调查或事故分析会，组织落实现场整改。

（3）车间主任。

①为本车间安全生产第一责任人，负本车间安全生产直接管理责任。

②认真贯彻执行国家安全生产方针、政策，安全生产法规及企业安全生产规章制度。

③建立和完善本车间安全生产管理体系，层层分解落实安全生产责任，正确合理使用安全生产经费。

④组织开展本车间员工安全生产教育工作，经常性开展安全生产实战演练工作。

⑤坚持安全第一的原则，杜绝违章指挥、强令违章冒险作业。

⑥负责本辖区安全生产专项检查，安全隐患排查工作，及时掌握现场安全生产情况。

⑦组织编写安全隐患整改现场实施方案并及时落实整改。

3）安全管理规章制度

（1）变电所安全工作规程、接触网安全规程。

变电所、接触网作业实行安全等级制度，分为一、二、三、四级，安全等级一级最低，四级最高。工作票签发人、带电作业负责人安全等级必须为四级，停电作业负责人安全等级三级人员可担当。变电所、接触网检修作业必须严格执行保证安全的组织措施及技术措施的规定。

电力监控专业作业应参照变电所安全工作规程执行。

（2）安全教育培训制度。

各级负责人及安全管理人员应定期组织员工开展有针对性安全培训教育及实战演练工作，并建立员工教育培训档案。定期开展特种作业证取证复审工作，确保全员持证上岗，新员工还应开展岗前三级安全教育工作，并将教育培训情况记入培训管理档案。

（3）安全检查、隐患排查整改制度。

设备管理人员及各级安全管理人员应定期开展全面安全检查及安全隐患排查，并及时填写检查记录表，针对排查出问题应及时定人、定时落实整改；针对重大安全隐患应登记挂牌督办；针对辖区风险源应进行风险识别、风险评价、制定专项管控措施，防范安全事故发生。

（4）安全生产交底制度。

安全生产交底实行分级交底制度。

① 例行维保作业，工作负责人工前应依据技术资料及安全工作规程复核工作票作业内容、安全措施及安排作业人员是否适当，并对作业过程的危险因素提前预想，在现场组织本员进行安全技术交底；

② 大型作业，车间技术人员应编制专项施工方案，车间负责人审批后由车间安全员、技术员、工班长分别进行安全技术交底；

③ "四新"技术推广应用及重大技术改造，由部级专业工程师编制专项施工组织设计，报运营单位技术负责人审批后由专业工程师向施作业工班交底。

参加安全交底人员应做好交底内容记录，履行签字手续，并保存好资料。

（5）安全会议制度。

安全会议由分管安全副部长主持，每月定期召开，其目的是分析当月安全形势，讨论安全生产议题，学习安全生产法规，交流安全管理经验。

（6）安全生产奖罚管理制度。

全员实行安全风险金制度，按安全风险比例提留不同比例基金作为安全风险保证金，安全管理部门年末进行安全生产考评，达标部门按同样风险比例加倍返还，未达标部门扣出提留风险保证金，以激励员工安全管理积极性。

第13章　供电设备检修

单轨供电系统是单轨交通重要的行车设备，沿单轨线路布置，工作环境恶劣。为保证供电系统的良好状态，必须重视供电设备检修工作。设备检修，应贯彻"预防为主，修养并重"的指导方针，以检为主、修为辅，提倡专业化资格检修，积极创造条件，实现少维修、无维修。

供电设备检修分为维修和大修两种修程。

维修是指在供电设备的实际状态与安全运行状态之间出现不允许的误差或发生故障时，对供电系统进行的必要修复，以重新建立供电系统正常功能。维修分为维持性修理、状态修理和故障修复。维持性修理，即为计划性维修，是以时间为依据，预先设定号检修的项目、内容和周期，对设备进行定期、全面的预防性检修，以达到设备功能正常运行的目的。故障性检修是以设备出现功能性故障为判断，根据功能故障的现象和原因，对设备进行的故障进行修复。故障修是一种须立即投入施工的、无事先计划的应急抢修方式。

大修是恢复性的彻底修理，是有计划、有针对性地对供电系统相关设备进行集中整治、修复、更换，恢复供设备原有性能，必要时进行技术改造，增强供电能力，适应运营发展的需要。

本章主要介绍供电系统变电，接触网、PSCADA 三大专业的设备检修、大修、事故（故障）抢修。

13.1　设备维修

13.1.1　变电设备维修

1. 巡视检查

为随时掌握设备的运行情况、变化情况、发现设备的异常情况，确保设备安全运行，需多变电所设备定期进行巡视检查。变电巡视检查主要包括主变电所、无人值守变电所巡视检查。

1）主变电所

巡视周期：每天 6:00、12:00、18:00、24:00，对变电所进行一次巡视检查。

巡视内容：

（1）检查各设备、柜、屏（盘）的信号、仪表指示是否正确、正常。

（2）检查各断路器、隔离开关的分、合闸位置是否正确，符合运行状态。

（3）检查各变压器的温度、声音、油位、油色、呼吸器硅胶颜色、防爆筒安全膜、调压开关装置、冷却风机是否正常，有无漏油、渗油现象；干式变压器表面有无裂纹等异常情况。

（4）检查各设备的绝缘件（绝缘套、绝缘子等）是否清洁，有无破损裂纹、瓷釉脱落、飞弧放电痕迹等异常情况。

（5）检查 GIS 开关柜等充气设备的气体压力是否在正常值范围内。

（6）检查直流电源装置充电设备、蓄电池运行是否正常，充电电压，充电电流是否符合要求。

（7）检查母排、电缆和各种导线连接部位有无松动、脱落、接触不良、过热变色等现象。

（8）检查各种设备有无放电、绝缘损坏等各种异常声音及异味等。

（9）检查各种标示牌、警告牌和安全防护栅栏等悬挂和设备位置应符合实际运行要求。

（10）查变压器外壳等各种接地应完好，接地线无断股现象。

（11）检查变电所各室的门窗和通风装置应符合运行要求。

（12）检查电缆夹层、电缆沟及电缆竖井中的电缆有无异常情况，有无进水渗水等现象。

（13）所内设备封堵完好，变压器风井、百叶窗挡鼠网完好，环网电缆出线孔洞完好。

（14）检查所内工具，安全用具，灭火器完好。

2）无人值守变电所

巡视检查周期：牵引变电所每天巡视一次；降压变电所每三天巡视一次；电缆夹层每半月巡视一次。

巡视检查内容：

（1）检查各设备、柜、屏（盘）的信号、各类保护装置、PSCADA 及仪表指示是否正确、正常。

（2）检查各断路器、隔离开关的分、合闸位置是否正确，应符合运行状态。

（3）检查各干式变压器的温度、声音是否正常，表面有无裂纹等异常情况。

（4）检查各设备的绝缘件（绝缘套、绝缘子等）是否清洁，有无破损裂纹、瓷釉脱落、飞弧放电痕迹等异常情况。

（5）检查 35 kV 开关柜等充气设备的气体压力是否在正常值范围内。

（6）检查 DC 220 V 直流电源装置充电设备、蓄电池运行是否正常，充电电压，充电电流是否符合要求。

（7）检查母排、电缆和各种导线连接部位有无松动、脱落、接触不良、过热变色等现象。

（8）检查各种设备有无放电、绝缘损坏等各种异常声音及异味等。

（9）检查各种标示牌、警告牌和安全防护栅栏等悬挂和设备位置应符合实际运行要求。

（10）检查变压器外壳等各种接地应完好，接地线无断股现象。

（11）检查变电所各室的门窗和通风装置应符合运行要求。

（12）检查电缆夹层电缆沟电缆竖井中的电缆有无异常情况，有无进水渗水等现象。

（13）所内设备封堵完好，变压器风井、百叶窗挡鼠网完好，环网电缆出线孔洞完好。

（14）检查所内工具，安全用具，灭火器完好。

2. 设备维修

重庆单轨供电系统变电设备维修，按设备分类，制定不同的检修周期，维修项目包括变压器、整流器、中压开关柜、直流开关柜、0.4 kV 开关柜及交-直流屏、再生制动吸收装置（含逆变装置）、64D 接地漏电保护装置、控制信号盘及继电保护装置等检修。

1）变压器

（1）主变压器（2 年检）。

① 检查清扫器身及其附件、通风系统、平衡绕组避雷器，中性点避雷器、中性点接地刀闸和充氮灭火装置；设备和支架安装牢固，无倾斜，无锈蚀。

② 检查紧固法兰、管路、阀门受力均匀，密封垫无老化，无渗漏油现象；油枕、套管油位、油色应正常。

③ 检查净油器、呼吸器，更换失效的干燥剂及油封内的油，当硅胶受潮率达 60%时，应更换。

④ 检查各侧引线、母排、接地线（排）连接牢固，接触良好，无断股散股现象，必要时，打磨接触面，涂导电膏。

⑤ 检查瓦斯继电器完好无积气（有载调压瓦斯继电器除外），瓦斯继电器和压力释放阀接点动作正常，连接电缆绝缘良好。

⑥ 检查套管应无开裂，瓷釉无脱落和放电闪络痕迹。

⑦ 检查散热器阀门应开启，外形无变形，通风系统工作正常。

⑧ 检查温度计指示正确，传感器部分应全部浸泡在油中。

⑨ 检查通风系统工作正常。

⑩ 检查中性点接地刀闸各传动部位润滑良好，电气连接牢固；就地/远方、手动/电动操作灵活，接触良好；放电计数器工作正常。

⑪ 检查有载调压开关及其操作机构指示正常，各传动部位润滑应良好，就地/远方、手动/电动操作灵活，无卡滞现象。

⑫ 检查充氮灭火装置温度传感器、控制装置、气瓶、管路和阀件完好，工作正常，无渗漏油/气现象。

⑬ 检测变压器绝缘电阻、介质损耗 tanδ、绕组直流电阻、泄漏电流，电容型导管 tanδ 和电容值；对变压器本体、导管和有载开关内的油样进行试验；对低压绕组、平衡绕组和中性点避雷器进行试验（试验周期与主变周期相同）。

⑭ 检查有载调压开关接触器、电动机、传动齿轮、辅助接点、位置指示器、计数器等工作正常，操作灵活，无卡滞，档位显示正确；二次线无破损，连接紧固，接触良好；各分接位的过渡电阻应符合要求。

⑮ 未列入项目按厂家技术要求执行。

（2）干式变压器（年检/3 年检）。

① 检查清扫器身表面、通风气道和温度控制器内的灰尘。

② 检查外露铁芯无锈蚀、变形，接地良好；器身和绝缘部件无开裂，无爬电痕迹和碳化痕迹；设备安装稳固，无倾斜、变形，支架及紧固件作用良好。

③ 检查母排、引线连接紧固，接触良好，无发热变形或断股散股现象；调压分接档位正确，分接连片接触良好，紧固力矩参考厂家标准。

④ 检查温度探头应安装到位，引线无破损断裂现象；温度控制器接线端子紧固，无松动，显示正常。

⑤ 测量变压器绝缘电阻和绕组直流电阻值应符合要求。

⑥ 未列入项目按厂家技术要求执行。

2）整流器（双月检/年检）

① 检查清扫柜体，设备应安装牢固，螺栓紧固无倾斜、变形、锈蚀，各部件尤其是绝缘

部件应清洁干净，无破裂、无烧伤放电痕迹；电缆封堵完好。

②目视检查一次电气连接螺栓定位线无错位，导线连接无破损断裂，裸露部分无碰壳接地或短路现象。

③检查柜内设备完好，表计、信号、PLC 显示正常。

④检查紧固一、二次回路连接螺栓（二极管夹紧螺栓应采用 20 N·M 力矩）。

⑤检查整流器微动开关信号、声光报警信号正常，PLC、控制操作回路和柜内二次元件、测温元件应完好，接线紧固。

⑥模拟保护动作，信号输出正常。

⑦测量整流管的反向重复峰值电压。

⑧检查框架对地绝缘电阻。

⑨未列入项目按厂家技术要求执行。

3）中压开关柜（2 年检）

（1）35 kV SF$_6$ GIS 组合开关柜。

①检查清扫柜体，设备应安装牢固，螺栓紧固无倾斜、变形、锈蚀，接地良好；试验接口和电缆封堵完好。

②检查机械/电气联锁关系、带电指示、位置指示正确；低压室内各电器元件、端子排完好，二次接线紧固，接触良好。

③检查断路器操作机构各部零件齐全，无破损、变形；分、合闸储能弹簧无变形、锈蚀；电机、辅助开关、限位开关完好，动作灵活，触点接触良好；储能（手动/电动）操作正常，传动机构使用厂家规定的润滑剂进行保养。

④检查 SF$_6$ 气体泄漏和微水量：利用 SF$_6$ 气体检漏仪对各部接头、灭弧室、气压表等进行检漏，要求管路无破损、变形，接头密封良好，年漏气率符合要求，压力降低其报警及闭锁应正常，气压表指示正常；用微水仪测试 SF$_6$ 气体里水分的含量符合要求。

⑤对柜内避雷器进行在线检测（每年）。

⑥检查母联断路器备投功能正常。

⑦未列入项目按厂家技术要求执行。

（2）10 kV 开关柜。

①检查清扫柜体，设备应安装牢固，无倾斜、变形、锈蚀，接地良好；各部件尤其是绝缘部件应清洁干净，无破裂、无烧伤放电痕迹；电缆封堵完好。

②检查机械/电气联锁关系、带电指示、位置指示正确；低压室内各电器元件、端子排、二次回路完好，电气连接紧固，接触良好。

③检查断路器操作机构各部零件齐全，无破损、变形；储能弹簧无变形、锈蚀，手动/电动操作正常；电机、辅助开关、限位开关完好，动作灵活，触点接触良好；传动机构使用厂家规定的润滑剂进行保养。

④对柜内避雷器进行试验（每年）。

⑤检查主回路的回路电阻和绝缘电阻，断路器分合闸时间和三相同期应符合要求。

⑥检查母联断路器备投功能正常。

⑦未列入项目按厂家技术要求执行。

4）直流开关柜（半年检）

① 检查清扫柜体，设备应安装牢固，螺栓紧固无倾斜、变形、锈蚀，各部件尤其是绝缘部件应清洁干净，无破裂、无烧伤放电痕迹；电缆封堵完好。

② 对开关柜传动部分润滑，清理一次触头接触部分并涂抹凡士林。

③ 检查活门应开闭灵活，小车导轨安装稳固无偏移。

④ 检查柜内传感器、继电器、电源模块、温湿控制器、加热器完好。

⑤ 检查表计、PLC、信号显示正常。

⑥ 检查清扫断路器，各部件尤其是绝缘部件应清洁干净，无烧伤放电痕迹；紧固螺栓，传动部件润滑；检查一、二次回路电气连接紧固，接触良好；操作闭锁关系正确，分合正常，开关位置及信号显示正常。

⑦ 检查清扫正负极及隔离开关：

a. 各部件尤其是绝缘部件应清洁干净，无烧伤放电痕迹；设备安装牢固，无倾斜、外壳无锈蚀。

b. 动静触头开闭正常，接触良好，触头无烧蚀痕迹；一、二次回路电气连接紧固；电动或手动操作机构动作灵活，无卡滞现象。

c. 操作闭锁关系正确，分合正常，开关位置及信号显示正常，继电器和辅助开关动作正常。

⑧ 检查断路器部件磨损和间隙符合厂家标准。

⑨ 检查断路器绝缘电阻。

⑩ 检查分流器和测量放大器的线性良好，保护装置动作正常。

⑪ 对柜内避雷器进行试验。

⑫ 检查框架对地绝缘。

⑬ 未列入项目按厂家技术要求执行。

5）0.4 kV 开关柜及交-直流屏

（1）0.4 kV 开关柜（年检）。

① 检查清扫柜体，设备应安装牢固，螺栓紧固无倾斜、变形、锈蚀，各部件尤其是绝缘部件应清洁干净，无破裂、无烧伤放电痕迹；电缆封堵完好。

② 检查一、二次部件完好，电缆、控制线绝缘无破损，回路电气连接良好。

③ 检查表计、PLC、信号显示正常。

④ 检查功率补偿柜控制器工作正常，电容无发热、鼓肚现象，滤波电抗器无发热、烧损现象。

⑤ 检查有源滤波装置（如有）工作正常，测控装置功能完好，参数设置正确，显示正常。

⑥ 检查框架断路器和抽屉开关操作正常，触头接触良好，无放电烧蚀现象，位置信号显示正常。

⑦ 检查母联断路器备投功能正常。

⑧ 未列入项目按厂家技术要求执行。

（2）交-直流屏（半年检）。

① 检查清扫柜体，设备应安装牢固，无倾斜、变形、锈蚀现象，各部件尤其是绝缘部件应清洁干净，无破裂、无烧伤放电痕迹；电缆封堵完好。

② 检查盘（柜）内照明、开关、继电器、仪表、自动开关、电源模块工作正常，配线、

端子排连接可靠，接触良好；表计、监控装置、信号显示正常。

③ 检查监控单元系统参数设置正确，工作正常。

④ 检查交流屏与直流屏双电源和 UPS 输出自动切换功能正常。

⑤ 检查直流接地巡检仪、电池巡检仪工作正常。

⑥ 未列入项目按厂家技术要求执行。

6）再生制动吸收装置（含逆变装置）（半年检）

① 检查清扫柜体，设备应安装牢固，螺栓紧固无倾斜、变形、锈蚀，各部件尤其是绝缘部件应清洁干净，无破裂、无烧伤放电痕迹；电缆封堵完好。

② 检查一、二次部件完好，高压电缆、二次线无破损，回路电气连接良好。

③ 检查各柜控制电源输入/输出电压正常，电源模块工作正常。

④ 检查电阻片无变形、无粘连，电气连接牢固。

⑤ 检查滤波电容无发热、鼓肚现象，滤波电抗器无发热、烧损痕迹。

⑥ 检查继电器、接触器动作正常，触点无烧损，门锁开关闭合可靠。

⑦ 检查上下位机、逆变单元、PLC 工作正常，表计、信号显示正常。

⑧ 检查紧固螺栓（IGBT 夹紧螺栓应采用 20 N·M 力矩）。

⑨ 测量电阻片阻值应无明显偏差。

⑩ 检查支路电阻和 IGBT 的 C-E 极间电阻值应在正常范围内。

⑪ 按干式变压器检修内容和标准对隔离变进行检查。

⑫ 测量框架对地绝缘电阻（测量时必须拔出下位机、逆变柜电源、控制线航空插头）。

⑬ 对柜内避雷器进行试验。

⑭ 开环模拟吸收试验工作正常。

⑮ 未列入项目按厂家技术要求执行。

7）64D 接地漏电保护装置（半年检/年检）

① 检查清扫柜体，设备应安装牢固，螺栓紧固无倾斜、变形、锈蚀，各部件尤其是绝缘部件应清洁干净，无破裂、无烧伤放电痕迹；电缆封堵完好。

② 检查一、二次部件完好，高压电缆、二次线无破损，回路电气连接良好。

③ 检查控制电源输入/输出电压正常，电源模块工作正常。

④ 检查接地电阻和阻尼电阻无烧损现象，电器元件动作正常，电压继电器触点闭合良好，门锁开关闭合可靠。

⑤ 检查微机控制装置工作正常，表计、信号显示正常。

⑥ 测量接地电阻阻值应无明显偏差。

⑦ 检查 64D 装置动作情况良好。

⑧ 未列入项目按厂家技术要求执行。

8）控制信号盘及继电保护装置

（1）控制信号盘（含变电所 PSCADA 通信装置、测控装置、复视系统、站控机、五防系统、隔开监控子站）（年检）。

① 检查清扫柜内设备，设备安装牢固，外壳无锈蚀，接地良好；屏内接线无破损，连接紧固，接触良好。

② 检查各种标识正确、齐全、清晰。

③ 检查装置上工作指示灯正常。

④ 检查串口服务器、通信管理机、通信控制器、交换机、测控装置、后台机、五防系统、隔开监控子站等工作正常。通讯信口通信正常，喇叭报警正常，系统冗余测试正常。

⑤ 检查清扫板卡，元器件外观应无异常，内部线路连接良好。

⑥ 检查站控机与控制信号盘的网络线无破损，连接良好。

⑦ 检查装置光口和电口与相应通信线连接可靠。

⑧ 检查 UPS 输出电压应正常。

⑨ 未列入项目按厂家技术要求执行。

（2）继电保护及自动装置（2 年检）。

① 检查设备安装应牢固，外壳无锈蚀，接地良好。

② 检查二次接线紧固，接触良好，装置内部和外壳清洁。

③ 进行动作值和动作特性试验，并绘制动作特性图。

④ 进行整体传动试验。

⑤ 未列入项目按厂家技术要求执行。

13.1.2　单轨接触网维修

1. 单轨接触网巡视检查

为使检修具有针对性，必须按规定周期对接触网进行巡视检查。巡视检查需检查和发现设备的不良处所，掌握设备的运行状态，并巡视中发现的不良情况及时进行处理，以确保设备可靠运行。重庆单轨接触网巡视包括白天的步行巡视、登乘巡视、特殊巡视；夜间的正线接触网及相关设备巡视（停电巡视）。

$$
\text{单轨接触网巡视}\begin{cases} \text{白天}\begin{cases} \text{步行巡视} \\ \text{登乘巡视} \end{cases} \\ \text{夜间：正线接触网及相关设备巡视（停电巡视）} \\ \text{特殊巡视} \end{cases}
$$

（1）巡视检查项目、周期（表 13-1）。

表 13-1　巡视检查项目、周期

类别	检修项目	检修周期	
		正线	车辆段
巡视检查	步行巡视	每月不少于一次	
	登车巡视	每周不少于两次	—
	特殊巡视	需要时安排	
	接触网停电巡视	季度	年度

（2）巡视检查内容（表 13-2）。

表 13-2　巡视检查内容

序号	检修项目	工作内容
1	步行巡视	① 观察有无妨碍接触网安全和列车运行的危险物
		② 观察接触网有无明显无闪络放电、变形，绝缘子有无断裂、锚段关节有无位移
		③ 观察接触网避雷器柜门完好并锁闭、各线缆应固定连接是否牢固，有无严重锈蚀和断裂现象
		④ 观察隔离开关柜门是否完好并锁闭，指示灯显示是否正常，设备运行是否正常
		⑤ 观察电缆竖井门是否正常锁闭，封堵是否完好，有无异物；电缆隧道、电缆沟壁有无裂纹、变形，电缆支架、接地扁钢有无松动和锈蚀，排水是否通畅，排水装置是否正常运行；周边环境有无影响电缆安全运行的因素
2	登车巡视	① 观察有无侵入限界，妨碍接触网安全和列车运行的障碍物
		② 观察接触网上零部件有无明显损坏、变形，绝缘子有无断裂移位
		③ 观察车体接地板有无变形、烧损
		④ 观察分段绝缘器有无明显的破损变形以及电弧烧损变色现象
		⑤ 观察电缆上网端子有无脱落
		⑥ 观察道岔应有无异常
3	正线接触网及相关设备巡视（接触网停电巡视）	① 检查螺栓有无松动、断裂、脱落
		② 检查支撑绝缘子状态是否正常
		③ 检查避雷器、上网电缆端子是否正常
		④ 检查锚段关节、中心锚节状态是否正常
		⑤ 检查接触线有无异常磨耗现象，并对异常磨耗进行测量和记录
		⑥ 检查分段绝缘器运行状态，测量分段绝缘器磨耗
		⑦ 检查有无飞边情况，对飞边进行清理
		⑧ 检查有无其他异物侵入限界、防碍受电弓运行

2. 单轨接触网维修

重庆单轨接触网维修项目主要包括：接触网年度检修、道岔接触网检修、车体接地板检修、隔离开关及电缆分支箱检修、避雷器检修、接触线磨耗测量、支撑绝缘子清扫、供电臂回路电阻测量。

（1）维修项目、周期（表 13-3）。

表 13-3　维修项目、周期

类别	检修项目	检修周期	
		正线	车辆段
维护检修	接触网年度检修	年检	两年检
	道岔接触网检修	月检	季检
	车体接地板检修	年检	两年检
	隔离开关及电缆分支箱检修	半年检	半年检
	避雷器检修	年检	年检

类别	检修项目	检修周期	
		正线	车辆段
维护检修	接触线磨耗测量	年检	两年检
	支撑绝缘子清扫	隧道内及车站年检	两年检
		其他地段两年检	
	供电臂回路电阻测量	两年检	/

（2）维修内容（表13-4）。

表13-4　维修内容

序号	检修项目	工作内容
1	接触网年度检修	① 按标准力矩对未涂封口胶的各部件连接螺栓进行紧固，检查已涂封口胶螺栓是否松动、脱落
		② 检查锚段关节（含大桥伸缩关节）、中心锚结是否满足要求；测量锚段关节两线间距（含大桥伸缩关节）、非支抬高值
		③ 检查保护板是否满足要求
		④ 检查分段绝缘器运行状态
		⑤ 检查上网点是否满足要求
		⑥ 检查接触线状态，清理接触线飞边毛刺
		⑦ 检查支撑绝缘子状态
		⑧ 清除接触网上的异物
2	道岔接触网检修　正线月检/车场季检	① 测量梁衔接处两支接触线的最小中心距
		② 测量梁衔接处接触线外漏剩余值
		③ 测量道岔正位直股时梁衔接处接触线非支末端抬高值
		④ 检查支撑绝缘子状态，清洁支撑绝缘子
		⑤ 检查道岔分段绝缘器的过渡情况，并对表面进行清洗；测量分段绝缘器最大磨耗处，分段绝缘器剩余高度值
		⑥ 紧固接触网各部件螺栓
		⑦ 检查道岔接触网中心锚结线夹有无移动
		⑧ 检查道岔电连接情况
		⑨ 检查带电体与轨道梁间的绝缘距离
		⑩ 在检修完成后，检查道岔进行转折情况
3	车体接地板检修	① 检查车体接地板外观是否平直良好，沉头螺栓顶面是否高出车体接地板工作面
		② 测量车体接地板接地电阻
		③ 检查车体接地板各部连接螺栓紧固情况
		④ 检查车体接地板伸缩连接板处是否满足自由伸缩
4	接触网隔离开关检修	① 清扫柜内绝缘子等部件灰尘
		② 检查绝缘子状态

序号	检修项目	工作内容
4	接触网隔离开关检修	③ 检查各部连接螺栓紧固情况
		④ 检查进出电缆状态
		⑤ 检查二次回路及保护回路，对松动的接线端子进行紧固
		⑥ 检查接地刀闸、主刀闸触头、检查灭弧杆状态
		⑦ 检查传动机构是否满足要求
		⑧ 检查构架及支撑检查、及电缆封堵情况
		⑨ 测量相关技术参数，含开关分闸时静距离
		⑩ 检查柜体外观有无变形、异常现象，保护接地端子是否牢固
		检查排风扇情况
		分合闸试验
5	避雷器检修	① 检查避雷器本体及脱离器运行情况
		② 检查底座构架基础、电缆引线
		③ 金属构件除锈涂防锈漆
		④ 检查避雷器箱封堵情况
		⑤ 测量接地电阻
		⑥ 检查各部螺栓紧固情况和电缆标牌是否齐全完好
		⑦ 记录计数器的动作次数
		⑧ 对氧化锌避雷器做预防性试验（按有关标准进行），对试验不合格的，要进行更换
6	接触线磨耗测量	① 每棍梁选取一个固定点进行测量
		② 采用精度 0.02 mm 的游标卡尺或接触线磨耗测量尺对接触线外露值进行测量
7	接触网绝缘子清扫	① 用清洗剂彻底清洗接触网支撑绝缘子污垢
		② 检查支撑绝缘子状态
		③ 对锈蚀的绝缘子金属件彻底除锈并涂漆
		④ 对不符合要求的绝缘子进行更换
8	供电臂回路电阻测量	测量范围：正线各供电臂
9	上网电缆分支箱检修	① 箱体油漆无脱落、起层，底座固定良好，M16 螺栓紧固力矩按 66 N·m 紧固
		② 箱体内灰尘进行清除，对封堵脱落的孔洞进行补封
		③ 箱体门锁锁闭良好有效，箱体柜门开关灵活，橡胶封条无破损，封闭完好，固定位置不影响柜门开关
		④ 箱体保护接地线缆、接线端子完好，保护接地回路通畅，各连接螺栓连接牢靠无脱落
		⑤ 正负极接线母排外观无拉弧烧伤现象，与上网端子间导电油脂涂抹均匀有效
		⑥ 正负极上网电缆连接 M16 螺栓紧固力矩按 66 N·m 紧固，标识牌齐全完好
		⑦ 母排支撑绝缘子进行清洁，观察外观有无破损、闪络、裂纹现象，固定牢固可靠

3. 单轨接触网检修技术标准

1）各部固定螺栓

接触网各部固定螺栓应涂装螺纹封口胶，螺栓、螺母及垫片应无锈蚀，螺栓紧固力矩应满足设计要求，详见表13-5。

表13-5 螺栓紧固力矩设计要求

序号	螺栓类型	材质	标准紧固力矩
1	M8 螺栓	1Cr18Ni9	普通螺母 13 N·m 施必牢防松螺母 25 N·m
2	M10 螺栓	1Cr18Ni9	25 N·m
3	M12 螺栓	1Cr18Ni9	44 N·m
4	M16 螺栓	1Cr18Ni9	66 N·m

2）支撑绝缘子

（1）支撑绝缘子的电气性能和机械性能应满足设计要求，爬电距离应大于 250 mm。

（2）在 PC 轨道梁上采用 M16 梯形螺纹的螺栓进行固定；在钢梁及道岔钢梁上采用 M12 标准螺纹的螺栓进行固定，且绝缘子金具与绝缘子固定板之间应加装橡胶绝缘垫。

（3）支撑绝缘子应保持清洁，无闪络烧伤、折断、破损、裂纹等现象，绝缘子金属件无锈蚀，瓷绝缘子的瓷釉剥落面积不得大于 40 mm²。

（4）带电体与接地体的绝缘距离应大于 96 mm 的要求，困难情况应不小于 76 mm。

3）汇流排

（1）汇流排的电气性能和机械性能应满足设计要求。

（2）汇流排通过汇流排固定压板用 M12 的不锈钢螺栓安装在绝缘子的金具端部，汇流排固定压板与绝缘子金具之间的齿与槽啮合密切。汇流排与汇流排固定压板间在水平方向应留有不大于 2 mm 的间隙，在垂直方向的间隙应满足拉出值及汇流排伸缩的要求。

（3）锚段中汇流排之间的接头距绝缘子距离应大于 250 mm。

4）接触线

（1）接触线采用梯形截面铜导线，其标称截面为 110 mm²，高 11.7 mm，宽 11 mm。

（2）接触线通过接触线固定夹板用 M8 的不锈钢螺栓固定在汇流排上，接触线固定夹板与接触线之间的齿与槽啮合密切。

（3）接触线安装后应满足限界的要求，在每个锚段范围内接触线不允许有对接的接头。

（4）接触网导高指接触线相对轨道梁侧面的高度，标准高度为 166.7 mm；接触线拉出值指接触线相对集电弓中心线的距离，接触线位于集电弓中心线上方为正拉出值，接触线位于集电弓中心线下方为负拉出值，拉出值范围（-60～+60）mm。

（5）接触线相对于轨道梁走行面的坡度应小于 7/1 000；接触线相对于轨道梁侧面的坡度应小于 1/1 000。

（6）接触线外露值达到 1.7 mm（误差±0.2 mm）时及时更换。

5）锚段关节

（1）锚段各部件连接牢固，螺栓无松动脱落，紧固力矩满足设计要求。

（2）锚段关节的伸缩间隙应符合设计安装曲线的要求，锚段无串位现象。汇流排伸缩无卡滞，汇流排并联卡子无锈蚀、变形、烧伤等现象。

（3）关节处两支接触线中心距离最小距离应满足（50±4）mm 的要求。汇流排端头处两接触线高差应在 13~19 mm，并联卡子处两接触线高差应在（8±1）mm 之间。两接触线应保证平滑过渡，无打弓、碰弓现象。

（4）电连接线顺直整齐、断股不超过十分之一；电连接护罩无磨损、无裂纹、安装牢固；电连接端子与电连接线间压接紧密。

6）大桥伸缩关节

（1）大桥伸缩关节应满足普通锚段关节的所有技术标准。

（2）伸缩关节应无卡滞、变形情况；电连接电缆满足正常伸缩的要求；电缆吊索应保证固定稳固。

7）中心锚结

中心锚结设置在伸缩单元的中部，采用中心锚结线夹在绝缘子两端固定的方式。中心锚结线夹应安装牢固，连接螺栓紧固力矩满足设计要求，线夹与绝缘子金具之间密贴，在任何情况下不能发生偏移。

8）防护板

（1）防护板一般安装在车站、维修基地、距地面以上高 3 m 以下的汇流排上及其他需要防护的区段。

（2）防护板与汇流排间应留有 2 mm 间隙，应保证汇流排的正常伸缩。

（3）防护板安装高度距接触线顶面的距离应大于 10 mm，以防对受电弓产生磕碰及打弓现象，且满足限界要求。

（4）防护板安装应固定牢固，平直整齐，表面整洁美观，无明显损伤。

9）电缆上网点

（1）避雷器及馈线上网电缆应完好，无烧损、破损，对损伤的电缆应加绝缘胶垫或重新缠绕绝缘胶布绑扎处理；上网电缆端子应无烧伤、变色；电缆标牌应齐全完好。

（2）上网端子与汇流排连接板螺栓螺纹封口胶应无异常，紧固力矩应满足设计要求。

（3）避雷器及馈线上网电缆应能自由伸缩。

10）分段绝缘器

（1）分段绝缘器的位置应在相邻两支撑绝缘子中心位置，误差为±100 mm。

（2）分段绝缘器工作面应与轨道梁侧面平行：使用 2 m 标准水平尺将分绝缘器两端汇流排靠紧，水平尺中心与分段绝缘器中心对齐，水平尺与分段绝缘器间的缝隙小于 2 mm。

（3）对于曲线区段上的分段绝缘器，将汇流排进行煨弯处理，使其线形基本与轨道梁一致。

（4）分段绝缘器与接触线之间应平滑过渡，对受电弓不产生磕碰及打靴现象。

（5）分段绝缘器应无烧损、裂纹、破损和变形，同时应保持清洁、表面无附着物。

（6）分段绝缘器最大磨耗大于 4 mm 时进行更换。

11）道岔接触网检修标准

（1）道岔接触网状态应满足轨道列车按标准时速通过要求（可挠型道岔最高时速为 25 km，

关节型道岔最高时速为 15 km）。

（2）接触线相对于轨道梁侧面的坡度应小于 1/1 000。

（3）单开道岔两侧接触网分曲内侧和曲外侧。在正位直股时：曲内侧衔接处接触网非支抬高应大于 10 mm；曲外侧开口端衔接处接触网非支抬高应大于 10 mm，其他各衔接处非支抬高应大于 25 mm。

（4）三开或五开道岔在正位直股时，开口端衔接处接触网非支抬高应大于 10 mm，其他各衔接处接触网非支抬高应大于 25 mm。

（5）道岔处在钢梁与绝缘子间加装绝缘橡胶垫，绝缘子固定螺栓上加装绝缘护套，保证绝缘子金属底座与道岔钢梁之间绝缘。压板与支撑绝缘子金具齿槽间配合密贴。

（6）接触线线槽应完全卡入道岔整体汇流排燕尾槽内，接触线末端预弯应顺直，弯曲弧度与末端汇流排安装面密贴，允许间隙小于 2 mm。接触线末端卡子固定牢固可靠，接触线末端预留长度满足（50±5）mm。

（7）开口端两线间距应满足（55±）3 mm，道岔梁之间及闭口端两线间距应满足（50±4）mm。

（8）道岔接触网各衔接处，应保证接触线平滑过渡，不产生打弓、碰弓现象

（9）道岔电连接应无烧损、断股、散股及连接不牢固等现象，电连接断股累计截面面积达到 30%的进行更换。

（10）绝缘橡胶垫不得有老化、破损现象，表面平整。绝缘套管外观完好，安装受力后无裂纹、破损、变形。

（11）带电体与接地体的绝缘距离应大于 96 mm 的要求，困难情况应不小于 76 mm。

（12）道岔接触网汇流排无变形，转折过程中接触网无碰撞、异响等现象。

12）车体接地板

（1）车体接地板标准高度（480±2.5）mm，车体接地板高差应无明显起伏（应小于 2.5‰）。

（2）车体接地板的外观平直、电连接完整无松动脱落。

（3）车体接地板沉头螺栓的顶面不应高出车体接地板工作面，无松动脱落，不得出现磕碰列车接地靴现象。

（4）车体接地板接地电阻不大于 4 Ω，车体接地板接地电缆连接牢靠，无发热、变色现象，并做好数据记录。

（5）车体接地板在伸缩连接板处，间隙套管无损坏、能自由伸缩。

13）隔离开关

根据功能可分为带接地刀闸隔离开关和不带接地刀闸隔离开关。

（1）隔离开关绝缘子等部件应保持清洁无灰尘、柜内无异物及垃圾。

（2）隔离开关绝缘子应无裂纹、破损及放电痕迹，瓷釉剥落面积达到 40 mm² 更换。

（3）母排进出电缆连接螺栓、调节环螺栓及各种线缆连接处的紧固力矩满足设计要求，应无松动和脱落。

（4）出线电缆接地线无断股、脱落；电缆头绝缘表面良好，无烧伤痕迹，绝缘胶带无脱落；电缆头接触面无氧化现象。

（5）二次回路及保护回路：端子排线紧固正常；分、合闸回路正常，指示灯无异常；照明、温控器回路正常，灯泡无故障。

（6）开关触头：触头接触面保持光滑，对烧伤触头进行打磨和调整；主闸刀和接地闸刀触头表面涂凡士林，闭合时接触应良好，4个接触点必须同时接触良好，用 0.05 mm 塞尺进行检测并小于 0.05 mm；检查灭弧杆应无变形等异常现象。

（7）传动机构：各零部件完好，连接牢固；止钉间隙为 2～3 mm，限位作用良好可靠，机构动作灵活，无卡滞，传动部位涂润滑油，转换开关动作灵活可靠，连锁可靠、正确，电磁闭锁良好。

（8）检查柜体外观有无变形、异常现象，保护接地端子是否牢固。

（9）检查排风扇情应无无异常情况。

（10）检查硅橡胶绝缘子有无破损、锚钉有无松动断裂。

（11）主闸刀和接地闸刀开闭情况应满足设计要求，手动分合 3 次，电动分合 2 次，电动分、合闸时间小于 3 秒。

（12）隔离开关分闸静距离应满足设计要求；直流电机线圈电阻满足设计要求。

成都通力：隔离开关分闸静距离≥80 mm。

14）避雷器检修标准

（1）避雷器本体及脱离器运行正常，脱离器无爆裂现象；底座构架基础无开裂、下沉，且接地良好；电缆引线固定可靠，无脱落现象。

（2）金属构件无锈蚀，对锈蚀部件除锈涂防锈漆。

（3）避雷器箱封堵良好，封堵不严实的应用封堵泥重新进行封堵。

（4）避雷器工作接地电阻不应大于 10 Ω；避雷器接地端子箱开闭良好，避雷器电缆端子与接地极连接可靠。

（5）各部螺栓紧固力矩满足设计要求，电缆标牌应齐全完好。

（6）避雷器每年进行预防性试验，试验按厂家标准和行业标准进行，对试验不合格的避雷器进行更换，试验项目及方法如下：

金属氧化物避雷器：

① 一毫安直流参考电压 U_{1mA} 大于等于 2.6 kV。

② 0.75 倍直流参考电压（$0.75U_{1mA}$）下的泄露漏电流不大于 50 μA。

③ 绝缘电阻大于等于 300 MΩ。

带间歇金属氧化物避雷器：

① 绝缘试验：不小于 1 000 MΩ（采用 2 500 V 兆欧表）。

② 直流放电试验：3.8～5 kV。

③ 系统标称电压下的泄漏电流：小于 10 μA。

15）接触线磨耗测量

（1）常规磨耗测量周期为每年一次，按每个锚段每榀梁测量一个点，测量每榀梁第一位绝缘子大里程方向第 3 颗接触线夹板螺栓对应处接触线。（不进行喷漆标识）注：三号线，鱼洞方向为小里程，机场方向为大里程；二号线，较场口方向为小里程、鱼洞方向为大里程。

（2）异常磨耗测量是对常规磨耗测量的补充，根据磨耗程度进行实时跟踪。当一锚段中某一段接触线磨耗异常严重或异常偏磨时，应将此段接触线的磨耗最低点新增为异常磨耗测量点，用红色自喷漆在 PC 梁和汇流排上分别做好标识后，测量磨耗数据。

16）上网电缆分支箱

（1）箱体油漆无脱落、起层，底座固定良好，M16螺栓紧固力矩按66 N·M紧固。

（2）箱体内灰尘进行清除，对封堵脱落的孔洞进行补封。

（3）箱体门锁锁闭良好有效，箱体柜门开关灵活，橡胶封条无破损，封闭完好，固定位置不影响柜门开关。

（4）箱体保护接地线缆、接线端子完好，保护接地回路通畅，各连接螺栓连接牢靠无脱落。

（5）正负极接线母排外观无拉弧烧伤现象，与上网端子间导电油脂涂抹均匀有效。

（6）正负极上网电缆连接M16螺栓紧固力矩按66 N·m紧固，标识牌齐全完好。

（7）母排支撑绝缘子保持清洁，应无破损、闪络、裂纹现象，固定牢固可靠。

13.1.3　PSCADA设备检修

重庆单轨供电系统PSCADA设备检修主要包括服务器、历史服务器磁盘阵列、与PSCADA系统连接的通信线路、工作站、外围设备、通讯前端处理器、网络通信设备、UPS等设备检修。

1. 服务器的维修工作内容和周期（表13-6）

表13-6　服务器的维修工作内容和周期

修程	工作内容	周期
半年检	① 检查时间是否同步 ② 检查鼠标、键盘、KVM连接情况 ③ 检查服务器磁盘、CPU、内存占有率 ④ 检查PSCADA系统主备通道、重要程序运行情况 ⑤ 检查PSCADA系统与各子系统链路情况 ⑥ 阅读主备服务器的运行日志等，判断设备状况 ⑦ 检查主备服务器是否能互相访问 ⑧ 对服务器MP口功能测试 ⑨ 对服务器及其附属设备表面进行清洁维护 ⑩ 检查服务器外设信息接口封堵情况 　检查服务器网卡功能 　紧固显示器电源线、数据线	半年
年检	① 包括半年检内容 ② 对服务器数据冗余功能测试 ③ 对服务器进行性能评估	一年
大修	① 备份服务器数据 ② 安装同等性能和功能的新服务器硬件设备 ③ 安装服务器专用电源 ④ 安装新服务器数据库及相关软件 ⑤ 安装服务器外设设备	十年

2. 历史服务器磁盘阵列的维修工作内容和周期（表 13-7）

表 13-7 历史服务器磁盘阵列的维修工作内容和周期

修程	检修工作内容	周期
年检	① 对磁盘阵列进行清洁维护 ② 检查磁盘阵列剩余空间是否足够 ③ 检查磁盘阵列中各磁盘运行状态 ④ 检查磁盘阵列的各指示显示是否正常 ⑤ 对磁盘阵列数据进行维护 ⑥ 检查磁盘阵列硬件运行情况	一年
大修	① 备份磁盘阵列数据 ② 更换同等性能和功能的磁盘阵列硬件设备 ③ 安装磁盘阵列外设设备 ④ 安装磁盘阵列控制器 ⑤ 安装新磁盘阵列数据库及相关软件	十年

3. 与 PSCADA 系统连接的通讯信线路的维护工作内容和周期（表 13-8）

表 13-8 与 PSCADA 系统连接的通讯信线路的维护工作内容和周期

修程	工作内容	周期
年检	① 清洁光纤盒接口 ② 检查光缆裸露部分是否有破损 ③ 对光纤盒表面进行清洁除尘 ④ 检查备用通道是否能正常通信	年检

4. 工作站、外围设备的维修工作内容和周期（表 13-9）

表 13-9 工作站、外围设备的维修工作内容和周期

修程	工作内容		周期
半年检	工作站	① 检查时间是否同步 ② 检查工作站软件运行情况 ③ 检查工作站磁盘、CPU、内存占有率 ④ 检查工作站与交换机之间网络连接情况 ⑤ 看"系统配置图"，检查整个网络工作是否正常 ⑥ 清洁显示屏、键盘和鼠标等设备 ⑦ 紧固显示器电源线、数据线 ⑧ 检查工作站外设信息接口封堵情况 ⑨ 检查工作站网卡功能 ⑩ 对工作站主机表面清洁维护 　检查鼠标和键盘的连接情况 　清洁放置工作站的 IBP 盘机柜	半年

修程		工作内容	周期
年检	工作站	① 包括半年检内容 ② 对工作站的主机内部进行清洁维护	一年
	外围设备	① 检查打印机指示灯、显示屏是否正常 ② 检查打印机网络连接是否正常 ③ 检查打印机系统进程运行情况 ④ 检查电源连接情况 ⑤ 检查打印机的网络、水晶头情况	
大修	工作站	① 备份工作站数据 ② 安装同等性能和功能的新工作站硬件设备 ③ 安装工作站显示器 ④ 安装工作站外设设备 ⑤ 安装新工作站相关系统软件	

5. 通信前端处理器（中心和车站层）的维修工作内容和周期（表 13-10）

表 13-10　通信前端处理器（中心和车站层）的维修工作内容和周期

修程	检修工作内容	周期
半年检	① 检查时间是否同步 ② 查看各链路指示灯状态是否正常 ③ 检查通信前端处理器双机冗余是否正常 ④ 登陆通信前端处理器，检查系统运行状态 ⑤ 登陆通信前端处理器，检查各子系统链路状态 ⑥ 对通信前端处理器进行清洁维护 ⑦ 检查各子系统的通信线连接是否良好	半年
年检	① 包括半年检内容 ② 对通信前端处理器各参数进行备份（系统稳定后，每升级一次后备份） ③ 对通信前端处理器进行冗余测试	一年
大修	① 备份通信前端处理器数据 ② 安装新通信前端处理器硬件设备 ③ 安装新通信前端处理器系统软件	十年

6. 网络通信设备（中心交换机、车站层交换机、防火墙）的维修工作内容和周期（表 13-11）

表 13-11　网络通信设备（中心交换机、车站层交换机、防火墙）的维修工作内容和周期

修程	检修工作内容	周期
半年检	① 查看各指示灯状态是否正常 ② 检查网络端口接线有无松动	半年

修程	检修工作内容	周期
半年检	③ 检查交换机路由状态 ④ 查看 CPU 占有率、温度是否正常 ⑤ 对网络通信设备表面清洁除尘 ⑥ 检查网络通信设备各端口运行状态	半年
年检	① 包括半年检内容 ② 检测交换机冗余电源是否正常 ③ 检查网线及水晶头 ④ 检查通信设备的配置备份文件并备份(系统稳定后,每升级一次后备份)	一年
大修	① 备份交换机数据 ② 安装同等性能和功能的交换机硬件设备 ③ 安装交换机电源模块 ④ 配置新交换机	十年

7. UPS 的维修工作内容和周期（表 13-12）

表 13-12　UPS 的维修工作内容和周期

周期	检查内容	周期
年检	① 检查 UPS 系统运行情况是否正常 ② 确认电池外观无凹凸现象,无鼓包、裂纹、变形、污迹、漏液情况 ③ 回路接线合理、整齐、美观,电缆标牌及各种端子编号正确、齐全,导线及电缆符合要求 ④ 蓄电池使用的环境温度符合 20~25℃、通风良好、通风口没有障碍物、保持电池组通风散热良好 ⑤ 清洁 UPS 系统表面,装置及周围地面干净、整洁、无杂物、室内照明充足、消防器材齐全,位置摆放正确、未存放易燃易爆物品 ⑥ 测量输入电压及输出电压 ⑦ 检查接线端子的接触是否良好 ⑧ 检查开关、接触器件接触是否良好 ⑨ 对蓄电池组的端电压进行测量并记录	一年

13.2　设备大修

近年来,随着重庆轨道交通网络化运营的不断完善,供电系统得到了快速的发展,用户对于供电系统可靠性的要求也越来越高。由于供电系统中设备的运行状况受到外界干扰和环境因素的影响较大,使得供电设备在实际运行过程中,发生故障的几率较大,对电力系统正常运行的安全性和稳定性造成了威胁。因此,运用供电设备的大修技改对于解决的设备故障问题的必要性愈加明显。

本节从供电设备大修技改的原则及流程入手,采用全寿命周期成本理论对供电设备大修技改的项目进行说明,共分为设备大修原则及流程、变电设备大修、接触网设备大修 3 部分。

13.2.1 供电设备大修原则及流程

1. 供电设备大修原则

（1）坚持"安全第一、预防为主、综合治理"方针，严格执行国家、行业、地方有关方针政策、法律、法规，落实公司相关标准、制度、规定和反措要求，重点解决影响供电系统安全稳定运行的生产设备（设施）问题。

（2）供电设备（设施）大修应有利于提升供电系统安全稳定水平，有利于提升设备运行的可靠性，有利于提升供电系统经济运行水平。

（3）资产全寿命周期成本最优原则。在保障供电设备安全可靠运行基础上，统筹考虑供电设备的安全、效能、周期成本，最大限度发挥资产效益，实现供电系统资产全过程闭环管控和资产全寿命周期技术经济最优。

（4）以设备状态综合评价为基础原则。统筹考虑设备运检环节安全性评价、隐患排查、状态评价、设备故障缺陷状况等因素，以综合评价结果为基础，解决影响人身安全和设备安全的突出问题。优先安排评价认定已处于严重状态，对系统安全运行有严重影响，以及判定为有威胁安全运行的严重缺陷的设备。

（5）以技术进步为先导，推广先进适用技术，提升供电设备健康水平。

2. 供电设备大修的整体流程

第一阶段为立项筹备阶段：包括编制大修及专项修规程、三年规划、工艺标准、评估方案、评估报告、项目方案等。

第二阶段为立项阶段：包括大修及专项修项目立项（含预算）申请、立项审核、预算安排、下达大修及专项修任务书、成立项目组等。

第三阶段为实施阶段：包括大修及专项修项目计划的编制、物资的采购、委外合同的签订、施工方案的编制、技术管理、施工管理、调试、验收、质保期等。

第四阶段为后评估阶段：包括大修及专项修总结、成本核算、工艺梳理、规划更新、规程修订、意见反馈等。

13.2.2 变电设备大修

大修属彻底性修理，对设备进行全部解体检修，更新不合标准的零部件，对设备外壳进行除锈涂漆，必要时进行整体更换，恢复设备的原有性能。

参考资产全寿命周期成本最优原则，本节主要介绍变电设备周期寿命结束、主要设备损坏或试验达不到运行要求时的大修项目。因各线采用的供电设备寿命周期不同，现以重庆轨道交通三号线变电设备为例。

1. 110 kV GIS 组合电器大修

110 kV GIS 组合电器达到 30 年设计寿命周期，或主要电气间隔设备老化、发生短路故障引起间隔内主要设备损坏（损坏设备数量≥60%总设备数量或损坏设备价格≥60%总设备价格），及电气绝缘强度和特性试验达不到运行要求时，即可开展设备大修流程。

该设备大修项目主要包括：

（1）隔离开关/接地刀闸：更换磨损、烧蚀到限的主触头，更换操作机构、储能电机。

（2）断路器：更换磨损、烧蚀到限的主触头，更换操作机构、储能电机。

（3）互感器：更换互感器。

（4）气室：清洁气室内壁，整修变形泄露部位，更换密封环/胶垫、吸附剂，必要时整体更换。

（5）二次回路及设备：更换二次线缆、压力表、继电器、空开、位置显示器、转换开关。

（6）必要时对 110 kV GIS 组合电器进行整体更换。

2. 油式变压器大修

油式变压器达到 30 年设计寿命周期，或满负荷（容量/功率）运行累计达到 2 h/天；各主要部件老化，电气绝缘性能严重下降、存在明显放电现象；内部发生短路导致主要部件损坏（损坏设备数量≥60%总设备数量，或损坏设备价格≥60%总设备价格）；电气绝缘强度和特性试验达不到运行要求，即可开展设备大修流程。

该设备大修项目主要包括：

（1）铁芯：紧固铁芯夹件，对硅钢片进行绝缘处理。

（2）绕组：整修绕组，加强绝缘薄弱部分。

（3）箱体/油枕/散热器/：更换油位计，更换阀门及密封垫，更换气囊或金属膨胀器，更换散热器，更换硅胶，更换套管。

（4）有载调压：更换分接开关，更换传动机构，更换过度电阻。

（5）变压器油：对本体/有载调压箱体变压器油进行更换。

（6）二次回路及设备：更换全部电缆、互感器、继电器、通风电机、温度显示及传感器。

（7）必要时对油式变压器进行整体更换或返厂大修。

3. 35 kV 中性点接地电阻装置大修

35 kV 中性点接地电阻达到 20 年设计寿命周期，或电阻片老化、发生短路故障引起电阻片损坏（损坏设备数量≥60%总设备数量或损坏设备价格≥60%总设备价格）；电气绝缘强度和特性试验达不到运行要求，即可开展设备大修流程。

该设备大修项目主要包括：

（1）电阻：对烧蚀或变形严重的电阻片进行修复。

（2）二次回路及设备：更换全部电缆、互感器、显示装置。

（3）必要时对接地电阻装置进行整体更换。

4. 35 kV GIS 气体绝缘开关柜大修

35 kV GIS 气体绝缘开关柜达到 30 年设计寿命周期，或主要电气间隔设备老化或发生短路故障引起间隔内主要设备损坏（损坏设备数量≥60%总设备数量或损坏设备价格≥60%总设备价格）；电气绝缘强度和特性试验达不到运行要求，即可开展设备大修流程。

该设备大修项目主要包括：

（1）隔离开关/接地刀闸：更换磨损、烧蚀到限的主触头，更换操作机构、储能电机，必要时进行整体更换。

（2）断路器：更换磨损、烧蚀到限的主触头，更换真空泡和操作机构，必要时进行整体更换。

（3）互感器：更换互感器。

（4）气室：清洁气室内壁，整修变形泄露部位，更换密封环/胶垫、吸附剂，必要时整体更换。

（5）二次回路及设备：更换二次线缆、压力表、继电器、空开、位置显示器、转换开关、温湿控制器。

（6）必要时对 35 kV GIS 气体绝缘开关柜进行整体更换。

5. 干式变压器大修

干式变压器达到 30 年设计寿命周期，或满负荷（容量/功率）运行累计达到 2 小时/天；各主要部件老化，电气绝缘性能严重下降、存在明显放电现象；内部发生短路导致主要部件损坏（损坏设备数量≥60%总设备数量，或损坏设备价格≥60%总设备价格）；电气绝缘强度和特性试验达不到运行要求，即可开展设备大修流程。

该设备大修项目主要包括：

（1）铁芯：紧固铁芯夹件，对硅钢片进行绝缘处理。

（2）绕组：整修绕组，加强绝缘薄弱部分。

（3）二次回路及设备：更换全部电缆、互感器、继电器、通风电机、温度显示及传感器。

（4）必要时对干式变压器进行整体更换或返厂大修。

6. 整流器大修

整流器达到 25 年设计寿命周期，或满负荷（容量/功率）运行累计达到 2 小时/天；各主要部件老化，电气绝缘性能严重下降、存在明显放电现象；内部发生短路导致主要部件损坏（损坏设备数量≥60%总设备数量，或损坏设备价格≥60%总设备价格）；电气绝缘强度和特性试验达不运行要求，即可开展设备大修流程。

该设备大修项目主要包括：

（1）整流二极管设计寿命周期 15 年，全部更换。

（2）快速熔断设计寿命周期 15 年，全部更换。

（3）更换 PLC、继电器、二次线缆、阻容回路、空开。

（4）必要时对整流器进行整体更换或返厂大修。

7. DC 1 500 V 开关柜大修

DC 1 500 V 开关柜达到 25 年设计寿命周期，或各主要部件老化，电气绝缘性能严重下降、存在明显放电现象；内部发生短路导致主要部件损坏（损坏设备数量≥60%总设备数量，或损坏设备价格≥60%总设备价格）；电气绝缘强度和特性试验达不到运行要求，即可开展设备大修流程。

该设备大修项目主要包括：

（1）更换磨损、烧蚀到限的主触头。

（2）更换操作机构。

（3）更换全部电缆、显示装置、继电器、温湿控制器、空开。

（4）必要时对 DC 1 500 V 开关柜进行整体更换。

8. 再生制动混合逆变装置大修

再生制动混合逆变装置达到 20 年设计寿命周期，或各间隔主要部件老化，电气绝缘性能严重下降、存在明显放电现象；内部发生短路导致主要部件损坏（损坏设备数量≥60%总设备数量，或损坏设备价格≥60%总设备价格）；电气绝缘强度和特性试验达不到运行要求，即可开展设备大修流程。

该设备大修项目主要包括：

（1）上/下位机：更换上/下位机。

（2）斩波柜：更换电源模块、传感器、IGBT 模块、驱动模块、转换开关、接触器。

（3）开关柜：更换隔离开关、电容器、电抗器。

（4）电阻柜：更换电阻片、温度传感器。

（5）隔离变压器：同干式变压器。

（6）逆变柜：更换功率模块、PLC、风机、继电器、空开。

（7）更换全部电缆、传感器、显示装置、温湿控制器、继电器、熔断器、转换开关、空开。

（8）必要时对再生制动混合逆变装置进行整体更换。

9. 64D 接地漏电保护装置大修

64D 接地漏电保护装置达到 20 年设计寿命周期，或主要部件老化，电气绝缘性能严重下降、存在明显放电现象；内部发生短路导致主要部件损坏（损坏设备数量≥60%总设备数量，或损坏设备价格≥60%总设备价格）；电气绝缘强度和特性试验达不到运行要求，即可开展设备大修流程。

（1）更换限位二极管、传感器、PLC、继电器、电阻、电缆、显示装置、温湿控制器、熔断器、空开。

（2）必要时对 64D 接地漏电保护装置进行整体更换。

10. 400 V 开关柜大修

400 V 开关柜达到 20 年设计寿命周期，或主要部件老化，电气绝缘性能严重下降、存在明显放电现象；内部发生短路导致主要部件损坏（损坏设备数量≥60%总设备数量，或损坏设备价格≥60%总设备价格）；电气绝缘强度和特性试验达不到运行要求，即可开展设备大修流程。

（1）更换断路器、抽屉开关、传感器、PLC、继电器、电容及电感/有源滤波装置、显示装置、空开、熔断器。

（2）必要时对 400 V 开关柜进行整体更换。

11. 交-直流屏大修

交-直流屏达到 20 年设计寿命周期，或电气绝缘性能严重下降、存在明显放电现象；内部发生短路导致主要部件损坏（损坏设备数量≥60%总设备数量，或损坏设备价格≥60%总设备价格）；电气绝缘强度和特性试验达不到运行要求，即可开展设备大修流程，即可开展设备大修流程。

（1）交流屏：更换空开、转换开关、显示装置、互感器、熔断器、隔离开关、继电器、接触器、ATS，必要时进行整体更换。

（2）直流屏：更换整流模块、降压硅堆、监控单元、转换开关、接地巡检仪、接触器、继电器、熔断器、空开，必要时进行整体更换。

（3）蓄电池：蓄电池设计寿命周期 10 年，老化后容量严重下降，出现放电、漏液、壳体鼓包变形，须更换蓄电池、电池巡检仪、温度传感器。

（4）必要时对交-直流屏进行整体更换或返厂大修。

12. 变电设备大修后的基本质量要求

（1）所有电气设备的外壳应清洁无油污，工作接地及保护接地良好。大修后应无锈蚀和脱漆，设备的镀层也应完好。

（2）所有充油（气）设备的油位（气压）、油（气）色符合规定；吸附剂、干燥剂作用良好；油（气）管路畅通；油位计、气压表指示正常，表计应清洁透明。大修后不得渗油（气）。

（3）金属构架，杆塔和支撑装置应完好，安装牢固，并不得下沉和偏移。

（4）绝缘件应清洁干燥、无裂纹、破损和放电痕迹。

（5）导电部分连接良好紧固，接触电阻符合要求，连接线夹应涂电力复合脂，触头应涂中性凡士林，各类引线不得松股、断股，线夹连接牢固，张力适当，相间及对地距离要符合相关规定。

（6）大修中所有更新的零部件要达到出厂标准。所有新换的设备，其本身质量和安装质量均要达到新建项目的标准。大修中新设的基础、杆塔、构架和支撑装置要达到新建项目的标准。

（7）供电设备大修后，其机械和电气性能需满足交接试验要求。

13.2.3 接触网设备大修

单轨接触网大修需考虑建设投入运行的情况、建设标准及接触网设备运行状况，确定接触网大修周期、项目和范围。鉴于不同线路接触网设备性能和运行条件不同，应结合线路速度、供电能力、弓架次、锈蚀、磨耗、绝缘强度等实际情况，适当调整大修周期、项目和范围。目前，重庆单轨接触网接触网设备大修项目主要包括：接触线、锚段关节、避雷器箱体、汇流排、支撑绝缘子、车体接地板。

1. 大修项目及范围

目前，重庆单轨接触网接触网设备大修项目主要包括：接触线、锚段关节、避雷器箱体、汇流排、支撑绝缘子、车体接地板，具体范围及更换零部件如表 13-13 所示。

表 13-13　大修项目及范围

序号	项目	范围	更换设备及零部件
1	接触线大修	整锚段更换接触线	接触线
			接触线固定夹板
			不锈钢螺栓（M8×50、M8×35）
2	锚段关节大修	整组更换锚段关节	夹持型汇流排（关节）
			汇流排连接板及连接螺栓

序号	项目	范围	更换设备及零部件
2	锚段关节大修	整组更换锚段关节	电连接护罩及固定螺栓
			汇流排端部并联卡子及固定螺栓
			接触线末端固定卡子及固定螺栓
			A型电连接（含A型电连接线夹压接端子、电连接线）
			汇流排固定压板
			不锈钢螺栓（M8×35）
3	汇流排大修	整锚段更换T型汇流排	T型汇流排
			接触线固定夹板
			汇流排连接板及连接螺栓
			中心锚结线夹及连接螺栓
			汇流排固定压板
			电连接板
			不锈钢螺栓（M8×50）
		整锚段更换夹持型汇流排	夹持型汇流排
			中心锚结线夹及连接螺栓
			汇流排连接板及连接螺栓
			汇流排固定压板
			电连接板
			不锈钢螺栓（M8×35）
4	避雷器大修	整体更换避雷器及箱体	避雷器本体
			避雷器箱体及连接零部件
			接地电缆连接箱及连接零部件
5	支撑绝缘子大修	整区间更换接触网支持绝缘子	支持绝缘子及固定螺栓
			汇流排固定压板及连接螺栓
			绝缘橡胶垫
6	车体接地板大修	整车站更换车体接地板	车体接地板及连接螺栓
			车体接地板托架及连接螺栓
			接地膨胀连接板及连接螺栓
			接地板连接线及端子
			保护板固定卡子
			分段绝缘器连接螺栓

2. 大修启动标准及周期（表 13-14）

表 13-14　大修启动标准及周期

序号	项目	大修启动标准	周期
1	接触线	该锚段接触线的最大磨耗≥6 mm（误差±0.5 mm）时，必须整锚段更换	8～15 年
2	锚段关节	该组锚段关节存在电气烧损，直流电阻值严重超标，不能满足该线通过的最大电流时，必须整组更换。	10～25 年
3	避雷器箱体及接地系统	避雷器箱体及接地箱锈蚀、变形无法修复或不能满足规定的机械强度和安全系数时，必须整体更换箱体。避雷器接地电阻值超出 10 Ω 并经降阻措施无效后，必须大修	10～25 年
4	汇流排	汇流排出现腐蚀和损伤后，不能满足该线通过的最大电流，或不能满足规定的机械强度时，必须大修更换	20～25 年
5	支持绝缘子	该区间按 1%的比例抽样测试绝缘子电气性能或机械性能，出现不达标时，整区间更换	25～30 年
6	车体接地板	车站车体接地板平均磨损超过 3 mm 时，整车站更换	20～25 年

备注：大修以大修标准所确定的性能参数为主要依据（满足大修标准，即可进行大修更换），大修周期作为参考。

3. 大修质量要求

（1）单轨接触网大修应选用耐腐蚀、抗疲劳、高强度、轻型化的零部件，采用新技术、设备、材料，使用先进的施工工艺，解决影响供电和运营安全中存在的问题。

（2）大修后的接触网必须与列车速度、线路质量相匹配，并达到同期新建工程的标准，保证一个大修期内的安全运行。

（3）单轨接触网大修应执行国家和电业部门的有关规定和标准，同时大修质量验收应执行《跨座式单轨交通设计规范》《跨座式单轨交通工程施工及验收规范》的各项规定和标准。

13.3　事故抢修

供电系统是城市轨道交通系统中重要的组成部分，系统运行是否正常直接影响列车的运行和客运交通的服务质量。因此，加强对供电系统的运行管理、设备维修、安全操作和合理调度尤为重要，供电系统职工的责任就是要确保系统安全运行和供电质量。

但是，由于种种原因，供电系统在某种条件下可能会发生故障或事故，影响系统正常供电或造成停电，因而也影响列车的正常行驶或造成停驶。在这种情况下，必须尽快恢复交通正常或以最快的速度恢复交通，在电力调度系统有必要而且必须制定各种影响正常供电的故障或事故的应急处理预案和规定，当一旦发生故障或事故时，电调、变电所和接触网等有关人员可按应急处理预案和当时的实际情况进行有序，正确，快速的操作处理。

13.3.1 事故抢修基本原则

（1）隔离故障（事故）点，消除事故根源，限制事故发展，解除对人身、行车和设备安全的威胁。

（2）采取一切可能的办法保持正常设备的继续运行，减少接触网停电区段、停电时间，优先对事故抢救现场及乘客疏导现场的照明系统供电。恢复对运营有关的重要负荷设备供电，保证轨道交通供电系统安全、可靠的运行和连续供电。

（3）及时调整供电系统运行方式，尽快恢复已受影响的接触网和重要低压负荷的供电。

（4）供电系统故障现场处置应本着"先通后复"的原则，故障处理应做到判断准确，出动迅速。

13.3.2 事故描述及汇报

供电设备发生故障时，事故单位的运行值班人员须及时将发生事故的有关情况报告电力调度。报告时，报站名或班组名称，并冠以"报事故"三字。电力调度接到设备故障报告时，运用电力监控系统了解故障状况，同时通过变电所报告综合分析故障性质、范围、原因，及时、正确的进行处置。影响或危及运营的，立即向线路值班主任、电调工程师报告，并立即通知相应专业维修生产调度。因现场情况一时难以判断清楚时，可先报告现场情况，而后继续确认随时报告。若发现报告内容有误时应立即给予更正。

（1）向电力调度的报告，应包括以下内容：报告人的姓名、单位；事故发生时间、地点；事故概况、继电保护及安全自动化装置动作情况，设备状态、损坏情况及影响程度（包括对运营的影响程度）；其他须说明的内容及要求。

（2）电力调度对事故汇报流程如下：

① 当值电力调度员（副班）立即向线路值班主任、电调工程师报告。报告内容：故障（事故）发生时间、处所、停电影响范围。

② 当值电力调度员（正班）立即通知供电主管部门生产调度；并向其通报电力调度对无人值守变电所的先期处理情况（隔离故障设备、恢复供电及供电运行方式等）。故障（事故）处置现场负责人从最近的值班点迅速赶至现场，并立即与当值电力调度员联系，共同确认：故障（事故）发生时间、处所、保护动作情况、断路器跳闸情况、停电影响范围。

③ 对故障（事故）及其处理有了初步判断后，当值电力调度员（副班）向线路值班主任、电调工程师报告："不影响行车"或"预计恢复供电时间"。

④ 故障（事故）处理中，当值电力调度员（副班）须明确地向线路值班主任、电调工程师报告，必要时要求行车调度、环控调度、其他部门人员的配合。

⑤ 故障（事故）处理完毕，当值电力调度员（副班）迅速向线路值班主任、电调工程师报告："××供电区段恢复供电。"

13.3.3 事故（故障）处理流程

1. 突发故障处理步骤

（1）供电设备发生故障或供电系统故障波及变电所时，变电所值班人员应立即查看控制信号屏及其他各类信号显示，了解断路器状态、保护动作情况，及时准确判断设备故障、事故性质，并及时报告当值电力调度员。

（2）当值电力调度员通过电力监控系统的故障报警信息和故障变电所值班人员（无人变电所巡视人员）的报告，立即调出故障变电所一次系统图，仔细观察了解变电所设备状态和系统运行状况。

（3）当值电力调度员应根据故障变电所报告、监控系统显示及时与重庆市电力公司调度机构等有关单位联系，分析是电力（电源）系统还是轨道交通供电系统内部故障，是变电所内部还是外部故障，根据情况制定处理方案。

（4）对于一时不易恢复的故障变电所或故障设备，当值电力调度员应采用应急措施，影响系统安全运行和运营时应及时处理尽快恢复。供电主管部门检修人员进入无人变电所，对故障设备进行检查确认过程中，不能影响已经由当值电力调度员恢复供电的设备运行。

（5）对不危及系统安全运行和运营的故障设备，将其隔离（退出"运行"），待接触网停电后进行处理。若不影响其他设备正常运行的故障处理应及时安排，保证设备的良好率。

（6）变电所值班人员（无人变电所巡视人员）不论变电所发生何种故障均应坚守岗位，认真监视设备的运行情况；并立即将有关故障情况向当值电力调度员报告；并按照其命令或经其同意后进行处理。当遇到特殊情况危及人身安全，不能再坚守时变电所值班人员撤离到新地点后，应立即与电力调度联系。

为防止事故扩大，下列各项操作可由变电所值班人员（无人变电所巡视人员）自行操作，操作后尽快报告当值电力调度员：

（1）将直接对人身安全有威胁的设备停用；

（2）将损坏的设备隔离；

（3）运行中的设备有受损坏的风险时，根据现场突发事件处置规程的规定将其隔离；

（4）电压互感器保险丝熔断后可能引起保护误动时，可将有关保护临时停用，但应尽快恢复正常；

（5）新投入或检修过的设备在送电时发生异常，应立即停用该设备。

如在交接班时发生事故，应由交班人员负责处理事故，接班人员协助处理。只有当事故基本处理完毕或告一段落时，才允许进行交接班。

突发事件处置完毕，当值电力调度员应及时填写事故报告，并根据规定将事故情况向有关领导汇报。

2. 突发故障应急处理

1）通信中断时的处理

在正常情况下发生通信中断，变电所值班人员（无人变电所巡视人员）应保持当时运行方式不得变动，若通信中断前已接受当值电力调度员的操作命令，应将命令全部执行完毕，并设法与当值电力调度员取得联系。已开工的检修项目应立即停工，并恢复常设安全措施后，通过其他通信方式向电力调度消令。凡不涉及安全或时间没有特殊要求的调度业务联系，在通信中断未与当值电力调度员联系前，不应自行处理。

供电系统发生事故时，出现与电力调度的通信中断，变电所值班人员（无人变电所巡视人员）应根据事故情况、保护动作情况、电压和电流状态，经慎重分析后自行处理，处理时须严格执行规章制度。执行完设法与当值电力调度员联系（或待通信恢复后），报告事故和突发事件处置情况。两人值班的变电所允许值班长（正值）安排值班员（副值）离开变电所寻找电话与电力调度联系，但值班长（正值）与值班员（副值）应约定联系方式。

电力调度在发生通信中断时，应采用一切手段与变电所取得联系，如：车站通信广播、对讲机、手机等手段，通知供电设备运行检修部门派人前往变电所联系等。在失去通信联系期间，各方要做好记录，待通信恢复后，尽快向当值电力调度员（包括重庆市电力公司调度机构）汇报。

2）变电所设备起火的处理

（1）变电所设备起火时，变电所值班人员（无人变电所巡视人员）应先灭火，并将着火情况报告当值电力调度员，当值电力调度员应做好报告记录。

（2）变电所值班人员（无人变电所巡视人员）对变电所设备火灾灭火前，须断开起火设备电源和影响灭火的设备电源；若火势无法控制，应逐步断开变电所其他设备电源，直至全所停电；在断开电源过程中须最后断开照明系统的电源。变电所值班人员（无人变电所巡视人员）应及时将断开电源断路器的情况报告当值电力调度员。

（3）须对本变电所无法控制的电源停电时，应及时报告当值电力调度员。

（4）若火势无法控制或产生大量烟雾时，变电所值班人员（无人变电所巡视人员）应及时通知车站并报告当值电力调度员和供电主管部门生产调度。经允许撤离变电所（或自行撤离）后，及时向当值电力调度员报告自己所在位置和联系方式，报告着火情况、断开电源的程序。

（5）变电所设备起火，变电所值班人员（无人变电所巡视人员）应根据火情及时报警。当值电力调度员应将火情及时报告电调工程师，并由当值电力调度员通知相关区域运行值班人员进行火警的现场确认。

（6）35 kV（10 kV）断路器柜起火时，应立即断开该断路器柜所在母线上所有的断路器（在断开该段母线的进线电源断路器之前，应将母线分段断路器备自投装置退出，防止分段断路器自动投入），采取救火措施，应力保另一段母线供电。

（7）牵引变电所直流 1 500 V 系统设备起火时，应立即断开 35 kV（10 kV）整流器组断路器，采取救火措施。危及接触网或 1 500 V 电源反送进起火变电所时，应拉开所有的接触网隔离开关（注意：不得带负荷拉开隔离开关）。切断故障回路后，可采取越区供电或单边供电方式，恢复接触网供电，并应与行车调度联系。

3）110 kV 变电所 110 kV 进线电源失电的处理

110 kV 进线电源突然失电，有随时来电的可能，应视为有电对待。此时，应按下列原则处理：

（1）变电所值班人员应立即报告当值电力调度员，并检查变电所一次设备和继电保护装置是否正常，如设备完好无异常，保护装置无动作现象，应迅速将进线断路器断开。

（2）当值电力调度员立即与重庆市电力公司调度机构联系。

（3）当 110 kV 变电所失去一回路进线电源时，与重庆市电力公司调度机构联系后，可由另一回进线电源向全所供电（35 kV（10 kV）母联断路器合上）。

（4）当 110 kV 变电所两回进线电源均失电时，与重庆市电力公司调度机构联系，确认短时间内不能保证一回进线电源送电情况下，由相邻 110 kV 变电所向停电变电所供电范围内的牵引降压混合变电所和降压变电所供电（并相应调整保护定值），此种供电方式下，向线路值班主任、电调工程师汇报，根据具体情况，必要时控制列车运行数量。

（5）当进线电源所属电网发现有单相接地信号时，应立即检查本系统有无异常情况，并及时向重庆市电力公司调度机构汇报。

（6）失电的进线电源线路恢复正常后，原则上待当日运营结束，接触网停电后恢复正常运行方式。

4）110 kV 变电所主变压器断路器跳闸的处理

（1）主变压器 35 kV（10 kV）侧断路器跳闸后，母联断路器备自投装置启动，35 kV（10 kV）母线Ⅰ、Ⅱ段并列运行。尽快恢复各牵引降压混合变电所直流 1 500 V 牵引供电系统正常运行，保证向接触网供电。同时，尽快恢复各降压变电所的正常运行，保证向一、二级低压负荷供电。

（2）母联断路器备自投装置未启动，尽快使各牵引降压混合变电所和降压变电所的 35 kV（10 kV）母线Ⅰ、Ⅱ段并列运行，恢复牵引供电系统正常运行，保证向接触网供电。并恢复低压系统运行，保证向一、二级低压负荷供电。

（3）主变压器断路器跳闸视保护动作情况，作如下处理：后备保护动作，经检查主变压器和 35 kV（10 kV）侧母线系统无异常，可对该主变压器进行空载试送电；线路纵差和主变压器差动保护或重瓦斯保护动作跳闸，须查明原因，排除故障后，经公司集团分管领导同意方可对该变压器进行空载试送电。

（4）110 kV 变电所、牵引降压混合变电所、降压变电所恢复正常运行方式的操作，原则上待当日运营结束，接触网停电后进行。

5）牵引降压混合变电所、降压变电所一回 35 kV（10 kV）进线电源（失电）跳闸的处理

（1）母联断路器备自投装置启动，35 kV（10 kV）母线Ⅰ、Ⅱ段并列运行。尽快恢复牵引供电系统和低压系统正常运行方式，保证向接触网和一、二级低压负荷供电。

（2）母联断路器备自投装置未启动，根据保护装置动作和断路器跳闸情况，检查设备无异常，可投入母联断路器，使 35 kV（10 kV）母线Ⅰ、Ⅱ段并列运行。按照上条处理方法，尽快向接触网和一、二级低压负荷供电。

（3）根据保护动作和断路器跳闸情况，检查电源侧变电所出线断路器（柜）和相应的 35 kV（10 kV）环网电缆，查明原因，排除故障。

（4）若属于瞬时失电，进线电源已恢复正常，母联断路器未自投情况下，可直接投进线断路器。

（5）经检查处理，35 kV（10 kV）进线电源恢复正常后，原则上待当日运营结束，接触网停电后恢复正常运行方式。

6）处理各变电所母线电压消失事故时，须注意

（1）应根据仪表指示、断路器跳闸情况、保护动作情况及事故现象等综合因素，分析判断是否确已失电及失电原因，切不可将电压互感器二次侧断线、配电变压器全停电或失去照明误认为全所失电。

（2）母线电压消失时，线路随时有来电的可能，未经当值电力调度员同意，禁止在有关设备上进行工作。

（3）母线失压后，如补偿电容器未跳闸，应断开补偿电容器断路器。

7）牵引整流变压器、配电变压器 35 kV（10 kV）侧断路器速断跳闸的处理

（1）采用单边供电、越区大双边供电、单整流机组供电等方式，恢复接触网供电。

（2）确认低压侧母线正常，断开配电变压器低压侧断路器，使低压侧两段母线并列运行。

（3）对变压器及其负荷设备作全面检查处理，必要时进行绝缘测试无问题，经现场检查人员报告申请后，当值电力调度员可下令试送电一次。现场检查无明显故障，跳闸原因不明时，不能试送电。

8）配电变压器低压侧断路器跳闸的处理

（1）若母联断路器自投正常，应待当日运营结束，接触网停电后恢复正常运行方式。若母联断路器未自投，可在确认相关设备正常后，可试合配电变压器低压断路器。

（2）同一变电所的 0.4 kV 两段母线同时失电时，应将母联断路器备自投退出，待系统恢复正常后，再投入备自投。

（3）跳闸原因不明，或故障未切除时，一般不试送。

9）35 kV 环网电缆单相接地故障的处理

（1）根据 110 kV 变电所值班人员关于线路断路器保护动作情况和其他情况的汇报，结合电力监控系统显示的信息，判断发生单相接地的回路。

（2）确认电缆线路发生单相接地故障后，将该故障电缆隔离。

（3）下级变电所若备自投启动，维持 I 段、II 段母线并列运行。若备自投未启动，则电力调度员通过遥控方式恢复 I 段、II 段并列运行。

10）10 kV 环网电缆单相接地故障的处理

（1）根据主变电所值班人员有关消弧线圈接地选线装置动作情况和其他情况的汇报，结合 PSCADA 系统显示的信息，判断发生单相接地的回路。

（2）从该回路末端变电所起，查找单相接地故障。将配电变压器退出运行，若单相接地未消除，立即将其恢复。停电查找影响到牵引降压混合变电所整流机组时，退出该所牵引供电系统（接触网相应区段维持单边供电运行）。若单相接地未消除，断开该段母线进线断路器，合上该所 10 kV 母联断路器，恢复牵引供电（恢复时注意先退出再生制动）。在单相接地未消除时，依次退出相应 10 kV 环网电缆，直到找出故障接地回路。

（3）确定单相接地回路后，将该回路隔离（注：断开两侧断路器）。

（4）2 小时内，仍无法确定单相接地故障点时，断开发生单相接地故障的整个供电回路，接触网相应区段维持单边供电运行。

11）直流 1 500 V 馈线断路器跳闸的处理

（1）直流 1 500 V 馈线断路器跳闸后，应查明相邻变电所保护动作、断路器跳闸情况；迅速向线路值班主任、电调工程师汇报，并及时通知网络维保公司电气部生产调度。

（2）馈线断路器跳闸重合闸成功时，应通知行车调度，注意监视、观察线路情况，必要时通知网络维保公司电气部生产调度派人对接触网进行巡视检查。

（3）因框架保护动作、整流机组的保护动作、整流变压器的保护动作，造成直流 1 500 V 馈线断路器跳闸时，立即改变相应区段接触网的供电方式，由双边供电改为越区大双边供电后，通知行车调度恢复列车运行。

（4）框架保护、整流机组保护、整流变压器保护未动作时，经向行车调度了解，列车、车站均无明确的接触网故障反馈信息，可试送电一次。试送电应采用被联跳断路器作试送。

（5）馈线断路器跳闸后重合闸动作但重合未成功，或试送电不成功时，又无明确的接触网故障，通知行车调度要求相应区段内的列车降弓。在列车降弓后，可再试送电一次。试送电成功后，通知行车调度列车逐车升弓。如某一列车升弓又造成变电所直流馈线断路器跳闸，则通知行车调度停止该列车的运行，启动运营应急预案。试送电不成功时，立即改变该区段接触网的供电方式，由双边供电改为越区大双边供电后，通知行车调度恢复列车运行。

（6）列车降弓后试送电仍不成功，检查断路器及跳闸回路未发现异常情况时，应拉开该馈线断路器供电回路的接触网上网隔离开关，再试合馈线断路器，如合闸成功，当值电力调度员应立即通知供电主管部门检查抢修接触网。

（7）确认接触网系统故障不能恢复供电时，根据行车调度的命令恢复其他区段接触网的供电；同时，通知供电主管部门检查抢修接触网。

（8）因牵引供电设备故障造成馈线断路器跳闸，对其断路器不作试送，应断开故障点或回路的断路器和隔离开关，恢复非故障设备的供电，必要时调整接触网的供电方式。

（9）连续几个牵引变电所同一供电方向几个供电区段内相继发生断路器跳闸现象，应视为车辆故障所引起，当值电力调度员应及时通知行车调度追踪检查车辆。

（10）变电所操作电源失电引起 1 500 V 馈线断路器全部跳闸时，应立即检查操作电源故障，将其恢复正常后，逐台断路器试送电。

（11）断路器试送电时，应遵守下列规定：首先应查明保护动作情况，试送电时要监视仪表，注意电流、电压指示是否正常，以判明故障是否仍然存在；正在进行带电作业的情况下，不准试送电；断路器已有明显故障或确认接触网（线路）系统有故障存在，禁止试送电；电力调度命令停用重合闸的断路器，不得试送电；断路器已达到现场规程规定的允许跳闸次数，禁止试送电；发现保护失灵、断路器拒动，禁止试送电。

（12）试送电时，使用被联跳断路器作试送，并监视断路器动作情况和电流变化情况。

（13）断路器增量保护动作跳闸，应先恢复增量保护动作信号，由被联跳断路器试送电一次，试送正常后可投合主跳断路器。

（14）直流 1 500 V 馈线断路器跳闸后，若接触网仍未失电，应按此方式维持运行（单边供电）至运营结束。

12）牵引供电系统故障的处理

（1）某牵引变电所牵引供电系统故障不能送电时，采用越区大双边供电方式。

（2）车场牵引降压混合变电所牵引供电系统故障不能送电时，若 1 500 V 直流母线及馈出设备正常，在断开整流变压器 35 kV（10 kV）侧断路器和直流 1 500 V 母线前正负极隔离开关后，可采用由运营线路接触网电源经联络断路器反送电到车场牵引降压混合变电所 1 500 V 直流母线，恢复供电。

（3）两相邻牵引降压混合变电所牵引供电系统故障不能送电时，为保证重要车辆及区间乘客疏散，经供电主管部门负责人批准，可对停电区段采用越区大单边供电方式恢复接触网供电，相邻区段接触网采用单边供电。采用这种故障运行方式具有很大的风险性和危险性，要特别慎重。运行过程中，应密切监视牵引负荷变化情况；发现短路情况下不跳闸时，应立即人工分闸。

13）接触网上网隔离开关柜及其直流电缆故障的处理

（1）隔离开关柜内设备烧损或故障不能送电时，应停电后拆除柜内线路侧电缆，采用单边供电方式运行。

（2）电缆故障，可视损坏程度和电缆位置进行处理，具备送电条件后，即可恢复双边供电。电缆故障不具备送电条件时，应将上网隔离开关拉开，采取单边供电方式（指隔离开关至馈出快速断路器之间电缆故障）；若属隔离开关至接触网之间的电缆严重烧损，应在接触网上网点将电缆拆开，采用单边供电方式运行。

14）接触网故障的处理

（1）立即通知供电主管部门生产调度。

（2）造成牵引供电停电的接触网故障：接触网抢修人员到达故障停电区，经初步检查后，立即向当值电力调度员报告故障情况。如未发现异常情况，根据保护动作情况可试送电一次。如试送电不成功，应对接触网作详细检查，必要时检查隧道、竖井和电缆夹层等处的直流1 500 V电缆。在检查处理故障的同时，当值电力调度员应根据行车调度的命令，恢复其他区段接触网的供电，减小对行车的影响。

（3）未造成牵引供电停电的接触网故障：接触网抢修人员到达现场，经初步检查后，立即向当值电力调度员报告故障情况，并提出处理方案；当值电力调度员向线路值班主任、电调工程师汇报，尽量不停电或短时停电处理。如接触网故障对行车无影响，也不会造成接触网故障扩大的，可暂不作处理，待运营结束接触网停电后处理。如接触网故障对行车有影响或接触网故障有可能扩大的，应立即进行抢修。抢修作业原则上停电进行。

13.3.4　单轨供电系统典型故障应急预案

1. 列车垂直疏散救援应急预案

1）编制目的

为安全、迅速地将故障列车上的乘客转移至地面，制订本预案。

2）适用范围

本预案适用于重庆市轨道交通跨座式单轨列车因接触网停电等，纵向连挂救援和纵向、横向疏散救援无法实施的情况。

3）关键指引

（1）司机发现接触网失电后，司机应利用列车惰力或坡道运行到前方车站清客。

（2）不能运行到前方车站时，司机应将列车停在平直路段，施加紧急制动和停放制动后，立即向行车调度员请求救援。

（3）电力调度员与供电部门联系确认全线大面积停电，且短时间无法恢复供电后，通报行车调度员、值班主任。

（4）经集团公司领导批准，电力调度员确认接触网已经断电，待地面救援人员到达现场后，行车调度员下达垂向疏散救援命令，列车司机根据行车调度员命令实施垂向救援。

（5）报告公安轨道支队、119请求消防救援队支援。

（6）车站工作人员进入轨行区检修通道或赶赴列车停车地点协助。

4）处理程序（表13-15）

表 13-15　处理程序

顺序	项目	操作内容	备注
1	因停电造成接触网短时间无法恢复供电	① 司机尽量把列车运行到车站或平直线路上，施加紧急制动和停放制动 ② 向行车调度员报告详细情况，请求救援	此时纵向连挂救援和纵向疏散、横向疏散救援都无法实施
		① 行车调度员命令司机做好垂向救援准备 ② 司机降弓，蓄电池保持投入状态，并关闭多余直流负载（保持列车无线电和尾灯强制点亮，如是夜晚或隧道内则打开客室紧急照明）	司机随时确认蓄电池电压在 80 V 以上，如已接近 80 V 时，需及时报告行车调度员，断开蓄电池采用其他联络方式保持与行车调度员通信
2	救援准备	① 司机用人工广播安抚乘客，以免发生慌乱 ② 司机取出列车配备的缓降救援设备	① 总调报告公司领导 ② 总调报告 119 消防救援队请求支援 ③ 命令车站协助救援（车站工作人员至少 3 人）
3			
4			
5	实施救援	① 待接触网停电和地面救援人员到达现场后，行车调度员下达垂向疏散救援命令 ② 待地面支援人员搭建好救援梯或消防云梯后，司机手动打开对应救援梯或消防云梯的车门，疏散乘客 ③ 利用缓降救援设备实施救援时，司机负责安装缓降救援设备	车站工作人员得到行车调度员命令后，携带救援梯进入轨行区检修通道或赶赴列车停车地点
6	疏散乘客	① 引导乘客逐个进行疏散 ② 车上乘客全部疏散完毕后，车站工作人员引导乘客疏散到车站	
7	疏散完毕	① 收起并整理好救援疏散装置 ② 将救援疏散装置放回原处	车站工作人员清点疏散人数
8	恢复车门	① 将车门关闭 ② 锁闭车门上方盖板 ③ 确认所有车门关闭良好	
9	检查客室	① 司机检查客室 ② 确认客室无异样后回到司机室 ③ 如客室紧急照明开启，此时应关闭	
10	报告行车调度员	① 司机向行车调度员报告乘客全部安全疏散 ② 根据调令待命	

2. 利用检修通道疏散救援应急处置预案

1）编制目的

为安全、迅速地将故障列车上的乘客转移至地面，制订本预案。

2）适用范围

本预案适用于重庆市轨道交通跨座式单轨三号线，列车因接触网停电等，纵向连挂救援和纵向、横向疏散救援无法实施时，利用检修通道疏散乘客。

3）关键指引

（1）司机发现接触网失电后，司机应利用列车惰力或坡道运行到前方车站清客。

（2）不能运行到前方车站时，司机应将列车停在平直路段，施加紧急制动和停放制动后，立即向行车调度员请求救援。

（3）电力调度员与供电部门联系确认全线大面积停电，且短时间无法恢复供电后，通报行车调度员、值班主任。

（4）经公司领导批准，电力调度员确认接触网已经断电，待车站工作人员经检修通道到达现场后，行车调度员下达利用检修通道疏散救援命令，司机根据行车调度员命令实施疏散救援。

（5）报告公安轨道支队、119请求消防救援队支援。

（6）原则上向离事发地点最近的车站疏散，命令疏散方向的车站做好进入高架区间检修通道进行救援的准备；通知工建部生产调度室派应急救援队赶赴现场。

（7）相应区段上、下行接触网停电完成后，行车调度员立即通知疏散车站接触网已停电，并下达进入轨行区间检修通道进行救援的命令；同时通知司机降弓。

（8）疏散车站值班站长接到命令后，立即带领车站工作人员（至少3人）携带救援梯和挡板进入检修通道进行救援，在疏散线路上安排引导人员。

（9）车站救援人员救援到达列车停车位置后，司机系好安全带，手动打开一扇列车门，并配合车站救援人员架设救援梯，组织乘客疏散到检修通道。

（10）待乘客全部疏散至检修通道后，司机关闭所有车门，检查客室，向行车调度员报告并等待下一步指示。

（11）救援完毕，所有乘客全部疏散到车站，救援人员和器具全部撤离轨行区后，车站值班员立即向行车调度员报告。

4）处理程序（表13-16）

表13-16　处理程序

负责人员及行动		
发现与报告	列车司机	①列车因车辆故障、接触网失电、发生火灾、爆炸等原因，被迫在区间停车，列车不能运行到车站时，将方向手柄回"0"，施加紧急制动和停放制动，防止列车遛逸 ②立即报告行车调度员，请求救援 ③向行车调度员建议乘客疏散方向
	行车调度员	行车调度员得到列车司机请求救援报告后，立即报告线路值班主任，通知相关专业部生产调度室
	线路值班主任	①马上报告总调度长 ②通报邻线线路值班主任
	总调度长	①启动应急预案 ②执行报告制度，指挥监督预案实施

続表

	负责人员及行动	
	资讯助理	① 按《运营突发事件报告流程》规定进行报告 ② 及时报告公安轨道支队、119、120
	总调度长	① 根据公司应急救援指挥部负责人的指示发布命令 ② 及时了解现场情况，随时向上级领导汇报
	线路值班主任	① 协调各单位进行救援工作 ② 根据实际情况制定列车运行调整方案
	资讯助理	根据情况发布相应的 PIS 和微博信息
应急处理	行车调度员	① 接到列车司机列车因车辆故障、接触网失电、发生火灾、爆炸等原因，被迫在区间停车，无法继续运行，向两端车站发布封锁该区间的调度命令 ② 若因车辆故障、接触网失电等原因，预计 30 min 内无法恢复运行，总调度长报经集团公司分管领导批准后，立即组织乘客通过检修通道疏散到车站 ③ 若因发生火灾、爆炸等原因，无法继续运行，危及乘客生命安全时，总调度长报经集团公司分管领导批准后，立即通知列车司机组织乘客步行疏散 ④ 向电力调度员下达事发供电区段上、下行接触网停电的命令 ⑤ 停电完成后，立即命令疏散方向的车站派出救援人员 ⑥ 扣停后续列车 ⑦ 向全线发布运营受阻信息，在具备运行条件的区段，组织列车小交路运行，调整列车运行秩序 ⑧ 对接触网送电，命令列车司机升弓、检查列车，若列车仍然不能运行，按《预案》组织开行救援列车
	列车司机	① 收到行车调度员疏散乘客的口头命令后，降下受电弓 ② 广播通知乘客做好疏散准备 ③ 车站救援人员到达列车停车位置后，手动打开车门，配合救援人员架设好救援梯，将乘客疏散到检修通道
	车站值班员	① 接到行调接触网已停电，可以进入区间救援的命令后，立即向值班站长报告 ② 记录通过检修通道进入轨行区救援人员数量，同时报告行调 ③ 随时了解现场救援进度，将救援情况及时向行调、生产调度人员等上报 ④ 救援完毕，所有乘客全部疏散到车站，救援人员和器具全部撤离轨行区后，立即向行调报告
	值班站长	① 组织员工进行退票，并准备相关应急救援器材，做好清客、封站安排工作 ② 组织员工从地面赶往列车停留位置，配合公安、消防人员进行地面引导疏散 ③ 接到车站值班员可以进入区间救援命令后，立即组织员工携带救援工具进入现场救援

281

		负责人员及行动
应急处理	车站人员（含安检、保安、保洁等）	① 进行退票，并准备相关应急救援器材，做好清客、封站工作 ② 接到值班站长可以进入区间救援命令后，携带救援工具进入现场救援 ③ 打开相应的隧道灯 ④ 安排一名员工坚守轨行区检修通道口，将进、出现场抢险人员数量报告车站值班员 ⑤ 到达列车停车位置，架设好救援梯后，协助列车司机疏散乘客 ⑥ 安排一名员工引导疏散乘客至站厅 ⑦ 救援完毕，对现场救援人员进行清点，确认乘客已疏散完毕后，带领救援人员撤离 ⑧ 安抚乘客，对受伤乘客做好先期处置
	维保公司救援队	① 接到通知后立即赶赴事发现场 ② 根据行车调度员命令配合车站组织救援
	中心站负责人	① 指导值班站长现场处置 ② 立即赶赴现场 ③ 调集中心站范围内的人员及物资进行支援
	安全保卫部	① 及时赶赴现场 ② 做好与轨道交通支队和公安消防部门的协调工作
	公司应急处理领导小组	① 领导小组成员到现场后，接替值班站长（中心站站长）担当应急处理负责人 ② 组织乘客疏散及救护伤员 ③ 确认是否可以恢复运营

3. 64D 接地漏电保护动作应急预案

1）编制目的

为及时、有效处理 64D 接地漏电保护动作故障，隔离变电所 1 500 V 故障设备，尽快恢复接触网供电，确保单轨列车安全运行，制订本预案。

2）适用范围

本预案适用于重庆市轨道交通跨座式单轨线路 64D 接地漏电保护故障动作后的应急处理。

3）关键指引

（1）64D 接地漏电保护动作后电力调度应立即向线路值班主任、电力工程师和行车调度员通报并通知电气部生产调度安排人员进行处置。

（2）行车调度员应立即扣停后续列车在适当车站，防止列车进入无电区段。

（3）电力调度应仔细查阅电力监控系统调度员工作站中事故信号的动作情况。

（4）64D 接地漏电保护动作后该牵引降压混合变电所 1 500 V 直流断路器跳闸并自动重合闸（2 次），与之对应的左右邻所直流馈线断路器跳闸并自动重合闸，相应区间接触网失电和列车停止运行。此时，电力调度应将有关情况通报行车调度。

（5）电力调度根据实际情况调整供电方式。

（6）供电抢修人员到达现场办理好安全措施后进行抢修工作。

4）处理程序（表 13-17）

表 13-17　处理程序

	现象/类别	负责人员	行动/判断
发现与报告	① 某牵引降压混合变电所直流 1 500 V 馈线断路器全部跳闸并自动重合闸，左右邻所对应 1 500 V 直流馈线断路器跳闸并自动重合闸 ② 电力监控系统出现"本所 64D 接地漏电保护动作""本所联跳邻所"；相邻所报"邻所联跳本所"等信号	电力调度员	① 向线路值班主任和电力工程师汇报 ② 通知供电主管部门生产调度
		供电主管部门生产调度	① 安排相应工班就近值班人员抢修 ② 向供电主管领导、相应工班长、专业负责人及相关技术人员汇报
		供电主管部门抢修人员	① 立即赶赴事故现场检查确认 ② 向电力调度员了解现场故障及信号情况 ③ 向工班长汇报某个变电所框架保护动作
		供电主管部门工班长及相关专业负责人、技术管理人员	① 立即赶赴现场，途中电话指导处理 ② 向电气部领导汇报现场相关情况
故障处理	电力监控系统调度员工作站"事故信号图"上显示"本所框架保护动作""本所联跳邻所""邻所联跳本所"等相关信号	电力调度员	① 确认该牵引降压混合变电所"64D 接地漏电保护动作"，1 500 V 直流断路器跳闸并自动重合闸成功，与之对应的左右邻所直流馈线断路器跳闸并自动重合闸成功 ② 如故障所整流机组 1 500 V 直流断路器跳闸未重合闸；或自动重合闸 2 次后闭锁，对应同一区间左右邻所对应直流馈线断路器自动重合闸 2 次后闭锁，则立即对运行方式进调整，并通知供电主管部门生产调度组织人员抢修 ③ 切除故障变电所，实行越区大双边供电，步骤如下： a．拉开本所所有上网隔离开关 b．合上本所上下行越区隔离开关 c．依次合上某邻所上行或下行直流断路器进行试送电 d．送电成功后再合上另一邻所直流断路器实现越区大双边供电 ④ 夜间停运后再恢复正常供电方式 ⑤ 如果线路测试闭锁，则应将该情况通报检修人员并等待检修人员现场处理完毕后再送电
		供电抢修人员	① 到达现场后，立即确认现场故障情况并向电力调度报告 ② 抢修人员根据电力调度员命令进行现场处置 ③ 排除故障后确认 1 500 V 直流系统具备送电条件，向电力调度员汇报故障原因及处理的结果 ④ 夜间停运后恢复设备正常供电

	现象/类别	负责人员	行动/判断
故障处理	总调度长	电话报告通号部经理、安全保卫部部长及网络运行公司领导	
	线路值班主任		① 接到电力调度员的报告后,立即将情况报告总调度长 ② 启动本应急预案
	资讯助理		按《运营突发事件报告流程》规定进行报告
	行车调度员		① 立即扣停后续列车在适当车站,防止列车进入无电区段 ② 视情况组织小交路运行,调整列车运行秩序

4. 1 500 V 直流框架保护动作应急预案

1)编制目的

为及时、有效处理 1 500 V 直流框架保护动作故障,隔离变电所 1 500 V 故障设备,尽快恢复接触网供电,确保轻轨列车安全运行,制订本预案。

2)适用范围

本预案适用于重庆市轨道交通跨座式单轨线路 1 500 V 直流框架保护动作后的应急处理。

3)关键指引

(1)框架保护动作后电力调度员应立即向线路值班主任和行车调度员通报,并通知供电主管部门生产调度室安排人员进行处置。

(2)行车调度员应立即扣停后续列车在适当车站,防止列车进入无电区段。

(3)电力调度员应仔细查阅电力监控系统调度员工作站中事故信号的动作情况。

(4)框架保护动作后该牵引降压混合变电所整流机组跳闸,1 500 V 直流断路器跳闸并闭锁,与之对应的左右邻所直流馈线断路器跳闸并闭锁重合闸,相应区间接触网失电和列车停止运行。此时,电力调度员应将有关情况通报行车调度。

(5)电力调度员根据实际情况调整供电方式。

(6)供电抢修人员到达现场办理好安全措施后进行抢修工作。

4)处理程序(表 13-18)

表 13-18 处理程序

	现象/类别	负责人员	行动/判断
发现与报告	① 某牵引降压混合变电所直流 1 500 V 馈线断路器全部跳闸并闭锁,整流机组 35 kV 断路器跳闸,左右邻所对应 1 500 V 直流馈线断路器跳闸并闭锁。 ② 电力监控系统出现"本所框架保护动作""本所联跳邻所";相邻所报"邻所联跳本所"等信号	电力调度员	① 向线路值班主任汇报 ② 通知供电主管部门生产调度
		供电主管部门生产调度	① 安排相应工班就近值班人员抢修 ② 向供电主管部门主管领导、相应工班长、专业负责人及相关技术人员汇报
		供电主管部门抢修人员	① 立即赶赴事故现场检查确认 ② 向电力调度员了解现场故障及信号情况 ③ 向工班长汇报某个变电所框架保护动作

	现象/类别	负责人员	行动\判断
发现与报告		供电主管部门工班长及相关专业负责人、技术管理人员	① 立即赶赴现场，途中电话指导处理 ② 向供电主管部门领导汇报现场相关情况
故障处理	电力监控系统调度员工作站"事故信号图"上显示"本所框架保护动作""本所联跳邻所""邻所联跳本所"等相关信号	电力调度员	① 确认该牵引降压混合变电所"框架保护"动作，整流机组 35 kV 断路器跳闸，1 500 V 直流断路器跳闸并闭锁；同一区间左右邻所对应直流馈线断路器跳闸 ② 拉开本所所有上网隔离开关 ③ 合上本所上下行越区隔离开关 ④ 依次合上某邻所上行或下行直流断路器进行试送电 ⑤ 送电成功后再合上另一邻所直流断路器实现大双边供电 ⑥ 夜间停运后再恢复正常供电方式 ⑦ 如果线路测试闭锁，则应将该情况通报检修人员并等待检修人员现场处理完毕后再送电
		供电抢修人员	① 到达现场后，立即确认现场故障情况并向电力调度报告 ② 抢修人员根据电力调度员命令进行现场处置 ③ 排除故障后确认 1 500 V 直流系统具备送电条件，向电力调度员汇报故障原因及处理的结果 ④ 夜间停运后恢复设备正常供电
		总调度长	电话报告通号部经理、安全保卫部部长及网络运管中心领导
		资讯助理	按《运营突发事件报告流程》规定进行报告
		线路值班主任	① 接到电力调度员的报告后，立即将情况报告总调度长 ② 启动本应急预案
		行车调度员	① 立即扣停后续列车在适当车站，防止列车进入无电区段 ② 视情况组织小交路运行，调整列车运行秩序

5. 1 500 V 直流正极进线逆流保护动作应急预案

1）编制目的

为及时、有效处理 1 500 V 直流正极进线逆流保护动作故障，及时恢复故障变电所单整流机组运行，保证再生制动装置和接触网的正常供电，防止进一步扩大事故范围，确保轻轨列车安全运行，制订本预案。

2）适用范围

本预案适用于重庆市轨道交通跨座式单轨线路 1 500 V 直流正极进线逆流保护动作后的

应急处理。

3）关键指引

（1）逆流保护故障发生后运行公司电力调度应立即向线路值班主任报告并通知供电主管部门生产调度安排人员进行处置。

（2）行车调度员应立即扣停后续列车在适当车站，防止列车进入无电区段。

（3）电力调度应仔细查阅电力监控系统调度员工作站中事故信号的动作情况。

（4）逆流保护动作后该牵引降压混合变电所整流机组退出运行，1 500 V 直流供电系统断路器全部跳闸，与之相关左右供电分区单边供电。此时，运行公司电力调度还应密切观察相邻两牵引降压混合变电所再生制动装置吸收情况，并将有关情况通报行车调度。行车调度员视情况组织小交路运行，调整列车运行秩序。

（5）供电抢修人员接到通知后应立即赶到事故变电所。

4）处理程序（表 13-19）

表 13-19　处理程序

	现象/类别	负责人员	行动/判断
发现与报告	① 某牵引降压混合变电所直流 1 500 V 馈线断路器全部跳闸，整流机组 35 kV 断路器跳闸 ② 电力监控系统出现"2011 或 2021 逆流保护"动作信息 ③ 整流变中压断路器跳闸，另一台整流机组联跳等动作信息	电力调度员	① 向线路值班主任汇报 ② 通知供电主管部门生产调度
		供电主管部门生产调度	① 安排相应工班就近值班人员抢修 ② 向供电主管部门主管领导、相应工班长、专业负责人及相关技术人员汇报
		供电主管部门抢修人员	① 立即赶赴事故现场检查确认 ② 向工班长汇报某个变电所逆流动作
		供电主管部门相关人员	① 立即赶赴现场，途中电话指导处理 ② 向供电主管部门领导汇报现场相关情况
故障处理	① 电力监控系统调度员工作站"事故信号图"上显示"2011 或 2021 逆流保护"动作 ② 整流变中压断路器跳闸，另一台整流机组联跳等动作信息	电力调度员	① 确认该牵引降压混合变电所"2011 或 2021 逆流保护"动作，本所 1 500 V 直流供电系统退出运行，整流机组 35 kV 断路器跳闸 ② 在供电主管部门抢修人员到达现场前，电力调度远动断开该故障整流机组（出现逆流保护动作的整流机组）对应的正极隔离开关 ③ 供电主管部门抢修人员到达现场后，电力调度命令现场抢修人员复位闭锁信号，退出整流机组之间的联锁保护连片，并拉开故障机组对应负极隔离开关 ④ 现场处理完成后，电力调度对非故障整流机组（未出现逆流保护动作的整流机组）进行试送电 ⑤ 1 500 V 直流母线送电成功后恢复再生制动装置及馈线断路器的供电 ⑥ 夜间停运后再对故障整流机组进行试送电

	现象/类别	负责人员	行动/判断
故障处理		供电主管部门抢修人员	①供电主管部门抢修人员在接到生产调度通知后，立即赶赴现场 ②到达现场后，立即向电力调度要令 ③复位闭锁信号，退出整流机组之间的联锁保护，拉开故障机组对应负极隔离开关 ④送电成功后，确认相关设备运行正常 ⑤夜间停运后对故障机组进行排查，排查完毕后向电力调度员汇报情况并请求试送电，确认相关设备运行正常
	总调度长		电话报告通号部经理、安全保卫部部长及网络运行公司领导
	资讯助理		按《运营突发事件报告流程》规定进行报告
	线路值班主任		①接到电力调度员的报告后，立即将情况报告总调度长 ②启动本应急预案
	行车调度员		①立即扣停后续列车在适当车站，防止列车进入无电区段。 ②视情况组织小交路运行，调整列车运行秩序。

6. 接触网 1 500 V 直流馈线电缆短路故障应急预案

1）编制目的

为及时、有效处理接触网 1 500 V 直流馈线电缆故障事故，及时恢复馈线电缆向接触网正常供电，保障列车正常运营，尽可能减少事故对运营造成的损失，防止进一步扩大事故范围特制订本预案。

2）适用范围

本预案适用于重庆市轨道交通跨座式单轨线路接触网 1 500 V 直流馈线电缆短路故障事故应急处理。

3）关键指引

（1）DC 1 500 V 直流馈线电缆短路故障发生后行车调度应立即向线路值班主任报告并通知供电主管部门供电主管部门生产调度安排人员进行处置。

（2）供电主管部门供电主管部门生产调度安排接触网专业人员确认事故地点及事故情况，根据现场具体情况配合制定抢修方案下达执行命令。

（3）根据需要做好接触网作业车的开行工作。

（4）准备好应急抢修工具材料，接到命令立即赶赴现场实施抢修。

4）处理程序（表 13-20）

表 13-20　处理程序

	现象/类别	负责人员	行动/判断
发现与报告	某区段馈线上网电缆出现接地故障现象。变电所保护装置动作，控制中心发出	电力调度员	①向线路值班主任汇报 ②通知供电主管部门供电主管部门生产调度

	现象/类别	负责人员	行动/判断
发现与报告	某区段馈线上网电缆出现接地故障现象。变电所保护装置动作，控制中心发出 ·	供电主管部门生产调度	① 安排接触网工班就近值班人员确认事故地点并做好应急抢修准备 ② 向供电主管部门及车间主管领导、相应工班长、专业负责人汇报 ③ 安排1辆抢修汽车及1辆作业车待令
		接触网抢修人员	① 安排4人立即赶赴现场检查确认（2人1组分别至该供电分区的两上网电缆处）；现场检查确认人员及时向行车调度、工班长及供电主管部门生产调度汇报现场情况，以便制定切实可行的抢修方案 ② 安排2人立即准备抢修工具材料并做好待命工作 ③ 安排1人做好电话值班工作及根据现场需求申请相应的抢修交通工具。同时向行车调度员申请抢修作业令，现场地面能处理，只需安排汽车运送人员机具至相关车站即可。如需作业车则在向行车调度员申请作业令时注明作业车走行进路
		接触网相关专业人员	① 立即赶赴现场，途中电话指导现场人员处理 ② 向供电主管部门及接触网车间领导汇报现场相关情况
故障临时处理		电力调度员	向供电主管部门接触网检修工班发布抢修作业令；协调抢修过程中的相关问题
		供电主管部门生产调度	根据现场需求联系安排汽车或作业车装载抢修人员机具赶赴现场增援
		接触网抢修人员	① 接触网待命人员在接到抢修负责人通知后携带抢修工具材料赶赴事故现场 ② 到达现场，首先做好安全防护措施 ③ 抢修人员确认电缆故障点后，立即将该故障电缆与开关连接端子和上网端子撤除，临时固定在安全可靠位置 ④ 对整个线路最后进行绝缘测试，满足供电要求 ⑤ 撤除人员机具，确认满足送电行车条件后，及时向运调中心消令 ⑥ 临时恢复送电后，立即将故障电缆处理情况向部门领导汇报，提出更换电缆的整修方案 ⑦ 整修方案经部门同意后，准备相应的人员、机具及材料
最终修复		接触网抢修人员	① 向运行公司行车调度申请进场作业令，夜间列车停运后，做好防护措施，重新敷设电缆，同时拆除故障电缆 ② 对新放电缆进行绝缘测试合格后，制作电缆终端头 ③ 电缆整修完毕后进行测试，确认满足送电、行车条件后，清理人员、机具，撤除地线，向行车调度消令

7. 接触网绝缘子故障应急预案

1) 编制目的

为及时、有效处理接触网绝缘子故障，最大限度减少因绝缘子断裂或闪络造成的影响，特制订本预案。

2) 适用范围

本预案适用于重庆市轨道交通跨座式单轨线路接触网绝缘子故障应急处理。

3) 关键指引

（1）列车驾驶员或接触网巡查人员向行车调度反映某处接触网绝缘子故障。

（2）行车调度立即向线路值班主任报告并通知供电主管部门供电主管部门生产调度安排人员进行处置。

（3）供电主管部门生产调度安排接触网专业人员确认事故地点及事故情况，根据现场具体情况配合制定抢修方案下达执行命令。

（4）抢修负责人安排人员准备好应急抢修工具材料，接到命令立即赶赴现场。

4) 处理程序（表 13-21）

表 13-21 处理程序

	现象/类别	负责人员	行动/判断
发现与报告	某处接触网绝缘子故障，有断裂或闪络现象发生	列车驾驶员或巡查人员	向行车调度汇报
		行车调度员	① 向线路值班主任汇报 ② 通知供电主管部门生产调度 ③ 协调接触网值班人员登乘确认过程中的相关工作 ④ 不影响正常送电和弓网关系时，通知各列车减速通过故障点
		供电主管部门生产调度	① 先期安排接触网工班就近 2 名值班人员（绝缘子断裂未造成停电时登乘列车，如造成停电则安排汽车送至故障点附近车站）检查确认 ② 向供电主管部门及车间主管领导、接触网工班长汇报 ③ 安排 1 辆抢修汽车及 1 辆检修作业车待命
		接触网抢修人员	① 安排 2 人立即登乘列车或乘坐汽车赶赴现场检查确认。确认人员及时向行车调度、工班长及供电主管部门生产调度汇报现场情况 　a. 如绝缘子发生闪络不影响送电行车、绝缘子断裂未造成拉出值导高发生较大变化时，暂不进行抢修，向行车调度汇报现场情况，待夜间处理 　b. 如故障现象特别严重，造成停电或拉出值导高变化较大时，向行车调度申请立即处理，抢修负责人申请抢修作业令并注明作业车走行进路 ② 安排 4 人立即准备抢修工具材料并做好待命工作 ③ 安排 1 人做好电话值班工作及根据现场反馈信息申请相应的抢修交通工具，现场地面能处理，只需安排汽车运送抢修人员、工具材料至相应车站即可

289

	现象/类别	负责人员	行动/判断
现场故障临时处理		接触网车间负责人	① 电话了解现场情况，根据反馈信息做出相应指导 ② 向供电主管部门领导汇报现场相关情况
		行车调度员	① 向接触网抢修负责人发布抢修作业令 ② 协调抢修过程中的相关问题
		供电主管部门生产调度	① 做好与行车调度员和其他部门的协调工作，协调接触网抢修人员在抢修过程中需要解决的问题 ② 根据现场反馈信息安排人员机具赶赴现场增援
		接触网抢修人员	送电运行后要观察 1～2 趟车，确认正常后抢修作业组方准撤离事故现场
最终修复		接触网抢修人员	① 列车夜间停运后，向运行公司行车调度申请进场作业令，做好防护措施后重新处理 ② 复测更换位置的拉出值、导高，使其达到技术标准 ③ 作业结束清理机具材料，确认满足送电、行车条件后，向行车调度消令

8. 接触网停电应急预案

1）编制目的

为及时、有效处理因接触网停电而造成的运营中断，确保乘客安全，降低公司的负面影响，制订本预案。

2）适用范围

本预案适用于重庆轨道交通跨座式单轨线路运营期间接触网突然停电时的应急处理。

3）关键指引

（1）采取一切措施查明区间被困车辆的具体位置。

（2）询问区间被困车辆的风压是否正常、能否利用坡道自救，有条件自救的列车应尽量组织列车利用惯性或坡道滑行到前方站。

（3）可以利用坡道退回后方车站时，必须查明后方车站进路及后一区间是否空闲、后续列车已经在后一区间的后方车站扣车后，以口头命令准许司机，以 7 km/h 以下速度退回后方车站。

（4）如不能滑行进站时，应尽量停在平直线路上，施加"紧急制动"和"停放制动"防止列车溜逸。

（5）向电力调度员了解预计恢复送电时间，若长时间不能恢复供电，经请示领导同意后，向车站下达退票、暂停运营或封站的命令。

（6）如必须组织地面救援（社会救援或缓降设备就地下车）时，应及时报告公司领导通知抢险队或社会有关协作单位。

（7）如需让乘客通过社会救援或缓降设备就地下车、利用三号线检修通道救援时，应向电力调度员下达停电命令，确认接触网已经断电后，才能发出允许地面救援或就地下车的命令。

（8）区间列车必须利用广播安抚乘客，以免造成恐慌。

4）处理程序（表 13-22）

表 13-22　处理程序

	负责人员及行动	
发现与报告	列车司机	发现列车无网压时立即报告行车调度员
	行车调度员	① 立即报告值班主任 ② 通知电气、工建维调，客运公司生产调度室，安保部 ③ 发布全线运营受阻信息
	电力调度员	① 发现部分区段或全线跳闸时立即报告线路值班主任和电力工程师 ② 通知供电主管部门生产调度室
	线路值班主任	① 得到电力调度员报告后，立即报告总调度长，执行报告程序 ② 制定列车运行调整方案，影响邻线换乘时，通知邻线值班主任
	总调度长	① 立即启动接触网失电预案 ② 执行报告程序，指挥监督预案执行情况
	资讯助理	① 按《运营突发事件报告流程》规定进行报告 ② 视影响情况及时发布相应 PIS 和微博信息
处理过程	总调度长	① 执行报告程序，协调各工种调度的工作 ② 如必须组织地面救援（社会救援或缓降设备就地下车）或利用检修通道救援时，应及时报集团公司领导批准后，通知抢险队或社会有关协作单位
	线路值班主任	① 督促电力调度员查找失电原因，尽快恢复接触网供电 ② 指挥行车调度员组织将区间内的列车尽量利用惯性或惰力运行到车站停车
	风压正常，制动效能良好 — 电力调度员	① 迅速查明接触网突然停电的原因，并将事故概况、影响范围、预计恢复送电时间通知行车调度员 ② 采取一切措施尽快恢复接触网送电或减小停电范围 ③ 需要对接触网停电进行救援时，按行车调度员命令进行停电操作 ④ 接触网再送电前，必须得到行车调度员同意送电的准许
	风压正常，制动效能良好 — 行车调度员	① 采取一切措施查明各次列车所在位置 ② 组织司机尽可能利用列车惯性或坡道滑行到前方车站停车 ③ 可以利用坡道退回后方车站时，必须查明后方车站进路及后一区间空闲后，以口头命令准许司机，以 7 km/h 以下速度退回后方车站 ④ 与电力调度员联系，了解预计恢复送电时间，如较长时间不能恢复时，向车站下达退票、暂停运营或封站的命令 ⑤ 如需让乘客通过社会救援或缓降设备就地下车、利用三号线检修通道救援时，应向电力调度员下达停电命令，确认已经断电后，才能发出允许地面救援或就地下车的命令 ⑥ 得到乘客及工作人员、机具全部撤离现场的报告后，方可送电

			负责人员及行动
处理过程		行车调度员	⑦当故障排除恢复送电前，必须命令失电区域内的列车司机收弓，送电完成后再逐列车升弓，以判断是哪列车辆故障 ⑧组织其他可以运营的区段维持小交路运行
		车站值班员	①短时间能恢复送电时，应将情况告知乘客；如果短时间不能恢复送电时，根据调度命令退票、暂停运营或封站 ②在接到让乘客就地下车的指示后，应立即派遣人员、准备救援用具赶赴现场，对乘客进行疏导或救援工作 ③救援工作完成后，及时向行车调度员报告人员撤离情况
		列车司机	①尽可能利用列车惯性或坡道滑行到前方车站停车 ②如果可以利用坡道退回后方车站时，应立即向行车调度员报告，得到行车调度员口头命令准许后，方可以7 km/h以下的速度切除ATP，反方向运行至后方车站 ③如不能滑行进站时，应尽量停在平直线路上，施加"紧急制动"和"停放制动"防止列车溜逸，并立即向行车调度员报告 ④利用车内广播将情况向乘客通告，以避免乘客产生不安情绪
		供电主管部门生产调度室	①接到行车调度员或车站值班员的报修电话后，立即派出抢险人员 ②保持与抢修人员的通信畅通，及时向行车调度员或相关领导反馈现场信息
		供电主管部门抢修人员	①接维调通知后，立即开展对失电区域接触网的检查抢修 ②随时向维调报告抢修进度
		车辆公司维修人员	立即出发前往失电区域的列车，检查列车状态
	风压不足，没有制动作用	行车调度员	①令司机原地待命等待救援 ②确定救援方案，发布相关命令
		电力调度员	①迅速查明接触网突然停电的原因，并将事故概况、影响范围、预计恢复送电时间通知行车调度员 ②采取一切措施尽快恢复接触网送电或减小停电范围 ③接触网再送电前，必须得到行车调度员同意送电的准许
		列车司机	①立即施加"紧急制动"和"停放制动"防止列车溜逸 ②立即报告行车调度员，请求救援 ③利用车内广播将情况向乘客通告，以避免乘客产生不安情绪

第14章 单轨供电系统发展与展望

14.1 单轨接触网系统展望

1. 改善接触网弹性性能，优化弓网动态性能

单轨接触网具有结构简单、无断线隐患、安全可靠、维修工作量少、运营维护成本较低等优点。采用轨道梁侧面刚性接触悬挂方式，通过绝缘子直接将嵌入接触线的汇流排固定在轨道梁侧面，绝缘子与汇流排之间通过绝缘子固定压板（铸铁）进行固定。单轨接触网完全没有弹性连接件，受电弓通过时相当于刚柔接触，而单轨列车采用充气橡胶轮胎，在受到线路精度、接触网精度、列车载重和速度等各种因素影响的情况下，不可避免的会出现成受电弓振动，严重时甚至会出现受电弓离线，而出现拉弧现象，导致弓网间电气磨损加剧，直接影响接触线和受电弓的使用寿命。

目前，国内针对地铁刚性接触网的特点研制了弹性定位线夹、弹性绝缘子产品，并成功应用于运营线路，对改善刚性接触网的弹性性能取得了一定的应用效果。因此，从国内对地铁刚性接触网的研究来看，单轨接触网对于优化弓网动态性能的研究，同样应从改善接触网弹性性能入手，研制满足单轨接触网自身特点的弹性零部件，如弹性绝缘子、弹性汇流排固定压板等。

2. 借鉴高速铁道供电安全检测监测系统（6C 系统），建立单轨接触网安全检测监测系统

1）高铁 6C 系统的概述

高速铁路的快速发展和运营品质的需求，对于铁路牵引供电系统供电设备的安全运行提出了更高的要求。为确保高速铁路动车组运营秩序，提高动车组的供电安全性、可靠性，应构建高速铁路供电安全检测监测系统（6C 系统）。

高速铁路供电安全检测监测系统（6C 系统）的主要功能是对高速铁路的牵引供电系统进行全方位、全覆盖的综合检测监测，主要包括对高速接触网悬挂参数和弓网运行参数的等速检测（C1 装置）、在运营的动车组上对接触网的悬挂部分进行周期性图像采集和分析（C2 装置）、在运营的动车组上对接触网参数及技术状态的在线检测（C3 装置）、对接触网悬挂、腕臂结构、附属线索和零部件的高清图像检测（C4 装置）、对动车组受电弓滑板状态的实时监测（C5 装置）、对接触网运行参数和供电设备参数的实时在线检测（C6 装置）。

2）高铁 6C 系统在接触网方面实际应用

主要列举西南交通大学电气工程学院成都唐源电气有限责任公司对高铁 6C 系统研究开发的相关产品。

（1）高铁接触网综合检测车（1C）。

TJJC 系列接触网综合检测车，采用 25T 型客车车体。适用于时速不大于 160 km/h 电气化铁路接触网的几何参数、弓网动态作用参数、电气参数等进行综合在线检测，用于被测线路提供故障诊断及运行状态评估。主要技术参数如表 14-1 所示。

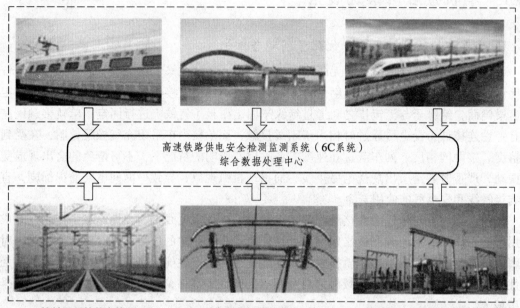

C1：高速弓网综合检测装置

主要测量参数：
硬点、接触导线高度、
弓网接触力、离线火花、
拉出值、接触网电压

C2：接触网安全巡检装置

主要功能：
接触网状态巡检

C3：车载接触网运行状态监测装置

主要测量参数：
接触导线高度、
离线火花、拉出值

C4：接触网悬挂状态检测监测装置

主要功能：
接触悬挂部件技术状态
及接触网几何参数

C5：受电弓滑板监测装置

主要功能：
监测动车组受电弓及滑板
技术状态

C6：接触网及供电设备地面监测装置

主要功能：
监测接触网的张力、振动、抬升量、
补偿位移等牵引变电所供电设备状态
检测监测

图 14-1　6C 系统总体构架图

表 14-1　主要技术参数

序号	检测内容	测量范围	分辨率	测量误差
1	接触线高度	5 000 ~ 7 000 mm	1 mm	±10 mm
2	导线坡度	≤25‰		≤1‰
3	跨距高差	0 ~ 600 mm	1 mm	±10 mm
4	拉出值	±625 mm	1 mm	±10 mm
5	双支接触线横向距离	0 ~ 800 mm	1 mm	±10 mm
6	双支接触线高度差	0 ~ 600 mm	1 mm	±10 mm
7	弓网接触压力	0 ~ 500 N	1 N	±5 N
8	弓网冲击（硬点）	±200 g	1 g	±5 g
9	接触网关键点识别	定位管、锚段、线岔识别率大于 99%		

序号	检测内容	测量范围	分辨率	测量误差
10	振动补偿	水平：±200 mm	1 mm	±2 mm
		垂直：±200 mm		±2 mm
11	杆位	实现被测线路精确定位		
12	网压	AC 0～33 000 V	10 V	≤5%
13	风速、风向、大气压	检测出风速、风向及大气压		
14	温度	−40～75 ℃	1 ℃	±1 ℃
15	速度	0～200 km/h		±0.5 km/h
16	里程	0～9 999 km		±1 m/km

（2）TCIS 系列接触网安全巡检装置（2C）。

TCIS 系列接触网安全巡检装置适用于高铁动车组添乘巡视作业的接触网安全状态检查。装置利用现代图像采集设备和机器视觉技术，在动车组巡视过程中添乘人员临时安装该装置对接触网设施进行图像拍摄，下线后进行图像回放观察和智能识别，对每次巡视的接触网技术状态进行有效判定，及时发现接触网基础设施设备缺陷，避免事故的发生。

装置由图像信息采集模块、图像数据处理模块、数据存储模块、光源模块、电源模块、人机交互等模块组成，体积小，重量轻，方便添乘应用，同时具备隧道拍摄成像功能，其安装外观如图 14-2 所示。装置性能指标如表 14-2 所示。

图 14-2　TCIS 系统接触网安全巡检装置

表 14-2　性能指标

序号	指标	参数/描述
1	成像帧率	17 fps
2	全景相机分辨率	1 280×1 024
3	关键区域相机分辨率	2 560×2 000
4	最高车速	350 km/h
5	天气条件	在无强烈雨雪、能见度良好的天气条件下（支持隧道内检测）
6	连续工作时间	>12
7	数据存储	500 G Bytes

（3）UVM-1 型非接触式紫外弓网燃弧检测装置（3C）。

UVM-1 型非接触式紫外弓网燃弧检测装置适用于高速铁路弓网运行状态检测。

装置采用紫外光电传感技术、红外技术、GPS 定位技术及数据融合技术，能实时准确检测弓网燃弧和弓网热图像，并能精确定位弓网异常点，同时提供故障缺陷信息报告。

装置隶属于车载接触网运行状态检测装置（3C），主要由车顶采集模块、里程定位模块和数据融合处理模块组成，能适应隧道内和隧道外两种运行工况，为接触网运行安全提供基础保障，其安装外观如图 14-3 所示。性能指标如表 14-3 所示。

图 14-3　UVM-1 型非接触式紫外弓网燃弧检测装置

表 14-3　性能指标

序号	指标		参数
1	弓网燃弧率		±0.1%
2	燃弧时间		±5 ms
3	最大燃弧持续时间		±5 ms
4	燃弧次数		±1
5	适用车速		0～350 km/h
6	红外测温	检测对象	受电弓弓头受流区域和接触线区域
7		像素 Pixel	384×288
8		帧率 FPS	50 Hz

（4）KCIS 系列接触网悬挂状态检测监测装置（4C）。

KCIS 系列接触网悬挂状态检测监测装置适用于电气化铁路接触网悬挂设施（包括接触网定位装置、支持装置、接触悬挂、附加悬挂、吊柱座等区域）的高清成像监测，其中 KCIS-1 型接触网悬挂状态检测监测装置安装在 25T 或 2K 的综合检测车，KCIS-2 型接触网悬挂状态检测监测装置安装在 160 km/h 多功能综合作业车上，KCIS-3 型接触网悬挂状态检测监测装置安装在常规接触网检测车。

在大型相机阵列部署及多项专利技术支撑的基础上，以人性化的用户软件为支撑，可实现对接触网悬挂设施的全线路、多方位、高可靠检测。

装置由高清工业相机、一体化大型光源阵列、触发控制功能模块、高性能服务器等设备组成，配合先进且不断增强的缺陷自动识别技术，能快速发现并定位各种松、脱、断等接触网隐蔽缺陷，指导现场进行及时维护，确保电力机车的安全运行提供保障，其安装外观如图 14-4 所示。性能指标如表 14-4 所示。

图 14-4　KCIS 系列接触悬挂状态检测装置

表 14-4　性能指标

序号	项目	参数/描述
1	成像质量	根据不同型号，单机分辨率分别为 6 576×4 384、4 896×3 264、2 448×2 050、1 280×960；可清晰分辨零部件的松、脱、断等缺陷
2	成像区域	从正反面覆盖到检测目标 98%的区域
3	定位精度	±1 个杆号，每帧图像都包含可靠的线路、区间、杆号等定位信息
4	漏检率	全线路上存在定位器的杆位漏检率低于 0.1%
5	适应车速	适应于 0～160 km/h 速度下的线路检测
6	线路条件	适应隧道、桥梁、站场等不同情况
7	天气条件	在能见度大于 10 m、无较大雨雪条件下的全天候工作

（5）MOPS 系列受电弓滑板监测装置（5C）。

MOPS 系列受电弓滑板监测装置适用于铁路卡口环节对通过列车的受电弓滑板状态检查。MOPS 系列受电弓滑板监测装置适用于铁路卡口环节对通过列车的受电弓滑板状态检查，其中 MOP-1 型受电弓滑板监测装置的高清成像模块采用面阵相机，MOP-2 型受电弓滑板监测装置的高清成像模块采用线阵相机。

利用实时受电弓通过检测技术和高清成像技术，本装置全天候记录所有通过列车的受电弓滑板整体形态和表面图像，通过无线或有线网络实时传输到监测单位，支持实时查看和查询现场受电弓状态图像。

装置由受电弓通过检测模块、高清成像模块、监测平台、传输通道、用户终端等组成，可安装于站场线岔、局界、车库出入口等处的硬横梁、支柱上，其安装位置如图 14-5 所示。性能指标如表 14-5 所示。

图 14-5　MOPS 系列受电弓滑板监测装置安装位置示意图

表 14-5　性能指标

序号	项目	指标	描述
1	图像质量	单机分辨率 2 448×2 048	达到清晰分辨弓头零部件状态、滑板技术状态
2	成像区域	弓头滑板表面	覆盖滑板表面 2 200 mm×1 800 mm 大小区域
3	可辨缺陷	受电弓滑板的形态和表面异常	受电弓中心偏移、升弓位置异常、弓头滑板倾斜、导角变形缺失、滑板残缺丢失、滑板断裂、滑板区域异物附着等
4	自动识别功能	车号识别及初级缺陷判别	具备对动车侧面图像的车号识别功能；具备对受电弓滑板明显残缺、异物附着、整体变形等缺陷的自动判别功能
5	环境照度	昼夜可用	采用光源补偿技术，能在弱光条件下进行补光，适应夜间、阴天拍摄效果
6	时间同步	精确到秒	受电弓通过时刻信息精确到秒，与拍摄图像同步记录
7	受电弓通过检测	非接触式	采用非接触式灵敏探测到经过卡口位置的受电弓，探测延时小于 1 ms，保证成像时刻
8	适应车速	0～350 km/h	可检出运车时速 0～350 km/h 通过的升起受电弓
9	网络传输	有线或无线	受电弓通过与图像达到远端的延时不超过 10 s

（6）CPIM 系列接触网绝缘子污秽在线监测装置（6C）。

CPIM 系列接触网绝缘子污秽在线监测装置适用于电气化铁路接触网绝缘子的外绝缘在线监测。其中 CPIM-1 型接触网绝缘子污秽在线监测装置用于棒形瓷质绝缘子的污秽在线监测，CPIM-2 型接触网绝缘子污秽在线监测装置用于棒形复合绝缘子的污秽在线监测。

装置采用微弱信号检测处理技术，实时检测绝缘子表面漏电流和环境气象信息，实现对线路接触网绝缘子工况连续实时监测。该装置的使用能有效判断线路绝缘子污秽程度，并提出先期报警。及时依据报警信息制定清扫策略，防止发生污秽闪络事故。

装置具有安装简单、操作方便、24 小时连续测量、精度高等特点，采用无线组网技术，解决铁路沿线绝缘子发送数据的难题，其安装外观如图 14-6 所示。性能指标如表 14-6 所示。

图 14-6　CPIM 系列接触网绝缘子污秽在线监测装置

表 14-6　性能指标

序号	项目		指标	描　述
1	适用对象		27.5 kV 接触网绝缘子	适用于棒形瓷质绝缘子和棒形复合绝缘子
2	供电方式		太阳能+蓄电池	该供电方式可分别满足野外无取源以及站场条件需求,其中在阴雨,雨雪天气,该设备可连续工作 25 天
3	监控说明		24 小时全天候监控	用户能实时监控漏电流信息
4	无线传输		GSM/GPRS 标准	覆盖边远地区,GPRS 传输速率理论上可达 171.2
5	泄漏电流	分辨率	0.05 mA	测量精度高,不降低绝缘子串的绝缘特性和机械强度
		测量误差	5%	
6	温度	分辨率	0.1 ℃	可满足各种温度情况下的测量
		测量误差	<±0.5 ℃	
7	湿度	分辨率	±3%	可满足不同湿度情况下的测量
		测量误差	<±3%	

3）单轨接触网系统运行管理的发展方向

6C 检测系统则是一个检测新概念。"新",是因为它是完全依靠电子设备和计算机对线路各项技术指标进行分析和判断的;"精",是因为通过该系统检测的数据和实际线路位置偏差几乎为零。

中国高铁 6C 系统的建设的发展阶段:初期阶段,对已有的分散检测、监测设备进行功能完善、技术集成,形成分层分布式结构,使之成为具有综合处理功能的安全检测与监控平台。近期可对各装置进行数据集中、信息共享,有机融合数字化和可视化的检测信息,指导全路高速铁路供电设备的日常维护和维修。远期可通过各装置的数据库进行综合分析、专家诊断,最终成为具有开放式设计构架,软件、硬件均遵循国际国内标准,并能兼容接入其他智能检测、监测设备的一套技术先进、功能完善的系统,使之成为全路高速铁路供电设备安全运行的技术保障。

高铁 6C 系统的建设和发展引领了中国铁路检测系统的前沿,对于单轨供电系统的检测技术的发展具有重要的指导意义。

14.2　超级电容再生制动能量吸收装置

随着功率电子技术的发展,交流变频调速技术由于其具有宽的调速范围、高的稳速范围和稳速精度、快的动态响应以及四象限可逆运行等良好的技交流变频调速技术后运行速度快、平缓舒适且高效节能。城市轨道交通由于其运量大、站距短,车辆启、制动频繁,当采用再生制动方式。

城市轨道交通由于其运量大、站距短、车辆启动、制动频繁,当采用再生制动方式的电制动时,产生的再生能量全部回馈到直流母线并供给其他车辆使用,这样既节约了大量电能,又大大提高供电系统运行的可靠性。

城市轨道交通再生制动能量处理方式包括：能耗型、逆变回馈型和储存型。单轨交通投入使用方式是电阻能耗和电阻-逆变混合吸收方式。若采用储能吸收方式可以避免再生制动能量对电网冲击，吸收的能量在列车启动的时候释放出来还同时起到稳定直流电网电压的作用。车辆再生制动能量储存元件可以选用超级电容，超级电容具有功率密度高、充电速度快、循环寿命长、工作温度范围宽、环保无污染等优点。德国西门子和庞巴迪公司研制的超级电容储存器可以使列车能量消耗降低 30% ~ 40%，使直流母线电压的波动范围降低 50%。但目前该系统设备只适用于 600 V 和 750 V 供电的轨道交通供电系统。

目前，重庆单轨交通采用 DC 1 500 V 供电制式，允许的电压波动范围是 1 000 V 至 1 800 V。若研制出适用的超级电容器储能，将大大提高列车运行地安全稳定可靠性。

14.3 数字通信继电保护

电流保护的网络化、智能化进一步提高，信息共享范围、通信速率、通信可靠性等方面的性能也得到进一步加强，出现了利用光纤实现所间保护装置之间的直接通信和软件逻辑进行判断的"数字通信电流保护"，以改进中压环网保护的选择性和速动性。

目前，正在研究并已挂网试运行的中压交流保护深化方案正是建立在 GOOSE 通信技术基础上的最新保护方案。该保护方案是以 GOOSE 通信为基础的，以逻辑闭锁为核心的网络化保护方案，其采用"闭锁式纵联保护"原理，利用 GOOSE 通信技术建立了全地铁线路所有中压保护装置间的通信平台。保护装置可以利用这一平台快速、准确地交换信息，从而能够保证：在地铁中压供电系统中任何位置发生任意类型故障时，保护都可以快速区别故障并迅速动作切除。该网络化保护方案组网图如图 14-7 所示。

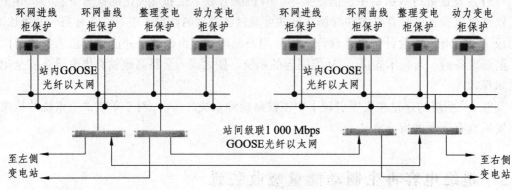

图 14-7 网络化保护方案组网图

以下图 14-8 中 K1 点故障为例，说明 GOOSE 信号的传递及保护动作情况。

在图 14-8 中可以看到，K1 点故障为母线馈出线故障，故障电流流过 4DL 和 1DL，图中虚线和箭头代表 GOOSE 信号的传送方向。当 4DL 断路器处的故障电流大于启动定值后，4DL 断路器的保护装置立刻向 1DL 传送 4DL 过流启动 GOOSE 信号；与此同时 1DL 断路器故障电流大于保护定值后，保护启动进入延时出口阶段；1DL 保护装置收到 4DL 启动信号后，判定故障为母线区外故障，1DL 站内网络化保护被闭锁。K1 点故障由 4DL 处配置的保护切除。而如果 4DL 断路器失灵，未能在延时时间内切除故障，失灵启动逻辑后立刻向 GOOSE 网广播

4DL 失灵启动信号，相关断路器收到该失灵启动信号跳闸。

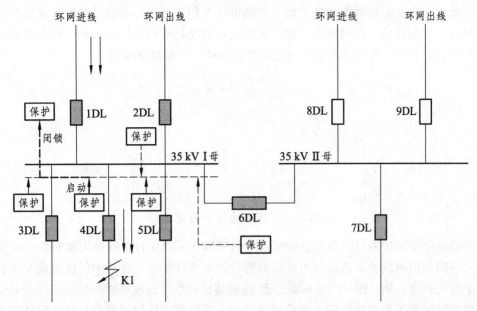

图 14-8　GOOSE 信号的传递情况

目前，在城市轨道交通领域，小环串中压环网普遍采用的是"光纤纵差保护＋过电流保护"配置方案。当保护区内发生相间及接地故障时，光纤纵差保护作为环网电缆的的主保护，在几十毫秒内跳开故障电缆两侧断路器，具有较高的速动性和选择性。

差动保护的原理决定了其保护范围的局限性，保护范围仅是两侧电流互感器之间的环网线路，它既不能保护开关柜故障，又不能作相邻元件的后备保护。因此，当开关柜故障或差动保护故障时，只能依赖于过电流保护。而地铁环网接线的特点决定了过电流保护需要靠延时配合获取选择性，其选择性与中压环网中每个环串的变电所数量，以及主变电站馈线侧的过电流保护时间的设定密切相关。所以当采用大环串方案时，现有的保护方案在选择性方面存在较大的困难。

数字通信电流保护是在传统的微机过电流保护原理及功能不变的基础上，通过将站间保护装置联网，将保护装置的采样信息和动作信息在保护装置之间通过光纤进行直接快速传输，并通过对线路两端微机保护装置的电流保护动作与否进行比选和逻辑判断，从而准确、快速的判断出故障区段，能在几十毫秒内切除故障。数字通信电流保护是在原过电流保护装置基础上开发出来的，具有原过电流保护装置的所有基本功能，数字通信电流保护可有效解决传统过电流保护级差配合困难的问题，是对传统"光纤纵差保护＋过电流保护"方案的进一步优化。

如图 3 所示，线路两端的进、出线分别配置基于数字通信的电流保护装置，两端的保护装置各自判断过电流信号，通过两保护之间的光纤通信互相传给对方，收到对方的信号后进行逻辑判断。正常情况下，整个线路上都没有过电流信号，保护不动作；如果 A 点发生短路，则 1、2 点都有过流信号，而 3、4 点没有，即可以判断故障点在 2、3 点之间，2、3 点保护出口跳闸，而 1 点之前所有检测到过流信号的保护闭锁出口。

当通信回路出现故障时，数字通信电流保护还具有完善的后备保护功能。如果出现某区间通信故障的情况，在发出告警信号同时，启动后备过电流保护功能，如果恰巧本区间发生短路故障时，后备保护经一定延时出口跳闸。

当环网进、出线断路器拒动时，数字通信电流保护还具有完善的断路器失灵保护功能。如在跳闸信号发出后的一段时间后，保护装置仍有过流信号检出，则可判定断路器拒动。由失灵保护出口启动上一级断路器后备过电流保护功能，实现快速跳闸。

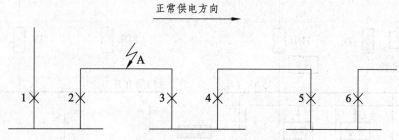

图 14-9　供电系统环网故障分析

数字通信电流保护通过网络信息传输及逻辑判断还可以实现母线的短延时保护功能。根据对近几年国内城市轨道交通运行中发生的各种故障统计发现，交流中压供电系统开关柜内部故障率也比较高，如：因母线电压互感器/传感器元件故障造成单相接地短路等，对于这种类似母线故障的开关柜内部故障，能快速动作的主保护差动保护却因其自身局限性，无法检测到上述故障，也只能由过电流保护和零序电流保护担当开关柜内部故障的保护任务。数字通信电流保护通过网络信息传输及逻辑判断可将变电所内同一母线上所有进出线是否故障的信息集中采集，进行类似母线差动的逻辑编程，判断出母线是否故障，即可有效的解决上述问题。

数字通信电流保护与传统"光纤纵差保护+过电流保护"相比，除微机综合保护测控单元上新增加 GOOSE 协议通信口以外，每个站还增加 2 台支持 IEC61850 的交换机。目前，数字通信电流保护技术已经在国内 220 kV、500 kV 数字化变电站中得以应用。北京、上海两地城市轨道交通的部分线路中也已经开始尝试应用，并取得了良好的运营效果，随着数字通信电流保护技术的推广与应用，城市轨道交通数字化变电所也将在不远的将来得以实现。

14.4　PSCADA 系统展望

随着轨道交通运营服务质量的逐年提高，对设备运行情况的掌握和应急处置也提出了更高的要求。因此 PSCADA 系统需不断的完善以应对不断出现的新问题。

1. 视频监控功能（遥视）

轨道交通行业中变电所皆为无人值守所，如何及时掌握设备的运行情况，传统的 PSCADA 四遥功能已不能满足需求。在设备周边及设备内增设各类高清摄像头，通过图像分析掌握设备实时运行情况，从而实现遥视功能。特别是在主变电所外线路监控方面尤为重要。

2. 外线路监控功能

国内轨道交通供电系统多采用集中供电方式，对外线路的管控尤为重要。其管控方式除上面的视频监控采集线路周围环境情况外，还应设置温度监控、覆冰探测及风力强度等。从而及时掌握主变电所外线路的运行情况，防患未然。

3. 数据分析功能

轨道交通供电系统为轨道交通的能源供应命脉，而电费在轨道交通运营成本中占比较大。如何开展节能降耗工作，PSCADA 系统可提供详细的数据支持。而现有的报表统计功能却过于简单粗糙。

为提高网络化运营供电系统设备的运行可靠性，提高列车运行效率及提升运营服务质量，将新技术、新设备、物联网、大数据、云计算、互联网、人工智能等现代科学技术应用到单轨供电系统设备运营管理和运营服务过程中，以设备来代替人，用技术来保障运营，打造智慧高效单轨交通。

参考文献

[1] 重庆市轨道交通总公司，中铁二院工程集团有限责任公司，北京城建设计研究总院，等. GB50458-2008 跨座式单轨交通设计规范[S]. 北京：中国建筑工业出版社，2009.

[2] 重庆市轨道交通（集团）有限公司，重庆市轨道交通设计研究院有限责任公司，重庆单轨交通工程有限公司，等. GB50614-2010 跨座式单轨交通施工及验收规范[S]. 北京：中国建筑工业出版社，2011.

[3] 王靖满，黄书明. 城市轨道交通供电系统技术[M]. 上海：上海科学普及出版社，2011.

[4] 贺观. 跨座式单轨交通车辆[M]. 成都：西南交通大学出版社，2016.

[5] 谢风华. 单轨交通刚性接触网不均匀磨耗分析及其对策[J]. 城市轨道交通研究，2011，14（8）：73-75.

[6] 谢风华. 单轨跨座式接触网绝缘子支持间距的确定[J]. 电气化铁道，2001（03）：15-17.

[7] 谢风华. 跨座式单轨接触网结构设计[J]. 现代城市轨道交通，2005（4）：12-14.

[8] 何宗华，汪松滋，何其光. 城市轨道交通供电系统运行与维修[M]. 北京：中国建筑工业出版社，2005.

[9] 于松伟，杨兴山，韩连祥等. 城市轨道交通供电系统设计原理与应用[M]. 成都：西南交通大学出版社，2008.

[10] 李建民. 城市轨道交通供电导论[M]. 北京：机械工业出版社，2012.

[11] 张颖，张海波. 城市轨道交通供电系统中压网络潮流分析[J]. 城市轨道交通研究，2010，13（8）.

[12] 许爱国，谢少军，姚远，等. 基于超级电容的城市轨道交通车辆再生制动能量吸收系统[J]. 电工技术学报，2010，25（3）：117-123.

[13] 全国变压器标准化技术委员会. GB10941-2014 电力变压器第一部分总则[S]. 北京：中国标准出版社，2014.

[14] 全国变压器标准化技术委员会. GB6451-2015 油浸式电力变压器技术参数和要求[S]. 北京：中国标准出版社，2015.

[15] 全国量度继电器和保护设备标准化技术委员会静态继电保护装置分标准化技术委员会. GB/T14285-2006 继电保护和安全自动装置技术规程[S]. 北京：中国标准出版社，2006.

[16] 电力行业电力变压器标准化技术委员会. DL/T573-2010 电力变压器检修导则[S]. 北京：中国电力版社，2010.

[17] 中华人民共和国铁道部. 高速铁路供电安全检测监测系统（6C 系统）总体技术规范[S]. 2012.

[18] 吉鹏霄. 接触网[M]. 北京：化学工业出版社，2006.

[19] 张一尘，章建勋，屠志刚. 高电压技术（第二版）[M]. 北京：中国电力出版社，2007.

[20] 张俊峰. 单轨车辆牵引计算与仿真[D]. 重庆：重庆交通大学，2009.